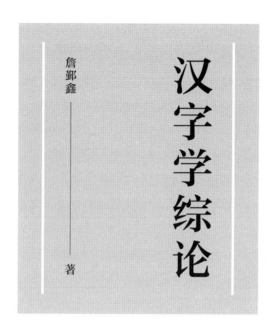

詹鄞鑫 ——

著

汉字学综论

华东师范大学出版社
·上海·

图书在版编目（CIP）数据

汉字学综论／詹鄞鑫著. -- 上海：华东师范大学
出版社，2024. -- ISBN 978-7-5760-5107-0

Ⅰ. H12

中国国家版本馆 CIP 数据核字第 2024RM2039 号

汉字学综论

著　　者　詹鄞鑫
策划编辑　王　焰
责任编辑　孙　莺　时润民
特约审读　李　鑫
责任校对　王丽平
装帧设计　卢晓红

出版发行　华东师范大学出版社
社　　址　上海市中山北路 3663 号　邮编 200062
网　　址　www.ecnupress.com.cn
电　　话　021－60821666　行政传真 021－62572105
客服电话　021－62865537　门市（邮购）电话 021－62869887
地　　址　上海市中山北路 3663 号华东师范大学校内先锋路口
网　　店　http://hdsdcbs.tmall.com

印　刷　者　上海颛辉印刷厂有限公司
开　　本　787 毫米×1092 毫米　1/16
印　　张　22
字　　数　367 千字
版　　次　2024 年 12 月第 1 版
印　　次　2024 年 12 月第 1 次
书　　号　ISBN 978－7－5760－5107－0
定　　价　128.00 元

出 版 人　王　焰

（如发现本版图书有印订质量问题,请寄回本社客服中心调换或电话 021－62865537 联系）

目　录

第二篇 汉字学研究个案介绍

第一篇

问题与回顾

第一章

关于汉字学

一、汉字学概说

二十世纪的中国文字学主要有三大分支：汉字学、古文字学、民族文字学和比较文字学。

汉字学在二十世纪的很长一段时期里曾被笼统地称为"文字学"或"中国文字学"，因其研究对象为汉字，为表述明确，于是出现了"汉字学"之称。通论著作中第一次使用"汉字学"应当是从蒋善国（1987）开始的。汉字学主要研究有关汉字的相关问题，例如：汉字性质、汉字特点、汉字起源及其发展规律、汉字构形、字际关系等理论问题，以及汉字规范、汉字排序、汉字教学、汉字阅读等应用问题。单个汉字的形音义考察及字典编纂等问题，通常归属于训诂学、古文字学、辞书学等领域，如果不涉及汉字学理论问题，一般不纳入汉字学研究的范畴。

关于汉字学的研究范围和目标，不同时期、不同学者之间有不同的看法。作为汉字学前身的"小学"包括文字、音韵、训诂三部分，是为解决典籍阅读的问题而形成的。二十世纪初，受西方学术的影响，这三部分就逐渐分道扬镳了。何仲英在其《新著中国文字学大纲》（1922）的导言中提出："中国文字包括'形''音''义'三者而言，好象人的'精''气''神'一样，缺一不可。从字的构造上说，必先有义而后有音，有音而后有形；从字的既成上说，则音寓于形，义寓于音，三者相关，非常密切。凡研究这三者关系的一种学术，叫做文字学。"于是在他的文字学著作中设置了《字音》《字形》《字义》各篇，其中字音篇和字义篇包含了音韵和训诂的内容。但何仲英十年后再修订此书，并将其更名为《文字学纲要》(1932)，不再包括音韵和训诂，反映了他在文字学研究范围上认识的变化。唐兰(1949)认为，文字学的任务是研究汉字形体，明确把音韵和训诂排除在外。王宁(2002)从汉字内部着眼，将汉字学分为四个分支：汉字构形学、汉字字体学、汉字字源学、汉字文化学。其中汉字构形学是其他三个分支的枢纽和基础。他认为，"通常所说的汉字三要素形、音、义，音和义都是汉字作为汉语的载体由汉语那儿承袭来的，只有字形是汉字的本体"，也强调了字形在汉字学中的本体地位。

广义的汉字学，应该兼顾字音和字义两方面。裘锡圭《文字学概要》(1988)涉及"字形跟音义的关系"及"通用字读音问题"。詹鄞鑫《汉字说略》(1991a)提出，"汉语文字学与音韵学、训诂学各司其职是合理的，但不等于汉语文字学只管字形而不管字音字义，而应该形音义三方面兼顾"。郑廷植《汉字学通论》(1997)也持类似的看法。该书在后记中说："文字之形音义三者，关系密切，若研究汉字，仅及于形体而不谈音义，则汉字学研究的内容将偏枯而成为单一的汉字形体学，与汉字学之名称不相称。"

有些学者则侧重对某方面目标的研究。王凤阳(1989)把汉字改革的理论建设作为汉字学研究的主要目标。他说："汉字学的目的就是要通过对汉字历史的研究，树立起汉字改进和改革的理论基础。它的任务是通过汉字在它的起源和发展当中的不以人们的意志为转移的客观规律来说明汉字为什么要改进和改革，以及它应该向着哪个方向改进或改革，从而使汉字改进、改革的理论，不仅根植于必要性的基础上，而且根植在必然性的基础之上。"(p12)

值得关注的是，二十世纪九十年代以来，俗文字学研究兴盛，其中文献俗字的考释与整理应属于训诂学领域，而俗字的定义、俗字与正字和异体字的关系、俗字的形成和发展、俗字在汉字发展中的作用等相关理论问题则属于汉字学领域。

总体来说，汉字学的理论问题与应用问题不应是截然分开的，而应是互相交织在一起的。

二、现代汉字学

二十世纪八十年代以来，随着汉字应用研究的发展，现代汉字学从汉字学中分离出来，且发展迅速。现代汉字学主要关注现代汉字的应用(包括计算机应用)以及汉字规范的理论和实践等问题。

周有光在其《现代汉字学发凡》(1980)一文中首先提出"现代汉字学"这一名称。他提出:"现代汉字学研究现代汉字的特性和问题,目的是为今天和明天的应用服务,也就是为四个现代化服务,减少汉字在现代生活中的不方便。"高家莺和范可育发表《建立现代汉字学刍议》(1985),提出了对现代汉字学的初步构想。较早的通论性著作有张静贤的《现代汉字教程》(1992)和高家莺、范可育、费锦昌合著的《现代汉字学》(1993)。高家莺等人的合著在绪论外阐述了现代汉字的范围、性质和造字法;现代汉字的字形、字音、字义、字量、字序;总体特点和使用效率;简化和标准化;信息处理等问题。苏培成著《现代汉字学纲要》(1994)除了设置现代汉字的字量、字形、字音、字义、字序等章讨论现代汉字的一般属性之外,还设置了"汉字的熵和多余度""现代汉字的应用""汉字和信息处理""台湾地区使用汉字的情况""汉字的评价和前途"等章。此外,通论著作还有李禄兴《现代汉字学要略》(1998)等。

诸家关于"现代汉字"的内涵界定是值得商榷的。现有关于"现代汉字"的定义大抵就汉字发展分期和汉字范围而言。例如高家莺等(1993)主张将"五四"视为现代汉字开始的时期,认为"现代汉字是指汉字发展史中现代阶段所使用的汉字"。李禄兴(1998)提出,古今通用字是构成现代汉字的主体,再加上后起的新造字和简化字等,就构成了它的全部。周有光先生主张把"古今通用的字和记录现代汉语专用的字,叫做现代汉语用字",简称为"现代汉字"。"现代汉字有两种含义:1. 现代出版物上用到的字,不论常用字或不常用字,不论白话用字或文言用字,都算'现代汉字'。2. 书写规范化现代汉语所必须用到的字,才算'现代汉字'。文言用字、古器物用字,即使写进今天的文章,也不算'现代汉字'。"该书采用第二种含义,把"现代汉字"限制为"现代汉语用字,也就是现代白话文用字"。

我们认为,"现代汉字"是不宜从断代或记录范围(例如仅限于记录现代汉语)的角度来看的,而应该从汉字应用的角度来看。现代出版物用字,大型字书或大字符集的编码,其中涉及的汉字,有许多不用于记录现代白话汉语,但既然已经进入出版物、字书或字符集制定等应用领域,而且还必须考虑字序的编排或编码问题,就不能排除在"现代汉字"的范围之外,否则"现代汉字"的应用性就会遭遇困难,大打折扣。所以,我们认为,"现代汉字"的性质不是"断代性"的,而是应用性的,指的是一切现代汉字工作中可能会遇到的汉字的总体(出土古文字当然除外);"现代汉字学"的目标应该是讨论一切跟现代汉字应用相关的理论或实践问题。

"现代汉字学"的建立只是更强调应用方面的研究而已,在学科性质上还是应该归属于一般的汉字学范围。

三、古 文 字 学

通常所说的"古文字学"实际是指古汉字学,它以出土古汉字及其内容作为研究对象,包括古文字资料的整理和研究。所谓"古文字",其含义还没有明确的界定,通常指出土的商周秦汉实物上的文字,至于东汉时期的隶书和草书文字是否算古文字,就显得很模糊。例如高明(1996)认为,"从学术研究的角度来看,无论篆体或隶体,都是古文字学的研究对象",可是他又说,"从汉字整个发展过程来讲,按照传统的划分,将篆、隶分作两大发展阶段,前者属于古文字的范围,后者属于今文字的范围,古文字学主要是研究古体汉字的专门学科"。从古代实物文字研究的实际情况看,主要用隶书和行书草书写就的汉代文字有居延汉简、敦煌汉简、武威汉简、三国吴简等,研究队伍和研究成果发表阵地大抵与古文字学是重合的,也都没有排除在古文字研究范围之外。

古文字因其载体的不同而有不同的名称,例如甲骨文字、青铜器文字、简牍文字、帛书文字、玺印文字、货币文字、陶器文字、石刻文字等。广义的"古文字"可以指所有古代汉字,包括敦煌和历代写本文字、历代碑刻文字。其中有的类别因内容丰富、规模宏大而形成专门学科,如甲骨学、简牍学、敦煌学等。二十世纪中国古文字学的蓬勃发展,与考古领域不断发现新的古文字资料有直接的关系。

从性质上说,古文字学与考古学、古器物学、古代史、古文献学、训诂学、思想史等均可有交叉交融的关系,但实际上已经超出了文字学的范畴,本书只涉及古文字构形方面的研究。

四、民族文字学和比较文字学

民族文字学和比较文字学面向中国和世界的各种民族文字,可以是对不同民族文字的个案的整理与研究,也可以是对多种文字的比较或综合的研究。在个案研究中,也包含了某种民族古文字的考释和研究。

中国除了汉字之外,还有藏文、蒙文、彝文、维吾尔文等二十余种现代民族文字,以及历史上曾经使用过的西夏文、女真文、契丹文、突厥文、梵文、吐火罗文、满文、东巴文等十几种古代民族文字。现代民族文字的研究,主要是为着民族之间的交流,以及少数民族文字体系的建立和完善。古代民族文字的研究,则主要着眼于对考古发现或历史遗留的古代文献资料的考释解读。二十世纪初以来,在新疆、甘肃等地曾发现大量用梵文、吐火罗文、粟特文等中亚古代民族的文字书写的简牍文献;北方地区考古发现的用古代突厥文、西夏文、契丹文、女真文等文字书写的碑刻数量相当多;在西藏、青海等地区还发现许多用古藏文书写的文献;清王朝所遗存的用老满文书写的档案文献也很丰富。对这些文献的研究不能离开对民族古文字的研究,这是民族史研究、古代文明研究和中西交流史研究中非常重要的基础性工作。

从研究价值来看民族文字学的研究,还有助于普通文字学理论认识的提高、认识文字发生和发展的一般规律、破除文字发展单一模式造成的偏见,同时也有助于认识汉字在世界文字中的重要地位。

遗憾的是,民族文字学虽是文字学中的重要领域,但这方面的研究要求较高,需要研究人员具有比较专业的知识结构和师传,难度大而社会需求却不多,所以很难形成一种群体的和大规模的研究。尤其是古代民族文字,例如古梵文、吐火罗文、古契丹文、西夏文等,研究者寥寥无几。

二十世纪文字学研究的特点和趋势,可以简单概况为如下几点。一是文字学脱离经学附庸的地位而成为独立的学科。二是古文字新资料的不断发现推动着古文字学的发展,现代汉字的应用则推动着现代汉字学的发展,两者共同促进汉字学理论的建立和发展。三是随着计算机应用的不断发展,汉字的调查与研究出现了新的方法与手段,推动了汉字学由定性研究趋向于定量研究。四是由于西方文字学中有关文字发展的三阶段论对中国学术产生了负面影响,二十世纪很长一段时期里,许多人把中国科技落后的根源归咎于汉字的落后,由此引发了轰轰烈烈的文字改革运动。后来,随着汉字对于计算机应用适应能力的日益增强,以及汉字心理学对于汉字认知的研究成果不断出现,人们对汉字在现代社会的优越性和汉字在世界文字中的地位有了新的认识。

第二章

汉字性质和评价的问题

晚清以来,中国备受西方列强的凌虐,国人强烈感受到西方科技的先进,反思中国落后的原因。十九世纪末二十世纪初,一批接受西式教育和先进思想的知识分子把中国落后的原因归咎于教育的落后。由于既感受到西方拼音文字的简单和直接及其与语言声音相联系的便利,同时还受到西方文字发展进化论的影响,因而把教育的落后又归咎于汉字的落后,于是提出了废除汉字改用拼音文字的主张,由此引起关于汉字与拼音文字的比较和评价的讨论。而这场讨论首先就涉及汉字不同于拼音文字的特点的问题,进而又从文字类型学的角度议论汉字的性质。可见汉字的改革与汉字的特点、性质、评价等问题紧密相关。

一、汉字的特点

与拼音文字相比,汉字最明显的特点就是它是方块形而不是线形的;汉字不直接记录语音,所以是超方言的。早在 1957 年关于文字改革的论辩中,陈梦家(1957d)就提出:"汉字是统一的,超方言的,不论什么地方的人书写的东西大家都能看懂,不像拼音文字那样。"虽然许多论著都会涉及汉字的某些特点,但到了八十年代之后,才出现较为系统的论述。例如陆锡兴(1985)、胡双宝(1988)、高家莺等(1993)、苏培成(1994)、李禄兴(1998)、张玉金(2000)等。诸家对于汉字特点的具体提法和表述可能略有不同,实际看法则大同小异。这里简要归纳如下。

1. 方块文字

汉字的书写单位是"字"。从书写布局上说,拼音文字字母与字母连贯组合成词,被视为"一维"的线性文字。汉字每个"字"的书写是由一个或者多个构字符号组合成的。构字符号的组合方式既可以是左右连续的,也可以是上下搭配或其他结构方式。中文书写稿纸通常是打好方格的,每个格子写一个字,所以汉字被视为"二维平面文字"或"方块字"。这虽然只是汉字的直观表现,但也由此形成汉字信息密度较高的特点。

2. 数量繁多

作为表意性的汉字,因为它是跟词或词素相联系的,所以它必须具有相当大的字量。现代汉语通用字约七千个,普通用字约三千个。而拼音文字的基本拼写符号(字母)通常只需数十个,就可以满足拼写语言的需要。

汉字数量多,为着区别和记忆,就必须具有一批基本的构件和有规律的结构方式。这个特点对于记认、识别、阅读、书写有利的一面,也有弊的一面。

3. 书写单位与语音单位和语义单位的对应

记录汉语的文字可以叫"汉文",也可以叫"汉字"。"汉文"通常指的是用汉字记录的书面语言;"汉字"的提法既可以指汉字体系,也可以指一个个具体的汉字。对于其他种类的文字而言,例如英文,阿拉伯文等,通常都称为"某文",指该种文字的书面语,但不能称为"某字",因为拼音文字的书面语很难分析出跟汉字的书写单位相当的"字"。汉字的书写单位"字",天然地跟语言中的音节和语素相应。这是汉字的显著特点之一。由于这个特点,汉字必然出现同音字、多音字、同义字、多义字等现象,给学习和应用造成一定的困难。

4. 书面信息与口语信息的互补性

由于汉字的表意性质,汉字不仅是读听的,也是眼看的。在很多场合下,比起耳听,眼看往往更容易准确获取原文信息。例如韩愈《送穷文》"蝇营狗苟,驱去复还",如果不是眼看,就不知所云。日常生活的一般交流,口语是大致可行的,但如果涉及姓名,就需要"弓长张""立早章"之类补充表述。如果涉及文献内容,总是希望眼看而不是耳听。这首先是因为汉语同音字多,许多文字的含义需要看其字形才有助于认识。

汉字记录的书面语言,还包含了对应口语中没有的信息。如"他""她""它",(有时还用"牠"),这几个字读音相同,不分性别对象,但一看就能明白。

5. 超时空性

阿拉伯数字可以在全世界通行,"♀♂＄￥"之类的符号也可以为操持不同语言的人们所理解。这是因为它们都不是表音符号,而属于表意符号。

上面提到的符号,都只是辅助性符号,而不是一种文字体系。汉字是现今世界上唯一一种属于表意体系的文字,所以,汉字具有某种程度的超语言性。

超语言性,是指汉字可以被不同语言体系和不同方言的人群所采用。例如汉字曾经或仍然被韩国、越南、日本等国家所采用。日语跟汉语原本是完全不同的两种语言,但日文中借用汉字表达某些词语,所借用汉字的读音可以是源于汉字读音的音读,也可以是源于日语固有词的训读。

汉字的超语言性,最显著的表现是超方言性。在中国,南腔北调,方言分歧,如果用不同的方言来交谈会非常艰难,甚至是不能的。然而,都采用同一种文字——汉字。

汉语的发音不仅有方言之别,还有历史的变化。汉字的超语言性,也就转化为超历史性。所以,不论古今汉语的发音有多大的区别,古今所用的文字基本相同。今人阅读古书的障碍,主要不在语音上,而在于古今字义和文化的变化上。

汉字的超方言性和超历史性,被人们总结为汉字的超时空性。

汉字的超时空性,是汉民族文化认同的重要标志,也是维护国家统一的强大纽带。汉字作为一种民族文化的载体,犹如流动在所有炎黄子孙血管中的血液,具有强烈的民族文化认同感。不论天南海北,方言阻隔,炎黄子孙总是把汉字当作民族的象征。所以,汉字的超时空性,凝结成为数千年来中华民族的文化认同,成为行政上维护统一的纽带。1947 年 11 月,朱经农在《教育杂志》上发表反对拉丁化新文字的意见。他提到:"同一字各地读音不同,各人照自己的乡音用罗马字拼出来,会变成完全不同的许多字。将来中国的文字,化为无数种不同的文字,没有法子可以统一,也弄得彼此不能互相了解。统一的文字与国家的统一有密切的关系,破坏数千年来文字的统一,将有不良的结果,不可不慎重考虑。"(《百年记事》: 104)

除了上述特点之外,汉字的艺术性也是世界上独有的,此不赘述。

二、汉字的性质

汉字的性质问题是二十世纪中国文字学的重要话题,八十年代前后还一度成为热点问题。笔者曾撰文对二十世纪的汉字性质讨论状况加以综述(詹鄞鑫 2004a)和进一步的理论分析(詹鄞鑫 2005a)。

1. 两种文字分类标准的来由

汉字的性质问题,也就是汉字体系属于哪一种文字类型的问题。判断汉字的性质,过去有两种角度:一是从文字"表意"还是"表音"的问题出发,一是看文字在记写语言时表达语言结构中的何种要素。为什么"汉字性质"是文字类型的问题?为什么文字的分类会出现两个角度?这两个角度有什么区别或联系?

汉字是世界上多种文字之一,**汉字属于何种类型的问题,实质上就是汉字不同于其他类型文字的特性,而不是汉字与其他文字都具备的共性**。那么,什么因素决定了文字类型的不同呢?文字划分类型标准的问题,正是文字学的一个基本问题。

文字类型学比较明确的区分始于十九世纪或更早的西方学术,从那时起,对文字的认识变化大致可以分为两个阶段。起初,研究者把文字区分为"图画文字""表意文字""表音文字"三种类型。有的类型内部还加以细分,如"表音文字"又区分为"音节文字"和"音素文字"两个亚类型。进入二十世纪三十年代,西方文字通史著作普遍关注文字类型和术语问题,于是对文字类型的划分进入一个新的阶段。正如苏联比较文字学家伊斯特林所指出的,由于分类标准的不一,"传统的文字类型学、分类学和术语系统,尤其是'图画文字''表意文字'和'表音文字'的分类法,已经大大过时了"(伊斯特林 1961:28)。于是,文字类型的划分办法从原来的多标准转变为单一标准,也就是只以书写符号与语言中的何种要素相对应作为标准(原先它只是划分标准之一)。二十世纪文字分类出现两种做法,正是文字类型学理论逐渐深入和进步的反映。①

伊斯特林(1961)说:"很早以来就确定了把文字体系分为三种类型的传统分类法。这三种类型传统上称为'图画文字''表意文字'(又名'象形文字')和'表音文字'。"关于三类型说,我们所知的最早版本见于美国文字学家泰勒(Issac Tylor)1899 年的著作。他认为人类文字的发展经过了五个阶段:图画、图像标记、表言符号、表音节符号、表字母符号,其中前两种属于表意文字,后两种属于表音文字,中间一种兼属两者。他把汉字归为象形字、会意字、表言的表音字,说这些东西的混合是"最显著的例子,说明一种文字系统从来没有超越过最初级的习俗

---

① 关于文字起源模式,以及文字分类依据的问题,参阅本书第一篇"问题与回顾"之四"汉字的起源和演变问题"中"汉字起源的问题"部分。由于撰写时参考文献不同,两处的阐述并不完全吻合,暂且两存。

化的图画文字的残留"(潘文国 2002：40)。所谓"表言符号"，指的是以汉字为代表的文字符号。泰勒的模式就可以归纳为"图画文字-表意文字-表音文字"这种形式。"文字发展三阶段论"从此成为占统治地位数十年之久的文字发展模式理论，至今仍对中国文字学界产生影响。

由此可见，文字分类问题并不仅仅立足于文字的特点，还涉及文字发展史观。显然，"三阶段论"的分类法带有进化论以及欧洲文化优越论意识。这种意识反映在语言问题上，就是"孤立语→粘着语→屈折语"的"语言发展三阶段论"；反映在文字问题上，就是"图画文字→表意文字→表音文字"的"文字发展三阶段论"。"随着比较语言学的发展，'语言发展三段论'已于二十世纪上半叶被人们抛弃，而'文字发展三段论'却至今还有大量拥护者。"(聂鸿音 1993)

然而，在西方早期的文字类型学中，术语的定义是不严谨的。伊斯特林（1961：27 – 31）曾对相关定义加以总结和评价。先看"图画文字"的定义：

> 所谓图画文字 Пиктография，由拉丁语词 pictus"图画的"和希腊语词 γραψω"写"而来，是历史上最原始最古老的文字类型（如美洲印第安人的图画文字）。作为"图画"文字最显著的和决定性的特点，通常指的是下列三者之一：（一）或者这种文字好像不表达语言，而是直接表达思维的内容；（二）或者这种文字的手段（与"表意文字"所用的约定符号不同）是具体的图画；（三）或者这种文字不反映语言形式。

伊斯特林认为，关于"图画文字"的三个定义都是有问题的。

第一个定义说图画文字记录的不是语言，而是直接的感知。伊斯特林认为这个说法不对，图画文字经常表达用词语表达的信息，所以是表达语言的，只不过表达的语言还不完整而已。笔者按，如果真的"不表达语言"，那么所谓"图画文字"还算不算文字也成了问题，因为"文字"的定义就在于它是"记录有声语言的符号"。

第二个定义立足于符号形式，把采用具体图画作为符号的文字当作"图画文字"。这首先在方法论上就是不可接受的，因为"文字"是有声语言的交际工具，无论它多么原始，它都是"言语的传达物和固定者"，"书写符号的一个最重要的特点决不是它的形式，而是它的意义，即这些书写符号表达语言的哪些要素"。而且，这个定义也不反映"图画文字符号"与"表意文字符号"的实际差别。因为有许多"表意文字"体系（如埃及圣书字），甚至纯表音的（例如腓尼基的）文字体系中，书写符号局部地或者完全地保留"直观-图画"的形式。这样一来,依据符号的形式就不可能划清"图画文字"和"表意文字"的界限。

第三个定义是俄国 Л.В.谢尔巴提出的。定义说图画文字的特点是不反映语言形式。这个定义的问题在于,"它依据的不是图画文字的正面特征,而是反面特征,不是基本特征,而是派生特征"。换言之,这个定义不能把定义目标的"图画文字"同其他具有信息功能的符号(例如红绿灯)区别开来,所以是没有多少意义的。

上述三个定义,只有第一个定义是有意义的,而如果按这个定义,图画文字就不能算是"文字"了。所以,"图画文字"的定义是不能成立的。看来,这个概念的设置仅仅是为了构建文字发展的三个阶段,用以支持文字进化的三阶段论模式而已。

再看"表意文字"的定义。伊斯特林总结道:

所谓表意文字(Идеография,由希腊词 ιδεα"观念""概念"和 γραψω"写"而来,直译就是"概念书写"),在历史上是图画文字之后的一种文字类型(如古汉字或古苏美尔文字)。作为这一类型文字的决定性特征通常也是提出如下的三者之一:(一)不同于似乎只表达"具体表象和语境"的图画文字,表意文字表示概念,包括一般概念和抽象概念。(二)认为图画文字同表意文字的主要差别在于:表意文字的基本手段不是直观的图形,而是约定的符号,后者有时只是间接地、象征性地指出其意义。(三)还要指出,表意文字(不同于图画文字)中所表达的信息在书写上分为各种"实义部分",每个部分与一个特殊的表意符号相对应。

第一个定义是在与"图画文字"做比较的基础上产生的,这种文字不是像图画文字那样直接表达感知,而是通过语言的中介表示概念(包括抽象概念)。伊斯特林认为,文字直接表达思维的形式不可能获得发展,而这个定义却以思维和文字之间是否可能有直接联系作为前提,这在逻辑上是不恰当的。笔者认为,这个定义为着与"图画文字"划清界限,却不小心跟"表音文字"有了瓜葛,因为"表音文字"也同样能够通过语言中介"表示各种概念"。

第二个定义立足于符号形式,如前所述在方法论上是不可取的。而且,光从符号形式上是不能把"表意文字"和"图画文字"区分开的。

第三个定义是说这种文字可以把所表达的信息拆分成有实义的若干部分来书写,每个部分都有其特定的记录符号。笔者认为,索绪尔的定义(1916:50)对这一观点表述得更加明白：

> 表意体系，一个词只用一个符号表示，而这个符号却与词赖以构成的声音无关，这个符号和整个词发生关系，因此也就间接地和它所表达的观念发生关系。这种体系的典范例子就是汉字。

不难看出，汉字的特性与此正相合。然而，这个定义的着眼点是书写符号跟语言中具有"实义"的词相对应的问题。这正是从文字记写语言何种要素的角度来说的。

再看有关"表音文字"的定义问题。伊斯特林（1961：30）说：

> 表音文字这一术语是最差劲的，因为它通常包括两种类型的文字：音节文字和字母-音素文字。音节文字和字母-音素文字是反映言语语音的文字，而"图画"文字和"表意"文字似乎只是表达言语的内容，然而"表音文字"这个名称却以前者同后者的完全错误的对立为基础。

意思是说，"表意"和"表音"是文字的两个要素，二者的区别在于言语的内容和言语的发音并不构成对立关系，但"表音文字"这个名称的建立却是以这个错误的对立为基础的。

于是，伊斯特林总结传统的文字分类法有四个方面的"根本缺点"。一是分类逻辑的问题，"这个分类法根据不同的、不可相提并论的特征——时而根据符号的形式，时而根据符号的意义，把文字分成几种类型"（笔者按，"符号的意义"不是指字义，而是指与"符号形式"相对的符号的作用，例如"表音"或"表意"）。二是根据书写符号的形式进行分类在方法论上是不正确的。三是歪曲了文字发展史的规律，"传统分类法是以文字史的早期阶段文字和思维的直接联系（绕过语言）得到广泛的发展为前提的"。四是"传统分类法不能包括某些很重要的书写符号类别"。（伊斯特林 1961：31）

伊斯特林的分析虽有可商之处，然而，表现为三阶段论的传统分类法，在逻辑上和方法论上存在的问题是不容否认的。其实，文字发展三阶段论的问题不仅仅出现在分类逻辑上，更严重的问题还在于，产生这种理论时中国的甲骨文还没有被发现，对中国文字的早期状况世人一无所知，更谈不上充分的研究。在这种状况下，西方文字学错误地把物种起源的单源进化论硬搬到文字发展论上来。由此建立起来的文字发展观，其普遍性意义是很值得怀疑的。汉字是世界上使用人口最多的一种文字，如果把汉字排除在普通文字学或比较文字学之外，是不可能概

括人类文字发展总体面貌的。正如王宁(2002：10)所指出的，

> 表意文字和拼音文字是世界中并存的、代表着两种发展趋势的文字系统，它们各有其特点，又各有其发展规律，而汉字又是表意文字的代表。……所以，研究汉字的构形特点和使用规律，不仅是中国文字学的课题，而且也是世界文字学的课题。

那么，究竟应该如何给文字分类呢？伊斯特林(1961：31)说："方法正确的文字分类法应该从符号的意义(笔者按，即符号的功能)出发。既然文字用来表达语言，所以书写符号和图形就应根据它们表达言语的何种要素来划分类型。文字类型的名称也应该据此而来。"事实上，传统文字分类法中的"表音文字"(音节文字和字母-音素文字)就是根据符号的功能来确定的，"表意文字"的定义为"(书写)符号和整个词发生关系"，也是从符号的功能来确定的。所以，只要坚持从书写符号的功能出发，就能够把原来传统的文字分类法改造为比较符合逻辑的分类法。根据这样的标准，伊斯特林认为文字可以分为五种类别：句意字、表词字、词素字、音节字、音素字。

这样，我们就清楚了，过去人们区分文字类型有两种做法：一是从文字是"表意"还是"表音"的问题出发，二是根据文字在记写语言时表达言语中何种要素来分类。这两种做法并不是并存的两种具有不同学术价值的方法，而是同一种方法的两个认识阶段。前一个阶段的基础是"图画文字-表意文字-表音文字"的文字发展三阶段论。由于这种理论在分类逻辑上的欠缺，于是改造为完全根据书写符号表达言语中何种要素来分类。这两种做法是继承和发展的关系。

毋庸讳言，过去的中国文字学研究一直把上述两种做法当作探求汉字性质的两种并列的方法，这是由于我们对西方文字类型学的发展缺乏了解造成的。

2. 文字制度演进的虚假规律

由西方人提出的"文字发展三阶段论"，意在体现文字单线发展的进化论。当文字类型的区分标准改变为单从书写符号记录言语何种要素的角度进行判断之后，进化论的意识并没有改变。伊斯特林不赞成"表意文字"和"表音文字"的分类法，他把古汉字看作"表词文字"，把现代汉字看作"词素文字"。他说："从总的历史方面来看，文字的发展是从偶然的图画文字的图形，到经过整理的、但又是复杂的表词文字体系，然后再由后者发展为更简单的词素文字体系，以及(特别是)音节文字和字母-音素文字体系。"(1961：550)这个说法仍然包含着文字单线发展

的思想,其实是"文字发展三阶段论"的翻版。

汉字落后论来自西方文字学关于"文字发展三阶段论"的一种非科学的论断,这点上文已述。然而,"文字发展三阶段论"曾经对中国文字学和文字政策产生长久的难以估量的影响。在二十世纪很长一段时期内,中国文字学界普遍认为,文字的发展规律是从原始的图画文字发展为表意文字,然后再发展为表音的音节文字和音素文字。举例如下。

钱玄同在二十世纪二十年代就提出:"汉字的变迁,由象形而变为表意,由表意而变为表音。表音的假借字,和拼音文字只差了一间。"(◇周有光 1979a:3)他是用汉字发展"象形→表意→表音"的规律来表述"文字发展三阶段论",为汉字拼音化提供理论基础。张世禄 1941 年在阐述汉字构造时写道:"中国文字是介于图画文字和拼音文字两个阶段的中间,自身是一种表意文字,而形、音、义三方面都不可偏废,因之文字的构造上兼具有写实、象征、标音这三种方法。"(《文字学书目考录》:619)

五十年代,文字发展三阶段论成为文字改革的基础理论。例如李振麟(1957:51-60)说:"从文字发展的一般规律来看,世界文字由低级到高级的发展过程是:从图画文字经过表意文字而到拼音文字(中间还有音节文字和音素文字两个阶段)。跟表音文字来比,汉字在文字发展史上是比较过时的东西,不能把它的优点夸大,说得比处于文字发展高级阶段的表音文字还好。"周有光(1957)在谈文字演进规律问题时说道,"我们的文字在有记录的三千多年间始终是意音制度的文字","文字的发展经历了三个阶段。第一阶段是表形兼表意的形意文字,第二阶段是表意兼表音的意音文字,第三阶段是完全表音的拼音文字。从形意制度发展为意音制度,从意音制度发展为拼音制度,这就是文字发展的基本规律"。周有光还认为:"任何一种语言,……如果它的文字是意音制度,迟早要发展为拼音。这是落后让位于先进的规律,决不因为语言特点和社会习惯的不同而有例外。"(周有光 1979a:3)周有光的文字发展三阶段论,具体提法不同于三阶段论,但基本意思是一致的,只是更加照顾到汉字既表意又表音的实际情况。① 一直到后来,周有光(2005:9)还是坚持这个观点,他说:"我五十年代开始研究中国文字在世界文

---

① 周有光(1986b)把假借用的汉字和作为形声字的声符(周称之为"音符")当作表音符号,所以认为从甲骨文以来的汉字属于"意音文字"。

字里是什么地位,所以我写了《世界文字发展史》,把人类文字分三个阶段。很多人骂我,说我贬低了中国文字。我分原始文字、古典文字、字母文字,我们的文字是古典文字,是客观存在的,没有什么贬低不贬低。所以一定要了解世界,才能了解中国,这是我的原则。"

《辞海》(1978:26)说:"文字有表形文字、表意文字、表音文字,这三种类型标志着文字发展的三个不同阶段","表形文字,也叫象形文字,是文字发展中的最初阶段","表意文字,是文字发展中在表形文字和表音文字中间的一个阶段"。这个提法代表了中国语言学界在二十世纪的主流认识。

当然也有不同看法并发生了论战。例如梁东汉(1959:59‑62)提出,"世界上的文字可以划分成表意文字、音节文字和音素文字三个类型。划分的标准是根据文字符号代表怎样的一个音值而不是根据它们的外表的形式",他认为,"方块汉字是表意体系的文字",表意文字"因为和语言的语音没有直接的联系,所以表意文字就有可能来表达不同民族的语言,而且也适合于方言分歧的语言的民族"。梁氏还指出,"表意、音节、音素三个类型反映了文字发展的三个阶段,但是发展的先后并不意味着它们之间有落后和先进的区别"。梁氏关于"三阶段"的说法跟之前其他学者说法不同,不承认"图画文字"阶段,而把表音文字又细分为音节文字和音素文字。他既然承认文字发展有三个阶段,却不承认它们之间存在着先进落后,这就成了一句空话。

问题的关键在于:"文字发展三阶段论"真是文字发展的客观规律吗?

二十世纪八十年代以来,随着思想解放的高潮,中国学者对西方人提出的"三阶段论",以及相应的汉字落后论开始出现反思。例如汤云航(1994)、谢晖(1994)、刘光裕(1995)、刘又辛(1998)等。

袁晓园(1992:23)说:"实践证明,所谓表形→表意→表音的人类文字发展的共同规律是不存在的,建立在这个不存在的规律的基础上的'汉字落后论''汉字难学论''拉丁字母万能论'是错误的,由此而制定的走拉丁化拼音化方向的'文字改革',也是完全错误的。"

刘光裕(1995:21)认为,文字演进的三阶段论"它本来是由使用了三千多年拼音文字的西方人最早提出来的。这在西方人那里是讲得通的,是对的;然而,未必能在汉字中讲得通。中国人使用汉字,同样也有三千多年。这个汉字和西方拼音文字是世界上所有文字中两个最大的不同系统。认为西方的这个文字演进三阶段也同样适合于中国的汉字,这个结论,完全是靠理性判断和逻辑推理的方法得出来的,并无事实根据。而且,以前和现在的所有论者皆无法提供足以证明这个结论的事实根据。所以,这个论证汉字落后的基本理论,不具有严肃的科学性"。

刘又辛(1998)认为,我们"提出的世界文字发展历史新框架,把汉字发展的形声文字阶段,同表音文字的字母文字阶段列为并行的两条发展道路,这样,便纠正了汉字落后的谬论。可以理直气壮地说,现代汉字是中国人民两三千年来创造的一种具有中国特色的文字,是一种伟大的创造。我希望,在有关教材中要把这一点写进去。中华民族的传统道德之一就是爱国,爱我们的优秀文化,汉字应该包括在内"。

潘文国(2002:91)说:"把文字的这两种分类综合起来考虑,我们会发现表意文字与自源文字、表音文字与他源文字,实际上是重合的。凡自源文字都是表意的(不论是形意文字、意音文字、表词文字),凡他源文字都是表音的。"

王宁(2002:3-4)说:"有些理论认为,世界文字发展要经历表形(象形)、表意、表音三个阶段,从这个理论出发,它们认为表意文字处于发展的第二阶段,因此必然要继续发展为拼音文字。这个说法并不符合世界文字发展的事实。""我们主张'世界文字发展两种趋势'论,不同意'三阶段论'的观点。"

何丹(2003:3)认为:语言的基本类型,从起源阶段就决定着文字的基本类型,并决定着文字在起源阶段的发展演变方式。人类各类自源文字系统在起源阶段的发生发展事实证明:表意文字与表音文字,不是代表人类文字发展的不同阶段,而是代表人类文字发展的不同方向。

所谓"图画文字",伊斯特林称为"句意字",也有人叫作"语段文字",即书写符号跟句子或语段相联系的形式。这种形式无疑反映了文字的原始状态。殷墟甲骨文中的确也残留着语段文字的痕迹,透露出早期汉字可能包含着语段形式的事实。但是,早期文字的整体状况如何?例如,早期汉字中的语段文字,在当时的记录中究竟是起主导作用的,抑或只是辅助性的,这一问题至今还不清楚。所以,早期文字中存在"图画文字"的事实,并不能证明它一定会演变为"表意文字",也不能证明"表意文字"一定是由所谓"图画文字"发展而来的。

如果不论"图画文字",那么,"表意文字"一定会演变为"表音文字"吗?"表音文字"一定是由"表意文字"演变来的吗?

按照习惯定义,汉字是"表意文字"的代表,而英文等拼音文字则是"表音文字"。如果承认"表意文字"终究要发展为"表音文字",那就等于承认汉字是处于落后状态的文字。这个问题,在二十世纪曾经有过相当激烈的争辩。这里只提出一点原则性的想法。

我们认为,文字比较应该重在看其历史发展的全貌。历史表明,作为"表意文字"代表的汉字和"表音文字"代表的西文都是历史同样悠久、文明同样发展、文献同样丰富、书面表达同样完美的民族的文字,所以很难被看成是进化过程的两个阶段。至今没有任何文字发展史的事实可以证明这两者属于两个发展阶段。按照历史唯物主义的基本原则,历史研究不允许作主观的假设,而应该从历史的客观事实出发。这个事实就是,表音的西文适合西方的语言,所以在西方获得发展;而表意的汉字适合汉语,于是在中国获得发展。如果不考虑近代西方殖民统治以及凭借某种经济优势和网络优势造成的英文传播的特殊性,在西方殖民统治之前汉字的使用人口并不比英文少,现在也不比英文之外的其他任何一种表音文字少。历史淘汰了许多种类文字,而汉字却获得越来越多的使用人口,这是文字富有生命力和优越性的表现。如果无视这个事实,就难以做到客观的评价。(詹鄞鑫 2004a:46)

二十世纪五十年代曾经流行一种非常错误的说法,即否定汉字跟汉语之间相适应的关系(李振麟 1957:54-55)。到九十年代学术界才开始认识到文字与语言是具有显著的适应过程的。侯一麟(1994)说:"哪种语言用哪种文字,决不是随意的,是由这种语言的内在规律所决定的,是经过了几千年的自然选择、适应、修正过程的。一但用了一种文字体系,又会在某种程度上受其影响和制约。汉字源远流长,已经对汉语有巨大的影响,并业已成为汉文化的一个非常重要的部分。仅从语言与文字关系的角度讲,汉字拼音化也行不通。"我们认为,汉字对于汉语的高度适应性是毋庸置疑的。一个最基本的哲学原理是:事物总是内容和形式的统一,形式对于内容总是存在适应与否的问题。适者发展,不适者淘汰,乃是事物发展运动的基本规律,概莫能外。任何想否认文字体系跟语言之间存在适应性关系的说法,都是违背辩证法基本原理的。很难想象,一种文字体系是落后的,却能够获得长久的维持和发展,从而具有最悠久的历史。假如说,某种文字在历史的发展过程中,自然地放弃了本可能走得最简便的演进方向,终于选择了难学难写难认不简便的形式,并且竟然还能获得越来越多的使用者,那么,这种说法一定不是客观的真实。但是,汉字跟汉语之间究竟是怎样的适应关系,这是一个值得进一步探讨的问题。

至今没有事实能够证明人类文字的发展规律是从表意文字到表音文字,也没有理由认为属于"表意"体系的汉字是处于落后阶段的文字。讨论汉字的性质,只是为了认识汉字与其他类型文字(例如西文)的根本区别。索绪尔(1916:50-51)在谈到文字体系时说:"只有两种文字的体系",即"表意体系"和"通常所说的表音体系"。他没有提到"图画文字",也丝毫没有流露出两者之间有什么"发展阶段"的意思。可见,虚构的"文字发展三阶段论"模式即使在西方也并没有成为共识。

3. "表意""表音"概念的类型学意义

如上所述,汉字性质的问题包括判定汉字是"表音"还是"表意"的问题,或者汉字记录的是语言中的哪个层次的问题,两种角度都是把汉字作为一种文字体系,置于世界文字的大背景上来看汉字的特点,而不是在汉字内部来区分这样那样的类型。但是,在汉字性质问题的讨论中,这点一直是不清楚的。

例如沈兼士(1986:386)在二十世纪二十年代把世界文字总括为"意字"和"音字"两类:"意字的性质,不以声音为主,而以表示形象为主,用文字来具体的或抽象的形容事物之状态,如前面所说的文字画,楔形文字,中国的象形、指事、会意各字皆是;音字的性质以表示声音为主,大都是由意字转变而来的,如欧美各国通用的拼音文字,中国的形声字皆是。"沈氏所说的"意字"和"音字"就是表意文字和表音文字。在他看来,世界文字可以分为意字和音字两类,而汉字中一部分属于意字,一部分属于音字。这种在世界范围内把汉字分属两类的做法,混淆了文字体系类型和同体系文字内部分类这两者的界限,显示出尚未成熟的一面。

沈氏采用的判断依据,就是从六书看汉字构字符号中是否含有"表意"的或者"表音"的因素。这种办法一直持续到世纪末。例如姜亮夫(1984:145-147)分析小篆的体系,发现"它里面含有真理,这真理是合于人类文字发展的三表",所谓"三表",就是指包含绘画文字、象形字和部分象事字的"表形阶段",包含会意字和部分转注字的"表意阶段",包含形声字、假借字和部分转注字的"表音阶段"。事实证明,按照构字符号的表意表音功能,是难以回答汉字性质问题的。采用这种办法的结果必然是:汉字被区分为有的是"表意"的,有的是"表音"的;也可能有些汉字是由既不"表意"也不"表音",只能区别功能的"定符"构成的(周有光

1988）。这样的划分办法,要么在汉字体系内部区分为"表意"和"表音"两类文字,要么把"表意"和"表音"都看作汉字的性质,笼统地把汉字看作"表意兼表音"的文字,或者叫作"意音文字"。可见,依据构字符号的功能不可能把汉字跟"表音"的西文等其他文字类型区分开来。

对于"表意"或"表音",学术界的理解很不一致。姚孝遂强调,文字的形体结构来源和文字的功能作用是两个性质截然不同的问题。文字的形体,都是来源于客观事物的图像,从这一角度来看,无论是甲骨文还是金文,都是象形文字。但是就这些文字符号记录语言的作用来说,它们却是表音的。一个独立的文字符号,不论是基本形体还是复合形体,都是一个完整的整体;在起到记录语言的功能和作用时,这一整体不容许加以割裂。汉字在书面语言中并不是通过形体来表达意义,而是通过它所代表的语音来表达意义,所以,汉字符号的功能是"表音"的,而不是"表意"的(姚孝遂等 1979;姚孝遂 1989、1996)。多数学者在承认汉字表音功能的前提下并不否定汉字的表意性质。例如赵诚(1981)、孙常叙(1983)、陆锡兴(1985)等都认为汉字兼有表音和表意两重性。也有一些学者并不承认汉字的表音性质。曹先擢(1988)认为,单个汉字是既表音又表意的,但单个汉字的表音功能不具有排他性(还有同音字),而表意功能却有排他性(没有同义字),所以称汉字为表意文字。胡双宝(1988)认为:"凡文字,必然有形、有音、有义。说某种文字是表音文字,是因为它表音比较直接,音是显性的;说汉字是表意文字,是因为它表音不那么直接,音是非显性的(不完全等于隐性的)。"

自沈氏以来,讨论汉字的"表意""意音"问题的,大多是从构字符号的功能来着眼的。姚孝遂改变了这种做法,他认为,汉字在起到记录语言的功能和作用时,它的整体性不容割裂。形声字的形符主要表明义类,并不能真正表意,所以从广义上说,形符也是一种区分符号。将文字的形体结构分割为形符和声符,只是我们探索文字形体来源和构成方式的一种手段。形声字的形符与声符是一个相对的概念,形符和声符的作用是受文字的整体形态和文字与语言的关系所制约的(姚孝遂 1996、1998)。姚孝遂强调应把汉字作为整体来看其性质,这个思路是合理的。然而,在"汉字是表音文字"的意见提出来之后,人们无意中改变了划分依据,按照汉字本身有音有义来认定汉字既"表音"又"表意"了。于是,汉字性质究竟由什么来决定的问题就被特别提出来了。但是,如果还是从构字符号的表意表音功能来看汉字性质,其结果还是跳不出汉字有的"表意"有的"表音",是一种

"意音文字"的结论。

　　说汉字是"表音文字",就与拼音文字混同一类了。这当然是难以被接受的。如果把汉字定为"表意兼表音"的文字,那么,它跟"表音文字"的差别,是否就在于它"表音"之外还有"表意"性? 其实,汉字跟西文的差异,大家是一望而知的,只是一上升到理论,就反而说不清楚了。

　　汉字性质问题之所以纠缠不清,最根本的原因就在于学术界在尚未弄清楚汉字性质命题的意义时,就企图为"表意"和"表音"概念赋予自己所理解的涵义。讨论者对于"表意"和"表音"概念的理解各不相同,或各自定义,当然就无法实现对汉字性质问题的统一的意见了。

　　西方传统分类法尽管有问题,但也不是毫无意义。其意义就在于,它把世界上使用人口最多的两类文字从类型学的意义上划分开了。

　　作为中国人,我们所关心的是汉字跟英文等拼音文字的比较,于是就需要有合适的类型名称。如在上文所述的文字类型划分标准中,如果把英文等西文称为"音素文字"(或"字母-音素文字"),汉字就宜称为"语素文字"(或"词-语素文字")。如果就这么称名当然也未尝不可,但既然采用了这个分类系统,就意味着参与比较的还有同属于"表音"而不同于音素文字的"音节文字"。如果进行纯文字学的分类,这也许是比较全面的。然而,如果我们仅仅关注汉字与拼音文字的比较,就需要一个只涉及这两者的名称。在这样的语境下,把这两个类型概括为"表意文字"和"表音文字"还是比较通俗易懂的。

　　在这里,我们先撇开"表意""表音"的定义,只看汉字与拼音文字的区别。毋庸置疑,谁都不会看不到两者的区别:拼音文字用字母记写语音或音位;而汉字没有专门的记音符号,是用一批形体各异的符号来记录音义各异的词或语素。为汉字和拼音文字划分类型,就是用一套约定俗成的术语来表达两者的区别。换言之,不是先定义概念来考察对象,而是按照对象的实际区别来定义概念。

　　根据这个目标,不妨沿用传统的文字分类法,把汉字跟拼音文字的区别定义为"表意"和"表音"的不同。诚然,如前所述,"表意""表音"的提法是有问题的,因为两者本来不是对立的,任何文字都兼具表音和表意的功能,否则就不成其为"文字"。然而,这两个名称在字面上各有侧重,大致上正反映了汉字和拼音文字在直感上的区别。为着定义的学科性,我们可以按照对于汉字和拼音文字的理性认识来规定概念。这样,"表意文字"就可以定义为:书写符号直接与语言中的词或词素相联系的文字。"表音文字"定义为：书写符号用于描写语音或音位的文字。事实上，经过改造的传统文字分类法正是这样定义的。试看索绪尔(1916：50－51)对"表意文字"和"表音文字"的定义：

> 表意体系，一个词只用一个符号表示，而这个符号却与词赖以构成的声音无关，这个符号和整个词发生关系，因此也就间接地和它所表达的观念发生关系。这种体系的典范例子就是汉字。通常所说的"表音"体系，它的目的是要把词中一连串连续的声音模写出来。

不难看出，索绪尔的定义正是根据汉字和拼音文字特点而做的阐述。由此可知，除非不用，如果一定要用"表意文字"和"表音文字"的分类法，那就只是借用西方文字学早先曾经采用过的术语。对这两个术语的内涵无须另外定义，可直接沿用索绪尔所归纳的现成说法。采用这套术语的目的是很明确的，就是为着区分汉字和拼音文字的不同性质。定义因对象而设，这样，汉字是被定义为"表意"文字，而不是论证的结果。除了这个目的，我们并没有其他需要来讨论汉字是"表意"还是"表音"的问题。

作为文字体系的类型名称，"表音"概念只能指拼音文字，不能指汉字中的"假借字"和"形声字"。"表意"作为与"表音"相对的概念，指书写符号与词或词素联系在一起的类型，汉字只能属于"表意文字"；而且，汉字中所有的个体符号，不论其结构方式如何，也不论其用法是否为"假借"，都属于"表意"文字。

那么，汉字内部是否可以确立一个标准来划分为"表音""表意"呢？这看起来比较简单，似乎只要按照"六书"结构对号入座看其是否包含表音符号就可以了。然而，我们认为这种做法是不宜的。首先，"表音"和"表意"的提法，既然属于文字类型学的概念范畴，为了保证概念的科学性，就不宜又用于汉字内部的分类，否则就会造成概念的混乱。其次还在于，汉字在记录语言的时候，早就脱离了它的造字本义，大量使用的是引申义和假借义。这样，从造字角度来为实际应用的汉字区分"表音"与"表意"是没有道理也没有意义的。而且，如果仅仅用于区分汉字的造字结构类型，那么由于大量形体讹变字和记号构件的采用，"表音"和"表意"这两类显然也是不能周全的，还不如考虑其他名称更方便一些。

4. 汉字的"语素文字"性质

有的学者在否定汉字是表意文字或表音文字的同时，还从汉字所记写的语言单位的角度来谈汉字性质的问题。王伯熙(1984)批评了汉字为表音文字和表意文字的观点。他认为,汉字从来都不曾是专用于记音节的音节符号,而是音义结合体。即使是表音性的假借字或同音替代字也不是专记音节的表音符号。所以汉字不是"表音节的表音文字"。至于表意文字的提法,他认为这个概念是含糊不清的,"从文字符号所记录的语言单位这个方面来看,汉字应该属于表词文字,因为它的每个独立字符基本上都是音义结合体,即形音义的统一体,是词的书面符号"。

裴锡圭(1985)提出,首先必须讨论文字的性质到底是由什么来决定的。裴氏认为,汉字体系的性质是由构成汉字的符号"字符"(按指构字符号)而不是由作为语言符号的文字本身来决定的。"字符"可分为意符、音符和记号三大类。表意的象形符号是意符的一种。象形符号和音符也可能丧失表意表音作用而转化为记号。汉字在早期阶段(隶变以前)基本上是使用意符和音符的一种文字,可以称为"意符音符文字"(即意音文字);后来由于形音义等方面的变化,演变成为使用意符、音符和记号的一种文字,可以称为"意符音符记号文字"。裴氏又说,如果从"字符"所能表示的语言结构的层次看,汉字又可以称为"语素-音节文字",即有些"字符"只跟语素这个层次有联系,有些"字符"则起音节符号的作用。裴氏特别指出,通过"字符"功能分析得出的"语素-音节文字"的提法,跟有些人由文字作为语言符号的功能而得出的"语素-音节文字"的提法貌同而实异,认识并不一样。裴锡圭后来(1989)又说:"从汉字使用的符号的性质来看,表音文字说显然很难为人所接受。汉字大量使用表意符号,而且其表音符号是借用既有音又有义的文字充当的,跟拼音文字的字母大不相同。"这个意见跟王伯熙对表音文字说的批评意见相合。

裴锡圭关于从构字符号来看汉字性质的观点,依笔者的理解,是受到汉字结构学说的影响。自沈兼士、张世禄、唐兰以来,诸家大抵从六书结构来分辨表音表意,讲六书就必然从汉字结构看问题。李禄兴(1998:21–24;2003)不赞成从汉字的构字符号来看汉字性质,他认为"只有语言单位与文字单位的关系才决定了文字的本质特征",他说,汉字之不同于西文,在于"方块汉字记录的是以音节为单位的语素,所以是语素文字;西文记录的是语言的音素或音节,所以是音素文字或音节文字"。张玉金(2000:50)也认为:"考察汉字表达语言中何种要素时,还应着眼于一个个汉字,而不是字符。"他们都明确提出决定汉字性质的是单个的"字"而不是构字符号。

如前所述,西方文字学在二十世纪前期,就已经把区分文字类型的"表意""表音"属性,转变为倾向于从文字单位记录语言的层次来区分文字的性质,于是,"表意"文字进一步区分为"词文字"和"词素文字","表音"文字则区分为"音节文字"和"音素文字"。正如伊斯特林(1961:31)所说,"既然文字用来表达语言,所以书写符号和图形就应根据它们表达语言的何种要素来分成各种类型"。早在二十世纪前期,美国语言学家布龙菲尔德(1933)就已经提到汉字是"表词文字";伊斯特林(1961:35)也把古汉字归入"表词文字"的类型中。

二十世纪五十年代以来,中国的文字学开始接受上述办法,即从文字单位与语言层次对应的关系来看汉字的性质。不过,在这个问题上,对于汉字性质的说法,也还是存在着一些分歧。

语素文字的说法在中国语言学界是一种比较普遍的认识。赵元任(1980)曾说"用一个文字单位写一个词素,中国文字是一个典型的最重要的例子"。吕叔湘(1985)认为"汉字是语素文字的代表,也是唯一的代表"。但是,也有的看重汉字还记写无意义音节的一面,如认为现代汉字是"记写单音节词和词素以及音节的文字"(郑林曦1988)。

"表词"跟"表语素"的提法虽然不同,但他们都不会无视汉字有的记录词,有的记录语素的客观存在,只不过从总体上偏重某一点而已,所以两种认识并没有根本的区别。有人统计现代汉字的"字"约有90%对应于汉语的一个"语素"(笔者按,统计者所说的语素包括单音节词和单音节词素),认为叫"语素文字"比较具有概括性(文武1984)。

然而,汉字是否可以定性为"音节文字"涉及什么是"音节文字"的问题了。张玉金(2000:48-52)注意到"音节文字"的特定含义,不同意把汉字跟音节联系在一起而称为"语素/词-音节文字"。对于汉字不能归属为"音节文字"的原因,他还提到另外两个理由:首先,记录联绵词、外来词中的音节的汉字常常被赋予意义。外来词如"葡萄""玻璃"等。其次,给一种文字体系定性,应当看这种体系里的绝大多数基本单元表达语言中的何种要素。我们赞同张玉金的意见。音节文字是表音文字的一种,汉字既然不属于表音文字,就不应该把"音节文字"这个概念的含义给搞乱了。

在如何判断汉字为语素文字的问题上,认识也是有分歧的。在过去,只要是从这个意义来谈汉字性质的,都是从单个汉字出发的。但裘锡圭(1988)认为应该从汉字的"字符"(构字符号)的功能来看。张玉金(2000：50)明确表示，"考察汉字表达语言中何种要素时，还应着眼于一个个汉字，而不是字符"。西方学者提出由文字记录语言要素来区分类型，指的是文字书写单位——对汉字来说就是"字"——与语言的对应。潘文国(2002：117)则根本就不同意"语素"和"语素文字"这个提法。

三、汉字评价和文字改革的问题

文字改革是二十世纪中国文化领域的一场重大运动。这场运动关系到汉字的前途和命运，必然出现不同意见的激烈交锋。文字改革运动是以"汉字落后论"为理论基础的，而汉字落后论是建立在西方文字学家早期提出，后来不再成为主流观点的"文字发展三阶段论"基础上的。作为国家语言文字工作基本任务的文字改革方针于 1986 年宣布结束，但围绕着文字改革理论基础的对于汉字的评价，以及对于文字发展三阶段论的讨论，至今还在继续。(詹鄞鑫 2002b)

1. "文字改革"的含义

二十世纪，受西方文字的拼音字母量少而能记录语音的简单状况，以及文字发展三阶段论的影响，许多人将汉字发展视为落后，为了改变这种"落后"状况，一批学者主张把汉字改造为拼音文字，由此产生了轰轰烈烈的"文字改革"运动。这种运动一直持续到 1985 年，才由政府出面把这个运动搁置下来。

中国文字改革委员会主任吴玉章在 1955 年全国文字改革会议上说："我国人民已经有了文字改革的明确的方向和目标。毛主席在 1951 年指示我们：'文字必须改革，要走世界文字共同的拼音方向。'毛主席又指示我们，汉字的拼音化需要做许多准备工作；在实行拼音化以前，必须简化汉字，以利目前的应用，同时积极进行各项准备，这是文字改革的正确方针。"

由此可知，"文字改革"的确切含义就是，记录汉语的文字制度要"改革"，由现行的属于表意性质的汉字改变为表音性质的拼音文字，也即"拼音化"。至于汉字简化和制定推广汉语拼音方案这两件事情本身都不属于文字改革，而是文字改革的辅助和准备工作。其中汉字简化是在文字拼音化实现之前"以利目前应用"的一种非长远措施。汉语拼音方案起初是作为拼音文字来设计的，叫作"拼音文字方案"，但由于记录汉语的技术问题难以解决，1954 年改为"汉语拼音方案"，其功能相应地改变为汉语拼音工具，并用于某些汉字不方便使用的地方，同时也可用作拼音文字的试验。

围绕文字改革的论辩所探讨的根本问题是：记录汉语的方块汉字究竟有没有必要改变为拼音文字。这个问题根源于对汉字和拼音文字两种文字制度的对比。汉字在中国使用数千年，本来不存在褒贬问题。直到清末中国人接触西方拼音文字后才产生比较，出现指责汉字落后的言论，然后才有维护汉字的论争，贬低在前而褒扬在后。在这个问题上出现两种相反的观点，后来被概括为"汉字落后论"和"汉字优越论"。

文字改革运动的发展大致可以分为三个阶段：第一个阶段从五四时期到1949 年，"文字改革"从提出口号到"拉丁化新文字"的摸索实验，再到实验停止。第二个阶段从 1950 年到 1985 年，文字改革作为国家语言文字政策的基本方向，通过国家力量推行汉字简化、汉语拼音方案等文字改革的辅助措施。第三阶段从1986 年转入新时期，国家语言文字政策的基本方向从文字改革转为语言文字规范化。下面按这三个时期对文字改革运动及不同意见的论战状况加以简述。

2. 摸索阶段：文字改革口号的提出到拉丁化新文字的实验

五四时期，出于对中国落后状况的反思，一批了解西方文化的知识分子把中国国力的落后归咎于教育的落后，又把教育的落后归咎于汉字的落后，于是提出废除汉字、改用拼音文字的口号。1918 年钱玄同发表《中国今后之文字问题》，提出："欲使中国不亡，欲使中国民族为二十世纪文明之民族，必以废孔学、灭道教为根本之解决；而废记载孔门学说及道教妖言之汉文，尤为根本解决之根本解决。"1923 年国语研究会所编《国语月刊》出版特刊"汉字改革号"，对汉字发起了全面的批判。该期发表了钱玄同、黎锦熙、赵元任、蔡元培等人的文章，大抵主张废除汉字，并连带研究词连写和罗马字母拼写等问题（《百年记事》：30,38）。汉字改革专号的出版，标志着以废除汉字和实现拉丁化为宗旨的中国新文字运动的正式发起。

1928 年，当时在苏联的瞿秋白、吴玉章、萧三、林伯渠等开始了创制中国拉丁化文字的工作。不久由瞿秋白写成《中国拉丁化字母方案》。1931 年 9 月，中国文字拉丁化第一次代表大会在海参崴开幕，大会制定了《中国文字拉丁化的原则和规则》。其中涉及对汉字的评价，认为汉字是封建社会的产物，已变成统治阶级压迫劳苦群众的工具之一，实为广大人民识字的障碍，已不适合现在的时代。提出要根本废除象形文字（指汉字），以纯粹的拼音文字来代替它。瞿秋白是制定拉丁文字方案的重要奠基人。他发表过一系列抨击汉字的激烈言辞,接受了文字具有阶级性的思想,认为"汉字不是现代中国四万万人的文字,而只是古代中国遗留下来的士大夫——百分之三四的中国人的文字"(李敏生 2000:301–304)。鲁迅也提出要废除汉字。他说:"汉字和大众是势不两立的","要推行大众语文,必须用罗马字拼音"。(李敏生 2000:307)

1935 年 12 月,中国新文字研究会在上海成立。会议草拟了一份名为《我们对于推行新文字的意见》的文件,征求各界人士签名,其中提到,"方块汉字难认难写难学。……中国大众所需要的新文字,是拼音的新文字,是没有四声符号麻烦的新文字,是解脱一个个地方方言的独裁的新文字。这种新文字,现在是已经出现了"。这里说的"新文字",指的就是"拉丁化新文字"。(《百年记事》:65)

废除汉字的理由,归纳起来主要有:

一是汉字难学难写难认,是普及教育的障碍。拼音文字只要记住几十个字母,学习起来容易得多。

二是汉字不是记音文字,不能跟语言完全结合,不便推广白话文。

三是汉字不便记录来自欧美的现代科技名词。

四是文字是有阶级性的,几千年来汉字只为封建贵族服务,而不是为人民群众服务的。为了代替汉字,于是设计了一套用拉丁字母拼写汉语的新文字,叫"拉丁化新文字"。

当时也有人不赞成废除汉字。例如,1936 年吴俊升提出:"我们教育者实在不应也不必附和废弃汉字的提议,而应在改良汉字的教学上多用功夫。第一,应该更适当地确定常用字汇,以为教学的根据。第二,应该就儿童学习的心理和汉字本身的体系,研究出汉字的经济学习法。"(◇王力 1957)这是想通过改革教学方法来提高学习汉字的效率。

1940 年 5 月 24 日,当时的教育部主管人对中央社记者发表谈话。他认为汉字"历史悠久",而且"中华民族之所以巍然独立于世界,绵延数千年,文化之寄托,民族之团结,实有赖于文字之统一";说拉丁化新文字不标声调,有很多同音词,"欲易更难"(《百年记事》:84–85)。这是对汉字价值的正面肯定,和对拉丁化新文字是否容易学习的质疑。1947 年 6 月 12 日,国民政府教育部召开基本教育预备会,讨论到拉丁化新文字问题。据《新闻报》载:会上"亦有人主张废除汉字,提倡汉字拉丁化者;多数专家反对,谓我国各地方言大多不同,倘用拉丁化文字,势必分化中国之统一。我国数千年来之历史文化,悉以汉字记载,且国人学习汉字,几无一感到困难者,倘一旦废除,无异断送我一脉相承之固有文化"。

1947 年 11 月,朱经农在《教育杂志》11 号发表反对拉丁化新文字的意见。他认为:(1)中国数千年的文化都是用汉字记载下来的,一旦把汉字废了,将来中国人就无法阅读古书、了解中国文化;(2)中国文字原系一字一音,同音的字实在太多,用罗马字拼起来,真不容易分别清楚;(3)同一字各地读音不同,各人照自己的乡音用罗马字拼出来,会变成完全不同的许多字。将来中国的文字,化为无数种不同的文字,没有法子可以统一,也弄得彼此不能互相了解。统一的文字与国家的统一有密切的关系,破坏数千年来文字的统一,将有不良的结果,不可不慎重考虑。(《百年记事》:103,104)

唐兰(1949:122)认为,一个民族的文字,应当和它的语言相适应。……汉语以简短的单音节双音节为主体,同音的语言(按指词语)又特别多,声调的变化又如此重要,所以拼音文字不能适合汉语。

拉丁化新文字从二十世纪二十年代末开始尝试推行,一直持续到中华人民共和国成立的 1949 年。实践表明,拼音文字必然受到劳动人民欢迎的说法实出于一些知识分子的想当然,在实际推行过程中遇到了许多难以预料和难以克服的困难。陆志韦发表文章说,"在老解放区,拼音文字好象推行不开",认为"过去的工作可以说是失败了",但文章仍然认为,是汉字的"封建性"阻碍了拼音文字的推广(《百年记事》:110)。把推行拼音文字的障碍归咎于汉字的"封建性",是受到文字阶级性认识的影响。

毛泽东在 1949 年冬访问苏联期间,曾在跟斯大林谈话时阐述了这样一个论点:汉字和汉语尽管不易掌握,但实际上是所有人都能学的,任何一个人都能学的,只要愿意学和不断提高(《百年记事》:125)。这个论点显然是针对当时流行的文字具有阶级性,以及大众难以掌握汉字的认识误区而发的。

不同意见的对垒,使人们对汉字的认识渐趋客观,诸如汉字可以立刻废除、文字具有阶级性的一些偏激认识也逐渐得到克服。

3. 国策阶段:文字改革辅助措施的推行及大论战

中华人民共和国成立以后,毛泽东主席曾多次发表过赞成文字改革的看法,由此文字改革工作得到国家的有力支持。先是成立文字改革协会(1949),后来改为中国文字改革研究委员会(1952),继而改为中国文字改革委员会(1954)。文改会的最初目的是研究并实验拼音文字,因拉丁化新文字不宜再推行,于是重点改为设计新的拼音文字方案;1950年又遵照毛泽东关于"不能脱离实际,割断历史"的指示,首先进行汉字简化工作,以便当前使用。

中华人民共和国成立之初,当时主流派对汉字的基本评价,是对五四时期认识的延续。吴玉章为纪念五四而谈拉丁化新文字运动时再次提出:"中国文字主要是汉字,有许许多多不合理的地方。因为它太繁难:难认、难写、难记,是中国教育普及、文化发展的一个严重障碍。"(《百年记事》:128)

五十年代初也曾出现过一些不同意见的争论。张锐光(1950)在《大公报》文章连载,表达对汉字拉丁化的不赞成意见。李仁(1951)亦对拉丁化新文字做了较全面的批评。对上述观点进行反驳的曹伯韩(1951),就有关文字改革的六个问题发表了意见:(1)反驳了汉语是单音节语,同音异义的字太多,拼音文字行不通的观点;(2)认为所谓文字的民族形式并不在于文字的笔画或字母,而在于文字所表达的语言;(3)反驳了没有统一的民族语言,因而谈不到建立拼音文字的观点;(4)批评了把文字改革看得过分容易的认识;(5)反驳了拼音文字不如方块汉字易识易记的观点;(6)批评了先把新文字研究好了再推行的认识。(《百年记事》:151)

1957年是一个不寻常的年份。上半年"大鸣大放",下半年学术问题成了政治问题,一些人因为在文字改革问题上发表不同意见而被打成"右派分子",这是中国文化史上最惨痛、后遗症最严重的一幕。

1957年上半年,《光明日报》《文汇报》等报纸,以及《中国语文》《拼音》等杂志陆续刊登了一些讨论文字改革的文章,其中包括对文字改革持不同意见的文章。文改会于5月间三次召开文字改革问题座谈会,多数参加者表达了自己对文字改革的意见。其中批评性的文章和意见,总括下来大概有这些观点:

(1)汉字是优秀的文字,并不见得那么难学难认

陈梦家(1957c)提出:"汉字是有好处的。(一)汉字是统一的,超方言的,不论什么地方的人写的东西大家都能看懂,不象拼音文字那样。(二)汉字在辨认上容易。(三)汉字有注音成分在内,如松、柏。(四)汉字的笔画很少,英文的one,汉字写作一;英文的man,写作人;英文的university这么一长串,汉字只'大学'两个字。我们对汉字的评价应该是公平的,不要光说自己不好。(五)……中外各国的语言都是变的,但文字不能常常变。文字要定型,不能随便拼,不然就不

能作为工具了。""汉字虽然非常多,但是常用的并不多,普通人认识三千就可以了。……有人说汉字难学,我说不难,所以难,是教的人没教好。"骆瑛的文章说,一位五十余年从事英语研究的人切身体会到,汉字并不难学。还说,曾研究汉字三十余年的奥地利文字学家罗逸明,曾经把十种外国文字和汉字比较,证明汉字比世界上任何一种文字都容易学。(◇杜松寿 1957)

(2)表意汉字是历史的选择

陈梦家(1957a:224-227):"用了三千多年的汉字,何以未曾走上拼音的路,一定有它的客观原因。中国地大人多,方言杂,一种统一的文字可以通行无阻。汉语单音缀,有声调,而各地声调多少不一,同音语多,用了拼音文字自然引起许多问题。"陶坤认为:没有理由说"文字都要发展成为拼音文字","汉字的存在就是文字并不都要发展成为拼音文字的例证"(◇倪海曙 1957:17)。关锡来信中提到:"方块汉字符合汉语的条件,拼音文字绝不符合我们的语言。"(◇陈梦家 1957d:26)翦伯赞发言称:"文字是历史的产物,改变是历史的过程。"(◇倪海曙 1957:25)

《光明日报》对群众来信意见的综述中提到汉字有优点,拼音化有困难:"汉字望文生义的优点,是任何拼音文字所没有的。拼音文字则需要先经过音的阶段,然后才能达到知意的阶段","汉语中同音词很多,拼音化无法克服这个矛盾","汉语的方言复杂,对拼音化很不利","用拉丁字母代替汉字大大地伤害了我们的民族感情","方块字不难学","汉字不便于打字拍电报的缺点,是可以通过现代的科学技术来解决的"。(◇倪海曙 1957)

(3)汉字还要使用

陈梦家(1957a)提出:"首先肯定了我们使用了三千年以上的汉字还是很好的工具,是简单而不复杂的,是和汉语语法相联系的,是一种不必废除的民族形式。"唐兰发言称:"不应当忘记在今天汉字还处在当家地位,不能否定他","拉丁化新文字能不能用还在未定之天,目前我们不能宣传汉字必须撤退"。(◇倪海曙 1957:15)

(4)希望"文改"工作要谨慎行事

陈梦家(1957b)提出:"在没有好好研究以前,不要太快地宣布汉字的死刑。""主张拼音的人,不要过于简单地认为全国大多数的人全赞成拼音,此事还得大家讨论,包括反对的人在内","文字这东西,关系了我们万万千千的人民,关系了子孙百世,千万要慎重从事"。周祖谟发言:"没有把文字为什么要改革这个根本问题提出来讨论,对于如何来改革的问题也没有好好地讨论",这是文改工作中的缺点。(◇倪海曙 1957:30)

这三次座谈会的发言,倪海曙都做了较详细的记录,并在下半年以《文改鸣放录》为题在《语文知识》上连载。文章对其中的不同意见点名加以批判。同时,文改会又在《文字改革》等刊物上发表文章,对不同意见进行严厉批判。

支持文改的文章中,李振麟(1957)的文章涉及的问题较广。其基本思想是:(1)"我们不但承认汉字在历史上的作用,而且也承认今天它仍然在起作用。……即使将来有了拼音文字,汉字仍然要作为汉民族的古典文字为人们学习",但是"汉字在今后作为全民交际工具是不适合的"。(2)"从文字发展的一般规律来看,世界文字由低级到高级的发展过程是:从图画文字经过表意文字而到拼音文字(中间还有音节文字和音素文字两个阶段)。跟表音文字来比,汉字在文字发展史上是比较过时的东西,不能把它的优点夸大,说得比处于文字发展高级阶段的表音文字还好。"(3)"认为汉字是决定于汉语的特性这个错误论点的必然结论就是汉语不适于用拼音文字。汉字本身的发展历史就否定了这个说法。"(笔者按,他所说的"汉字本身的发展历史",指的是假借字的使用和形声字为主的现象)(4)"汉字不是不能改动的汉'民族形式'。"(5)"既然现在的文字有的是进步的,有的是比较落后的、原始的,既然文字的本质不过是记录语言的符号工具,它跟任何民族和任何民族语言都没有必然的联系,也谈不到什么'民族形式',那末,当咱们为没有文字的语言创立文字或是原来有文字而进行文字改革的时候,完全可以选择世界上最进步的文字,也完全应该用政令来推行这种文字。这叫做按照客观规律办事。"(6)"我们主张文字改革的逐渐过渡是,汉字和拼音文字在长期共存中,逐渐走向以拼音文字为全民交际的书面语。"这篇文章讨论了文字改革的必要性,但所谓"文字发展的一般规律"也就是"文字发展三阶段论",是违背历史事实的。

1957 年的论战因不正常手段而终结,文字改革和汉字简化工作错过了唯一一次早期修正和完善的机会。从此人们噤若寒蝉,这不仅对学术发展极为不利,而且关系到十几亿中国人,汉字问题的负面影响至今还难以消除。

对于当时在文字改革方面泛滥的极左思潮,国务院努力地进行了纠偏。1958年 1 月,周恩来总理在《当前文字改革的任务》的报告中提到有关汉字前途的问题。他说:"汉字在历史上有过不可磨灭的功绩,在这一点上我们大家的意见是一致的。至于汉字的前途,它是不是千秋万岁永远不变呢? 还是要变呢? 它是向着汉字自己的形体变化呢? 还是被拼音文字代替呢? 它是为拉丁字母式的拼音文字所代替,还是为另一种形式的拼音文字所代替呢? 这个问题我们现在还不忙做出结论。……大家有不同的意见,可以争鸣,我在这里不打算多谈,因为这不属于当前文字改革的范围。"这个提法是稳妥而合理的,对文字改革工作的健康发展具有非常重要的意义。

4. 新时期阶段:对于文字改革的反思

1985 年 12 月,国务院将原来的"中国文字改革委员会"改名为"国家语言文字工作委员会"。国家教委和国家语委于 1986 年 1 月 6 日至 13 日在北京召开全国语言文字工作会议。这个会议确定了当前已经进入以"四化"建设为重点的新的历史时期。会议宗旨是在党的新时期语言文字工作方针的指导下统一思想,明确任务。中央规定了新时期语言文字工作的方针和当前的主要任务。关于汉字地位和文字改革问题,新的提法有两点是值得注意的。

(1)"必须强调的是,在今后相当长的时期,汉字作为国家的法定文字还要继续发挥它的作用。现行的《汉语拼音方案》不是代替汉字的拼音文字,它是帮助学习汉语、汉字和推广普通话的注音工具,并用于汉字不便使用或不能使用的方面。"明确表明了现行汉字的合法地位,并表明汉语拼音不具有文字性质。这是对"汉字过时论"的否定。

(2)"汉字的前途到底如何,我国能不能实现汉语拼音文字,什么时候实现,怎样实现,那是将来的事情,不属于当前文字改革的任务。现在有不同的意见,可以讨论,并且进行更多的科学研究。但是仍然不宜匆忙作出结论。"这表明文字改革不是当前的任务,有不同意见可以进行讨论。这个精神,是对周恩来总理 1958 年报告精神的重申。(《新时期语言文字工作》1987:24)

在新时期,学术界开始重新思考和评价汉字优劣及文字改革运动的得失,又一次出现了争鸣。《汉字文化》期刊陆续发表了一些反思"汉字落后论"的文章。

早在全国语言文字工作会议召开之前,有些积极主张文字改革的学者已开始就文字改革中的某些认识加以反思。1979 年 5 月,倪海曙(1991:114-115)曾说:"有些国家,文字没有改革,例如日本、南朝鲜,也现代化了。而有些实行了文字改革的国家,例如蒙古、印尼、越南等,却还没有现代化。文字改革与实行现代

化的问题,恐怕也是效率上的多快好省还是少慢差费的问题,而不是能不能的
问题。"

1983 年,华东师范大学心理系教授曾性初(1983)发表文章,针对"汉字是笔
画繁,字数多,不是拼音制度,学习困难,应用不便"和"难学、难认、难记、难读、难
解、难写、难用"的观点,从十二个方面论证汉字好学好用。结论是,应该给汉字平
反。文章发表后引起争议,尹斌庸、苏培成、许长安等陆续撰文加以反驳。(苏培
成 2001a:597-600)

新时期,尤其是二十世纪九十年代以来,讨论汉字评价问题的文章很多。下
面摘录具有代表性的研究和观点(按发表时间排序)。

吕叔湘(1979:8-10):"汉字有它的优点,也有它的缺点。拼音字有它的优
点,也有它的缺点。我要说的是:第一,无论是汉字还是拼音字,它的优点和缺点
分不开,有这个优点,就不免有那么个缺点。第二,汉字的优点恰好是拼音字的
缺点,汉字的缺点也就是拼音字的优点。"

张志公(1984:5,8):"汉字生命力之所以这么强,我想第一是由于汉字同汉
语这种语言相适应。"又根据文化传统的继承性和教育的连续性规律,认为"我们
可以得出结论:汉字不能废除,也废除不了"。

高家莺(1986):"文字是记录语言、传递信息的视觉符号系统,它的基本职能
是供阅读。据统计,现代科学研究有 30%～40% 的时间是花在阅读文献资料上。
随着人们阅读需求量的空前倍增,阅读速度问题就变得突出起来。"她从四个方面
对方块汉字和拼音文字的阅读速度进行了比较;"比较结果表明:方块汉字比拼音
文字信息密度大,视觉分辨率高,字形占空间小,有利于提高阅读速度。虽然方块
汉字的感知单位与语言单位的一致程度比拼音文字差,影响了阅读速度,但就总
体来说,方块汉字的阅读速度还是比拼音文字快。"

黄典诚(1988:120-121):"应该承认汉字的学习比汉语拼音难,但辨认起
来,汉字要比汉语拼音容易得多。"

周祖谟(1991):"过去很长时间,很多的学者认为汉字难认,难念,难写。其实
呢,对于汉字的性质,以及它在整个中国文化发展上所起的作用跟它的特殊性并
没有很好的深入地去研究,去理解","对汉字而言,第一我要说它是科学的,第二
是容易学。关于容易学就是指的刚才讲的教学方法要有科学性的安排"。

袁晓园(1992):"实践证明,所谓表形→表意→表音的人类文字发展的共同规

律是不存在的,建立在这个不存在的规律的基础上的'汉字落后论''汉字难学论'
'拉丁字母万能论'是错误的,由此而制定的走向拉丁化拼音化方向的'文字改
革',也是完全错误的。"

尹斌庸(1992):汉字的习得效率应该说是比较低的(与拼音文字比较)。主
要原因有两个:一是基本符号数太大。二是类推率太小。"尽管如某些人所说的,
汉字有许多独特的优点,但是习得效率低的这个大缺点是无论如何否定不了的。
最现实的办法就是采用汉语拼音作为辅助文字工具,来弥补汉字习得效率低的
缺点。"

伍铁平(1993):"既然我们现在和可见的未来用的是汉字,教的是汉字,自然
应该歌颂汉字。如果我们仍像上引名家(笔者按,指瞿秋白、鲁迅、吴玉章等)那样
贬低汉字,并在课堂上这样教学生,学生还会好好学习汉字吗? 爱国主义教育中
包括热爱祖国的语言和文字,这在任何国家都是不言而喻的事情。""就我所翻阅
过的文献来说,我国大陆40多年来很少进行热爱汉语和汉字的教育,这是严重的
失误。我实在不理解,为什么王君对'赞美汉字'如此反感,说它是'一风吹',是
'为少数人着想'。"伍铁平此语是针对王开扬的言论而说的。王开扬(1992)说:
"百年来的汉字改革运动史表明,无论是改良汉字,还是改革汉字,其动机都是从
绝大多数人的利益出发的,而不赞成的人都是从少数人的方便和好恶出发的,两
个阵营划然有别。"这种看法实质上是二十世纪四十年代就已经遭到批判的文字
有阶级性观点的翻版。而且,极力贬低汉字的思想对于语文教育也是很有害的,
理所当然遭到了语言学家的批评。

侯一麟(1994):"哪种语言用哪种文字,决不是随意的,是由这种语言的内在
规律所决定的,是经过了几千年的自然选择、适应、修正过程的。一但用了一种文
字体系,又会在某种程度上受其影响和制约。汉字源远流长,已经对汉语有巨大
的影响,并业已成为汉文化的一个非常重要的部分。仅从语言与文字关系的角度
讲,汉字拼音化也行不通。"

王宁(1994:2):"汉字是一种与拼音文字完全不同类型的文字系统,它之所
以有生命力,是因为它适合于它所记录的汉语。表意文字和拼音文字是世界文字
中并存的,代表两种发展趋势的文字系统,它们各有其特点,也各有各的发展
规律。"

连登岗(2004:139):"汉字属于表意文字,它最大的特点(也是优点),就是它

的形体可以表意(笔者按,所谓表意指六书而言)。表意性使汉字成为理据性文字,成为一种可以按照一定的规律去把握,从而变得比较容易掌握的文字;成为一种可以而且必须通过联想、想像的方法去学习,从而有利于智力发展的文字;成为一种信息量大、效率高、使用经济,从而可以带来许多附加的经济效益的文字;成为一种能够沟通古今汉语、沟通各地方言,从而对于社会具有高度凝聚力的文字。"

李学金(2006):"汉字要继续走向世界,在本世纪末将发展成为世界三大主流文字之一,其他两大主流文字,是英文和西班牙文。汉字有着浓郁的民族特色。越有民族特色的事物越易走向世界。汉字以方块字的面貌比以罗马字的面貌走向世界更具有吸引力和竞争力。日韩学者也认为方块汉字可能通行全球。汉语汉字是团结全世界华人的重要纽带。全球华人共有122 850万人,其中在中国的华人(汉族)118 850万,在海外的华人华侨4 000万人,汉字继续走向民族就可以进一步加强和巩固全球华人的大团结。如果在中国本土实行汉字拉丁化就可能使全球华人团结的纽带断裂或松弛,不利于祖国的完全统一和中华民族的伟大复兴,同时还可能中止与日本文字的联系,失去与日本语文的影响力,无助于中日文化交流。"

笔者很赞成王宁(1991)关于汉字富有生命力的论断,"如果从殷商的甲骨文算起,汉字为中国社会服务已达三千四百年之久。它书写了中华民族的历史,载负了光辉灿烂的中华文化;它有着超越方言分歧的能量,长期承担着数亿人用书面语交流思想的任务;它生发出篆刻、书法等世界第一流的艺术;在当代,它又以多种方式解决了现代化信息处理问题,迎接了高科技的挑战。历史似乎已经证明并还正在证明,汉字的生命力还很旺盛,它记录汉语、为中华民族服务的历史使命还会延续"。

笔者还赞成许嘉璐(1989)对于"时不我待"的紧迫感,"现在摆着两条路。一条就是继续沉浸在汉字落后论中,冥想着一个世纪、两个世纪,或者更多世纪之后,实现拉丁化。因为汉字也是约定俗成的,也是进入了民族的观念和意识之中的,一朝之间改,天下大乱。恐怕得随着一代一代人的辞别人世,即使拉丁化,慢慢要到几个世纪。可是时代不等人呀。这一条路就要拖我们四个现代化的后腿,拖我们迎接挑战的后腿。另外一条路,就是大家一起来研究汉字的特点、汉字的优势,充分利用它,发挥它的优势,来迎接挑战"。

　　实践是检验真理的唯一标准,自然选择是生命力强弱的最高判官。汉字约四千年发展的实践,以及百年来汉字经受拼音文字实验、迎接信息化技术挑战而继续发展的实践,已经证明了汉字是生命力强盛的文字,是最适合记录汉语的符号系统。良好的愿望只有配上科学的翅膀才能逐渐认识客观真理,如果仅仅凭借西方文字学者早年提出的带有明显偏见的、后来不再被普遍接受的所谓文字发展"规律"来指导汉字的"改革",要使汉字伤筋动骨,恐怕就会给中华文化带来灾难性的后果,这个责任是谁也承担不起的。

第三章

汉字发展的问题

汉字字体方面的变化,通常作为"演变"问题来谈。对于汉字发展问题的论述,一般集中于汉字在字集、字量、结构方式等方面的变化状况。

一、汉字的数量问题

1. 历史积淀的汉字和实际使用的汉字

谈汉字数量,过去习惯于从历代字书收字不断增加的现象中推出汉字总数不断增加的结论。郭沫若(1964)说:"我们的汉字是在随着时代增加的。殷代的甲骨文和殷周金文只有2 000字左右,东汉末许慎的《说文解字》收了9 353字,清朝的《康熙字典》增加到42 174字,1915年出版的《中华大字典》有44 908字,1960年日本出版的《大汉和辞典》有49 964字。看来汉字的数目大体上有5万字的光景。"周有光说:"从《说文解字》到《康熙字典》也是大约1 500年,汉字的数量增加了四倍。汉字的繁殖速度越来越快。"(◇苏培成2001a:102)郑林曦从"历史上共有多少汉字"和"现代实际上用多少汉字"两个角度来分析汉字数量。郑林曦(1982)认为,计算历史上的文字不能把异体字加进去,例如《康熙字典》的文字,如果刨去异体字,总数只有两万多个。苏培成(2001a:99‑182)曾对字量问题研究状况有详细的阐述。

古代字书收录的并不是字书编纂时代的用字,而是历史积淀汉字的汇集。《说文解字》收字9 353个,远远超出了东汉用字的实际(东汉实际用字大约4 000个左右,详见下文)。《康熙字典》收字47 035个,《中华字海》收字85 000多个,都意在穷尽古今用字,其中含有大量的异体字、俗字、讹字和早已死亡的字(如武周所造的字)。这种计算法不能反映汉字字数的实际状况。

裘锡圭(1988:31)根据《甲骨文编》《十三经集字》等文献用字数,推测"从商代后期到周末,一般使用的文字的数量,很可能一直在四五千左右徘徊。……三千多年来,新字在不断产生,同时旧字也在不断退出历史舞台,二者相抵,字数的变化就不大了"。

周有光(1964)曾经指出,现代汉字的字数应该立足于活着的汉字,他说:"解放后出版的一般通用字典是:《新华字典》收八千字左右,《同音字典》收一万字左右,新编《现代汉语词典》检字表(先印本)收一万一千多字。新编《辞海·语词部分》(试行本)收一万一千字左右(各分册专用字不在内)。如果除去异体,独立的汉字大约不足一万字。"由此,"可以得到如下的了解:(a)现代汉语用字总数大约不足一万字。(b)在古今积累的大约四万个独立的汉字中间,已经死去的'古字'大约占四分之三,现在活着的'今字'大约占四分之一"(◇苏培成 2001a:107-108)。当然统计原则并不容易把握,现代汉字如何界定亦不明确。例如现代出版物使用的汉字,以及人名地名用字中偶见的生僻字,这些是否可以排除在现代用字之外,就是值得讨论的问题。

现代用字通常以分级的形式来编排。例如:

1980 年国家标准总局颁布的《信息交换用汉字编码字符集·基本集》,国家标准号为:GB2312-1980,通常简称为"GB2312"或"国标"字符集,收录汉字6 763 个。其中一级字符 3 755 个为常用字。

1988 年 1 月 26 日国家语委和国家教委联合发布的《现代汉语常用字表》,主要供语文教学、辞书编纂等方面使用,收 3 500 字,分为常用字 2 500 字和次常用字 1 000 字。用计算机抽样统计 200 万字的语料加以检测,结果是 2 500 个常用字覆盖率是 97.97%,3 500 字的覆盖率是 99.48%(《现代汉语常用字表·前言》1988:7)。这 3 500 个常用字与 GB 一级字比较,相同的有 3 375 字。(张鹤泉 1994)

2007 年 10 月 20 日教育部语言文字信息管理司印发征求意见的《规范汉字表》(送审稿),收字 9 077 个。其中一级字表 3 500 个,为基本通用字(即常用字,也是九年义务教育的基本用字),其中高频用字 1 000 字,一般常用字 1 500 字,次常用字 1 000 字;二级字表 3 000 字,为次通用字;三级字表 2 577 字,是未进入一、二级字表而在人名、地名、科学术语三个专门领域中较为通用的字,以及中小学教材的文言文用字,为准通用字。

2. 断代用字调查

古代文献用字研究成果有李波的《史记字频研究》(2006)。作者以中华书局二十四史标点本《史记》为底本,对《史记》用字及其字频进行了调查。由于现存最古的明刻本《史记》的来源不早于南宋绍兴刊本(《中国善本书提要》:71),其所反映的用字情况也不能早于宋代,所以,李波揭示的《史记》字频只能反映其书刊刻时代的用字情况,而不是作者司马迁所处西汉时代的用字。

要真正认识历史上使用的汉字,首先要确保调查对象在用字方面的真实可靠性。传世文献用字经过不断抄写和改字,不能完全反映作者所处时代的用字状况,所以必须以某个断代的有足够数量的各种类型实物文字作为用字调查的对象。从调查方法上说,还必须调查断代用字的字集和字频。

字集:按某种条件把相关汉字汇集在一起形成的汉字集合叫"字集",这里指断代全部不同用字的集合。字频:单字出现频率,等于单字出现数与调查语料用字总数之比。

字集与字频的认识意义是互补的。任何时代的用字都包括日常用字和当代抄写或印刷的典籍用字。典籍用字又包括古书用字,必然包含日常不用的字。古书只要被抄录,就不能说不是当时的用字,但如果不是日常用字,出现率一定是很低的。可见,只有通过字集字频的综合调查才能真正了解一个时代的用字状况。

按照上述原则,我们曾经尝试过对东汉用字做调查和统计,调查对象只限于东汉实物文字。根据调查报告(数据提取日期:2009 年 10 月 28 日),调查语料总数 98 080 字,获得字样数 3 874 个,字种数 3 534 个。"字样"指具有独立形体地位的文字,其确定以没有结构性差异为标准。"字种"指具有独立应用地位的文字,不论异体字之间的区别。在 3 874 个字样里,前 1 030 字的覆盖率为 90.00%,前 1 566 字的覆盖率为 95.00%,前 2 894 个字的覆盖率已达到 99.00%。这表明,在当时只要学会 1 500 字左右,就可以满足 95% 的用字需求了(詹鄞鑫 2006b)。应该指出,这个调查统计还没有穷尽所有已发现的东汉语料,实际用字还会多很多。由于残存的熹平石经材料很有限,大量东汉经典用字还没有进入调查范围,所以这个调查反映的主要是日常用字的状况。由此可以得到两个认识:(1)许慎《说文解字》九千多字中包含了大量东汉当时不用的死字;(2)东汉日常用字连同部分典籍用字的总数跟现代日常用字的数量差别不大,大约在四千字左右。

汉字总数受到语言社会性和人脑认知性的双重制约。作为表意性质的文字，其数量不能太少，否则记录语言有困难；但也不能太多，否则不便记忆和使用。汉字的数量有其自身的发展规律。

3. 汉字的新陈代谢

从古到今，每个时代使用汉字的总数大致相近，但实际用字会发生变化，不断出现新字，也不断淘汰过时的字。这是汉字新陈代谢的发展过程。

有的学者比较关注新增的一面。例如郑林曦对于"汉字为什么这么多"，总结出五个原因：(1) 汉字在其发展的初始阶段，象形表意记词的体制造成了字数多的局面；(2) 形声字的日益发展和滥用，无限制地任意类推造字；(3) 由于方言分歧和古今语音的变化，不同时代和地区的人们任意乱造，使汉字多而且乱；(4) 历史上统治阶级保持并加剧汉字的繁多；(5) 在现代，为记写单音节词和词素仍占一定比重的口语、方言，翻译科学技术词语，仍在增造新形声字，也使汉字不断增多。周有光对于汉字的增加总结出四个原因。原因一：异体纷呈。原因二：古今并用。原因三：因词造字。原因四：专用字多。(周有光 1997：62；苏培成 2001a：102－104)这些总结的确揭示了汉字累计新增的原因，但我们不赞成用指责的口气来表述。任何事物的发展有其自身的客观规律，汉字的新增和淘汰，就如物种的优胜劣汰，是自然运动规律的反映，是历史发展和优化选择的结果。大凡死字，总有其被淘汰的理由，而保留下来的字，则说明它们是适应社会应用的。

唐兰(1949：146)说："一个时代有一个时代的用字，某些字慢慢地废掉，某些字慢慢地兴起，但是字的数量是不会相去太远的。"上文说的新增字，从造字方法的角度说，绝大多数属于文字的分化。裘锡圭(1988)说：

> 汉字里有大量加旁字，但是大部分加旁字跟本来未加偏旁的原字都分化成了两个字(笔者按，例如由"吴公"分化出"蜈蚣")。……我们应该把这种加旁字的出现解释为文字的分化或汉字字数的增加，而不应该解释为字形的繁化。(p30)

> 在汉字发展的过程里，几乎始终同时存在文字分化和文字合并这两种相反相成的现象。进行分化是为了加强记录语言的明确性，进行合并是为了控制单字的数量。汉字里一般使用的字数从古到今变化不大，显然不是一个偶然的现象。(p31)

这才是真正从宏观和辩证的角度揭示出汉字新陈代谢的基本规律。

二、汉字的音化和意化

从汉字内部的字形结构看,汉字有表音符号,也有表意符号。汉字强化表音的趋势称为"音化",强化表意的趋势谓之"意化"。由于文字类型有表音文字和表意文字之分,于是,作为整体上表意的汉字,学术界同样关注汉字发展趋势中的音化或意化倾向。

从汉字的结构类型看,包含了表音声符的形声字具有绝对优势,加上汉字应用中大量出现的假借字,于是,许多学者都提到了汉字的发展规律是由表意向表音方向发展,甚至还因此把汉字称为"意音文字"。**我们认为,所谓音化的规律是虚假的,形声字声符表音的表面现象,掩盖着汉字顽强坚持走意化道路的实质。**

早在二十世纪初,钱玄同就认为:"汉字的变迁,由象形而变为表意,由表意而变为表音。表音的假借字,和拼音文字只差了一间。"(◇周有光 1979a:3)这显然是受文字发展"三阶段论"的影响而发的。

梁东汉(1959)说:方块汉字新陈代谢的规律,可以从表音和简化两方面来叙述。表音是一切文字的共性,方块汉字在它自己新陈代谢的历史中反映了它有自己的表音的运动。反映在这四个方面:(1)假借字的产生和大量使用;(2)标音的形声字的出现;(3)不标音的字转化为标音的字;(4)意符的音符化。例如甲骨文里的"马""隹""鸟""示",除了它原来的用法外,最初只能用作形声字的意符,但这些字后世也可以用作音符。其中特别提到:

> 尽管形声字可以有这些不同的组成方式,但每一个形声字都有一个共同的特点,那就是,它的结构必须有一部分是代表语音的。这个现象反映了一个事实:由不标音的符号演变成为标音的符号,这是文字朝着表音方向发展的结果。(p187-189)

蒋善国(1987:148-151)认为:"两千年以前的汉字是象形兼表意的,两千年以来的汉字是表意兼标音的,近八十年来我们才有了拼音文字的萌芽。这个演变正合于世界文字一般发展的规律。""在象形兼表意阶段,形的成分居首要地位;在表意兼标音阶段,音的成分居首要地位,而意的成分贯穿了过去全部汉字发展史,这是表意文字的汉字的特征","表意是汉字的本质,表音是汉字的发展趋向。汉字虽然始终没有改变表意的本质,却天天向表音的道路上迈进"。他在《汉字学》里专设"汉字的音化趋势"一节,认为假借字、转注字、形声字的产生,以及通假、同音替代用法,还有反切等辅助表音法,均为音化趋势表现。

姜亮夫(1984:128)说:

> 表音字是一切文字发展的第三阶段。汉字虽未走上音标这个最后方式,但表音的方法,自始也已追随语言而行,而且从各方面来追随,从文字的使用,从文字的结构,都可以看出,自最早的甲文金文,至最成熟的小篆都有之,到小篆为最发达。细为分析,则旧六书中的形声、假借、及转注三体,都属于这一范畴,而以形声为正流。转注为表意与表音之间的过渡体,假借则几欲走向纯音符作用的路上,为最进步。

上述看法具有相当的代表性。只有周祖谟(1957b:17-18)很早就认识到汉字发展是音化和意化共同配合而发展的,而形声字的产生主要是意化的结果。他说:

> (汉字)在形体上既要表音,又要表意,这就是汉字特有的一种性质。……从汉字发展过程中我们看到下面一些事实:文字要跟语言相结合是一个总的趋向,原有不标音的字固然往往要为标音字所代替,例如……"凷"为"块"所代替……等等。但即使是标音字,也可能在某一个时代因为音符已与实际语音不很相应而另外产生一个新的标音字。……

> 另外一方面,汉字不仅要求表音,而且要求表意,于是就要在形体上尽可能地区分词义。要区分词义,文字就不断孳衍,逐渐繁化起来。

> 语言里一个音常常代表几种不同的意义,为了尽可能把这不同的意义在形体上表现出来,汉字就常常用增加形旁的办法来解决,于是原来的一个字由于增加形旁就繁衍成几个不同的字。例如:"人才"和"木材","才"与"材"要写成两个字;"支派"和"四肢"也要写成两个字。

汉字学界普遍接受的是汉字发展由表意趋向于表音的规律。这种所谓规律其实是虚构或误解造成的。要说明这点,需要讨论两个问题:(1)汉字的假借用法是否可以算"表音";(2)形声字的出现是否"文字朝着表音方向发展的结果"。

在普通文字学里,"表音"这个概念起初是由西方文字学家提出来的。这个概念有其特定的含义,并不是只要能撇开借字本义来代替另一个字的读音就可以称之为"表音"的。表音文字的最大特点是用文字符号记录语音,"把词中一连串连续的声音摹写出来",与语义跟字形无关。而汉文的最大特点是字不同义也随之不同。同音假借的成立是有条件的,绝不是字音相同就可以任意替换的。从这点而言,假借字也是表意的。西人说汉字为"表意"文字,正是从这点上说的。就中文阅读的一般心理感觉而言,大概没有人会去辨别哪些文字是用本义或引申义,哪些字用的是假借义,通常总是从视觉上的习惯来理解的。所以,"修习"不能换成"休息","启事"不能换成"启示"。这无疑是视觉而不是听觉在起作用,所以书写者丝毫也不能写错了字。不少人以为,假借用字只表示读音,这是表面现象掩盖了本质造成的误解。在普通人的眼里,假借义和引申义是没有什么两样的。"漢"(汉,本义是水名)表示民族名称;"管"(本义是竹管)表示"理睬"的意思;"封"(本义是封土)表示信件的单位;"跟"(本义是脚跟)用作连词表示"与"。除非古汉语修养相当不错的人,有谁知道它们的用法都是跟造字本义有引申关系的。这类用法跟假借用法其实是毫无差别的。这样说来,是否可以认为,引申用法也都属于"表音"的?所以,从用字的层面说,把"假借"用法当作"表音"是很有问题的。根据索绪尔的定义,只有专门用于摹写语音的符号才能称之为"表音"符号。

美国语言学家布龙菲尔德(1933:361-362)曾对"假借"在汉字中的作用加以论述。他说:

> 假借语音近似的象形字来代表不能描绘的词,从这个手段我们看到文字中涌现出语音的因素。一个符号一旦跟一个特殊的词发生了联系,这个词的语音特征就能够提醒符号的写法了。汉语里词具有整齐划一的结构,这样的假借只是一个字转变成另一个,这样逐字进行的。复合字也按照这种结构,当作个别单位书写,使字体大小匀称一致。

在布龙菲尔德看来,假借虽然是由语音上的联系而发生的,但本质上只是从一个字转变成另一个字。可见,把假借字当作表音字或音化字,既不符合汉字应用的实际心理,也不符合西方学者关于文字表音的定义。

再看形声字。形声字的产生,除了"鷄""鳳"等极少数是象形字会意字附加表音符号造成的以外,绝大多数是表示本义、引申义或假借义的文字添加类化表意符号形成的。例如:"萬"的古文字形似蝎子,假借为数字单位之后,又加表意符号"虫"写作"蠆"。礼书"士昏礼"的"昏"用的是引申义,后加表意符号"女"写作"婚"。早期借作语气词用的"與",后加表意符号"欠"写作"歟"。《诗经·豳风》表示鸟名的"倉庚"是假借字,后加表意符号写作"鶬鶊"。"蠆、婚、歟、鶬、鶊"等形声字的产生,显然是意化而不是音化的结果。从这点而言,形声字产生的主流,反映了汉字乃是朝"表意"方向发展的。

申小龙(1995：250)说：

> 从汉字的发展历史和趋势来看,意化的倾向是具有根深蒂固的民族性的。在传统的六书中,不论从"文"的含义和"字"的形体构造本身来看,象形都是基础。……假借、转注二法是用字之法,不要说二法所用的字皆为意化字,就是用字的结果也往往是向意化靠拢。如"燃火"的"然"被假借为代词的"然"后,又另造"燃"字。

王宁(2002：4-8)更为明确地指出：

> 从早期形声字的来源看,它们不但不是表音性的产物,而且明显是汉字顽强坚持表意性的结果。用加声符来强化象形字的方法之所以很快就不再使用,正是因为这种做法没有增加意义信息,与表意字的性质不相适应。

认识这一点很重要,它让我们更加客观地认识到汉字发展的实际规律是朝着表意的方向而不是表音的方向发展的。

三、汉字的简化与优化

谈汉字的发展,大都涉及汉字形体的简化和繁化问题。有些学者如梁东汉、蒋善国、杨五铭、高更生等都曾论证简化是汉字发展的趋势。我们认为,简化是有条件的,简化趋势的提法不如称为优化更恰当一些。

任何时期的汉字,总有简化和繁化的例子。汉字的简化和繁化是相辅相成的,简化是为着书写的方便,繁化是为着表意的准确,这是一对矛盾,在汉字发展的过程中不断冲突和协调,最终的结果是优化。

李荣(1980)说：

> 文字为了便于书写,要求形体省略,有简化的趋势。文字为了便于理解,要求音义明确,有繁化的趋势。这两种趋势都是古已有之的。(p5)

> 语言是交际工具,文字记录语言,也是一种交际工具。交际工具有收发双方。发的一方要求简单,收的一方要求明白。这两项要求是矛盾的。交际有来有往,同一个人既是收到信息的人,又是发出信息的人。过分强调哪一个要求都会影响每一个人的切身利益。两种要求互相牵制,为求得平衡,中庸之道就是简明,简单而不含混,明白而不啰唆,并且有适当的羡余率。这本来是符号系统的共同要求,语言文字是最根本的符号系统,当然不能例外。(p32)

王凤阳(1989)谈到"简化与繁化的矛盾统一":

> 简化和繁化是字形演变中的两种相反相成的现象,它们都是同一文字体系内的字形上的量变。这种量变是体系内的文字的自我调整。这种调整的目的在于使整个文字体系更趋完善,使文字应用起来更方便,记录的准确度更高,更适应社会的交际需要,这就是相反现象的相成之处。正因为如此,任何文字体系内部的字形都存在简化和繁化两种倾向,它们是矛盾统一的,缺一不可的。(809-810)

近百年来,有许多文字学家,由于提倡简化汉字,在认识上常常陷于偏颇。他们提倡简化,肯定简化的积极作用;尤其是中华人民共和国成立以来,由于推行简化汉字,尊简抑繁的趋向就更为突出。比如,蒋善国先生就将"简化"和"音化"说成是汉字发展的"规律"。黄若舟在《简体字概论》中也说:汉字"几乎没有一个时期不在改进,不在简化之中","中国文字的演变史,实际就是简化史"。就连很有实事求是精神在一片简化是规律的呼声中敢于提出繁化的梁东汉先生也说:"简化在任何时期都处于主流地位。"但是,所有这些说法都是片面的,歪曲汉字字形史的说法。不能因为现代汉字趋简的倾向是主导倾向而抹煞繁化,更不能把简化看成是文字的改进,把"繁化"看成是字形演变中的"逆流"。不尊重汉字演变的内部辩证法是不会得出正确的、客观的字形演变规律的。(王凤阳1989:809-810)

王凤阳从"简易律与区别律"的角度来看汉字的简化与繁化之间的辩证关系,揭示了汉字形体在简化与繁化的矛盾运动中求得平衡的道理。

王宁(2002:6)则从书写与阅读的矛盾角度来谈汉字在简化与繁化的矛盾中获得优化的道理:

> 汉字职能的发挥,是两个不可缺少的环节合成的,这就是书写和辨认。就书写而言,人们始终希望符号简单易写;而就认识而言,人们又希望符号丰满易识。然而越简化,就越易丢掉信息,给识别带来困难;追求信息量大、区别度大,又难免增加符形的繁度,给记录增加负担。二者的要求是相矛盾的。汉字就是在这易写与易识的矛盾中,不断对个体形符进行调整,以实现简繁适度的优化造型。调节字形的杠杆是汉字的表意性质。汉字总是在不断减少构件与笔画,来减少书写的困难和减轻记忆的负荷,但是这种简化一般是在不影响表意与别词的前提下进行的。……在历史上,汉字不论怎么简化,都不会把应有的意义信息全部舍弃,决定简化程度的下限,一般是汉字表意

特性的保留。

这里还需要补充一点,汉字的简化除了受到汉字表意性的制约,还受到汉字系统性的制约。有些文字的简体写法,如果孤立地看也许没有什么问题,但如果置于汉字体系中看,就可能会破坏汉字的系统性。这样的简体字是难以被接受的。

历代民间俗字中大量出现的简体字,或文人的偶然个性化简体写法,之所以没有被明清以来兼收异体字的《康熙字典》《中华大字典》等大型字典所收录,就是因为它们不符合汉字构形的基本规律,有可能破坏汉字构形的系统性,从而不符合汉字优化。

王宁(2004a:57,50)认为:汉字优化的标准,可以概括为五点:(1)有利于形成和保持严密的文字系统;(2)尽量保持和维护汉字的表意示源功能;(3)最大限度地减少笔画;(4)字符之间有足够的区别度;(5)尽可能顾及字符的社会流通程度。"群众性的造字、改字行为,由于是自发进行的,带有较多的盲目性……汉字的构形系统,是不可能在这种自发的造字活动中形成的,只有依靠权威和政治力量对汉字进行自觉规范,才可能按其内部规律规整和描写出这一系统。"经过《说文》以来历代的正字规范,一直到以《康熙字典》为代表的规范汉字,汉字发展的主流应该是优化而不是简化。

我们注意到,有些著作从历代实物文字中寻找简体俗字,作为现行简化汉字不是杜撰而是有所本的证明。我们认为,俗字有其产生的原因,也有其使用的特殊场合,但在进行汉字规范工作时,应该研究和总结历代尤其是唐代以来正字规范工作的经验,制定整体的科学原则和思路,兼顾文字写和读两方面的功能,以及文化继承的延续性。简单地采用历代俗字来改造正字的做法很可能会削弱汉字的系统性,增加汉字学习和应用的困难,是不可取的。

周有光(1986b)从普通文字学的角度提出:"文字符号的发展主要有三种规律:笔画化,简化和共同化。"笔画化,"主要是从图形性的符号变为笔画性的符号","简化和笔画化早期往往是同时并进的。可是笔画化达到定形以后,又会发生进一步的单纯减少笔画数目的简化"。共同化,"也就是文字符号从彼此不同发展为共同一致。综观人类文字的发展过程,可以清楚地看到,不仅一个国家以内的文字符号趋向共同一致,全世界各国的文字符号也趋向共同一致。这是国际往来日趋频繁的结果。将来一定会有一天,全世界用一套共同的字母,书写出一切民族的不同语言"。周有光虽是针对世界文字而言的,但也包括了对于汉字发展趋势的认识。就其精神而言,还是前面提到的"简化"和"音化"。

关于汉字的发展,除了上述几点之外,裘锡圭(1988)还特别注意到汉字构字符号的变化趋势:一是形声字比重上升,二是表意符号从以"形符"(即由其形象来表意的符号)为主变为以"义符"(即由其独立成字时所具有的字义来表意的符号)为主,三是记号字和半记号字逐渐增多。

第四章

汉字的起源和演变问题

一、汉字起源的问题

1. 文字类型与文字起源的关系

汉字起源属于人类文字起源这个大问题的一个分支问题,这也是文字学的基本问题之一。其中一个问题在于,每种文字的类型,决定因素究竟有哪些？

周有光(1995)认为,文字类型的不同表明了文字发展阶段的不同,所以,文字类型与语言特点无关。他说:

> 汉字被语系不同的日语和朝鲜语所使用,印度字母成为5个语系的35种以上语言(包括跟汉语同属汉藏语系的藏语)的文字,这是文字随文化(宗教)而传播的经常现象,只能证明语言特点并不决定文字特点。自从西方学者发现文字从表形到表意到表音的发展规律之后,还没有发现逆向演变的现象。

潘文国(2002：90-92)认为,表意文字和表音文字的不同,是由文字发生的自源还是他源所决定的。他说(以下引文有删节):

> 从发生学上看,世界上的文字可以分为两大类,一类是自源文字,一类是他源文字。自源文字是自创型的,是某个族群的人们在历史发展过程中独立自主地形成的文字。他源文字又称借用文字,是借用他民族的文字体系加以调整改造,从而为我所用。汉字是典型的自源文字。同样属于自源文字的还有古代美索不达米亚(Mesopotamia,即两河流域[Rivers Tigris and Euphrates])苏美尔人(Sumerians)的钉头字(Mismari,这是阿拉伯人发现时取的名字,500

年后英国人重新发现,改称楔形文字[Cuneiform],其实钉头字更形象;约公元前3500年,现存约1 500字)、埃及圣书文字(Egyptian Hieroglyphic[Sacred carving,因主要用于寺庙陵寝])、中美洲玛雅文字,以及我国境内的纳西东巴文字等。其他古代和现代的文字几乎都是他源文字,如古代的腓尼基文字、希腊文字,及现代的拉丁字母、印度字母、斯拉夫字母、阿拉伯字母等。

日语不光其中的汉字是借用汉字的,就是假名也是借自汉字然后加以改造的,如平假名的あいうえおかきくけこ、片假名的アイウエオカキクケコ十个字母,就分别是汉字"安以宇衣於加幾久计己"和"阿伊宇江於加幾久介己"的草体及楷体变形。

朝鲜在历史上曾有过全用汉字、吏读(实词用汉字汉义、虚词用汉字记朝鲜读音)的阶段,1446年发明谚文,谚文是朝鲜人自创的,但不能算自源文字,一是起源太晚,二是在创制过程中受到了汉语汉字的影响,其初声(声母)、中声(介音或主要元音)、终声(收尾辅音)的划分明显受了汉语音韵学的影响,而拼合成的音节叠成方块,明显是受了汉字形式的影响。

把文字的这两种分类综合起来考虑,我们会发现表意文字与自源文字、表音文字与他源文字,实际上是重合的。凡自源文字都是表意的(不论是形意文字、意音文字、表词文字),凡他源文字都是表音的。这一发现有重要的意义。第一,它使我们懂得了为什么在拼音文字的语言里,文字只能是符号的符号,因为这种文字都是他源的,并不是本民族认知世界的表述方式,而是借用了其他民族认知世界所表述的符号。对于最初使用这种符号的民族来说,这一符号可能是第一性的,直接反映了其对世界的认知。但对借用民族来说,口头语言表述了它对世界的认知,而借用这些符号只是用来记录本民族语言的音,因而不得不是第二性的,是符号的符号。第二,它也使我们得以纠正另外一个偏见,即语言符号与意义之间的任意性。语言符号包括语言和文字。在使用他源文字的语言里,文字同意义没有什么直接联系,语音同意义的联系也很有限(只有一些摹声词之类),因而这"任意性"的规律是可以基本成立的。但在使用自源文字的语言里,由于自源文字都是表意文字,文字与意义之间的联系就不是任意,而是有着必然的理据性。因此,任意性可以适用于拼音文字语言,却不适合于汉语。第三,这也使我们进一步明确汉语在普通语言学研究中的意义。在上述两种分类里,汉语既是表意体系文字在当今的唯一代表,又是自源文字在当今的唯一代表。一种普通语言学理论如果不考虑汉语的因素,可以肯定,它不会是全面的、完整的。亚里斯多德提出了文字是"符号的符号"说,在他当时并没有错,因为他所见到的只是已经是他源文字的希腊文字,我们不能要求他去研究汉字或者已经消亡了的埃及和两河流域古文字。但从他以来直到二十世纪形成的这一重音轻文传统确实是片面的。

何丹(2003)则认为:人类文字的诞生,要受语言结构条件的制约。语言的基本类型,从起源阶段就决定着文字的基本类型,并决定着文字在起源阶段的发展演变方式。人类各类自源文字系统在起源阶段的发生发展事实证明:表意文字与表音文字,不是代表人类文字发展的不同阶段,而是代表人类文字发展的不同方向。

何丹的研究涉及二十世纪以美国学者为代表的普通文字学关于图画文字和文字起源问题的研究状况。这对我们了解西方有关文字发展三阶段论的产生和演变也有一定的参考意义。

1952 年,美国学者格尔伯(I. J. Gelb 1952)的力作《文字的研究》(*A Study of Writing*)问世,被公认为标志着普通文字学的正式建立。该书所构建的理论模式——单一起源(起源于"语义文字",或称"图画文字")、单线发展演变(按语义文字→词符[表意]文字→音符[表音]文字的顺序依次演变)的人类文字发生模式,在普通文字学界产生了广泛的影响。

1992 年,另一位美国学者 D. S. 白瑟拉托(D. S. Besserat 1992)的《文字之前》(*Before Writing*),通过翔实的考古资料,说明两河流域苏美尔人的楔形文字,其前身并非什么"图画文字",而是记数的陶筹。由此证明了"图画文字"并非人类所有文字发展的必经之路。白瑟拉托的研究不但推翻了格尔伯模式的基础——图画文字说,而且带来了对格尔伯整体模式适应范围的重新思考。

格尔伯模式直接以布龙菲尔德的《语言论》(1933)中"文字"一章为原型,以音段的长短为分类依据,并据此把人类文字发展轨迹分为图画文字、词符(表意)文字和表音文字三个发展阶段,亦即三个既有内在联系又有独立特点的环节,从而组成了一个单源发生、单线发展而又环环相扣的链状结构整体。就这样,一个完整的、具有征服力的普通文字学理论模式挟布龙菲尔德时代的整体性强势面世了。

从源头上讲,"图画文字"这一术语并非格尔伯首创。1738 年,威廉·瓦尔博顿在《摩西的神圣使命》中就提出了图画文字说(拱玉书 1997)。然而,那是考古学"浪漫时代"的产物。直到十九世纪末到二十世纪初的美国语言学研究,才使这一术语得到了广泛的关注。众所周知,美国语言学是在对北美印第安语调查的基础上展开并形成自己的特色的,北美的印第安民族在历史上留下了形形色色的图画,因而,美国学者中很早就产生了这样的认识倾向,即这些图画属于"早期文字"资料。1893 年,美国学者玛勒里(G. Malleery)的《美洲印第安人的图画文字》就是第一部以"图画文字"命名的研究性著作(陈兆复、邢琏 1993:396)。二十世纪初,随着美国学者调查所积累的图画式资料日益丰富,"图画文字"的提法日益流行,并扩展到学术领域。这一状况似乎非常有利于图画文字说。(p10)

何丹(2003)认为,格尔伯模式源于布龙菲尔德,而布氏的文字学观点又承自欧洲。假如承认格尔伯模式的起源理论只适合于印欧语系,那就意味着近代以来由欧美学者提出并一直奉为圭臬的许多普遍原则,也都有可能同样经不起有关事实的检验,而失去其普遍性(p13)。这说明,普通文字学模式的构建,这是世界性的课题,必须由熟悉各种基本类型的文字体系的学者共同参与——尤其需要代表着人类文字另半边天的中国学者的加盟(p15)。

在"图画文字说"两百余年的发展历程中,形成了两个既有区别又有内在联系的"版本":十八世纪的"图画文字说",以"形态法"为分类依据,覆盖范围限于人类文字起源范畴,乃其"原始版"。二十世纪的"图画文字说",改以"语段法"为分类依据,覆盖范围扩大至整个人类文字的起源范畴,并成为普通文字学整体模式的基础,是图画文字说的"现代版"。同时,一条内在的主线——深层理论层面的"单源论"思想,把两者联系在一起,决定了两者的同质性。(p19)

瓦尔博顿的图画文字说,从诞生之日起,就同后来影响颇广的形态法及单源论捆绑在一起,形成了三位一体的共生关系。其一,在方法层面,它以"形态法"为支柱。瓦尔博顿把产生于不同时代、不同民族、不同地区的三种文字归到一起,变动它们实际的时代序次,并得出图画而文字的结论。显然首先出自这样的设想,即人类文字是由"图画"不断简化而形成的。符号外部形态的繁简度,应该与文字所处的发展阶段相对应,因而,可以根据文字外形的繁简度确定文字本身的进化程度。其二,在理论层面,它以"单源论"为支柱。瓦尔博顿提出的证据链("阿兹特克的叙事图画→古埃及圣书字→汉字"所代表的文字起源演变过程中所谓符号外形由繁而简的变化)完全有可能根本无法构成(例如,可以从其他因素——文化类型、语言类型等——解释三者的形式差异。从而,"图画文字说"就不攻自破了)。正是这种三位一体的共生关系,使图画文字说借单源论的流行,在十八世纪以后的人类文字起源研究领域形成了长期的世界性影响。(p21-22)

何丹认为,瓦尔博顿于两百年前提出的"图画而文字"的假想,是一种错误的、空想的理论。这种假想的根本错误,在于混淆了图画与文字的界限。画面形象不能限定观赏者的理解和解释的向度和范围,从而决定了图画不可能与语言(包括语义和语音)产生固定的联系。因而,瓦尔博顿忽略了两者的基础差异,错误地把文字的起源建立在"图画"画面的逐步分解,并由繁而简演变的猜想基础上,并错误地设立了根据符号外形的繁简度来衡量文字发展水平的判断标准。(p26)

布龙菲尔德摒弃了欧洲旧有的"形态法",而提出了著名的"语段法"——其要点,是把按语言结构的层级框架,转移到文字范畴,形成了"图画文字("不定语段"文字)→词文字→音节文字→音位文字"的文字发生学分类体系。布氏体系最大的突破点在方法层面,他首创的语段法,在语言史上第一次明确地把文字的分类建立于文字的能指(字形)和所指(语言)的关系上,代表了文字学分类观念的一次重大飞跃,也体现了这位大师对语言与文字之间结构关系的超凡的领悟能力。布氏的第二个突破点是,以对文字的能指和所指的关系的正确认识为基础,置换了"图画文字"的原始定义。他虽然没有直接否定文字起源于图画的说法,但他关于"图画文字"的论述,不再纠缠于图形本身的简单与繁复,而强调"真正的文字"不是建立在跟实物的联系之上,而是建立在跟"语言形式的联系"之上,从而淡化了"图画文字"的推论,把"真正的文字"的起源与"不定语义"联系起来。这同样体现了他对于文字能指与所指之间关系的敏锐感觉和相对准确的把握。(p37)

然而,何丹认为,布氏体系在整体上却存在种种问题。首先,"表形"阶段的设置是错误的。它的误点,在于混淆了图画与文字的界限。所谓"表形",只能是"图画"的功能,而非"文字"的功能——因为,文字这一符号系统的特点是:以书面形体为其能指,以语言为其所指,并以三者——书面形象、语言及两者之间的对应联系——的同时并存为成立条件。其次,关于图画文字——所谓直接记录"不定语义"的"图画"——阶段的提法,显然是不够确切的。布氏所谓的图画文字记录"不定语义"的现象,其实只出现于印欧语系诸文字系统的前身——圣书字系统的前文字阶段中,是由于多音节屈折语言的词音框架层级繁多、功能各异,导致了其前文字系统不同层级符号的书面表达上的暂时不完善现象。所以,"图画文字"记录"不定语义"(即不定的语段)的提法虽有其合理内核,但不够确切。其次,布氏模式中"词文字"的设置,同样不符合普通语言学的原理。文字的基本单位——字符对语言中词的记录,必然要以语言中某一级语音单位为中介,而不可能越过语言这个中间环节直接记录语言中的词。从这个角度来看,"词文字"这个提法混淆了能指和所指,亦即一般所说的目标和手段,所以是不合理的。(p39)

语言的单源论观念是德国学者施莱歇尔(August Schleicher)于十九世纪中期正式提出的。1859年,达尔文《物种起源》提出了进化论思想。这种思想对语言的分类研究产生了重大的影响。1863年,施莱歇尔写了《达尔文理论和语言学》一文,认为语言像生物一样是一种天然的有机体,按照一定的规律成长、发展而又衰老和死亡。他因而提出了有名的谱系树理论,用达尔文描写生物进化的方法来描述语言的进化。然而,施莱歇尔却用谱系树模式,表达其创立的具有明显偏见的语言单源进化理论。施莱歇尔认为,语言的发展跟生物进化一样,最初发源于类似汉语那样的简单的孤立型状态,然后通过粘着期,最后进入最高形式的屈折状态,印欧语是最后的胜利者。许多学者都曾指出,施莱歇尔的单源论观点带有明显的偏见。然而,它却在一个多世纪中具有较大的影响。长期从事德语教育的布龙菲尔德,正是在这样的时代背景下,采纳了施莱歇尔的谱系分类法思想,转用于文字学的分类,从而建立文字发生学分类体系。而现代语言学体系中的系统论(即"两极""三类"理论),才是真正反映人类语言文字历时发展和共时结构的整体本质特性的理论。这一理论的本质特性与现代生命科学所揭示的生物内部结构一致,它才是人类对世界各种事物(包括人类本身)认识的更高阶段和更高境界的标志。(p51-53)

布龙菲尔德在语言学研究中对归纳法的依赖到了绝对的程度和态度。他虽然能够集欧美语言学之优势,然而,欧美集团的共同母语——印欧语系,仅是属于人类语言总系统的一个分支。布氏轻视推论,而绝对化地强调归纳的信念,决定了他只可能立足于欧美集团的共同母语——印欧语系的高度进行归纳,从而,也决定了布氏体系实际适用的范围,大致限于印欧语系的文字,而无法适用于人类文字总系统。(p54)

格尔伯对文字性质的认识,比布龙菲尔德进了一步,他不但接收了布氏把文字分类与语言的层级结构联系起来的构想,而且吸收了语言宏观研究大师索绪尔的"符号学"和"系统论"思想,把对文字的认识提升到一个新的高度,从而开创了一门新的学科——普通文字学。格尔伯对布氏的模式进行了多项重大的、具体的修改。第一,把图画文字移出正式文字范畴,作为"文字前奏"处理。其次,改"词文字"(表意文字)为"词-音节文字",改"辅音文字"为"音节文字",改"表音文字"为"音位文字"。凡此种种,都说明了格尔伯确实志在创立一门符合普通语言学基本原理的新学科。何丹认为,格尔伯对布氏"改革"的不彻底性的最重要表现,在于对布氏模式的深层理论——关于人类文字发生发展的单源观点的承袭。格尔伯在《文字的研究》一书中专辟一章,强调了人类文字发展演变的单源论思想,并在该书扉页的"字母渊源"总表中展示了这一观点。(p61-62)

何丹认为,对照三大经典文字——苏美尔楔形字系统、古埃及圣书字系统、古汉字系统,它们后来的发展历程,基本上是一种由省略式记录向完全式记录的发展,其体系功能自始至终没有发生过根本的变化,从来都没有,今后也不会。何丹说,假如这个判断能够成立,那么,古埃及系统应该从起源阶段就是表音文字体系,而汉字系统表意特征也根本没有可能向表音方向转化。这就意味着,格尔伯模式及其所代表的欧美学界自近代以来所建立起来的文字发生学整体理念,即"表形→表意→表音"的"单线-进化"理念,很可能在模式构筑的第一个问题——判断标准的确立上,就已存在"经典性"的失误。(p114)

上述两位学者的说法并不相同。周有光(1995)在文章说道:"汉字三千多年没有变成字母,在其他国家也没有见到表意文字自行变成表音文字。所谓从表形到表意到表音的文字发展规律,缺乏事实佐证。"周有光用生物进化论的观点来推论文字进化论的合理性。我们认为,生物进化论虽然在实验室里无法重演,但可以通过对大量化石的研究加以复原。然而,得不到文字发展史事实证明的假设是难以成立的。潘文国和何丹的说法虽不同,但两者不是完全矛盾和排斥的。由于采用他源文字的民族很多,语言类型决定文字类型的假设难以在世界范围内获得证实。潘文国的说法可以从现实中得以检验,是合理而可信的。

2. 汉字的起源和形成

汉字的起源问题包含两个子问题:汉字是怎么产生的?汉字是什么时候在什么地方产生的?

这是文字学研究中最古老的问题,古代曾出现关于伏羲作八卦、神农结绳、仓颉作书的传说,这类说法带有明显的传说性质。二十世纪初以来,随着西方文字学思想和语言学思想的传入,以及达尔文生物进化论思想对社会科学研究的影响,文字起源问题的研究逐渐步入科学轨道。1900 年章太炎(1900:371－372)根据赫伯特·斯宾塞(Herbert Spencer)关于"有语言然后有文字"的原理,推测文字起源于图画,以为"文字与绘画,故非有二也",如澳大利亚和南非土著的图画;随后,"以图画过繁,稍稍刻省,则马牛凫鹜,多以尾足相别而已,于是有墨西哥之象形字","其后愈省,凡数十画者,杀而成一画,于是有埃及之象形字",象形字有两类,"一以写体貌,一以借形为象";至于人之姓氏及州国山川之名,无法象其形,"乃假同音之字以依托之,于是有谐声字,则西域字母根株于是矣"。

不久,孙诒让(1905)撰《名原》,同样在西方文字学知识的影响下,利用金文和甲骨文资料对汉字的原始状态和演变原因作了一些探索。孙氏提出:"文字之流变,唯象形致为繁杂。《说文》五百四十部首,象形几居其太半。盖书契权舆,本于图象,其初制必如今所传巴比伦、埃及古石刻文,画成其物,全如作绘,此原始象形字也。其形奇诡,不便书写,又不能斠若画一,于是省易之。或改文就质,微具匡郭;或删繁成简,粗写大意;或举偏咳全,略规一体;此省变象形字也。最后整齐之,以就篆引之体,而后文字之与绘画,其界乃截然别异。"(《象形原始第三》)这种见解得自对商周古文字的探索,算得上是科学研究的滥觞。

二十世纪前半叶,对汉字起源问题做研究的有吴贯因《中国文字之起源及变迁》(1929)、唐兰《中国文字学》(1949)等。他们大多接受了西方关于古埃及等文字研究的成果,结合商周古文字资料及《说文》六书,或利用现代语言学理论,或利用民俗民族资料,做出了有益的推测。但由于当时资料和理论上的局限,在汉字起源的问题上难有大的突破。丁山考察了埃及象形文字的历史地位,认为埃及象形文字为西方字母文字的鼻祖。他还认为埃及象形文字的演变过程是由象形一变而为谐声,再变而为拼音,如此而言它与中国古文字不同,中国古文字属于会意。但二者也有相同之处,即都是经历"由图解一变而为符号,再变而为音声"(何丹 2003:160)。唐兰看到安特生《甘肃考古记》所载距今大概 4 500 年左右的辛店期陶瓮上的人和兽的图形跟古文字字形的相似性,推断那些图形就是"杂置在图案中"的"文字"。唐氏提出:"假定中国的象形文字至少已有一万年以上的历史,象形象意文字的完备,至迟也在五六千年以前,而形声文字的发轫,至迟在三千五百年前。"如果仅仅看史前实物图像与商周古文字的相似程度来判断是否属于文字,理由当然是很不充分的。唐兰曾经指出,"文字本于图画,最初的文字是可以读出来的图画,但图画却不一定能读"(唐兰 1949：62),从逻辑上指出了文字与图画的本质区别,但汉字是什么时候产生的这个问题,仍然是需要考古发现的实物文字才能提供研究的线索或依据。

二十世纪七十年代以来,随着史前陶器刻划符号实物被陆续成批地发现,汉字起源问题再度成为文字学研究的热点。有关陶器刻划符号资料,王蕴智(1994,2000)曾有过较全面的搜集摹写和阐述。

这个阶段的研究论文主要有：郭沫若《古代文字之辨证的发展》(1972),于省吾《关于古文字研究的若干问题》(1973),陈炜湛《汉字起源试论》(1978),裴锡圭《汉字形成问题的初步探索》(1978),王志俊《关中地区仰韶文化刻划符号综述》(1980),孟维智《汉字起源问题浅议》(1980),汪宁生《从原始记事到文字发明》(1981),高明《论陶符兼谈汉字的起源》(1984),徐中舒、唐嘉弘《关于夏代文字的问题》(1985),李学勤《中国和古埃及文字的起源——比较文明史一例》(1984),李学勤《论新出大汶口文化陶器符号》(1987),胡双宝《汉语·汉字·汉文化》(1988),高家莺、范可育、费锦昌《现代汉字学》(1993),苏培成《现代汉字学纲要》(1994),李禄兴《现代汉字学要略》(1998),张玉金、夏中华《当代中国文字学》(2001)等。李孝定《汉字的起源与演变论丛》(1986)、裴锡圭《文字学概要》(1988)、高明《中国古文字学通论》(1996)、詹鄞鑫《汉字说略》(1991a)等著作中也较多地涉及汉字起源和形成的问题。高明(1994)对史前陶器符号和商周陶文资料分别做了总结和讨论。叶蜚声、徐通锵《语言学纲要》(1981)也从文字起源基本原理的角度涉及汉字起源问题。

在有关陶器刻划符号性质的问题上,学术界存在两种不同倾向的看法。

一种看法倾向于把史前陶器符号当作中国文字的源头。李孝定在《从几种史前和有史早期陶文的观察蠡测中国文字的起源》《再论史前陶文和汉字起源问题》《符号与文字——三论史前陶文和汉字起源问题》《汉字起源的一元说和二元说》等文中提出：(1)半坡陶文应是已知最早的汉字,迄今六千年至五千五百年；(2)从半坡陶文中已有相当数量的假借字的情况来看,汉字应已经历了象形、指事、会意三个阶段；(3)半坡时代应该有更多象形会意的文字；(4)汉字的起源是单元的。李孝定认为史前陶文之所以不能记录语言,是由陶器上刻画符号的特性所决定的,即陶器上除了极少数有特定的目的,少有大量使用文字的机会。符号与文字,本是一物而二名,有的因约定俗成而成为文字,有的因使用的人少,所以停滞不前,如族徽和陶工的专业记号(李孝定 1986：278－279；◇叶玉英 2008：51)。郭沫若(1972)认为半坡陶文距今六千年,是汉字的原始阶段。郭沫若还认为中国文字的起源有指事和象形两个系统,指事系统先于象形系统。

　　李学勤(1987：77)曾经考察大汶口文化的陶器符号,认为它们有几个值得重视的特点：(1) 同后世的甲骨文、金文形状结构接近,一看就产生很象文字的感受;(2) 只见于特定器中,而且在器外壁的一定位置上,与金文在器物上的位置类似;(3) 象形而有相当程度的抽象化,不是直接如实的描画;(4) 与装饰性花纹不同,不能分解为若干图案单元。李学勤倾向于认为它们是文字。李学勤(1984：60－62)还通过对中国与古埃及陶器符号加以比较来看文字起源问题。他说,1982 年美国西弗吉尼亚大学的阿奈特出版了《埃及象形文字的先王朝起源》一书,根据约在公元前四千年至公元前三千年的一批遗址出土的材料,对古埃及文字的起源提出有趣的见解。李学勤说,不难发现,阿奈特关于古埃及文字起源的学说和中国学者对中国文字起源的探索有明显的共同点。第一,双方都认为古代文字的起源应追溯到遥远的史前时代。值得注意的是,双方所推测到的年代彼此也差不多,即公元前四千到公元前三千年。第二,都认为陶器符号是文字的发端,陶器符号有的是图象,有的只是几何形,过去常被理解为艺术性的装饰,或者与语言没有联系的标志,但与较晚的文字结合起来分析,可以看出其间的发展脉络。第三,陶器符号总是在陶器的特定部位上,而且限于较小的局部。第四,陶器符号常被用以表示"所有关系",如器物属于某人或某家庭、氏族所有。有的还可能是制造陶器的个人或家族、氏族的标记。这一点,和艺术性的装饰显然有区别。由此可见,中国文字和古埃及文字虽然是两种独立产生和发展、互相没有影响的文字系统,但其萌芽与形成的途径还是可以互相比较的。对这两种古文字的起源的探讨研究,有不少方面值得互相借鉴。

　　另一种倾向是对史前陶器符号的文字性质持比较谨慎的态度。如裘锡圭(1978)、汪宁生(1981)、高明(1984)诸家。他们认为史前陶文没有用于记录语言的证据,不要说是早期汉字,连原始文字的可能性也非常小。高明将几何形的陶器符号称为"陶符",认为陶符与陶文有本质的区别。陶符自新石器时代仰韶文化开始,中间经过商代,直到春秋战国时期,不仅始终是每器只用一个符号,而且一直是独立存在,从不与汉字共同使用。形体依然如旧,仍非常原始。(高明 1984,1994)

　　二十世纪九十年代的两桩新发现,使汉字起源问题一时又成为学术热点。1992 年山东邹平县丁公村龙山文化遗址发现的陶片,上面连续排列的十一个刻划符号像是组成文辞或句子的状态,引起学术界对于文字起源问题的关注。裘锡圭(1993b)认为这是一种误入歧途的失传了的文字。1993 年南京博物院考古研究所对江淮之间的高邮龙虬庄遗址的发掘,在河边采集到一片磨光泥质黑陶盆口沿残片,上有两行八个类似文字的刻划符号,左行四个近似甲骨文,右行四个类似动物图形。这是继丁公遗址发现距今四千二百年至四千一百年之间龙山文化晚期的刻文陶片之后,又一次极为重要的考古发现。当年 10 月,饶宗颐(1996)最早研究了高邮陶文的释义,撰文称这一陶片"可看作揭示图文并茂的古代记录之一例,足见它的重要性"。

　　对于成组排列的丁公村陶片刻符,裘锡圭、俞伟超、高明等认为它像是某种原始文字,但大概不是一种处于向成熟文字发展的正常过程中的原始文字。李学勤(1998:69)认为,后世文字有正体、俗体之别,也许在上古已有萌芽。邹平丁公村的陶片文字,或者就是当时的俗体。

　　在汉字怎样产生的问题上,裘锡圭(1988:5)推测汉字的形成与原始族徽符号的盛行有很大的关系,汪宁生还特别留意少数民族遗存的原始记事法,这些见解都很有启发意义。裘氏根据民俗中的谐音现象推测,假借方法不见得比跟图画有明确界线的表意字的出现更晚,而这两者的出现是文字开始形成的标志;又根据纳西古文字的表意方法提出,形声字的产生并不意味着文字体系一定已经形成。这些见解对于文字形成问题具有重要的理论价值。

　　汉字起源问题并不是纯文字学问题,它既是考古的,也是理论的,包括人类学、语言学和文字学多方面的理论。资料方面,首先应该是历史和田野调查的事实的认定,包括考古发现的实物资料,以及对于民族遗存的古老记事法和相关文化的综合考察;另一方面也依赖于关于文字和文明产生的社会前提,以及文字与非文字关系等理论的研究成果。饶宗颐(2000)倡议建立"史前文字学","在古文字学当中,应该算是一个独立的部门,其研究方法及着眼点,不尽与古文字学的一般研究方法相同"。

二、汉字演变的问题

　　关于汉字的演变,二十世纪对汉字演变的研究经历了一个从关注字体逐渐转化为关注时代和地域的变化,并深入到对变化原因的探索。

1. 汉字演变的模式

汉字以商周金文和甲骨文为起始,发展至秦汉魏晋,逐渐形成篆书、隶书、草书、楷书等字体,大凡文字学通论著作都会予以介绍。

较早谈论汉字演变的论著注重介绍各种书体,而对于汉字演变过程和原因的探究却显得很薄弱,或流于概念化。很长一段时期内,学界习惯于按书体的不同,把汉字演变过程归纳为"甲骨文→金文→大篆→小篆→隶书(或分为古隶八分)→草书→楷书→行书"的模式。这种单维的模式显得简单化,既不能反映汉字演变的原因,也并不完全符合汉字演变的实际过程。《说文》中有"古文"和"籀文",向来不得其确解,至王国维作《史籀篇疏证序》(1916a)和《战国时秦用籀文六国用古文说》(1916b)等文章,第一次明确提出战国时秦用"籀文"而六国用"古文",东土西土存在用字的不统一现象。这对于把"古文""籀文"视为一体的传统观念来说是一大突破。唐兰的《古文字学导论》(1934)继承了王国维把秦文字和六国文字区分开来的认识,提出"新的分类法应着眼于时代的区分和地域的别画",于是把已经发现的古文字分为"殷商系、两周系(止于春秋末)、六国系、秦系"这四系;并指出"六国系文字讹变最甚",而"秦系文字大体是继承两周"。唐氏这种兼顾时代和地域区分古文字的四系说,构成一个比较接近实际状况的两维平面模式。注重时代区分的模式,还有助于纠正笼统地认为金文迟于甲骨文的习惯看法。后来的文字学著作,例如杨五铭《文字学》(1986)、裘锡圭《文字学概要》(1988)、詹鄞鑫《汉字说略》(1991a)等,就采用了唐氏奠定的这种兼顾时地的平面模式来阐释汉字演变的研究思路。

2. 先秦字体研究

汉字演变,从表面上看就是字体的变化。关注字体,艺术角度只是一个方面,汉字学更加关注由字体所反映的文字的时代特征、演变规律和相关资料的断代标志。

同样是商代文字,甲骨文和金文的风格就很不一样。同样是金文,一般金文与族徽符号也风格迥异。这表明造成字体不同的因素主要是文字载体,也跟使用场合有关。当然,也一定跟书写者的个性有关。甲骨学家董作宾于 1932 年 3 月作《甲骨文断代研究例》,为甲骨文断代提出十项标准,其中"字形"和"书体"占了两项(陈梦家 1956:136)。郭沫若作《两周金文辞大系图录考释》(1935),为金文确定国别和时代。字体风格也是重要的判断标志。

　　早期较系统地讨论汉字字体的有陈梦家和唐兰。陈梦家《中国文字学》(1944)第六章"历史上的字体"对大篆、小篆、隶书、古文、奇字、刻符、虫书(鸟书)、摹印(缪篆)、殳书、署书、"说文中所有的字体"等均有所阐述。唐兰《中国文字学》(1949)中"文字的变革"一章除了讨论先秦字体,还论及草书、章草、今草、行书等字体。启功《古代字体论稿》(1964)是系统论述字体的最有影响的著作。

　　断代字体的研究意在探索字体的时代特征和演变规律。笔者把西周金文按十二王分为早中晚三期,通过典型字形的比较,总结出"块面笔画线条化"和"诘诎笔画平直化"的规律。对于春秋金文,偏重于关注吴楚诸国文字中具有浓厚装饰性的鸟虫书字体。(詹鄞鑫1991a:76-81)

　　春秋时期是鸟虫书盛行的时代,其遗风延续到战国秦汉。鸟虫书带有浓郁的美术意味,是汉字演变中的特殊形式。这方面的研究成果主要有:马国权《鸟虫书论稿》(1983)、林素清《春秋战国美术字体研究》(1990)、曹锦炎《鸟虫书通考》(1999)、许仙瑛《先秦鸟虫书研究》(1999)、严志斌《鸟书构形研究》(2001)等。秦汉以来的鸟虫书,作为美术字体应该是没有问题的,但春秋时期主要流传在吴越一带的鸟虫书,其来源及其文化意义,史学界有不同的解释,还需要进一步考察。

　　战国字体的研究以楚文字为主。对于楚国金文,林清源(1997)认为:大概在春秋中晚期之际,最具代表性的美术风格书体逐渐形成。此一书体发展到了战国早中期,文字线条布局日趋精致,并且出现错金与加鸟虫形部件的现象,是楚国金文美术书体的鼎盛时期。到了战国晚期,美术风格书体的质量与数量都急剧衰退,代之而起的,则是草率风格书体,其字形往往解散篆体,破圆为方,表现出明显的隶化倾向。张晓明(2006)对春秋战国金文字体的演变规律、特点以及原因做了考察,认为:春秋战国金文字体演变,是汉字字体从篆体到隶体转变的一个关键环节,是汉字系统内部矛盾运动的结果,是汉字结构发展与汉字字体演变共同作用的结果,是书写便捷与字体规范之间对立统一的矛盾运动过程,是多种因素综合作用的结果。

　　许学仁的博士学位论文《战国文字分域与断代研究》(1986),通过探寻先秦书风的流变以及战国时期各国文字的结体特点,对战国文字进行分域和断代研究。王帅(2005)和张懋镕(2006)则是把书体研究与铜器断代结合起来,互相印证。

　　庄新兴(2001:3)对战国玺印文字地域特征加以研究,他说:"到了春秋晚期至战国初期时,一些强大诸侯国的文化艺术,其地域性特征已颇鲜明。……当时各国的文字,在实际使用中因受不同政治、文化艺术的影响而发展,也初步形成了以域相异的面貌。文字面貌以域相异的情况,到战国中后期颇为明显。"

(1) 小篆的性质

小篆通常被认为是"秦代通行的、在大篆(籀文)基础上简化而成的字体",这是把小篆看作一种秦代出现的新字体,这种看法似是而非。其实,小篆跟统一前的秦国文字之间不仅字体是相承的,就连字形也是基本相承的,只是少数选取秦人已经使用的经过省改的文字作为规范字。从许慎关于小篆名称的阐述可知,小篆的本质在于它的规范性,不仅要消除六国文字中与秦文字不一致的写法,还要消除秦国固有的异体字。詹鄞鑫(1991a:116)指出:"秦始皇统一六国文字的功绩在于用规定采用的文字代替不统一的文字,而不是创造新文字取代旧文字。"李斯等用小篆书写的《仓颉篇》《博学篇》《爰历篇》,意在规范文字的字形,而不在于书体。就如现在的规范汉字一样,国家颁布时采用的是相沿已久的印刷体宋体,但并不是在字体上来做要求,规范的意义只在于规定正字的写法。人们的日常用字当然不会用宋体来书写,而是用行书手写体。李斯所写的碑文如《泰山碑》《峄山碑》等,从字体上说当然是端庄严谨的,但这只是由于用途的庄严性而出现的一种具体运用。作为一般场合下书写的文字,只要遵循小篆的形体规范就可以了,并不要求一定要用篆书字体来书写。从实际发现的秦权量诏版、睡虎地秦简、里耶秦简等秦文字看,篆书可以写得很草率,隶书则是最常用的书体。许慎在《说文解字·叙》里提到"秦书有八体",这表明在秦代各种字体都是可以采用的。李学勤(1997:74)指出:"秦统一文字,并非只有一种书体。或以为当时标准文字是小篆,篆书繁复难写,用来作为通行文字是不大可能的。篆书只用于诏版、刻石之类庄重的场合,符印榜署以及兵器用字,各有其书体。实际上起最大普及作用的,乃是隶书。"

(2)《说文》小篆的讹误

许慎《说文解字》保留了最全面、最系统的小篆文字,既是认识古文字的津梁,也是分析今文字的依据。不过,许慎作为东汉人,并不能见到系统的秦代小篆文字,大量资料来源于许慎见到的汉代不同繁简程度和不同书写风格的篆文,更多的是"今文"隶书。因此说文的篆文,在实际上就不可能跟秦代的小篆完全一致

（不仅是风格上的,还包括结构上的）。

在说文小篆的形体上,裘锡圭(1988：71)曾经指出有些小篆发生讹变的字例,如"戎、早、卓、走、欠、非"等。笔者在《汉字说略》中补充了说文小篆讹误字例(p111),后来又撰文讨论说文小篆讹误及订正的原则和方法(詹鄞鑫1996)。笔者撰《谈谈小篆》(2007),专门阐述用秦汉实物文字纠正说文小篆问题,并参考许慎小篆构形标准化的手段,列举了《说文》中经常当作偏旁来使用的已经讹误的构件。这份材料有助于认识说文小篆与秦汉小篆的实际差异。

赵平安(1999)曾对说文小篆加以研究。赵平安注意到如下现象：说文小篆有的合乎六国文字却不合乎秦文字的写法,有的合乎早期古文字却不合乎后期古文字,有的不合汉字演进序列。还注意到秦篆和汉篆的不同,并论及传抄刊刻对说文小篆的影响等问题。赵平安提到"多半发生了讹误或篡改"的"不合汉字演进序列",指的就是说文小篆字形上不承先秦文字,(或者)下不启汉代文字的字形讹误例。所举的字例有"斗、升、朝、彭、卑、婁、喬、矛、賣(贖省)、雺、弘、贊、乏、牟、皆、鲁、市、粪、卯(柳)"等以及以它们为偏旁的字。赵书在没有见到笔者论著的情况下对说文小篆形体讹误的考察,其结果有相当一些与笔者论著的举例相同。这表明了只要用心留意,发现的问题是一致的。

3. 隶书的形成

学术界普遍把篆书及更早的文字视为"古文字",把隶书及更晚的行书草书楷书视为"今文字"。简单地说,隶书是由篆书演变而来的,这种演变习惯上称为"隶变"。王凤阳(1989：146)总结说："从篆书到隶书,这是字体上的一大飞跃,是划时代的飞跃,这一飞跃表现在字的组织上,也表现在组字的基本材料的变化上。篆书时期是用线条组字的,隶书时期改由笔画组字了,这种改变根本上变化了汉字的面貌,这是现代能见到的汉字史上的一次最激烈的延绵最久的变化,文字学上称为'隶变'。"古代汉语教材把隶书与篆书的不同,称为"古今文字的分水岭",这样提是恰当的。当然,从战国晚期古隶书出现,到隶书基本成熟的西汉末,在这长达二百多年的过渡时期,篆书和隶书是同时并用的：权量、石刻、印章等庄严的场合往往用篆书,一般的场合大多用隶书;隶书本身也逐渐变化,从一种对于篆书的草率状态,演变成可以施之于典雅碑刻的端庄秀美的字体,有人称之为"八分书"。可见,这个"分水岭"是一个延绵漫长的山脉。

关于隶书的形成,学界大都遵从许慎的说法,认为是秦代创造的。唐兰

(1949：142)很早就提出，"六国文字的日渐草率，正是隶书的先河"。郭沫若(1972：8)认为长沙楚帛书文字"体式简略，形态扁平，接近于后世的隶书。"裘锡圭(1974；1988：69)根据马王堆汉墓遣册等出土秦汉文字材料，提出隶书是在战国时代秦国文字的简率写法的基础上形成的，古隶又发展出草书。他明确指出隶书形成于战国晚期，是在战国时代秦国文字俗体的基础上逐渐形成的，并认为战国时代六国文字的俗体也有向隶书类型字体发展的趋势。这一认识打破了一直以来认为隶变发生于小篆之后的不确切看法。1991 年，赵平安(1993)在其博士论文《隶变研究》中，以西周及秦至汉初的出土文字为依据，得出"隶书产生于战国中期"的结论。同时他还分析了隶变的外因和内因，探索隶变的规律，指出隶变不是突变，而是渐变。

陆续出土的战国及秦汉简帛文字资料，为隶变研究提供了丰富的依据。裘锡圭(1993a)曾对秦汉文字的书体作了较详细的论述。陈昭容(1997)认为，战国中期简率的刻划文字与隶书起源有关。谈隶书的起源与发展，必须东土西土文字同时考虑，就隶书风格而言，战国东土、西土都有相同的经历。就隶书的结构而言，基本上是在秦文字俗体的基础上发展起来的，东土简牍文字在结构上与秦相异的部分，在文字统一过程中被废除了，汉代隶书结构与秦隶接近的原因正在于此。在隶书发展进程中，"吏"起过整理作用。(◇叶玉英 2008：60)

杨宗兵(2005)考察了秦出土文字材料，认为秦文字"草化"并不仅仅是自然书写状态下的"草书萌芽"，对汉代草书的形成与趋于成熟具有"导源"意义和"示源"作用。

4. 楷书的形成

在楷书形成的问题上，传统看法认为楷书在汉末三国时期已经产生，传世魏人钟繇《宣示表》被当作最早的楷书作品，晋人王羲之的《乐毅论》也被视作早期楷书代表作。郭沫若(1965)曾就王羲之《兰亭序》真伪问题发表文章，论证晋代还不可能出现像传世《兰亭序》那样的字体。一时间，驳议和赞同者纷至沓来，讨论中还涉及楷书形成时代的问题。双方针锋相对，但终无定论(《兰亭论辨》1977)。

裘锡圭(1988：89－92)提出，大约在东汉中期，从日常使用的隶书里演变出了一种跟八分有明显区别的比较简便的俗体。在东汉中后期，虽然士大夫们竞相用工整的八分书来勒石刻碑，一般人日常所用的隶书却大都已经是这种俗体了。这种俗体隶书在很大程度上抛弃了收笔时上挑的笔法，同时还接受了草书的一些影响,如较多地使用尖撇等,呈现出由八分向楷书过渡的面貌。为了区别于正规的隶书,裘氏把这种字体称为"新隶体"。东汉晚期还出现了一种新的字体,就是行书。早期行书虽然不是新隶体的一种草体,毕竟是在带有较多草书笔意的新隶体的基础上发展出来的一种字体,它跟"草率"的新隶体不可避免地会有一些相似的特色。而且早期行书出现后,必然会对新隶体产生影响,因此,早期行书跟"草率"的新隶体之间是难以区分的。他认为,"我们简直可以把早期的楷书看作早期行书的一个分支"。

5. 隶定古文问题

徐在国《隶定古文疏证》(2002)是隶定古文研究的代表作。黄德宽在该书序中说:

> 隶定古文始于汉代。伪孔安国《尚书序》对隶定古文的起因有明确记述。序曰:"至鲁共王号治宫室,坏孔子旧宅,以广其居,于壁中得先人所藏古文虞夏商周之书及传、《论语》、《孝经》,皆科斗文字……科斗书废已久,时人无能知者,以所闻伏生之书,考论文义,定其可知者,为隶古定,更以竹简写之。"……陆氏又于卷三之《尚书音义》上注曰:"隶古,谓用隶书写古文。"这些记载基本上反映了"隶定古文"这个概念的由来。楷书通行之后,以楷书转写古文也称为"隶定",所以一般学者所称的"隶定古文"实际上即指用隶书或楷书笔法转写的古文。

传世隶定古文情况相当复杂,有的是后人据传抄古文而隶定,有的是由隶古定本辗转流传而来,有的是来自对新发现的古文资料的隶定(如汲冢古书),也有的是取自后人所仿写的古文的资料。历代字书、韵书对这些来源复杂的隶定古文多兼收并蓄,使人"不能别择去取",不能正确认识其价值并加以充分利用。

随着古文字学研究的进展,人们开始认识到传抄古文的重要学术价值,近年来已有不少论著对传抄古文加以利用和研究。作为古文字的另一种表现形态,渊源有自的隶定古文研究,却未能引起足够的重视。从这个意义上说,作者广搜字书、韵书等资料中的隶定古文,考辨其源流讹变之迹,并以各种古文字资料加以梳理证说而撰著的这部《疏证》就成为一部填补空白的力作。

6. 宋体字的形成

在汉字演变史上,印刷用宋体字的产生和发展是科技史上的重大进步。陆锡兴在 2007 年发表《宋体字产生及其在文字史上的意义》,指出在明代正德、嘉靖年间形成宋体字,"这是文字发展史上的一个进步"。

魏隐儒、马世华(1993)勾勒出印刷字体宋体字形成和流变的明晰线索。据该书所述,宋体字是在明代中叶特殊的环境下产生的模仿宋刻本而出现的印刷用字体。书中提到,明正德嘉靖年间,书坊大量翻印科举用的四书五经,为了防止错讹影响权威性,政府严禁匠户窜改版式文字。"各刻书匠为了避免违法受刑,凡刻五经四书,都照旧版依式翻刻。在这种翻刻古本风气的影响下,刻印当代著作,也极力摹写古籍字体,形成了正嘉年间的刻书字体——'宋体字',也称'硬体'。"(p151)

谈到"仿宋硬体",书中说:"此种字体,书法家不为之,明清以来坊肆主人专门培养缮写工人,用来雕刻书版字体。横竖撇捺钩折圈点,都有一定规矩。曾问及晚清文楷斋工人訾瑞恒,言之甚详。按照规矩几个人合写一部书稿,字画一致,神气相同。因此在练习时有共同要求,合写一部书稿,难辨张三李四。"(p168)这就把宋体字或仿宋体字之所以横平竖直,笔画固定规范的理由讲得很明白了。

从书法艺术的角度说,被称为匠字的仿宋体和宋体字历来受到贬低,但宋体字既保留了楷体字的基本笔画特征,且横平竖直,笔画规范,醒目大方,作为最通行的印刷字体,对汉字字体的影响之大是无与伦比的。宋体字产生的历史意义也是不可估量的。(参见陆锡兴2007)

7. 汉字演变的内因

裘锡圭(1988)曾论证俗体字和草体字对推动书体演变的关键作用,揭示出汉字演变的内在原因和动力。早在二十世纪四十年代,魏建功写了《草书在文字学上之新认识》(1946),就开始从文字学的角度关注草书在汉字演变中的意义。七十年代初,郭沫若(1972)也曾经指出,"广义的草书先于广义的正书","草率化与规整化之间,辨证地互为影响"。魏、郭二氏的见解是很有道理的,只是未受到关注,直至有了裘氏的论证才形成影响。

汉字演变的问题还存在许多尚待发掘和讨论的余地。例如:

汉字早期演变的实际状况至今并不都很清楚。商代、西周和春秋时期的手写文字,个别的零星材料不算,除了春秋晚期的侯马盟书和温县盟书,目前几乎一无所知。那么,战国时期六国汉字的变体写法是如何形成的呢?

战国楚简手写文字发现了不少,但燕齐和三晋一带的手写文字资料还不多见。那么,南楚、燕齐、三晋的手写文字有多大区别呢?

今文字也同样经历了演变的过程,其变化的原因还值得进一步研究。例如,楷书自魏晋南北朝至于隋唐,作风渐变,根本的因素是什么? 对于楷书的定型和规范,唐代书法家在多大程度上起作用?

隶书、草书、行书、楷书、印刷体等字体对于汉字发展的影响,尤其是对于汉字正体俗体的形成、正字俗字的产生,以及汉字规范问题的影响,都值得探讨。

第五章

汉字结构类型及汉字构形学说

一、从六书说到三书说

1. 许慎的六书说

许慎的六书学说,恐怕不是纯粹的汉字形体的静态结构问题,它还蕴含着汉字造字原理和构形表义示音的功能。例如同样是一个象形性的符号,"人"归入象形,而"大"归入象事(即指事);同样由两个构件组成的汉字,"眉"归入象形,"利"归入会意,而"剛"归入形声。"大"归入象事是由于"大"不是物名,而是形容万物之大,这就考虑了字义因素。"眉"归入象形,"利"归入会意,也都考虑了字义的因素。"剛"归入形声,是由于"剛"所从的"岡"有示音功能,这就考虑了字音因素。可见,汉字结构类型,是跟汉字的造字方式,以及汉字形体的表义示音功能联系在一起的。这正是汉字学讲"结构"区别于书法学讲"结构"的根本点。

汉字结构模式,通常是从许慎的"六书"说起的。许慎编撰《说文解字》,通过对上万多个汉字篆形构形的分析和排比,归纳出 540 个部首,并在前人提出的"六书"学说的基础上加以阐释。许慎在《说文解字叙》中就汉字类型问题提出的"象形、指事、会意、形声、转注、假借"这"六书",两千年来一直被奉为分析汉字结构类型的基本法则。二十世纪至今,许慎的六书说仍然在学术界具有权威影响。大凡文字学通论性著作(包括涉及汉字基础知识的教科书),几乎没有不谈"六书"的。同时,为着适应古今汉字结构类型的多样状态,也出现了一些改造"六书"乃至另创新说的尝试,于是产生了多种新的汉字结构学说。

　　许慎的六书说,也许包含了他本人在撰写《说文解字》中的体会,但从东汉三家六书说的一致性来看,许氏六书说的名称及其阐述主要体现了当时学术界比较传统的认识,未能充分反映他本人在汉字构形系统上的体会(或者没有很在意这一点)。今天看来,六书学说在逻辑上是不够严密的。最明显的问题在于,"象形、指事、会意、形声"这四书都是就单个汉字的构形方式而言的,而"假借"和"转注"二书却涉及字与字之间的关系。所以,早在乾嘉时期就有学者主张把许慎的"六书"区分为"四体二用",认为"假借"和"转注"是用字之法。段玉裁说:"盖有指事象形而后有会意形声。有是四者为体,而后有转注假借二者为用。"(《说文解字注》1815:756)民国以来的说文学者,大多接受这种区分,把转注和假借视为用字之法。

　　许慎的六书说,今人的认识恐怕还包含着不少误解。关于这点,"说文的汉字学研究"一章还会述及。

2. 六书说的改造和三书说

　　就六书的"四体"而言,许慎的定义也不是很明确的,后人理解不一,阐释者众,但都不敢突破"六书"藩篱。

　　南唐徐锴整理《说文》为《说文解字系传》,首次以新视角研究六书,提出"六书三耦"说(见《系传》"上"字注)。徐锴的"六书三耦"说,给后人以启示。例如杨慎把六书区分为"经纬","四象以为经,假借、转注以为纬"。戴震把六书划分为"四体二用"说(黎千驹2010)。林义光所撰《文源》(1920)的《六书通义》中,对六书之旨作了新的阐释,为一些用传统六书理论无法解释的文字构形现象找到了理论上的归宿,如"形变指事""二重形声"等。(叶玉英2003)

　　1934年唐兰在《古文字学导论》中提出把汉字结构分为"象形""象意""象声"三类;在《中国文字学》中进一步提出对六书说的批判并阐发自己的"三书"框架(唐兰1949:61-79)。唐氏挑战传统的勇气是值得肯定的。

　　陈梦家(1956:76-79)分析了唐氏三书说的问题,提出了新的三书模式,即"象形"(包括许慎六书中的象形、指事、会意)、"形声"、"假借"(许慎所谓"本无其字"的假借)。陈氏三书说不同于唐氏的关键,在于把"假借"作为汉字的基本类型之一。

　　裘锡圭(1988:110-142)在陈氏三书模式的基础上稍稍做了一点调整:把陈氏学说中包括了象形、指事、会意的"象形"改称为"表意";"假借"不仅指"本无其字"的假借,还包括有本字的假借;由此形成裘氏的"表意""假借""形声"三书模式。裘氏在"表意字"之下,又进一步细分为六类:一为"抽象字",如"一、二、凹、凸、□、○"等;二为"象物字",大体上与六书中的"象形"如"日、月、山、水、马、牛"等相同;三为"指示字",大致相当于许慎六书中被后人偏重在"指"的意义上来理解的"指事"字,如"本、末、亦、刃"等;四为"象物字式的象事字",大致相当于许慎六书中被偏重于"事"的意义来理解的"指事"字;五为"会意字",大致相当于六书中的"会意"字,裘氏又进一步细分为六小类;六为"变体字",指的是采用改变某一个字的字形的方法来表意的字,如"片、叵"等。裘氏认为仍有少数字不能纳入三书的范围。包括"记号字",如"五、六"等;"半记号字",如"丛、义"等;"变体表音字",如"乒、乓、刁"等;"两声字",如"铻"等;特殊来源字,如"歹"。

裘锡圭的三书说,立足于表音与表意的不同,把汉字区分为"表意"、"表音"的假借字、"半表意半表音"的形声字三大类,意在反映汉字内部的三种状态。

刘又辛在 1957 年已提出了新的三书说。他认为汉字的造字方法有三种:表形字,假借字,形声字。"人类创造文字也只有这三种方式:或表形,或表音,或兼表形音。除此之外,还有少数既不表形也不表音的约定俗成的符号。例如数学上的+、-、×、÷、=、≥、π 等符号,使用汉语的人读作加、减、乘、除,使用英语、俄语、日语的人,各有不同的读法。这类符号不是文字,只是约定俗成的书写符号。""陈梦家先生在他的《殷虚卜辞综述》一书中,把甲骨文字也划分为象形、假借、形声三类,同我的'三书'说相同。陈先生从甲骨文字的发展得出这个结论,我是从比较文字学的角度得出了相同的结论。但是,我的看法又有同陈先生不相同的地方。我的'三书'说同汉字发展三阶段的假说相联系;陈先生则认为,甲骨文字已经定型,三千年来的汉字没有本质的变化。这是二者的大不相同处。"(刘又辛 1998;刘又辛、方有国 2000:354-356)

陈氏、刘氏和裘氏的三书模式,意在反映汉字的三种类型:完全表意、完全表音、半表意半表音。这种区分显然立足于汉字构字符号表音还是表意的问题,与汉字性质问题密切相关。然而,我们认为,汉字结构跟汉字类型是两个不同范畴的概念,各有不同的看问题的角度,如果把"假借"作为汉字结构类型之一来为具体汉字的结构归类,就会在操作上面临无法解决的困难。由于对"假借"的判断不能撇开文本用字,汉字的结构就不可能脱离汉字应用的语境而独立存在,其结果就是:凡是属于"假借"类型的汉字,其固有结构都必然还属于"表意"或"形声"的类型。例如"耳"字,当它处于表示耳朵的语境时属于"象形"结构,但用于语气词时就属于"假借"了。前者是造字类型,后者是用字状态,把两个不同的标准放在一起来看待汉字的结构,这在逻辑上是欠妥的。

二、新六书说及其他

1. 新六书说

为了解决上述矛盾,我们不赞成把"假借"作为汉字结构的一种类型,主张用一个标准来给汉字结构分类,认为"分析汉字结构,就是分析孤立的汉字的造字结构,并不需要针对汉字在文献中的不同用法而作出不同的处理"。基于这种认识,我们既不采用传统的六书说,也有别于三书说,而是在裘氏三书说的基础上加以改造。首先是去掉"假借",这样,三书中就只剩下"表意"和"形声"两大类了。形声字尽管包含了示音符号,但很难把它排除于"表意"之外,因此,在排除了"假借"之后,"形声"和"表意"就不再是一个对立的概念,于是又将"三书"系统中属于"表意"的各类分开来与"形声"作为并列的结构类型。三书"表意"中的"抽象"字,不论表面特征(独体)还是表意性质(表"事")都与"象事"字没有本质的区别,因而可以归并到"象事"字中。在裘氏三书系统中属于"表意"的"变体"字,既然不再属于"表意",就可以包含裘氏认为不能纳入三书范围的"变体表音字",甚至还可以包含"半记号字"和"记号字",最大限度地缩小无法归类的汉字的范围;同时,"变体"还可以包括形声字的变体。在名称方面,既考虑表述的科学性,又尽量与传统的名称相一致,例如"象物"仍可以称为"象形",为着简洁,"象物字式的象事字"仍采用汉代人习惯所称的"象事"。经过以上调整,我们把汉字结构类型分为如下六类:象形、指示、象事、会意、形声、变体。由此构成不同于许慎"六书"的"新六书"。"新六书"模式把汉字结构问题与汉字类型问题分开,避免了单个汉字在结构类型上两属的尴尬局面,含义更加明确,既吸收了三书说的成果,而且最大程度地减少了不能纳入三书系统的特殊结构的汉字。(詹鄞鑫 1991a:169-171)

新六书的分类及其含义大略如下。

象形　基本上相当于许慎的"象形"。例如:日月山水耳目鼎鬲。有些象形字只取对象的局部形体,而代表的是对象的整体,例如:牛羊。有些象形字所表示的对象本来就是一个群体,则所象之形也由群体构成。例如:从艸舜林珏。有些象形字为了使所象之形更加明确,还附加相关物体的形象。例如:枼州眉舌尾血殷。

指事　是在象形符号的基础上添加比较抽象的指示符号来表现字义的文字。传统六书中的"指事",由于定义不明,阐释者往往偏向于对"指"的理解,这种结构裴锡圭称为"指事",更加明白。例如:本末上下亦寸去。

象事　有些独体字,从表面上看似乎是象形字,但从它所表示的意义看,它所代表的不是有形之物,而是无形之事。这类字有象形字的外表形式,而其表意性质则与会意字相似,但不能归入会意类,王筠把它们归入指事字,裴锡圭称之为"象物字式的象事字",为了简洁,我们称之为"象事"字。例如:大屮矢高又(右)永卜交力囗(方)〇(圆)。

会意　凡是会合两个或两个以上的构字符号(意符)来表示一个跟这些构字符号本身的意义都不相同的意义,即属于会意。会意字又区分为"以形会意"和"以义会意"。凡通过构件的形象来表意的,为"以形会意"。例如:执毓(育)出删臭(嗅)企步降陟弃妾秉戒见鸣取朝莫(暮)。也有些是因重叠构件而会意的,例如:炎雔森轟淼。

凡会意符号是通过其独立成字时的字义来表意的,为"以义会意"。例如:嵩劣歪掰甦尥。

有些会意字的构件兼表其音,为"会意兼声字"。又区分为三类:意符同源兼声,即构件独立成字时与所构成的会意字有同语源的关系,例如:左(佐)右(佑)共(供)字。意符异源兼声,构件独立成字时与所构成的会意字并没有语源相同的关系,而是故意选取具有表音功能的符号作为构件,例如:受。意符声化兼声,会意字构件原本并没有示音功能,但在演变过程中逐渐演变为具有示音功能的构件。例如:隻-蔓、耴-聖。

形声　由一个表意的形符和一个示音的声符构成的合体字。形声字大多不是一次性直接由表意符号和示音符号拼合而成的,而是由原本的形象表意字或假借字在使用过程中为着加强示音功能或表意功能添加示音符号或表意符号而衍生出来的。添加示音符号而成的形声字例如:网罔,自鼻,晶曐,永羕,門闁,埜壄。这类情况很少,大量的是为着强化表意功能添加表意的类化符号而形成的。例如:萬蕑,爿牀,州洲,屰逆,生姓,菁蘴,戚慼,藏臟。也有因字义演变而改变原有的表意形符从而构成新的形声字。例如:涂塗,被披,敛殓,赴訃,養氧,结髻,溫輼。此外还有因读音变化改变示音符号而形成新的形声字。例如:胜(xīng)腥。

变体　指的是改造固有文字的字形,使它成为一个新字的造字方式。字形改造之后,新字与原字必然具有字形上的联系,这是变体字的基本特征。新字与原字还具有某种读音的或字义的联系,也可能字音和字义均有联系。变体字大多具有分化原字部分音义的功能。笔者把变体字分为三类。

取形变体字,其字义与原来的母字的字形有某种联系。例如:子孑,子孓。

取义变体字,其字义与母字的字义有某种联系。例如:大太,阜皀,句勾,可叵,勾丐,不丕,有冇。

取音变体字,其字义与母字无关,但读音相关。例如:兵乒,母毋,邪耶,刀刁,角甪,茶荼,阜皂,乌於。(詹鄞鑫 1991a:171-217)

2. 张玉金的汉字结构类型说

张玉金把汉字的造字法和汉字结构分为两个不同的问题来讨论。对于汉字的结构类型,张玉金列举了如下几种。

意符字　包括古代象形字、指事字、会意字、可作会意字理解的简化字(灭)、声旁已失去表音作用而整个字可以理解为会意字的古代形声字(时,所从寸可表示"寸阴"之意)。

音符字　表示假借义而其本义仍为一般人所了解的。如表示花费义的"花",当它不表示假借义时就不是音符字。有的是借来表音时形体稍加改造的(刀刁,兵乒)。"新"的读音与"亲、斤"都有联系,被当作多音符字。

意音字　基本上是形声字。

半记号字　如"急"本从心及声,但现在声旁演变为"刍",成了记号,"心"仍是意符。

记号字　如原来为象形、指事、会意、形声、假借的"月""甘""見""表""等""其"等,在现代均已失去原构件功能,演变为记号字。

意音记字　由意符、音符和记号构成,如"荒"。(张玉金、夏中华 2001:186-195)

这个分类的长处是照顾了许多已经讹变和简化的现代汉字,但把假借字当作"音符字"必须根据语境来分类,如前所述,这在逻辑上是有问题的。

3. 从口音译字和"半字"

陆锡兴对此有详细的研究。据陆锡兴介绍,汉魏时期梵文随佛教传入中国,从事翻译的僧众开始接触与汉字完全不同的标音文字。《隋书·经籍志一》

记载："自后汉佛法行于中国,又得西域胡书,能以十四字贯一切音,文省而义广,谓之婆罗门书。"(陆锡兴按："十四字"误,当作"四十字"。)于是,在汉字系统内就产生了一种新的标音字,尽管它还是用标意的方法构造,但其性质却是以前汉字所不具备的。这种标音字就是加"口"旁的字。以前虽也有过这种加"口"的字,但作为标音字的从"口"之字则完全不一样。郭忠恕说:"钵啰护噜之文,内典加口而弹舌",又说,"佛经真言弹舌者多非本字,皆取声近者从口以识之"(郭忠恕《佩觿》卷上)。专造的标音字可见于唐代编纂的史书。加"口"的标音字实际上是一个音译字,虽然源于梵文佛经,但应用中早已扩大到其他外族名词的音译。

梵文字母对汉字的影响还有更深远的方面,这就是汉字半字的产生。梵文字母与汉字不同,它不是一个音义的统一体,而是有音无义,只有在拼写成词时才有音有义。为了区别两者,佛家把前者称为半字,后者称为满字。汉人仿照梵文字母,也着手创制汉式半字。汉字的字形结构和其字义有密切的内在联系,要使它丧失字义,必须破坏汉字原有的形体。汉式半字要从字形着手,造成半字简单形式的办法不是传统省略部件的省文法,而是一种任意切割法,以达到彻底破坏汉字标意结构,从而割断形义联系的目的。从标意汉字分解而来的半字只剩下了原字的读音,因为它的形体来源已经无法追溯,所以,可以根据需要另外定音。利用这些半字,根据需要重新配置一套标音的字母。

汉字是复杂的标意文字系统,它有悠久的历史,维系了整个汉民族及其周边国家的文化,与汉民族的语言密不可分。这意味着,要用汉式半字替代汉字是不现实的。半字的用途还无法全面地被了解,现在唯一能见到的是用于记乐谱的半字,也称为谱字。现在发现敦煌曲谱中用了十余个半字,它和日本假名字母相同,从日人的观点来看,"ム"取于"牟","ク"取于"久","フ"取于"不","タ"取于"多","リ"取于"利","ロ"取于"吕",可以再补充一点,"サ"可能取于"萨"。这些字都是汉译佛经的常用字,反映了半字与佛经翻译的重要关系。中国人发明了字母式的半字,随着乐谱东传日本,日本人稍加改变成为他们特有的民族文字——假名。(陆锡兴 2002:91-97)

三、汉字构形理论的新探索

在汉字结构方面,二十世纪九十年代还出现一些完全摆脱传统思维模式的新的文字理论,其代表有李圃的字素说和王宁的汉字构形学。虽然这两家所采用的术语不同,思维方式却有相似之处。

1. 王宁的汉字构形学

王宁关于汉字构形学的思想见于她的多篇论著中,《说文解字与汉字学》(1994)、《汉字构形学讲座》(2002)是表达汉字构形系统思想的代表作。

其理论核心是:(1)用系统的观点看待汉字,用系统方法描写汉字,用系统比较的方法观察和总结汉字的历史发展和演化的规律;(2)认为汉字构形的基本元素是"形素",归纳"形素",得出形位。在汉字使用的每个历史时期,"形位的数量都大致在250—400个,它们分别或完全具有表音、表义、表形、标示四种功能",几百个形素又可以组成上万个汉字;(3)汉字的构形方式有层次结构与平面结构之异,其组合过程以及层次结构的级层数和各级构件,是了解汉字构意的重要途径。(王宁2002:95)

王宁认为:"汉字作为一种信息载体,一种被社会创建又被社会共同使用的符号,在构形上必然是以系统的形式存在的。在共时层面上的汉字总体,应当有自己的构形元素,这些元素应当有自己的组合层次与组合模式,因而,汉字的个体字符既不是孤立的,也不是散乱的,而是互相关联的、内部呈有序性的符号系统。"(王宁2002:18)

汉字构形学的基本方法是对共时平面上的汉字存在的形式加以描写;同时,汉字构形学还应当为各个历时层面上汉字构形系统的描写和历时层面上汉字构形不同系统的比较服务,为之建立基础的理论与可操作的方法。

汉字构形学对汉字的构形描写主要有如下术语:

构意 也称造意,指汉字在原初造字时的造字意图。

造字理据 造意一旦为使用的群体所公认,便成为一种可分析的客体,称之为造字理据。造字理据是汉字表意性质的体现。随着汉字的演变,有可能发生理据重构、理据部分或全部丧失等情形。

构件 也称部件,指汉字的构形单位。构件有成字构件和非字构件之分。非字构件如"刃"中的一点,"果"上部的"田"(跟田地的"田"同形而没有音义)等。构件在组合中的功能有如下几种:表形功能,如"天"字表示人头的一横(古文字如圆点)。表义功能,如"海"中的"氵","森"中的"木"。示音功能,如"松"中的"公","桐"中的"同"等。标示功能,大多为非字构件,具有区别、指事等作用;也可能丧失了构意作用,变得无法解释了,成为记号构件。

形素 汉字拆分到具有示音、表义、表形、区别等构意功能的最小单元,就是汉字的基础构成元素,称之为形素。如"諾"字可拆分出言、艹、𠂇、口几个形素。汉字的拆分是有层次的,必须按客观类型和组合程序来拆分,是为有理据拆分。

王宁将自甲骨文以来的汉字的构形模式归纳为 11 种类型,分别为:全功能零合成字(如羊、水),标形合成字(如刃),标义合成字(如太),会形合成字(如北、降),形义合成字(如興),会义合成字(如友、解),无音综合合成字(如葬),标音合成字(如旬、百),形音合成字(如甲骨文鳳、小篆齒),义音合成字(如普、跳、语),有音综合合成字(如甲骨文中的渔从两手举网鱼声,春从艹或木从日屯声)。

王宁强调,汉字的拆分和描写应该立足于共时汉字的整体系统,所以,面对文本形式的汉字材料,必须先进行整理。许慎的《说文解字》经过人为的整理,基本展现了理想的汉字构形联系,是共时层面上汉字存在形式的一个标本。《说文》小篆之所以能够进行定量分析,是因为在许慎作《说文》的当时,小篆已经不是通行的字体,许慎在经过对字符的优选之后,又以字书的形式把这种文字的数目固定了,换言之,它已是一个封闭的系统。应该说,这种系统的形成带有一定的人为因素。经过实际的描写,小篆的构形系统得到了证实:《说文》小篆具有一批基础构形元素,归纳后大约得到 420 余个,称之为"形位"。

王宁从二十世纪九十年代开始指导一批博士生进行断代或专题的汉字构形系统研究。李国英博士论文《小篆形声系统研究》(1991)是王宁设计的汉字构形系统描写研究的初步尝试。这个成果也为汉字构形系统整理出一个最可供共时描写作为参考的标本。此后陆续指导完成的系列博士学位论文,涉及了甲骨文、西周金文、春秋金文、战国楚简文字、战国东方五国文字、秦简文字、马王堆帛书文字、居延汉简文字、东汉碑隶文字、魏晋行书、隋唐碑志楷书、宋代雕版楷书、云居寺明刻石经文字的构形系统研究。由于采用了相同的术语和方法,为历时汉字构形系统的比较研究建立了良好的基础。

王宁的汉字结构系统的思想及其对断代文本整理方法的论述,参看个案研究的介绍。

2. 李圃的字素说

李玲璞教授笔名李圃,早年师从甲骨学家商承祚。所著《甲骨文选注》(1989)是重要的甲骨卜辞选读本,而《甲骨文文字学》(1995)则在断代文字学方面为汉字学创建了一个新的模式。

李圃的治学特点是不落窠臼,勇于理论创新。早在二十世纪八十年代,李先生就开始进行汉字发生学、汉字构形学、汉字认知学的理论思考。九十年代开始陆续发表了《说字素》等系列论文(李圃 1993,1998,2001,2004)予以论述。在甲骨文断代文字学的研究中又具体地运用了这些理论,形成了鲜明的李氏理论特色。

汉字是一个系统,汉字史不是一个个汉字演变史的简单集合,而是整个系统的发展史。要认识汉字系统的发展状况,就必须先对每个有典型意义的历史时期进行共时的汉字构形研究。李圃选择甲骨文作为断代的共时汉字构形系统研究,这对于认识已知最早的成体系汉字的整体状况,对于开展汉字历时性比较研究,展现出新视野,具有奠基的意义。

李圃的《甲骨文文字学》,按照笔者的理解,主要包括如下概念和思想。

字素:构成汉字的结构要素,是汉字中形与音义相统一的最小的造字单位。按照字素的造字功能,甲骨文字素可以分为两类。一是具有独立造字功能的字素,如:羊、大等,共 324 个,其中不带字缀的字素 238 个,带字缀的字素 86 个。字缀指造字过程中用以别音别义的缀加成分,如"日"中的"一","月"中的"丨"。二是具有依附造字功能的字素:不能单独创造甲骨文字,往往要依附其他字素共同创造甲骨文复素字。如:艸、厶、彳等,共有 24 个。字素又区分为"稳性字素"与"活性字素":稳性字素指静态平面描写的字素。如甲骨文"啓"可分析为"戶""又""日"三个稳性字素。如果进行动态的描写,"啓"字是由"戶又"和"日"构成的。这里的"日"是稳性字素,而"戶又"则是由"戶""又"组成的相对独立的处于上位层面的活性字素。活性字素是两个或两个以上的稳性字素进入造字过程中的临时性组合。

甲骨文的造字方法,应该是一种动态的描写,李先生总结为八种类型。一是独素造字,即以单个的基本字素独立创造新字。如:耳、目。二是合素造字,即两个或两个以上的字素合成一个新字。如:隻、受。三是加素造字,即以原字为造字字素而另加字素创造新字。如:冓+彳止=遘,方+凡=旁。四是更素造字,即更换原字中某一字素而创造新字。如:宸-宬。五是移位造字,即在字的内部变换字素的位置以创造新字。如:目-臣,大-夨,从-北,降-陟。六是省变造字,指多素字嫁接造字过程中省去某一字素形体的一部分,或让单素字的形体发生区别性变化的造字方法。如甲骨文"羌"从羊省,"省"从生省,"往"从之省,"人"变"尸"之类。七是缀加造字,指以原字为造字字素加添字缀(字素缀加成分),或直接用两个以上的字缀创造新字的造字方法。如:大+八＝亦,目+l＝直。八是借形造字,指甲骨文中本无其字而以音近或音同为媒介,用固有字的字形创造新字的方法。如:鼎为贞,來,亦,其,干支字等。

甲骨文字的表词方式,指通过已有甲骨文字的形体结构的分析揭示各类甲骨文字是运用什么方式显示语素的音义的。形体结构分析,是指对甲骨文字的平面结构进行分析,属于静态的描写,这跟造字法的动态描写是根本不同的:造字法是以语素(音与义)为造字的出发点取象造字的;而表词法则是以语素(音与义)为归着点,凭借字形结构审视其如何显示语素的。前者是"物化"过程,后者是"物化"回归过程。李先生认为,许慎提出的六书,本质上就是表词方式。根据甲骨文字形与音义之间的关系,即形体结构对词或语素的表示法,可以把甲骨文字分为如下六类:象形表词,指事表词,形意表词(大致相当于象事字和添加相关条件的合体象形字),会意表词,意音表词(形声),假借表词。这种分类法在继承《说文》六书的基础上有所调整和发展。

此外,李先生还讨论了甲骨文辞的用字现象和甲骨文字的特点。

李著出版之后,也引起一些专家对相关问题的讨论。例如林沄(1999)就其中甲骨文"字素"和"字缀"的一些问题发表了商讨文章。

李圃的甲骨文文字学,其学术意义主要在于:注重理论创新,以及探讨汉字构形模式时兼顾甲骨文特殊性与汉字普遍性的原则。李先生提出这样一种思想,汉字的造字方式,与汉字表达原初所代表的语素义的方式,是既有联系又有区别的两个方面,两者归纳为"物化"和"物化回归"过程。这种精微的理论分析,对于我们辨别《说文》六书的性质是有启发意义的。而且,甲骨文文字学的建立,对于各个有代表性的断代文字学的建立,也具有先导和借鉴的意义。

四、古文字构形学研究

许慎总结的六书主要是从当时所见的经典文字(还包括一些战国古文经典)出发的,但二十世纪以来大量涌现的出土古文字资料,在构形方面的特点往往不能完全从传统六书中获得阐释。古文字学者在释读古文字的过程中同时对构形特点也加以新的探索。经过数十年的积累,古文字构形研究逐渐形成一门既具有

相对独立性,又可补充许慎六书说的关于汉字构形特点的专门学问。刘钊(2006:
1)总结说:古文字构形研究是指探索古文字的构成方式和演变规律的学问。具体
包括古文字的产生,古文字的初始形态,古文字构形的基本分类,古文字中的繁
化、简化、类化、音化、分化、美化、符号化、变形音化、讹变、借笔等问题。

古文字构形方面的研究状况,叶玉英曾撰文加以综述,本节主要参考叶玉英
(2008)的综述加以介绍。

1. 古文字构形综合研究

二十世纪三十年代,古文字学作为一门学科开始建立起自己的理论体系。唐
兰《古文字学导论》(1934)是最早的一部关于古文字构形理论的专著。他后来
(1949)更加细致地阐明了文字的发生、构成、演化、变革等问题。如其中讨论文字
演化的一章,提到"趋简、好繁、尚同、别异","致用、观美、创新、复古","淆混、错
误、改易、是正、淘汰、选择"等多种字形方面的演变现象和规律。

李孝定(1986)总结概括了汉字"由不定型趋向大致定型""整齐划一的趋势"
以及讹变、抽象化、简化、繁化、声化的规律,还指出了早期文字形体结构的特质,
如早期文字具有不定型的特质、偏旁位置多寡不定、笔划多寡不定、正写反写无
别、横书侧书无别、事类相近之字在偏旁中多可通用等。

赵诚(1983)较系统地探索了古文字在发展过程中由于文字系统内部的制约
而进行内部调整所表现出来的一些现象,如类变、类化、定型、统一、繁化、简化、转
化等。

汤余惠(1986)就战国文字笔画、偏旁的省略,形体分合,字形讹变,辅助性笔
画,地域特点,战国文字异形的原因及与商周古文的关系等问题做了较深入细致
的研究。

何琳仪(1989)在其书第三章"战国文字分域概述"中也总结了战国齐系、燕
系、晋系、楚系、秦系文字各自的区别特征;在第四章"战国文字形体演变"中还总
结了一些战国文字形体简化、繁化、异化、同化的规律。

黄德宽(1996)以殷商到秦汉的古汉字形声字为研究对象,较全面地考察分析
了形声结构及其发展,在许多重要问题上获得了新结论。如从构成的角度对形声
字给以新的类型划分,将形声结构的研究从笼统的描述引向科学的分析;将形声
结构纳入汉字构形方式系统进行分析比较,揭示出形声结构发展的历史必然
性等。

黄德宽(2006)还撰写了系列文章,表达了关于汉字断代史研究的构想:汉字构形系统是一个历时的演进系统,应该重视文字断代的研究,改变以往将不同历史阶段产生的汉字置于同一历史平面作类型性概括的状况,用动态的、历时的眼光观察不同时代汉字构形方式的异同及其内部调整,从而揭示汉字体系运动的规律。

林小安(1998)对许慎的"六书"名目做了梳理,并较系统地考察了殷墟甲骨文的六书状况。

2. 形声字及相关问题

（1）有声字

于省吾很早就发现了甲骨文中的一种特殊的含有表音成分的独体象形字,从而推测形声字起源的另一种模式。他说:"形声字的起源,是从某些独体象形字已发展到具有部分表音的独体象形字,然后才逐渐分化为形符和声符相配合的形声字。"（于省吾 1979:436）

黄天树把含有表音符号的字统称为"有声字"。他认为甲骨文中的有声字的构造可以分为三个层级十种构造类别:独体形声字、附划因声指事字、两声字、"从某某声"形声字、亦声字、省形字、省声字、既省形又省声字、多形字、多声字。（黄天树 2005:269–295）

（2）双声符字

宋代郑樵《六书略》里的"母子同声"字指的就是现在所谓的"双声符字"。林义光在《文源》里举出 24 个"二重形声"字,即两个偏旁都只表音而不表义且两个偏旁音同或音近。这种现象学术界的名称尚不统一,或称为"两声字"（裘锡圭 1988:108）,或称为"纯双声符字"（袁家麟 1988）,或称为"双重标音"（何琳仪 1989:225）,或称为"双声字"（刘钊 2006:89）。

笔者(1991a:197–198)认为,这类字大多由假借字附加表音符号构成,虽可以认为两个符号都是表音的,但这样就不能归入形声字中。本无其字依声托事的假借字既然已具有表示借义的功能,就不应该把它所具有的形符资格取消掉。事实上,《说文》部首中也有一些充当形符的部首本身是假借字,如表示熟皮义的"韦",造字本义是包围,但它作为"韌韜"等字的偏旁时就没有谁否定它是表意的形符,所以不赞成"纯双声符字"的提法。陈伟武(1999)将双声符字分为两类,一类是纯双声符字,另一类是在形声字基础上加注声符而形成的。

3. 古文字变体及相关问题

（1）变形造字

张亚初（1989：338－345）对古文字的"变形造字法"曾加以总结："变形造字法是指用改变一个字的位置形状（指字形的正、倒、左、右），或者对一个字的笔划略加增损而创造出另一个新文字的方法"，"变形的基本情况有七种：横变竖、正面变侧面或侧面变正面、整体变局部、双变单、正变倒、局部变形、增减笔划"。

（2）变形音化

变形音化是指文字受音化的影响，将一个字形体的一部分，人为地改造成与之形体相接近的可以代表这个字字音的形体，以表示这个字字音的一种文字演变现象。变形音化大都是将原为象形字或会意字的形体改造为形声字。变形音化具有讹变的性质，但与讹变又有不同，它的改造过程具有人为的有意识的因素。

唐兰（1949：89－90）很早就已经注意到这一现象。他指出："把物形的某一部分直接变作声符，应作为'声化'的一类。"裘锡圭（1988）指出："在汉字发展过程中，把合体表意字的一个偏旁略加改造，使之转化成声旁，从而把原来的表意字改变成形声字的现象，是颇为常见的。"李新魁（1985）也曾指出汉字因隶变造成的声化现象，并称之为"声符化"。他说："有些字本不是形声字，但其中的某一部分偏旁，经过隶变以后，变成与整个字音相近或相同，人们遂把这个字看成形声字，把该偏旁说成是声符。从后代研究者的立场来观察，这样的偏旁是从非声符变成声符，这样的现象叫做'声符化'。如亭字，字下部的'丁'本像亭柱矗立的形状，但后代把它写成丁字，丁与亭的读音相同（或相近），所以《说文》说亭字从丁声。这样，亭字就从象形字变为了形声字，'丁'声符化了。"张桂光（1986）认为这类现象是因汉字表音化趋势影响造成的讹变。赵平安（1990）认为只有"经由讹变的声化例"属变形音化。

4. 古文字中的同形字

陈炜湛（1981）很早就开始对甲骨文"同形字"作专题研究。他对甲骨文中的异字同形现象进行了考察，指出"下入""女母""臣目"等22组例证。他认为异字同形现象应该排除假借字和"古本一字后世孳乳而分为二字"者。甲骨文之所以存在异字同形现象，其原因有四：字形省简、异体字的存在、意义上的联系、文字演变的历史因素。裘锡圭（1988）按照同形字在结构或形体上的特点把它们分成四类：文字结构性质不同的同形字、同为表意字的同形字、同为形声字的同形字、由于字形变化而造成的同形字。

姚孝遂(2000)认为异字同形是文字在其孳乳分化过程中的一种形体交叉现象。同字异形和异字同形是相对立而存在的,它是一个问题的两个方面,没有同字异形,就不可能有异字同形,绝对的异字同形是没有的。另外,两个形近字的偶尔混同不能看作异字同形。

陈伟武(1996)对战国秦汉文字中出现的同形字进行梳理,认为简化、繁化、讹变、书写形式等都可能造成异字同形。战国秦汉同形字常见于同时同地,保留了早期汉字的特点。此外战国秦汉同形字还具有地域性和时代性。其时代性依然受汉字发展规律的制约,这个时期的许多讹体、简体、繁体具有一定的偶然性,后来在汉字体系中往往被分化、清理,与它们相对应的同形关系也随之消失。

施顺生(2002)在陈炜湛和陈伟武研究的基础上重新探讨了甲骨文异字同形现象产生的原因,他认为原因有四:(1)造字之初即已同形;(2)因同源分化而产生;(3)合文后与其他字同形;(4)在形体上产生简化、繁化、异化等各种变化,而与另一字同形的现象。

5. 汉字变化和孳乳的方式

(1)变形与异体

汉字的规范程度是随时代变迁而逐渐增强的。早期汉字,尤其是甲骨文和西周金文,其构字符号的造形还处于草创阶段,战国文字的书写个性化也很明显,由此造成文字异体繁多。张桂光在《甲骨文形符系统特征的讨论》一文中指出:"文字的创制,出由众手,其观察事物的角度会有不同,描写事物的详略会有差异,表示同一意义的符号可能有多种不同的变体,这是十分自然的。"(张桂光2004:60)学者考释古文字,大多以篆文为参照,创获固多,但如果古文字某个构件的造形与后世写法差异较大,就可能难以认识。张桂光很重视对共时古文字构件特征的研究,曾就甲骨文、金文和战国文字中构件符号的特征加以较全面的考察,写了系列关于"形符系统特征"的文章(张桂光1992b,2000,2003,2004),对古文字考释具有一定的参考价值。

(2)同化和类化

"同化"是唐兰(1949:133)提出来的,他说:许多简化繁化的字,是受了同化作用的关系。"二"字变成"贰",又省作"弍",后来就造出"弍""弎"二字。凡同化的字,往往是由类推作用来的。唐兰说的"同化",主要表现为文字偏旁趋同的现象。

　　"类化"的提法见于王力的《汉语史稿》(1980b：43)。王力认为群众造字有两个方向：第一是类化法，第二是简化法。类化法通常是按照形声字的原则，把没有形旁的字加上一个形旁。例如"夫容"加成"芙蓉"。有时候是形旁不明显，就再加一个形旁，如"果"加成"菓"，"梁"写成"樑"，"冈"加成"崗"，"尝"写成"嚐"。最容易类化的是双音词。群众感到双音词是一个整体，形旁应该取得一致。于是"峨眉"加成"峨嵋"，"昏姻"加成"婚姻"，"巴蕉"加成"芭蕉"，等等。有些字虽然都有形旁，但不一致，于是也改成一致，如"蒲桃"改成"葡萄"。甚至有时候改得没有什么"道理"，如"鳳皇"改为"鳳凰"（"鳳"从鸟凡声）。

　　刘钊(2006：95)说，"类化"又称"同化"，是指文字在发展演变中，受所处的具体语言环境和受同一文字系统内部其他文字的影响，同时也受自身形体的影响，在构形和形体上相应地有所改变的现象。这种现象反映了文字"趋同性"的规律，是文字规范化的表现。他把古文字中的类化现象分为两类：一类是文字形体自身的"类化"，另一类是受同一系统内其他文字影响而发生的类化。

　　林清源(1997)对楚系文字中的类化现象进行了考察。他把楚系文字中的类化现象分为自体类化、形近类化和随文类化三种。形近类化又分个别形近类化和集团形近类化。

　　黄文杰(2006)对战国文字中的类化现象进行了探讨。他认为类化现象多出现在俗体文字之中。类化的场合一般是一个词，也可以是一个字内部、一个词组、一个句子，甚至是一段话，凡有接触性的语言环境都可能出现类化。类化是一种有意识的行为，因此不能以文字错讹现象解之。

　　（3）演变、讹变与讹混

　　张桂光(1986)特别关注了从甲骨文到秦篆古文字形体讹变的现象，并按支配其变化的不同因素把讹变分为八种类型：因简省造成的讹变，因偏旁同化造成的讹变，因汉字表音化趋势影响造成的讹变，因割裂图画式结构造成的讹变，因一个字内相邻部件的笔画相交形成与别的偏旁相似的形象造成的讹变，因装饰性笔画造成的讹变，以文字形体附会变化了的字义造成的讹变以及因时代写刻条件、习惯的影响造成的讹变。张桂光提到的"讹变"，实质上多数应该属于汉字构件的演变。

　　金国泰(1989)讨论了讹变与简化的区别，讹变前后正讹两字的共存、竞争和淘汰以及由于人们的误解而导致的讹变等问题。季采素(1994)分析了导致文字形体讹变的五个内因和三个外因。林志强(1999)认为对讹变现象的研究应把眼光扩大到整个汉字演变过程,而不应只局限于古文字阶段,并强调应结合汉字符号学来研究讹变现象。古敬恒、李晓华(2005)从形近相混、字形的离析与粘连、误形为音三个方面探讨讹变的原因,并追溯了讹变形体所折射出的文化意蕴。沙宗元(2001)分讹变为有意讹变和无意讹变两类,进而分析了在古文字发展的各个阶段中,两类讹变的情况。魏宜辉(2003)用大量字例论证了楚系简帛文字形体中笔势变化讹变、简省讹变、增繁讹变、异构讹变、类化讹变、音化讹变六种类型的讹变现象。刘钊(2006)对"讹变"与"讹混"的关系做了界定(参看下文个案介绍部分)。关于"讹变"与"变形音化"的区别,他认为"变形音化"是人为的,有意识地对一个字的形体的一部分进行改造,而"讹变"则是无意识的,发生讹变的形体可以是笔画、偏旁,也可以是独立的字。(◇叶玉英2008:62)

(4)糅合

吴振武注意到,侯马盟书67:45片上的"献"字作"䥽",易"虍"旁为"羊"旁。他认为这一形体的出现,似应跟当时"献""鲜"二字经常通假有关。猜想不论是有意的还是无意的,这一形体可能捏合了"献""鲜"二字(吴振武1998:84)。冯胜君认为上博简《孔子诗论》"害"字第7和第10号简的形体是受了"萬"字的影响。吴振武(2003)指出同样写法的"害"字,亦见于郭店楚简《性自命出》。这种"害"字实际上是糅合了"萬""害"这两个经常可以通假的字之后形成的。金俊秀(2007)认为上博简《曹沫之阵》简42"䣈"字是混合"馭"(驭)、"迿"(御)而成的。他还归纳出文字糅合的三个条件。其一,糅合A、B而成C,这时A、B的读音一定要相同或密近。其二,当时的书写习惯上A、B二字常通假(非必要条件,单纯的同音字也可以糅合);固然这也属于"双声字"的范畴之一,但其与一般双声字不同的是:A、B二形结合时,结构上必有所省减。

裘锡圭(1992b:13)曾指出"㥁"当是"萬"的变体,"韋"(䪷)似是"揉合"(原文称谓,下同)这两种写法而成的。张涌泉(1995:223)认为敦煌卷子中"纸"又或作"緢",是把"纸""帋"熔为一炉了。江学旺(2004)将这种现象称为"异体揉合"。"异体揉合"是指将两个或几个(大多为两个)异体字的不同部件"揉合"在一个构形单位(即字)之中,从而构成一个新的异体字。把这种新的异体字称为"揉合体"。"异体揉合"必须具备这样一个条件,即在"揉合体"出现之前,就已出现了参加"揉合"的几个异体。古文字中由"异体揉合"而成的新字形大多是由三个部件构成。参加"异体揉合"的,可以是两个表意字,也可以是两个形声字,还可能发生在表意字和形声字之间。没有相同部件的合体的异体字之间,一般是不会发生"揉合"现象的。如果是两个独体的异体字,即便字形相差很远,也有可能被"揉合"。"异体揉合"不同于一般所讲的"增加形符"和"增加声符"。"异体揉合"的结果,从表面看,可以作两种不同的分析。例如"盨"字,西周金文中既有"从皿须声"的"盨",又有"从金须声"的"鎨"。那么,西周晚期的"鑘",就不能简单地析为"盨"加"金",或"鎨"加"皿",而应当认为是前两个异体"揉合"的结果。"异体揉合"从表面上看与"合文"有相似之处,但它们有本质上的不同。"合文"是将两个或两个以上的字合写在一起,使它们看起来好像只有一个构形单位,实际上却记录了两个或两个以上的音节,应当读成两个(或几个)字。而"异体揉合"却不能读成两个字,"揉合"的结果只是又增加了一个新的异体字而已。(p77－79)

(5) 饰笔

清代学者王筠(1837：219)最早注意到古文字中有些笔画并不表意,而是起着文饰的作用,他提到:"古人造字,取其百官以治,万民以察而已。沿袭既久,取其悦目,或欲整齐,或欲茂美,变而离其宗矣。此其理在六书之外,吾无以名之,强名曰文饰焉尔。"汤余惠(1986)谈到古文字中"起辅助性作用的点"这个问题时说:"战国文字基本形体之外的点,多半用为饰笔,具有装饰美化的作用。点饰无论其形式如何,均与文字的基本构形无关。"何琳仪(1989：229－234)对战国文字中的装饰符号做了归纳整理,指出单笔装饰符号和复笔装饰符号各六类。刘钊(2006：345－346)在"古文字构形演变条例"中总结出二十一条关于"饰笔"的演变规律。

张振林(2001)把饰笔称为"羡符",认为羡符是任何时候都存在的。在没有统一用字标准时,它可以是装饰、平衡美化的结果,也可能是偶然的笔误,乃至积非成是。商代甲骨文的繁简异体,主要是符号系统改进期间的表像,增添减少的笔画,多数属于与字音字义有关的象形或指事符号。从西周初到春秋中期,文字形体在外观上主要是线条化和方块化,未有明显涉及装饰美的倾向。春秋中期以后,形声字在当时用字中的比重占了优势,满足了用字需要,于是在钟鸣鼎食之余,便有了使文字美化的特别追求,于是出现了蚊脚体、鸟虫书、悬针垂露体等美术字体以及一些与构形字理无关的羡符。随着羡符大量出现,还有形声构字心理驱使下的偏旁滥用。春秋后期到战国期间,出现了一个文字繁化和异化的潮流。秦统一天下所推行的强力政策使得文字走向规范化。在隶变期间还存在饰笔、羡符,只是未规范的古文字的孑遗。

赵诚(1993:168)提到甲骨文的"文饰性形符",指的也是饰笔,说这种文饰性形符"没有任何表义功能,只起文饰作用"。他认为"启""君"等字所从之"口"均为文饰性形符。

(6) 借笔

王筠(1837:125)在《说文释例》中所论的"两借"就是这里所说的"借笔"。他指出的"两借"字例有"齋,从示齊省声,二字上属则为齊","兜之从兜从兒省也,以儿属囗为兜,以儿属白为兒","彖从彑豕省,一字上下两借","黎从黍,秒省声。此以禾字左右两借也"等。杨五铭(1981)将合文分为借笔与不借笔两种情况。何琳仪(1989:190-193)论及战国文字的"简化",指出战国文字借用笔画、借用偏旁以及合文借用笔画、合文借用偏旁的现象。

林清源(1997)把借笔作为文字简化现象来看。他认为"借笔"一词的语意稍嫌含糊,所以改称"共享部件"。林先生考察了楚国文字中的共享部件现象,指出五例单字共享部件和四例合文共享部件。

吴振武(2000)采用了杨五铭提出的"借笔"术语,但所论的借笔除了合文中的借笔外,还包括单字借笔。"借笔"可以是借笔画,借偏旁,也可以是借字。吴振武对古文字中的借笔字进行了较为全面的整理和考察,共有362例。他认为古人写字用借笔,求简是一个重要原因,但有时可能也有"玩"的意思。

刘钊(2001)提出,古文字的合文、借笔、借字三者相互包容,但又各有不同特点:合文,又称合书,是指两三个在词序上相连的文字符号用或不用合文符号,相对紧凑地写在一起的写词形式;借笔是指一字本身或词序相连的两个字之间共同占有笔画或偏旁的古文字构形方法;借字又称重文,是指一个独立形体用借字符号或不用借字符号重复一次记录功能的写词方法。

6. 古文字中的错别字

施顺生在其博士论文《甲骨文字形体演变规律之研究》(1997)中把"错字"作为甲骨文书写时的特殊状况进行专题研究。裘锡圭(2004a)对上博楚简和郭店楚简《缁衣》和《性自命出》进行互校,发现了其中的错别字。裘锡圭认为上博简《孔子诗论》中有一个过去释为"坪"或"墉"的字,很可能是"聖"字的误摹。他提醒说:"我们在释读楚竹书的时候,应该把竹书中有错别字这一点牢记在心。如果遇到错别字而不能辨明,就会无法理解或误解文义。"李零(2004:171)也曾指出:"过去,古文字学家对'同音假借'和'同义换读'等正常现象注意比较多,而对错字却不大理睬,没有注意它在文字考释上的重要性和规律性(历代都有这类问题)。简帛文字的错字分两种,一种是因形体相近,偶尔写错;一种是我称为'形近混用',积非成是的合法错字。这两种错字都要结合当时的书写习惯去认定。"张新俊(2005)认为,在出土简帛中不大适合用"别字"这个概念,主张以"错字"名之。他把错字分为"坏字""抄手笔误""形近而误"三种情况,并指出造成错字的原因有:(1)底本本来存在错误;(2)由于文字国别的不同,在传抄过程中造成的误写;(3)文字类化造成的误字。

第六章

汉字与汉语的关系问题

一、汉字与词的对应关系

汉字与汉语的关系是一个很大的问题,这里仅就笔者关注的方面略谈一二。

周祖谟(1957b)曾经从"汉字与汉语联系的情况"和"汉字形音义的矛盾现象"两方面来讨论汉字与汉语的关系。对于前者,他总结了以下五点。

汉字既然始终是一种表意体系的文字,在表现语言方面就不能完全与语言相应和,因而形成种种错综的关系:

(1) 字和词不能完全相应。汉字是一个个方块式的字,每一个字都代表语言的一个音节。语言里的词有的是一个音节,就用一个汉字来代表;有的是两个或两个以上的音节,就要用两个或两个以上的汉字来代表。

(2) 汉字本身不能正确表示读音。

(3) 口语里的词未必有相应的字来写。

(4) 语言里同样一个词古今字有不同,造成很多的废字。

(5) 汉字中有大量的同音字,字的应用要随着所表达的语词而变更。

关于后者,周先生的提法关系到汉字发展表音和表意的问题,以及由此产生的有关古今字和异体字的问题,都已在相关处提到,兹不赘述。

陆锡兴《谈古今字》(1981)指出:"语言和文字的关系不是一成不变的。古今字就是汉语同词先后异字的现象。"正式提出词字关系问题。

二、汉字与字义

汉字有形音义三要素,研究汉字必须兼顾字形、字音和字义三方面。二十世纪前半叶的文字学走了两个极端:一端是把文字、音韵、训诂三科统统纳入"文字学"范围;另一端是在把音韵和训诂排除在文字学领域之外的同时,也把字音和字义的问题一起给推掉了。笔者(1991a)指出:"学术界常常有一种误解,以为训诂学就是字义学。其实,训诂学与词义学或字义学完全是两码事。"正因为误解,历来的文字学通论著作往往忽略了对字义和字音的研究,所以笔者在《汉字说略》一书特设"汉字的意义"一章,作为重点内容。

就理论方面而言,字义学有其自身的问题和范畴,不是词义学所能代替的,研究论著也很少。二十世纪初的字义研究著作当推章太炎的《文始》(1908)为代表。这部通常被引为训诂学经典的著作,究其本意则在于通过汉字的古音以探求字与字之间的意义联系。章氏在继承清人因声求义和转语思想的基础上,把汉字的字义看成是一个具有内在联系的系统,这个认识是很有意义的。但在涉及具体文字的音义关系时,不免有牵强附会之嫌。更严重的问题还在于,章氏把《说文》独体字称为"初文",当作"语根",企图由此探求文字"孳乳"之迹,这就违背了语转不拘文字形体的基本原理,导致了理论基础的缺陷。

在字义理论方面,笔者(1990,1991a)曾通过对词义发展规律和字词关系的梳理来探讨文字本义的问题。其主要观点如下。

其一,字义来源于语言中的词义,因为词义具有表现为音义联系的语族系统,所以字义在整体上也具有相应的语族系统。任何一个字的字义包括本义、引申义和假借义,都代表了某个词义,所以都有其客观存在的语族位置,虽然这个位置研究者未必能够准确定位。

其二,在语族系统中,任何两个词都具有同源或不同源的关系,所以任何两个字的字义也具有同源或不同源的关系。

其三,任何一个汉字的本义都来源于造字时所赋予的词义,而任何一个词义在语族系统中都不过是词义发展长河中的某一个站点而已,所以,汉字的造字本义也只能是词义发展长河中的某一个点,不可能是"最早"的词义。

其四,词只有词义。如果从发展的线索加以追溯,只能是词源义,而不可能是"最早的意义",而且词源义也不再是该词的词义。所以,词只有词义而没有"本义"。所谓"本义",只能是根据汉字的造字意图所揭示的字义,从而只能是"字"的本义,而不能是"词"的本义。

其五,任何一个文献用例中的假借字,它的借义和它的本义都代表着两个不同的词义。既然任何两个词都具有同源或不同源的关系,那么,借义和本义之间也具有同源(包括引申和演变)或不同源的关系。所以,借义和本义之间不能排除同源乃至引申的关系。假借义与引申义是两个不同的概念,两者不具有必然的排斥性。

其六,有些汉字的造字本义在历史文献中极少使用,其常用义则是基本义。例如"横"字,其造字本义据《说文》所说是"阑木",而常用义是纵横的横。大凡这种情况,造字本义并不是基本义的源头,而是基本义的某个具体表达。根据语族的研究可以证明,基本义产生在造字本义之前。上述观点是基本的认识,却与常规看法相左,应特别引起注意。

文字学通论著作涉及汉字字义的还有郑廷植的《汉字学通论》(1997)。现代汉字学通论著作一般也都涉及现代汉字的字义问题。高家莺等合著的《现代汉字学》(1993)和苏培成《现代汉字学纲要》(1994)都设有"现代汉字的字义"一章。前者讨论了"现代汉字字义的特点"、"现代汉字的表义功能"(按即字形显示字义的功能)、"字义和词义"、"现代汉字的功能分类"(即根据汉字在构词中的功能,把汉字分为"词字""词素字""音节字"和"相兼字"四种)等几个问题;后者讨论的是"字义与语素义""字义的增加和减少""字形和字义的关系""单义字与多义字""同义字""字义和词义"几个问题。

三、汉字与音节

笔者(2005c)曾经从合文看汉字与词的关系。这个问题要从联绵词说起。

联绵词的定义是单词素的双音节词,但在文献中有联绵词跟其中一个字(或一个音节)独立构成的词同义的现象。如"瓠"和"葫芦"同义,"展"和"辗转"同义。我们认为,这种现象与其看成是联绵词拆开来用,还不如看成是联绵词与单音节词音近义同的现象。方言中屡见联绵词增减音节而词义不变的现象,有助于理解联绵词与单音词同义的道理。有些联绵词与同义单音词之间可能具有语音转换或复辅音演变的关系,这些都是语言现象。然而,文字与语言不完全对应的现象是客观存在的。早期文献中一个字的形式并不一定只代表一个音节。这种状况即使在现代汉语书面语中也存在。这种现象表明,由于慢读或复辅音音节而记写成两个字,从而转变为双音节联绵词的可能性是很大的。"葫芦""昆仑""龃龉""角落"等联绵词都有单字表达形式,而且韵书所记单字的两个读音正好能构成联绵词。看来在文字与语言的不对应现象中,单个文字记录双音节联绵词的情况也许是比较突出的。

然而,问题可能还有更复杂的一面,因为古汉语中的词汇是通过文字记载保存下来的,而文字记载却不见得跟语言是完全一致的。要从书面文字看上古汉语,有必要注意到上古书面语跟口语不一致(这里指书写单位跟音节不一致)的一面。

甲骨文中有一些文字书写形式,显然跟当时的语言是不对应的。这点主要反映在习见的合文现象上。合文,即把两个(或更多)字合成一体书写,形式上是一个字,实际上应该读两个音节,这两个音节表达的是两个词或词素(詹鄞鑫 1991a：65 - 67)。合文现象在汉代以后就很少见了,但至今也没有完全消失。现代汉字把"千瓦"写作"瓩","千克"写作"兛","海里"写作"浬","图书馆"写作"圕",这些都是合文现象。可见,商代文字形式跟音节的一一对应关系还没有成为一种必然,书写形式在很多场合下是跟思维相对应的。例如月名和神主名都是专有称号,不论几个音节,习惯上就写成一个字。虽然在总体上说,一字一音现象已经成为甲骨文的主流,但在某些场合下,如数词和月名等的表达方式中,合文还处于主流的状态。

甲骨文中还有一种更加隐蔽的合文形式,这种合文形式表面上看跟形声字相似。甲骨文表示牡畜的"牡""牂""豾"和表示牝畜的"牝""羘""犹"等字,今人分别释为"牡"和"牝"。然而,甲骨文"牡"只表示牡牛而不表示牡羊牡豕,"羘"只表示牝羊而不表示牝牛牝豕,余可类推。那么,如果不管字形从牛从羊从豕,一概释为"牡"和"牝",对于"眼看"当然是没有问题的,因为偏旁的不同可提示牛羊豕的区别;但对于"耳听"来说,"牡"和"牂"的读音如果一样,就无法确切地明白其意思。按道理讲,文字是记录语言的符号,很难想象商代的文字只能看懂而不能听懂。比较合理的解释应该是,书面上的"牡"字对应的不是语言中的"牡",而是语言中的"牡牛";同样,"牂"字对应的是语言中的"牡羊"。甲骨文中还有一个兼表牝牛和牡牛意义的"牝"字,其含义应该是一牡牛和一牝牛合成一对,不论怎么读,这个字包含的三个语素至少对应三个音节(少一个音节就不能完全听懂)(詹鄞鑫

1991a：228）。所以，甲骨文中"牡""牝"等字，不论是否算合文，它们跟语言的不对应关系是难以消除的。

早期的合文现象是文字原始状态的遗存。原始文字的特点，就是文字形式更加着眼于意义而不是语音，更加直接地表达思维而不是语言。对于表意体系的汉字而言，从表词发展到表词素，应该是一种进步。甲骨文仅就其中合文的性质而言，则还没有完全实现跟词的对应，其中有些是跟词组或短语相对应，而且显然不能跟音节相对应。这种现象是甲骨文中跟语言形式脱节的原始形式的遗迹。

由此可知，在上古文字资料中，不能断定一个字的形式一定只代表一个音节，在并不罕见的情况下，一个文字书写单位可能代表两个音节。传世上古文献因其文字经过历代整理，文字跟音节的对应情况表面上是一致的，但也可能还藏有不对应的情况。如用"诸"记写"之于"或"之乎"，"叵"记写"不可"之类。双音节单纯词跟单音节单纯词音近义同的现象，随着二十世纪对复辅音问题的关注，才得以重新显露出来。

从语言发生的角度看，由于上古复辅音现象的影响，早期汉语中的联绵词一定是比较丰富的。这点可以从《诗经》和《楚辞》中还保存的丰富的联绵词获得证实，也可以从方言俗语中的大量联绵词中获得印证。由于联绵词的文字记录形式跟汉字单字表意的习惯不协调，越往后书面语中的联绵词就越少（但在语言中一直是丰富的）。奇怪的是，在商周实物文字资料中，却罕见联绵词的影子。原因之一有可能是联绵词未能在文字形式中获得表现，这样的例子并不罕见。下面试从古书用字"角落"跟"角""落"音近义同的现象揭示上古时期单字可能读如联绵词的痕迹：

联绵词"角落"，音转为"旮旯"，闽北建瓯方言叫"gulu"，若按方音字当写作"角角"（音似"谷鹿"）。按，上古"谷"字有"谷鹿"二音。《史记·匈奴传》"左右谷蠡王"，《集解》引服虔曰："谷音鹿。""角""甪"本为一字。《广韵》屋韵"角"音"禄"，注："角里先生，汉时四皓名，又音觉。"按，读如"禄"的"角"后来为加区别而写作"甪"。郑樵《通志·氏族略三》："角氏，亦作甪里氏。汉初商山四皓有甪里先生。"五声之一的"角"古或写作"彔"，《玉篇·龠部》："彔，东方音，今作角。"北魏江式《求撰集·古今文字表》云："忱弟静，别放（仿）故左校令李登《声类》之法，作《韵集》五卷，宫商彔徵羽各为一篇。"也见《魏书·江式传》，"角"亦作"彔"。彔从龠录声,古岳切(音角),又卢谷切(音禄)。表示角落义的"角"经籍中又写作"绿"。《礼记·丧大记》:"君大夫髻爪实於绿中。"郑注:"绿当为角,声之误也。"孔颖达疏:"绿,即棺角也。"总之,"角"包含"觉""禄"二音,单字两读均有角落的意思,实即联绵词"角角"(角落)的单字记录形式。

第七章

文献用字的字际关系研究

在历史文献中,同一个"字位"(这里指单音节的词或语素或音节的文字记录)在不同的场合下有时会用不同的文字来记录,而这种不同的文字之间具有某种同义或借用的关系。按照不同的情况,它们的关系被归结为异体字、古今字、通假字、同源字、同形字、繁简字等,这种种关系可以归结为"文献用字的字际关系"。

异体字、古今字、通假字、同源字等用字关系,究其起因,大多跟汉字记录汉语所遇到的矛盾和冲突有关。周祖谟(1957b)曾经这样说:

> 汉字……在形体上既要表音,又要表意,这就是汉字特有的一种性质。形体本来是一种书写的符号,要从形体上显示出来语言的声音和意义,二者兼顾就很难达到好处,同时在形体与声音或意义之间也不免会产生一些分歧和矛盾的现象。这种分歧和矛盾的现象有些通过产生新的形声字而获得解决,有的就存留下来造成使用上的不便。

一、异体字问题

1. 关于异体字的定义问题

异体字是文献中常见的用字现象,但在现代汉字应用领域,异体字的整理和讨论主要是属于汉字规范的工作。异体字整理作为精简汉字字数的一个措施,文化部和文改会于 1955 年 12 月联合颁布了《第一批异体字整理表》(下文简称《异体字表》)。对异体字的定义,当时的理解是"音同义同而形不同的字",但《异体字表》并没有交代或界定。《异体字表》所收的异体字中有一些实际上是通假字、分化字或在特定场合下通用的字。既然把不完全相同的通用字统称为"异体字"，后来涉及异体字的论著为区分不同的情况，于是有人采用不同的提法来加以区别。如裘锡圭(1988：205)把用法完全相同的异体字称为"狭义异体字"，部分用法相同的异体字称为"部分异体字"，二者合在一起则称为"广义异体字"，这种提法获得较广泛的认同。也有人把狭义异体字称为"典型异体字"，部分异体字再分为"包孕异体字""交叉异体字""同音异体字""异音异体字"等多种情况(高更生2002：255)；还有人用"全同异体字"和"专同异体字"或"半同异体字"来区分(程荣1998)。这反映了"异体字"概念的理解有严式和宽式的不同。

异体字的界定，目前多区分为狭义和广义，也就是严式和宽式的两种理解。

严式异体字的判定是用法没有区别而字形不同的两个字。不过，笔者(2004b：211)曾经提出，用法是否相同不是一成不变，而是因时而异的。有的是历史上曾经没有区别，但后来有了区别。例如，上古时期"粥"字原本是"鬻"的省体，即同一个字的不同写法，但后来"鬻"字常用于表示卖的意思，两者的读音也分化了。"無"和"舞"，"耶"和"邪"，"乌"和"於"的关系与此相似。"岳"和"嶽"起初也是没有区别的异体字，但后来作为姓氏的"岳"和"岳父"的"岳"就不用"嶽"字了。"毋"和"母"，"乞"和"气"则由异写转化为完全不同的两个字。还有的则是历史上曾经有区别，但后来的用法已无区别。如"俯"和"俛"，"帆"和"颿"，"氣"和"炁"等。对于历史上曾经不同的字，例如"俛"和"俯"，在文献文字处理时是不应该混同的("僶俛"显然不能写作"僶俯")；古代曾是异体关系而现在用法不同的字，例如"鬻"和"粥"，当然就更不能算是异体字了。

在《异体字表》中，有些被淘汰的所谓"异体字"其实并不是同一个字的异体，而是可以用来表示同一个词的不同的字。李国英(2004：7)把这种状况称为"同词异形"。我们认为这种情况实际上就是词的"异形"问题。由于当初定义不严密而导致两个问题互相纠缠，进而造成了一些概念和术语使用的混乱。裘锡圭(1989)曾经指出：

> 所谓词的异形就是词的不同书写形式，也可以说就是广义的异体字(在五十年代的异体字整理里，有些被合并的异体字也并不是同一个字的异形，而是可以用来表示同一个词的不同的字，如"琱"和"雕")。但是有不少研究词的异形的人，为了强调自己的观念跟旧的以字为本位的异体字观念的不同，使用了"异体词"或"异形词"的名称(如高更生1966)。这样就在概念上

把词跟词的书写形式也就是语言跟文字弄混了。

关于异体字的定义,过去大多从功能的角度来阐述(用法相同),很少有人从构形的角度来阐述。李国英(2004:12)主张"从构形和功能两个维度下定义",把异体字定义为"在使用中功能没有发生分化的为语言中的同一个词所造的不同的文字形体,以及由于书写变异造成的一个字的不同形体"。这个定义比较科学周全。

异体字问题是一个学术问题,汉字规范工作既然跟异体字有关,就必须立足于科学的指导。可是在当时,"一些学者为了维护《一异表》(笔者按,即《异体字表》)的已然事实而自觉不自觉地修正异体字的定义,扩大异体字的范围。另一些学者试图通过改变异体字的定义来扩大异体字范围从而达到精简和规范汉字数量的目的"(李国英2004:11)。例如郑林曦(1982:67)提出,"心"和读去声的"芯"这两个字虽然音义都略有不同,超出了异体字定义"音同义同"的范围,但"不能因此就不承认它是异体字"而妨碍了对汉字的精简,于是提出"异体字的正确定义应该是:记写同一个词的几个不同的汉字"。如果真的突破"音同义同"的限制来确认"异体字",其结果必然会模糊同源字、古今字、通假字、异体字之间的界限,造成混乱无边而难以收拾。这种一味为着精简汉字的目的而随意定义的做法严重违背了科学原则,在实践上也必然会造成用字的混乱。

2. 异体字的类型

(1)汉字结构功能的不同和笔画的差异

周祖谟(1957b)在讨论汉字与汉语关系时谈道:汉字在解决形音义之间的矛盾时过去只有采取不断创造形声字之一法。这种办法固然可以解决一部分个别的矛盾,但不能从根本上解决所有的矛盾,因此在汉字发展过程中还存留下不少形音义矛盾的现象。

从一个字的两种不同的写法来看,也有种种不同的情况,大致可以分为以下几类:

1)古今字的不同。如:礼禮,号號,从從,愬訴。

2)表音表意的不同。如:淚泪,豔艳,搨拓,逃迯。

3)形旁的不同。如:坑阬,杯盃,脣唇,翦剪,阱穽,秕粃,鋪舖。

4)声旁的不同。如:仿倣,糉粽,筍笋,烟煙,妒妬,喫吃,挂掛,驗騐,遁遯。

5)结构成分的位置不同。如:夠够,峯峰,脇脅,羣群,概槩,匯滙。

6）偏旁有无的不同。如：韭韮,帚箒,沾霑,布佈。

7）笔画不同。如：句勾,汙污,駡駡,陰隂,朵朶,函圅,回囬。

总体来看,汉字形体和声音意义之间还存在着不少矛盾的现象。无用的异体字也要淘汰,这样才能更好地为汉语服务。

（2）"异写"和"异构"

"异写"和"异构"也是从字形结构和笔画书写方面来说的,但这种提法原则上不考虑结构的功能区别。

王宁(2002：80－86)把共时汉字中职能相同、形体不同的用字区分为"异写"和"异构"两类状况。"异构"指的是异体字构件至少有一个不同,或其相对位置的不同。如"淚"又写作"泪","羣"又写作"群"。而"异写"指汉字在不改变基本结构的情况下因书写习惯不同而形成的某种局部性的形体差异。例如"吳"字又写作"呉"或"吴"。不过,异写也可能会造成构件的改变,至少表面上是如此。例如"吳"写作"吴",就由从"矢"变成了从"天",于是就有介于异写和异构的第三种情况。詹鄞鑫曾就此加以举例说明：

1）异构　即构件有所不同,或者位置安排不同,或者繁简不同。绝大多数异体字都属于这种情况。构件部分或全部不同的,例如：鰐－鱷,謌－歌,遍－徧,睹－覩,溪－谿,杯－盃,葬－塟,裸－臝,村－邨,體－躰,迹－跡－蹟,視－眂。相对位置不同的例如：够－夠,脅－脇,慚－慙,棋－棊,松－枀,鵝－鵞,裏－裡,啓－啟。繁简不同的,例如：蝨－蚊,靁－雷,縈－累,鬪－鬭－鬥。

2）异写　多数是因手写行书体与正体的差异造成的形体不同（举例中后一字来源于行书或俗体）。例如：亞－亜,惡－恶,董－菫,曾－曽,兔－兎,土－圡,卯－夘,册－冊,冰－氷,啓－啓,留－畄,乘－乗,歲－歳,呪－咒,厄－厄,囘－回,煑－煮,教－敎,晉－晋。

也有些是由于隶定不同而造成的。例如：卯－乸,享－亯,留－畱,犁－犂,莉－莁,亡－亾,並－竝。

还有一些本来是错字,被当作异体字。例如（后一字为错字）：拗－拗,冤－寃,冗－宂,歷－歴,曆－暦,荔－荖,博－愽,丞－承,殼－殻,徵－徴。

3）因异写而变成异构,或形成较显著的差别。例如：往－徃,闊－濶,珍－珎,捏－揑,船－舩,憩－憇,策－筞,怪－恠,雍－雝,並－竝。（詹鄞鑫2004b：215－216）

在异体字认定的问题上,我们主张从严不从宽,换言之,只有那些具有显然不一样的形体区别的字,才被当作异体字看待。如果两个字在形体上是异构关系而用法毫无差别,当然是典型的异体字。至于异写字的出现,本就是一种不可避免的正常现象。在一般情况下,因书写习惯差异造成的异写,还不至于构成"异体"关系。除非已经形成传统的两种不同写法,还是采取忽略差异的原则,只看作是书写者的个性化特点,没有必要当作异体字来看待。至于错字就更不应该视为异体字了。

3. 异体字和同形字整理

异体字的整理和研究,本有两个目的:一是作为汉字规范的工作。就这一点而言,异体字整理是针对现代汉字应用而为的。异体字整理的另一个意义在于提供古籍中的异体字字样,如刘复、李家瑞搜集宋元明清十二种民间刻本俗字 6 240 个,出版了《宋元以来俗字谱》。这类异体字字典具有古籍整理与研究的工具书性质。台湾"教育部国语推行委员会"编辑的《异体字字典》(光碟版 2000)是目前可见搜罗最多的异体字资料。李圃主编的《异体字字典》(1997)搜集的异体字也较丰富。

同形字现象与异体字正好相反。同形字指的是外形相同而实际上音义都无关的两个字。这种文字现象王力(1953)和李荣(1980)都提到。裘锡圭(1988)对这种现象作了定名及较全面的论述,参看《古文字构形学研究》及下文个案研究相关部分。

二、古今字与通假字问题

1. 古今字、通假字的定义

古今字和通假字都是古籍阅读中常见而重要的用字现象,两者都是伴随训诂学中古书注释问题而提出来的概念。如果是通俗性的古书注释,古今字和通假字两种现象的区别是可以忽略的,但如果要反映古书用字的本质,就需要加以相应的说明。

"古今字"概念是东汉郑玄提出来的。他在注释《礼记·曲礼下》"予一人"时说:"《觐礼》曰:'伯父实来,余一人嘉之。'余予古今字。"如果同一个词在不同的时代用不同的文字来记录,那么,早先使用的文字和后来使用的文字就构成"古今字"关系,在前的叫"古字",在后的叫"今字"。

关于古今字概念的阐释,比较详细而且最有影响的是王力主编的《古代汉语》

(1981)教材。该教材对古今字的阐述是正确的,但没有特别分析这个概念与通假字和异体字的区别。于是,在古代汉语教学领域,这个问题一直是模糊含混的。洪成玉(1981)主张把古今字跟通假字分开来,只把有"造字相承关系"的那些字定为"古今字"。陆锡兴(1981)提出:"古今字是同词前后异形,通假字是不用已出本字,而借用其他同音字。它们是从不同角度对某些同字现象作出的不同归类。它们不是平行关系,两者交叉重叠,你中有我,我中有你,因此,不可能把古今字与通假字作一个一刀切的划分。"裘锡圭(1989)评论说,后一种意见符合历史上使用"古今字"这类说法的实际情况,我们没有必要赋予这个旧术语以新的意义,把古今字限定在有造字相承关系的范围里。

通假字概念一般是针对于古书中的用字而言,不同于六书中本无其字的假借。通假字概念跟假借字、古今字等都有纠缠,在实际的分辨中甚至跟异体字也有瓜葛。在字典编纂时,通假字的义项及其读音的确定也都会遇到问题。相关讨论文章例如:刘又辛《大型汉语字典中的异体字、通假字问题》(1979)、盛九畴《通假字小议》(1980)、徐复《通假字质疑》(1980)、陆锡兴《通假字管见》(1981)、陆锡兴《假借字、通用字、通假字、本字、正字、古今字通辨》(1989)等。

"假借"与"通假"的区别,其实并不在于"本无其字"还是"本有其字"。事实上,今人遇到的古书中的假借字,除非对实物文字加以全面的调查,否则当时是否有本字是难以确知的。两者的区别在于前者是文字学的概念,后者是训诂学的概念,两者是从不同的角度而言的。徐莉莉(2002a)对此有很好的阐述。

关于通假字的读音问题,裘锡圭(1989)概括了三种不同的意见:(1)通假字读自身的读音;(2)凡古代字书、韵书和旧注中注有通假字与本字读音相同的反切或直音的,则通假字的今读同本字,不然就读原来的读音;(3)只要是确切的通假字,其今读应当同本字。裘氏赞成第三种意见,因为"两个表示同一个词的字当然应该读同一个音"。

2. 古今字和通假字的产生

古今字和通假字,本质上是汉字记录汉语时遇到语词不断分化和用字有限的矛盾而产生的。周祖谟(1957b:17–19)对古今字形成的不同原因做了很好的区分:

> 文字要跟语言相结合是一个总的趋向,原有不标音的字固然往往要为标音字所代替,例如"凷"为"块"的代替等等,但即使是标音字也可能在某一个

时代因为音符已与实际读音不很相应而另外产生一个新的标音字。

汉字不仅要求表音,而且要求表意,于是就要在形体上尽可能地区分词义。要区分词义,文字就不断孳衍,逐渐繁化起来。

语言里一个音常常代表几种不同的意义,为了尽可能把这不同的意义在形体上表现出来,汉字就常常用增加声旁的办法来解决,于是原来的一个字由于增加声旁就繁衍成几个不同的字。例如"人才"和"木材","才"与"材"要写成两个字;"支派"和"四肢"也要写成两个字。

有些词的写法古人最初应用假借的办法借用声音相同的字来写,后来就另外造一个字。有的在原来应用的假借字上加上一个形旁,有的就另用一个字来代替。例如"价值"的"值"古人原来写作"直",后来加人旁作"值";"猝然"的"猝"古人原来写作"卒",后来加犬旁作"猝";"直"跟"卒"都是假借字。这些都是后起字。

还有一些字原来所代表的语词在意义方面有了引申,引申出来的意义由于声音上的改变而成为另外的一个词,于是文字也随着语词的发展分化为两个字。例如"知道"的"知"和"智慧"的"智"起初都写作"知",后来才产生"智"字。这种字就是一种分别字,都是在原来应用的字上加上一个形旁所构成的。

另外还有一些字原来自有它的本义,可是后来在应用上又去代表其他的语词,而且这种新的用法占了优势,原来它所表示的词的意义反而模糊了,于是也利用增加偏旁的办法为本来的词另外造了一个字。例如:"止"原来代表的是"足趾"的"趾",后来"止"字有了别的用法,于是又造出"趾"字来。其他如"须鬚""要腰""縣懸""畢罼""暴曝""朝潮""監鑑""新薪""然燃""莫暮""鄉嚮"等等都是这一类的例子。这种后起的字,文字学上称为"后起本字"。

三、同源字问题

1. 同源字与同源词

汉字在音义上的同源现象是在古籍训诂中发现的,清代学者已经有不少研究成果。王力《同源字论》(1978)从文字学角度加以阐述,又把搜集到的同源字汇编成《同源字典》(1982)。周祖谟对同源字的定义与之基本相同:

在汉字里有许多音同义近,或音近义同的字。这类字往往是语出一源。

如廣与曠、堅与緊、孔与空、寬与闊、改与更之类,语义相通(或相同,声音相近,或相通转),所以称之为同源字。同源字实际上也就是同源词。不同文字的同源等于是追溯语源。(《中国大百科全书·语言文字》384)

同源字是同源词的记录形式,但是,相同的词可以有不同的记录形式,其中包括使用假借字或通假字。例如王力所举的同义同源字有"徒-但"和"直-特",它们只是在用作范围副词时才是同源字,离开了具体的用法,就不存在"同源"的问题了。可见,"同源字"的认定不在于字,而在于所代表的词。既然如此,通常所说的"同源字"在本质上就应该是词的问题,而不是字的问题。既然是词的问题,那么,"同源字"这个提法是否恰当,也就成为一个值得探讨的问题了。

蒋礼鸿曾经就这个问题提出商榷意见。他抄录王力有关"同源字"的相关概念:

> 同源字,常常是以某一个概念为中心,而以语言的细微差别(或同音),同时以字形的差别,表示相近和相关的几种概念。同源字必然是同义词或意义相关的词。这样,我们所谓同源字,实际上就是同源词。

蒋礼鸿(1986)于是提出:

> 第三条说得很明快:"所谓"同源字就是同源词。同源词是什么?从第二条来看,是同义词或意义相关的词。再从第一条来看,所谓同源字,是相近或相关的几种概念,而这些概念是以语音的细微差别(或同音)——同时以字形的差别——这种手段来表现的。既然以语音来表现概念,这就是词了。文字随语言而产生,是语言的书面形式;概念之表现,语言之存在,在乎语词的"物质外壳"语音,而不关乎文字与否。(p82-83)

> 王先生所说的同源字既然是表示相近或相关的概念的,已经进入词的范围;另一方面,如"声近义同"的"字"究竟是字还是词这类麻烦问题会因"字""词"不分而更容易混淆;我觉得对讨论的对象还是赋以"同源词"这个定名在理论上比较圆融。(p85)

我们赞同蒋礼鸿的意见。"同源字"所以称为"字",是由于旧"小学"总是把词说成"字",但现在"字""词"概念已不同,因此称为"同源词"较合适。

2. "字源"与"同源字"的另种定义

王宁(2002:11)提到汉字学四个方面的分支,其中之一叫"汉字字源学",王宁将其定义为:"尽量找出汉字的最早字形,寻找每个字构字初期的造字意图,也就是探讨汉字的形源,也叫字源。这是汉字字源学的任务。字源学是研究探讨汉字字源的规律和汉字最初构形方式的学科。"显然,王宁说的"字源"是指每个汉字初始的字形并据以了解造字意图,这跟"同源字"或"同源词"的"同源"毫无关系,是纯粹的汉字字形问题。

有些学者试图赋予"同源字"新的含义。王蕴智(1991:193)对"同源词"和"同源字"是这样区分的:

> 凡本音相同或相近,具有同一语义来源的词叫同源词。至于同源字的概念,则应该定义为:凡本音相同或相近,具有同一形体来源的字叫同源字。这么说来,同源字和同源词的区别关键在于其定义的后一句话:即同源词的着眼点主要是在词的音义来源及其演化关系上,而同源字的着眼点主要是在字的形体来源及其演化关系上。说得再明确一点,同源词属于词义系统的问题,同源字则属于字形系统的问题。

文中所举"同源字"例如甲组:卿-饗嚮鄉;乙组:入-内纳。另一篇文章中还举了以下例示:夭-走;示主宝;省省(王蕴智2004a)。前文中提出,"同源字既可因所记词义的明晰而分化,又可因借形记词而导致分化(笔者按,如借"庸"表示"用",借"郭"为姓氏字),两种分化都不背离字形同源的原则"(王蕴智1991:194)。而丙组既被认定为"同源字",也完全符合"同源词"概念。所以,王蕴智提出的"同源字"与"同源词",两者是交叉的关系:"同源字"包含了"同源词"和非"同源词","同源词"则包含了"同源字"和非"同源字"。我们认为,王力等关于"同源字"的提法虽欠妥,但理解上已成习惯,如果另外赋予新的定义,读者就很难区别,如果需要说字形之源,还是另起名称为宜。

试图把"同源字"与"同源词"概念加以区分的还有以下观点。张兴亚(1996)认为,推寻汉字的同源关系必须抓住字形上的渊源关系。从同一字根孳乳出来的字含有同一来源的字,就是同源字,而不管它表示的词是不是同源词。陈淑梅、杜永俐(2002)的看法与之相似,认为同源词从词的音与义出发,而"同源字"则必须从字形出发。文章所定义的"同源字"应具有共同的"字源"——形声字的声符。"所以把声符定为字源,是由于绝大多数形声字都是围绕着声符孳乳的。"所举的"字源"例如:巠-頸莖涇徑脛;辟-避僻譬劈癖霹擗;等等。此篇文章引用了王宁关于"汉字字源学"的提法作为立论的依据。

我们认为,这个说法很可能误解了王宁关于"字源"的定义。既然把声符作为

"字源",谈的其实是有字形渊源关系的古今字。所列举的"同源字"例,既包含了同源词(如"至"组字),也包含了非同源词(如"其"组诸字)。这种"同源字"的所谓"字源",不仅跟王宁提出的"字源"概念完全不同,也跟文中提到的高明(1980:41)提出的"字原"概念完全不同。这个术语的设置欠严密,不宜使用。

在同源字问题上关注声符的形体,也许因无形中受到"右文说"的影响。与同源字问题相关的还有"右文说"。"右文说"是宋人王圣美提出来的,此说经常被当作声训或同源字学说的早期理论。我们认为,通常所说的同源字理论,强调的是汉字与汉字的音义联系,并不关注字形写法。而"右文说"的提法,只是在片面强调形声字声符作为文字构件在字义上的功能。"右文说"其实是对先秦两汉业已产生的声训学说的一种倒退,对现代汉字学和训诂学产生误导,必须加以批判。

第八章

俗文字学研究

唐兰(1949：25)在二十世纪四十年代就已经提出："由中国文字学的历史来看，《说文》《字林》以后，可以分成五大派：一、俗文字学；二、字样学；三、《说文》学；四、古文字学；五、六书学。前两派属于近代文字学，后三派属于古文字学，在文字学里都是不可少的。"这表明"俗文字学"早在上世纪前半叶就已经被提出来了，但早期的研究状况尚待进一步思考。蒋礼鸿(1959)更强化了"俗文字学"这个概念。

俗文字研究包括相关俗文字考释与文献整理、字谱整理，及俗文字学概论(相关理论)几方面。俗字考释是俗文字学建立的催化剂。

一、文献俗字研究与俗文字学的形成

中古是汉字发展史的一个重要阶段，而古代写本则是中古汉字及俗字的渊薮。二十世纪初在敦煌莫高窟藏经洞发现的文书，其抄写时代从北朝到五代及宋，其文字中保存了大量当时流行的异体和俗字，为认识这个阶段的汉字提供了丰富而可贵的实物资料。七十年代学界开始关注敦煌文献俗字研究，至九十年代逐渐有了起色。潘重规先生是敦煌文献及敦煌俗字研究的开山者，他在整理敦煌文献的过程中，体会到俗字研究的重要意义，撰写了一系列具有开山意义的俗字研究作品。例如潘重规(1980a)将写卷中俗、讹、繁、简等复杂问题归纳成字形无定、偏旁无定、繁简无定、行草无定、通假无定、标点符号多异等条例，并列举变文、曲子词等敦煌俗文学写卷的书写文字相互印证，说明敦煌俗写文字与俗文学之关

系,成为研究敦煌俗文字学必备的条例。此后又就《龙龛手鉴》与写本之关系多次撰文(1980b、1983、1984),除说明《龙龛手鉴》编成的背景、原因、价值与影响外,更列举敦煌写卷中之俗字、隶古定、武后新字与《龙龛手鉴》所引者相互印证,揭示了《龙龛手鉴》对于阅读敦煌写卷所具有的不可或缺的工具书价值。九十年代又就敦煌俗字问题发表多篇文章(潘重规 1991a,1991b,1995)。潘先生推求俗写文字非但出于民间,更以《兰亭序》《千字文》为例,表明俗字实乃肇端于书缮家。作为当时识字读本与习字模板,智永《千字文》真书之写法与敦煌写本同样俗写,千字中几达二百字之多。潘先生对敦煌俗文字学研究的开创之功是值得称道的。

大陆的敦煌俗字研究踵其后,八十年代以来郭在贻、张涌泉陆续发表了有关敦煌整理校勘及其俗字研究的论著。经过一段时期敦煌文献整理的体会和总结,在俗字研究方面很有发展和创新。张涌泉的成就主要反映在敦煌俗字考释与俗文字学的理论创新方面,主要著作有:《汉语俗字研究》(1995)、《敦煌俗字研究导论》(1996a)、《试论汉语俗字研究的意义》(1996b)、《敦煌俗字研究》(1996c)、《汉语俗字丛考》(2000a)、《俗字里的学问》(2000b)等。稍后黄征也撰写了不少有影响的敦煌俗字研究著作,如:《敦煌俗字要论》(2005a)、《敦煌俗字例释》(2005b)、《敦煌变文俗字辑录》(2005c)等。陈五云也较早关注俗文字学,写了《俗文字学刍议》(1990),后来又撰写了《从新视角看汉字:俗文字学》(2000)。

日本藏有不少珍稀汉文古写本,其中两部重要的医学写卷文献,涉及的俗字主要由医学文献整理者予以关注和研究。钱超尘《〈黄帝内经太素〉研究》(1998)和钱超尘、李云《〈黄帝内经太素〉新校正》(2006)对流传到日本的《黄帝内经太素》中的俗字作了全面研究。仁和寺影印本《太素》中的俗字很多,出现逾万次。钱先生收录《太素》中的俗字 489 个附于书后。另一古写本医学文献《医心方》,在整理过程中也涉及对俗字的研究。高文铸等校注《医心方》(1996)收录了钱超尘《半井家本〈医心方〉俗字研究》。沈澍农(1993,1998,1999,2000,2002)也对古医籍和《医心方》俗字作过研究和考释。

石刻俗字研究的代表作有欧昌俊、李海霞《六朝唐五代石刻俗字研究》(2004),该书对于俗字和六朝唐五代石刻俗字作了较全面的概论。

研究俗字与正字理据性变化的文章有郝茂《论唐代敦煌写本中的俗字》(1996),考察俗字的理据性文章以《法藏敦煌书苑精华》中的十七篇唐代卷子为材料,精选一千个俗字,以《干禄字书》等三部唐代正字书为正字标准,归纳出唐代俗字的八种类型,指出八类俗字中,保持正字理据的仅一类,弱化正字理据的三类,破坏正字理据的占四类,从而得出俗字的理据性比正字要弱得多的结论,因此唐代俗字多为后代正字书所排斥。

俗字大多出自民间,错讹字多,字形上容易与其他文字相混,所以俗字认读一直是写本整理的基础性工作。

二、字书俗字研究

中古字书如《玉篇》《万象名义》《龙龛手鉴》等,是俗字的又一渊薮。字书所收俗字往往可与写本或石刻文献的俗字相互印证。1980年潘重规的《龙龛手鉴新编引言》,对于《龙龛手鉴》的俗字及其对敦煌写本俗字认读的价值均有发现,首次阐明了字书俗字与写本俗字的内在关系。郑贤章《龙龛手镜研究》(2004)包括了通论和汇考。张涌泉(1999)撰写了有关俗字和涉及俗字的古代字书如《四声篇海》《字汇》《字汇补》等的研究文章。刘燕文《〈集韵〉与唐宋时期的俗字俗语》(1991)研究了《集韵》与唐宋时期的俗字俗语;台湾黄沛荣主持的"历代重要字书俗字研究",已出版《玉篇俗字研究》(2000)等。

字书俗字考释的重要作品还有杨宝忠的《疑难字考释与研究》(2005)。该书意在考释《汉语大字典》所收的全部疑难字。字书疑难字指音义不详或形音义可疑的字,大多由于俗字和讹误字而产生。由于字书辗转收录,缺乏语境,其考释难度超过写本、刻石、刻本等文献俗字。正如王宁在此书序言中所说:

> 辞书疑难字的考释与俗文献的俗字考释对象都是历史楷书,是相互关联又不同性质的工作。近代俗文献中的用字,出现了很多与经典用字和历代正字差别很大、流通度很低的字样、字形,需要考释。因为这些字还没有离开文献的语境,考释的条件应当比较具备。但是,有些字样由于只出现在极少的语境中,甚至完全是孤例,难以产生确证的考释,常常需要参考字书。如果字书中已经收了这些字,问题的解决自然会变得比较简单;如果查不到,需要进行间接分析,只要考据逻辑正确,结论可信的是多数。一旦思路有所偏失,难免带有主观成分,并非都能确证。而大型辞书中的疑难字,并不都是从文献中直接搜集来的,很大一部分是在几部辞书转收、转释时产生分与合的错误而形成的,他们成为疑难字纯粹是汉字贮存领域产生的问题,很多是找不到文献用例来佐证的。因此,对这些字进行清理,其难度要大于文献用字的清理。

杨宝忠的优点在于,他"不再局限于单个字的考释,而首先去梳理中国古今字书发展的脉络,对贮存领域的字形问题有了更敏锐的发现。他边考释,边总结,提出了以形考字、以义考字、以音考字、以序考字与以用考字的诸多考释方法,不但增强了考释的自觉性和准确程度,而且对辞书编纂也有较大的参考价值"。(王宁2005)

三、字谱整理

俗字谱可以集中展示一定范围的俗字,不仅对于认识汉字形体发展具有直接的意义,而且也为查考俗字提供了有效的工具书。

先秦两汉古文字文字编中包括了大量的当时民间俗字,可以看作广义的俗字来源资料。例如《甲骨文编》和《金文编》,总体而言,甲骨文就是同时代金文俗字的写法。就《甲骨文编》内部而言,许多字形的写法也有繁简之别,其中的简体,有不少本来就属于甲骨文俗字中的俗字。近三十年来陆续出版了一些专书文字编著,如《包山楚简文字编》(1996)、《楚系简帛文字编》(1995)、《先秦货币文编》(1983)、《古币文编》(1986)、《古陶字汇》(1994)、《古陶文字徵》(1991)、《郭店楚简文字编》(2000)、《睡虎地秦简文字编》(1993,1994)、《马王堆简帛文字编》(2001)、《银雀山汉简文字编》(2001)、《汉代铜器铭文文字编》(2005)、《汉代简牍草字编》(1989)等。其中的俗字有许多是东汉魏晋以来俗字的源头,很值得挖掘,但这方面的研究工作很少见到有人做。

俗字谱整理方面成绩斐然。早期成果有罗振鋆《碑别字》(1894)及罗振玉《增订碑别字》(1928)。秦功在其基础上又增补为《碑别字新编》(1985),收字尤其丰富。所谓"别字",就是字形有异的写法,其中多数是包括俗字在内的异体字,还有一些出现率很低的写法,严格说是错字。1930年,刘复、李家瑞搜集宋元明清12种民间刻本所用俗字6 240个,纂辑为《宋元以来俗字谱》(1957重印)。该书对古籍阅读具有工具书意义,也为汉字简化工作提供了字形的参考。潘重规《敦煌俗字谱》(1978),虽因当时条件所限所录俗字不多,但文字条例已具。该书序文对俗字发展说解尤为精当,奠定了敦煌俗字及俗字谱研究的基础。黄征的《敦煌俗字典》(2005d),是解读敦煌、吐鲁番、黑水城等地出土的古代写本文献的专用工具书。日本太田辰夫的《唐宋俗字谱》(《祖堂集》之部)(1982)收字较少。张涌泉《汉语俗字丛考》(2000a)收字达3 000余条,纠正了《汉语大字典》和《中华字海》

的一部分俗字的错误音义,弥补了这两部字典的不足。

俗字谱整理在技术上还有较大的提高空间。现有字谱的主要问题大致表现在三个方面:其一,即使是同一部文献的俗字,写法也未必全部一样,但俗字谱资料搜集大多依靠卡片制作,采样或多或少,难以穷尽所收录的范围;其二,限于当时的技术水平,俗字谱大多采用摹本,书写风格受书写者个性影响大,字形与原貌存在较大的出入;其三,俗字尤其是其中疑难字的认定依靠语境,但现有俗字谱的俗字资料缺乏语境是共同的缺陷。比较理想的俗字谱,应该吸收古文字学界编纂先秦两汉古文字文字编的经验,努力做到如下几点:第一,在规定的收字范围内穷尽或尽可能多地搜集资料;第二,字样采集最好采用数码照片或扫描图像,这样的资料更具有可信度;第三,不仅字样应标明来源,最好还带上简短的语境。

四、俗字相关理论问题

俗文字学是汉字学的重要组成部分。在理论方面主要体现在以下几个方面。

1. 俗字与正字的关系

俗字是相对于正字而言的,这首先就涉及对于“正字”的理解。

正字的理解不难,准确表述却不容易。周祖谟(1988a)认为,正字“指合乎字书规范的汉字字体。……凡合乎一般规范的就称为正体。正体的名称在唐代颜元孙《干禄字书》中已经出现。但民间写字,往往有一些别体字,与正体的笔画有不同。因而有俗体的名称。例如召俗作𠮛,牀俗作床,單俗作单,回俗作囙,規俗作𮓵,柏俗作栢。这些都是见于《干禄字书》的”。张涌泉(1996a)认为:“正字是得到国家承认的字体,往往有较古的历史渊源。用唐代颜元孙的话说是‘有凭据’的,可以施之于高文大典的官方用字。”陈五云(2000:19)认为:“无论在什么时代,正字总具备有常用(使用频率高)、公认(流通地域广),以及官方认可这样三个特征的。”在正字标准方面,有的强调“字书规范”,有的强调“国家承认”和“官方认可”。其实,古代很少以政府文件的方式来颁布用字标准,实际用字规范要么是石经用字,要么是权威字书,所以,“国家承认”和“官方认可”的提法是难以把握的。如果说有什么场合下写字会不同,按常理来推,书写碑文、公告、刻写图章时,就会笔画清晰,书写规范;如果是起草文稿,日记笔记,书写便条,开写药方之类,通常采用行书,就可能会使用俗字。唐代颜元孙在《干禄字书序》云:“所谓正者,并有凭据,可以施诸著述文章、对策碑碣,将为允当。所谓俗者,例皆浅近,籍帐文案、券契药方,非涉雅言,用亦无爽。"颜氏从使用场合的角度来区分正俗,应该说是最恰当的。

古代权威字书的正字规范意义是显著的。正如王宁(2000)所指出的,"《说文》小篆又是经过权威规整过的汉字系统,所以,《说文》对今文字的影响是非常深刻的:它在汉代已成为汉字教学的重要依据;隶书、楷书盛行后,它又成为历代汉字正字法的依据"。

笔者(2007b:178)曾经提出:

> 唐代以来中国曾有过多次的汉字规范运动,基本上是以《说文》为依据的。当然,《说文》用字并非绝对标准,也有因讹误而以错为正的例子,从而,如果单纯以《说文》为据,就可能反而用《说文》的讹误字来规范当时通行的正体字。例如"巫""督""数""专"等,《说文》的写法都与真正的传统正体走样了,所以隋唐以来这些字的别体倒往往是保持了传统正体的写法,而按照《说文》修正的写法才是已经讹变的变体。但这反而揭示了一个事实:唐代以来的正字运动,在很大的程度上的确是以《说文》为尊的。自明清以来逐渐定型的、主要以《康熙字典》和《中华大字典》的正体字为代表的、持续使用到上世纪五十年代的、古籍整理和港台地区沿用至今的汉字,从总的情况来看,就是以《说文》所代表的正体字为依据的。

《说文解字》中包含了一些字形结构被误解的、已经讹误的文字,隋唐以来这些字的别体却往往保持了传统正体的写法。例如《说文》"桑"本作"桒"。虽然每个时代的正字标准可能会有个别出入,但《说文解字》的两千年汉字正字的奠基石的地位,是不可动摇,不容否认的。

人们通常对"正字"有两种理解,一种将其视为现行的汉字规范,一种将其视为历代的规范汉字。这两种理解并不完全一致,因为现行的规范字通常指简化字,在制定时就大量采用了过去的俗字和草书(经过楷体化),如"爲为、亂乱、蓋盖、恥耻"等。这样一来,现行规定的正字往往就是过去的俗字。如果不区分古今笼统地谈"正字",简单地以现在的标准来认定,就可能会违背历史的真实。

每个时代都会有比较权威的字书,所以,每个时代的正字,都应该以当时的权威字书为依据。从这点而言,"合乎字书规范"的提法恰恰兼顾了时代的不同,当然不会把古代的字书作为现代汉字的正字规范。周祖谟在给正字下定义时,并不考虑当代汉字的问题,所以在举例时,周祖谟(1988b)以纳入简化字之前的"床灯坟驴迁"等为俗字,以"牀燈墳驢遷"等为正字。我们认为,这样处理是恰当的。从纯学术的角度说,"正字"和"俗字"概念本来就是古人提出来的,在"正""俗"问题上,我们应该尊重传统,不宜颠倒正俗。以俗为正的后果,必然是正字沦为不正,最终导致认识混乱。在正俗问题上要如何兼顾现行的汉字规范,是一个值得讨论的问题。

2. 俗字的定义及其与异体字的关系

俗字之称始见于北齐颜之推,《颜氏家训·杂艺》云:"晋宋以来多能书者,故其时俗,递相染尚,所有部帙,楷正可观,不无俗字,非为大损。"意思是说,各种文件书籍中往往出现的俗字,乃是习俗互相影响造成的写法,但并不造成多大的阅读妨害。由此可知俗字在南北朝时代相当泛滥。今天理解的俗字,与之类似,问题还是出在定义的措辞上。这里略举几条有关"俗字"概念的解释:

《辞源》:在民间流行的异体字,别于正体字而言。(《辞源》1979:221)

《辞海》:异体字的一种。旧称流行于民间的多数为简体的文字为俗字,别于正字而言。区分正和俗的标准往往随时代而变迁。(《辞海语言文字分册》1978:29)

《中国大百科全书·语言文字》"俗体"条:指民间手写的跟字书写法不合的汉字字体。例如,盡作尽,備作俻,答作荅,覓作覔,變作变,敵作敌,顧作顾,獻作献。俗体字从六朝时已入碑刻,到隋唐时代俗体字更多。俗体字最大的特点是改变笔画,而有的字声旁也有更改。如燈作灯,墳作坟,驢作驴,遷作迁等字都是俗体。唐代颜元孙《干禄字书》和王仁昫《刊谬补缺切韵》里所收俗字极多。宋元以后在戏曲小说刻板书里还经常应用一些俗体字,其中很多字一直到现在还在应用,有不少已作为正式的简化字。(周祖谟1988b:375)

张涌泉:汉字史上各个时期与正字相对而言的主要流行于民间的通俗字体。(张涌泉1996b)

这些表述有繁有简,但意思基本相同,概括而言有两点:一是俗字是有别于正字的异体字;二是俗字流行于民间。周祖谟还进一步指出俗字的特点,主要是改变笔画,有的字声旁也有更改。

问题是,既然俗字是有别于正字的异体字,那么俗字跟异体字的概念有什么区别。

关于这一点,不同学者看法不同。或认为"凡是区别于正字的异体字都可以认为是俗字"。(张涌泉 1995：5)或认为一切俗字都是异体字,俗字是异体字的主体(黄征 2005：4)。或认为"异体字并不都是俗字","俗字也不都是异体字"(章琼 2004：27－28)。第一种观点意在淡化俗字与异体字的区别。认真地说,异体字还包括过时的正体,如《说文》或体,这些都很难被看作俗字。第三种看法是把不属于异体字的"音近更代"的用法归入俗字范畴。凡音近借用,我们认为不宜当作俗字。如果把借音字排除掉,第三种看法跟第二种就没有什么分歧。

看来,异体字的基本内涵就是字形上跟正体字(也即正字)写法有区别的字。俗字也是相对于正字而言的,所有的俗字在字形上也跟正字有区别,从而也属于异体字的范畴。但俗字概念还强调"流行于民间",等于多了一个条件,俗字必为异体字,异体字未必即俗字。可见异体字概念范围大而俗字概念范围小,这是两者区别的基本点。

俗字与异体字的不同,还反映在俗字以异写为主的特征上。

周祖谟说俗体字最大的特点是改变笔画,说的就是异写。相对于正字,俗字有的是草书楷化,如：盡尽,變变,顧顾,覺觉,卯卯,歷歷,爲为。

有的表现为构字偏旁笔画的简化或讹变,如：冰水,蠶蚕,辭辝,於扵,曹曺,器嚣,往徃,夜疰,囘回囬。

有的只能被看作错字,只是因为这种错字比较普遍了,就被承认为一种异体。如：修修,尢尤,拗拗,冤宪,冗宂,歷歷,曆曆,荔荔,博博,丞承,殻殻,徽徽。

至于非俗字的异体字,主要表现为异构状态。《说文解字》重文中的"古文""或体""籀文"基本上都属于异体字。其中大多合乎六书,不属于俗字,如(前一字为《说文》字头)：哲悊嚞,吟訡,嚼噍,詠咏,歎嘆,彪魅,嶽岳,邠豳,歐驱,棄弃,勳勋,晦歒。

有的异体字有相同的来源,只因隶定不同而造成字形差异,例如(后一字为传统正字)：乕虎,乗乘,虗虚,䆉留,亾亡,並並,恠怪,雝雍,暴暴,嘗嘗,髪發,暜普。

有的异体字来源久远,如：朙明,辳農,埜野,前一写法早在殷墟甲骨文中就已经出现了。经典中的异体字,大多为异构关系,如"氣"写作从火旡声的"炁","無"在《周易》里一概写作"无"。

也有些异体字,起初是起源于民间的俗字,由于隶书的普及和影响,后来被纳入"正体",就不再是俗字了。如"雷"本从畾作靁,隶书省作"雷",在熹平石经中已作为正字。原本从彗的"雪"和从二束的"曹",隶书写法逐渐习以为常,也都成为正体,后人不再把它们视为俗字。

上述情况表明,俗字大多在字形结构上出现讹变,失去原有的理据。

六朝以来俗字也有合乎六书结构者,其中有些后来转化为正字。例如"杉"字《尔雅》作"粘",《说文》作"樹",徐铉曰:"今俗作杉。""杉"字见于《唐韵》《广韵》《集韵》等韵书,《康熙字典》以"杉"为正字,"樹"下云"详杉字注"。有的一直到二十世纪才被当作正字。如"遍"字《说文》作"徧",释为"帀也";熹平石经均作"徧",东汉实物文字未见"遍"字;六朝碑别字或作"遍";《广韵》云"俗作遍",《康熙字典》以"徧"为正字,"遍"下云"与徧同"。随机翻查数种旧出版物,仍用"徧"字,但《异体字表》(1956)规定以"遍"为正字。

错字指写得不成字、规范字典查不到的字。当人们对错字习以为常时,便可将其算作俗字。如:修-修,尢-尢。因书写者文化程度限制或其他原因造成的偶然错字,是不宜当作俗字的。不过,如何判断偶然错字和习惯成俗字,还值得思考。我们认为,在判断错字时,应该忽略手写的个性化差异和笔画的细微差别。

3. 俗字与别字

在俗字的定义方面,对俗字是否应该包括借音别字,有两种截然不同的看法。

从蒋礼鸿以来,谈论俗字者大多把别字当作俗字的一种类型。例如陈五云(2000)把"苹果"写作"平果","烧饼"写作"烧并"之类用法当作俗字(p27);欧昌俊、李海霞(2004)把"同音代替类"当作俗字的一种类型(p194-198)。《辞海》"正字"条下说:"结构和笔画正确,或拼法正确、符合标准的字,区别于异体字、错字、别字。"这里提到的与"错字"并列的"别字",并不是指俗字,而是指误写了同音字。例如把"舞会"写成"午会",这个"午"就是别字。按《辞海》的提法,别字不是正字,那么,是否可以说"午"字不是"正字"呢? 如果需要联系上下文来讲"正字",那么,"正字"就是一个记词范畴的概念了。正字概念一旦涉及记词问题,就把字形书写问题与用字记词问题混为一谈了,其实就是把两种不同性质的问题扯在一起。

张涌泉(1996a:11-12)的看法是有条件地看待音借现象。他说:

> 至于俗字与同音(或音近)通用字的关系,这个问题比较复杂一些。有的学者认为俗字应该包括同音通用字在内,研究俗字也应该包括研究同音通用字(蒋礼鸿说)。也有的学者认为俗字只限于一个字笔画或偏旁的增损和变

异,而不能把同音通用字包括在内。后一说似乎更合理一些。历来搜辑俗字、别字的著作,如《六朝别字记》《增订碑别字》《碑别字新编》等等,大抵是把一个字的不同变体类聚在一起,而很少把同音通用字包括在内。我们认为大多数同音通用字确实不宜看作俗字。这种同音通用字的使用或者是根据传统用法,或者是书者仓促间而为之,借字与正字之间纯粹是同音或近音假借的关系。但如果同音通用字的使用是出于书写习惯或者为了达到简化字形或区别字义的目的,而非纯粹出于声音上的考虑,我们就不妨把这个同音通用字看作是俗字。如敦煌写本"幢幡"多书作"憧憣",我们认为"憧憣"即"幢幡"的俗字。因为俗书巾旁与忄旁不分,"幢幡"写从忄旁,正是俗书写法,而非借用音近的"憧憣"来表示"幢幡"。……所以同音(或音近)通用字是否定作俗字,应作具体客观的分析,而不应一概加以否定。

张涌泉的俗字类型中有一类叫作"异形借用",又区分为"音借"和"形借"两类。"音借"指的就是这种音近借用。张涌泉说:"有相当一部分同音或音近替代的使用是出于书写习惯或为了达到简化字形或区别字义的目的,而非纯粹出于声音上的考虑。这一类的同音或音近替代字,就应该纳入俗文字的范畴。"例如"粉面"以"面"为"麪",佛经经文以"堕"为"垜"(张涌泉 1996:245-247)。上文提到写本"幢幡"因俗书巾旁与忄旁不分,遂写作从忄旁的"憧憣",这个说法是可以接受的。但推而广之,以"面"为"麪",似乎并没有超出音借的性质,就难以把握尺度了。我们认为,凡是必须看语境才能判断的用字,就是陈五云说的"正字俗用","俗用"和"俗字"的界限还是应该区分的好。

第九章

汉字规范的问题

一、汉字规范与"书同文"

成系统的汉字资料最早见于殷商王朝使用的金文和甲骨文,至迟在殷商后期就已经扩大到周边重要诸侯国(例如周原甲骨反映的先周文字)。按理而言,汉字的使用范围是逐渐扩大的,它的形体也是从相对不定形趋向定形。这个过程应该是约定俗成和专门整理的共同结果。看来,汉字不仅在其形成之初包含着传说中仓颉的重要贡献,早在商周时期,就已经出现了汉字规范的工作。

汉字的形成既是人为的,也是自发的。汉字规范意识起初一定是很微弱的,每个字该怎么写,大概只要能被认识就可以了,所以只强调形体的基本特征。甲骨文中大量出现异体字,就反映了早期汉字字不定形的特征(詹鄞鑫 1991a:93–97)。春秋战国时代,汉字在华夏各国通用,汉字形体不仅在各国内部会有不同的异体,在不同地区之间也逐渐形成地域特色,造成不同地区之间汉字写法的歧异。这种汉字字形歧异的现象,从古至今从来就没有停止过。

提"汉字规范",主要是就同一侯国或地区内部字形的规范问题;提"书同文",主要是就不同侯国或地区字形的统一问题。同一侯国或地区的汉字规范,可以由该地区的主管部门来管理,但不同侯国或地区的汉字规范,就必须由相关侯国共同协商来解决。汉字规范与书同文,目标是一致的,都是汉字正字字形的规范化,但问题出现的范围和解决问题的方式有区别。在政治大一统的时代,两者就合并为一个问题了。

"书同文"的提法,起初是由孔子提出来的。《礼记·中庸》:"子曰:非天子不议礼,不制度,不考文。今天下车同轨,书同文,行同伦。虽有其位,苟无其德,不敢作礼乐焉;虽有其德,苟无其位,亦不敢作礼乐焉。"朱德熙、裘锡圭(1995)阐发说:"这就是说,'今天下车同轨,书同文,行同伦'是一句反话,实际上是车不同轨,书不同文,行不同伦。孔子是一心想改变这种情况的,无奈自己不掌权,所以只好空着急。"

孔子对六经的整理,是早期有意识的汉字整理和规范工作。汉字规范和书同文最明显的一步,是李斯在秦始皇统一六国之后提出并加以推行的文字统一举措。许慎说:"其后诸侯力政,不统于王,言语异声,文字异形。秦始皇帝初兼天下,丞相李斯乃奏同之,罢其不与秦文合者。"汉代萧何制订考试之法,也提到"吏民上书,字或不正,辄举劾"。(《汉书·艺文志》)

历史上最为系统、最有影响的汉字规范工作当推许慎的《说文解字》。他把当时可见的上万个汉字一一转写成结构严谨的小篆文字,并把当时可见的写法不同的籀文和古文当作重文附在小篆主形的后面。正如王宁(2000)所指出的,"《说文解字》问世时,汉隶已经成为通行的字体之一,小篆属于汉字的古文字而与今文字衔接,是今文字的直接源头。《说文》小篆又是经过权威规整过的汉字系统,所以,《说文》对今文字的影响是非常深刻的:它在汉代已成为汉字教学的重要依据;隶书、楷书盛行后,它又成为历代汉字正字法的依据"。《说文解字》为后代的汉字整理工作创建了最为权威的基础和模式。东汉时期隶书作为正体,在字形上处于传统与革新的转折阶段,正俗并存。东汉灵帝于熹平间诏诸儒正定五经,由太学刊刻《石经》,以经典用字形式对汉字加以全面规范。魏正始间刊刻《三体石经》,则强调了流行隶书与小篆的对照,客观上也有助于规范当时流行的隶书正字,所以后来被《干禄字书》作为正字依据之一。南北朝时期俗字讹字大量出现,甚至见于经典之中(《经典释文》卷一),于是唐代有陆德明《经典释文》、颜师古《颜氏字样》、颜元孙《干禄字书》、张参《五经文字》、唐玄度《新加九经字样》等一批意在规范汉字正字和俗字的工具书。此后宋代郭忠恕《佩觿》、司马光《类篇》、张有《复古编》,辽代行均《龙龛手鉴》,明代梅膺祚《字汇》、张自烈《正字通》,清代张玉书、陈廷敬等编纂的《康熙字典》,也都是重要的汉字规范著作。范可育等所著《楷字规范史略》(2000)、李宇明等著《汉字规范》(2004)对历史上的汉字规范工作有较系统的介绍和阐释。

历代的汉字规范工作,基本上总是"采取原则性和灵活性相结合的文字政策,既维护正体字的规范,又对使用俗体字、简体字不加排斥"(李宇明等 2004:52)。既维护正字,又不排斥俗字,我们认为,这不是和稀泥,而是允许在不同的场合采用不同的宽严尺度。就正字的确认而言,历代汉字规范原则上总是以当时比较保持字形传统理据的写法作为主要标准,并照顾到虽然与《说文解字》的字形有差异,但在历史流传过程中业已发生并在正规场合下流通的正字;对于俗体字,虽然并不禁止它在非正规场合下被适度采用,但从来没有对不同于当时规定的传统正字写法的俗字和简体字"承认其合法地位"。这是古代汉字规范原则给我们带来的具有重要启示意义的历史经验。

在宋代印刷技术发明之前,除了铸造品如铜镜钱币之类,汉字总是手写的。因书写场合不同,或因写字者文化程度的差异,汉字在具体的应用中总是不可避免地会出现种种当时看来并不规范的写法。但古代的规范汉字主要在皇家或政府部门的重要文书中采用,不可能,也不必要求普通的书写一律达到规范标准。即使在现代,民间手写文字究竟是否规范,也是无法调查和作硬性规定的。

当前的汉字规范工作,涉及的相关问题主要是:繁简字、新旧字形、异体字、异形词等。

书同文的问题虽然早就被提出来了,但研究还相当薄弱。1997 年,上海周胜鸿成立"汉字书同文研究会",并陆续推出《汉字书同文研究》论文集(截至 2008 年出版到第 7 辑),发表了一批有关汉字规范、汉字应用和书同文方面的文章。目前书同文的目标主要是针对中国大陆与港澳台用字的统一问题,主要工作是调查大陆和香港澳门地区用字的差异。研究工作还处于准备阶段,这方面的成果有:许长安《海峡两岸用字比较》(1992)、费锦昌《海峡两岸现行汉字字形的比较分析》(1993)、沈克成《书同文:现代汉字论稿》(2008)等。从信息化的需要和发展趋势来看,我们期盼着不仅中国内部各地区汉字的统一,还必须实现中国、日本、韩国等不同国家使用的汉字形体的统一。

汉字是世界上使用人口最多的两种文字之一,在信息化时代,汉字规范和书同文绝不仅仅是中国的事情,也是世界文化共同的事情。我们认为,汉字规范和书同文的最重要的目标是汉字正字形体在计算机上的统一。计算机汉字统一了,信息交流自然就畅通无阻了,根本就不必关注或干涉手写字形的个性化差异。

我们还认为,学习和使用汉字,包括在历史上传承了两千多年、记载着浩瀚如海的历史文献和文化的传统的汉字,绝不仅是少数学者的需要,而是每个中国人应有的权利和应尽的义务;手写汉字出现个性化的差异乃至错别字,则是不可避免的正常现象。但我们注意到,曾经有一段时期,就有那么一些人总是喜爱到街头巷尾寻求所谓的"不规范用字",乃至发动学生来一个城乡用字的大扫描。这真是"天下本无事,庸人自扰之"。我就不相信那些极力寻找书写不规范的人,自己手写的文章、日记、报告书的文字能个个正确。恕我直言,对民间用字横加指责,这是舍本而逐末,是在汉字规范工作中最无聊,而且还劳民伤财的一桩事了。

下文主要讨论汉字规范化问题,并涉及汉字检索和排序的字序方面的问题。

二、简化字问题

1. 关于繁简字的概念

1956 年,中国大陆开始推行简化字,于是有了"简化字"的名称。于是就有了相对于"简化字"的"繁体字"。

"简化字"和"简体字"之称曾经有过混用的阶段。汉字简化的现象自甲骨文以来历代皆有,但自从政府推行简化字之后,"简化字"和"简体字"这两个名称的内涵便逐渐区分开来,"简体字"泛称历代出现的、相对于当时正体字而言字形经过简省的汉字,而"简化字"则专指大陆政府有关部门公布的作为日常规范依据的、字形经过简省的汉字。

"简化字"和"繁体字"作为对立的概念,有汉字个体和体系两个不同的内涵。

就个体汉字而言的,"简化字"指在国家简化字规范文件中规定的简化了形体的字,"繁体字"指跟简化字相应的没有简化的汉字。例如"汉"是"漢"的简化字,"漢"是"汉"的繁体字。

就汉字体系而言的,"简化字"指 1956 年以来以简化字作为书写规范的汉字体系的整体。"繁体字"这个名称虽然是"简化字"推行之后才出现的,但就实际应用而言,则指汉字简化方案推行之前长期沿用的汉字体系的整体。这里说的"汉字体系",是指国家有关部门规定的通用语言文字书写规范的汉字集合的整体。

从后一个意义上说的"简化字"和"繁体字",有以下两个问题值得注意。

首先是关于沿用字问题。汉字简化只涉及一部分汉字,还有大量并没有加以简化的汉字,也就谈不上前一个意义的"繁体字"。以《三字经》第一段为例,从"人之初"至"人所同"318 字,其中"人之初性本善性相近"等 242 字都没有加以简化,占全部用字的76%。从体系意义上说的"简化字",就包含了没有简化的这些字,可以称为"沿用字";说"繁体字",当然也包含了这些未加简化的沿用字。从个体的意义上说,沿用字既不能称为"简化字",也不能称为"繁体字"。

2. 汉字简化的利弊及其评价

二十世纪五六十年代大规模的汉字简化工作,由于受到当时主观和客观条件的限制,尤其是受到当时严重的极左思潮的干扰,认识上的局限性非常明显,难免存在某些缺点和不足,乃至较严重的问题。对于简化字的评价,学术界从一开始就存在不同意见,但反对意见一直是受到压抑和排斥的。简化字的推行,从手写的角度说,给书写者带来了方便,这是毫无疑义的;但从学习、阅读和文化传承方面来说,就增加了许多负担。但几十年来,作反思的文章却不多,较有代表性的有:詹鄞鑫《汉字改革的反思》(2002)、陆锡兴《简化字问题散论》(2004)、岳方遂《关于汉字简化问题的几点反思》(2004)等。教育部和国家语委于2001年启动《规范汉字表》项目,并于2002年6月在安徽大学由教育部语言文字信息管理司、语言文字应用研究所和安徽大学联合召开了"简化字问题学术研讨会",简化字问题再度成为讨论热点。会议论文已经辑录为《简化字研究》(2004)。这里主要想探讨简化字不足的方面。综合诸家意见,简化字存在的问题大略有如下几点。

(1) 增加了汉字总量和学习负担

文化事业的发展不可能割断历史,简化字推行之后,不可能从此告别过去的汉字。所以,如果要对简化字作评价,并不是简单地把简化字跟繁体字作比较,而应该是对整个汉字体系,也就是增加了简化字的汉字体系,跟还没有增加简化字的汉字体系作比较。从整个汉字体系而言,汉字的总数实际上是在原有的基础上又大量增加了简化字。现在大陆通行的计算机字符集主要有两个:国标汉字(GB2312)6 763个字符为简化字体系的一级和二级汉字;国标扩展字符集(GBK)21 003个字符(含国标字符)。后者中有许多汉字是跟简化字相应的繁体字,原本(简化字推行之前)也是相当于一级和二级的常用字,但现在被置于扩展字符集中,无形中增加了一大批仅仅形体不同而用法毫无区别的汉字。

汉字总量的增加必然会加重学习的负担。周有光(1978)很早就意识到汉字简化存在的一些重大问题。他曾经指出:"一个重大问题未能解决:学了简化字,能否不学繁体字?能否使小学生和中学生只接触简化字,不接触繁体字,等到进入大学以后再接触繁体字?没有正式的答案。但是,群众知道:不能!教科书以外,简化字读物少,繁体字读物多;一进图书馆,几乎是繁体字的世界。"陈章太(1992:337)也意识到,汉字简化"在一定程度上增加了某些学习者的负担。一批汉字简化之后,成为法定的规范字,但原来的繁体字有时还要使用,无法废止,这实际上增加了汉字的数量。有些人为了某种需要,往往在学习了简化字之后还要认识一些繁体字。如果不认识繁体字,阅读古籍以及其他用繁体字印刷的读物会有一些困难,这自然增加了学习上的某些负担"。知识分子不仅需要阅读外来文献,还需要阅读旧时文献,学习繁体字就与学习外文一样,并不是少数人的事情。在全民族文化水平大大提高的今天,汉字总量增加造成的学习负担问题就更加突出了。

（2）简化方法缺乏全局性系统性

吴玉章(1955:149)在汉字简化方案公布之前的1955年曾经这么说:"汉字简化的主要目的是要把群众手写已成习惯的那些简笔字用到印刷上面,以代替原来的繁笔字,同时淘汰印刷和书写中常见的异体字。这样,使汉字的笔画简化,字数减少,逐步做到汉字有定形、有定数,并且使印刷字体和手写体接近。"由此可知,汉字简化方案的初始目标是为着便于群众书写,并精简汉字的总数。方案所采用的简化字形体,大多来源于历史上曾经出现过的俗字或行书草书的楷体化。如果仅仅从日常应用的角度说,方便书写的预期目标基本上是达到了。但是,正由于目标是在日常用字范围内采用俗字,简化方法就难以统筹兼顾,自然也就缺乏全局性系统性。大略表现在如下方面。

偏旁类推处于两难境地。国标扩展字符集中,凡国标码之外的汉字,如果按照汉字简化方案的规定,其中有许多字的偏旁写法是必须类推简化的,例如"𩧢"字应类推写作"䮀"。这样,在扩展字符集中同样是国标码之外的生僻字就必须有"𩧢"和"䮀"两个字符,增加了字符量。实际上,在国标扩展字符集中,有大量的偏旁没有类推简化的汉字。例如字符集中"騔""騨""騋""驌"等字就没有偏旁简化为"马"的写法。这样一来,虽然扩展字符集已经扩展到2万多字了,还是有大量的汉字并没有也无法类推简化。可见,简化字类推原则势必造成计算机字符集的严重膨胀,而且还不能穷尽所有同偏旁汉字。如果取消类推法,又将造成汉字偏旁体系的混乱和不统一,显然也是十分尴尬的。但如果恢复偏旁的传统写法,字符总量就会少得多,并将避免偏旁不统一的尴尬。

下面提出几点看法:

第一,有些字的分辨度降低了,陈章太曾举"儿–几,风–凤,没–设,治–冶,沂–诉,沦–伧,抢–抡"等为例(陈章太2005:337)。至于手写字"阴–阳""没–设"的混淆尤其会引起误解。

第二,偏旁书写规律有许多是难以掌握的,如同样从"盧"的字,简化偏旁有的写作"卢"(鲈鸬颅泸栌),有的写作"户"(炉芦庐)。由于简化字形体参考过去曾经用过的俗字和草书,不少字的简化形体是不可类推的。例如:頭–头,實–实,書–书,蘭–兰,盡–尽。

由于非常用字不在简化范围之内,必然会造成简化字与未简化字在偏旁书写上的不统一。例如汉代扬雄的《輶轩使者绝代语释别国方言》,其中"輶轩"两字均从"車","輶"不是常用字,偏旁的写法跟"轩"字就不同了。由此造成偏旁书写的不统一,偏旁类推成为讨论的重点之一。

第三,由于简化,多出不必要的部件,增加汉字结构的复杂性,有的新部件不便称说(陈章太2005:338)。增加了基本部件如"头""乐""专""戋",从而增加原来已经十分庞大的汉字体系基本结构单位的数量,恐怕不能认为是一件合算的事情。(裘锡圭1991)

3. 盲从俗字削弱了汉字系统

经过《说文》以来历代的正字规范,一直到以《康熙字典》为代表的规范汉字,汉字发展的主流应该是优化而不是简化。

我们注意到,有些著作从历代实物文字中寻找简体俗字,作为现行简化汉字不是杜撰而是有所本的见证。我们认为,俗字有其产生的原因,也有其使用的特殊场合,但在汉字规范工作中,应该研究和总结历代尤其是唐代以来正字规范工作的经验,制定整体的科学原则和思路,兼顾文字写和读两方面的功能,以及文化继承的延续性。简单地采用历代俗字来改造正字的做法必然会削弱汉字的系统性,增加汉字学习和应用的困难,是不可取的。

历代民间俗字中大量出现的简体字,或偶然出于文人的个性化简体写法,之所以没有被明清以来兼收异体字的《康熙字典》《中华大字典》等大型字典所收录,就是因为它们不符合汉字构形的基本规律,有可能破坏汉字构形的系统性,从而不符合汉字优化的精神。

王宁(2004a)认为:汉字优化的标准,可以概括为五点:一是有利于形成和保持严密的文字系统;二是尽量保持和维护汉字的表意示源功能;三是最大限度地减少笔画;四是字符之间有足够的区别度;五是尽可能顾及字符的社会流通程度。(p57)"群众性的造字改字行为,由于是自发进行的,带有较多的盲目性,汉字的构形系统,是不可能在这种自发的造字活动中形成的,只有依靠权威和政治力量对汉字进行自觉规范,才可能按其内部规律规整和描写出这一系统。"(p50)

(1) 合并字和同音代替字带来的使用障碍

现行简化字的另一个明显问题,就是许多原本用法有区别的汉字被强制合并带来的烦扰。强制合并主要包括三种情况:一是用一个简化字代替两个或两个以上的沿用字,如"發"和"髮"都简化为"发";二是把两个或两个以上字义不同甚至读音也不同的字用相同的简化字来代替,如"纖"和"縴"都简化为"纤";三是把两个读音相同或相近乃至不同的字合并为一个字,以字形较简单者作为简化字,原先字形较繁的那个字作为繁体字,如"鬥"和"斗"合并为"斗","適"和"适"(音 kuò)合并为"适","臘"和"腊"(音 xi)合并为"腊"。

这个问题周有光(1978)早就注意到:"简化笔画,不是有利而无弊的。笔画越简,近形越多。新造声旁,声调难准。同音代替,意义易混。笔画简化如果造成读音繁化、意义混乱、形体难辨,那就得不偿失。"连登岗(2004)、詹鄞鑫(2005b)也较集中地讨论了这个问题。

合并汉字带来的问题,首先是用法上的混淆。裘锡圭(1991)指出:使用同音代替的方法时,如果被代替的字和代替它的字的意义有可能混淆,也会引起麻烦。1986 年重新发表《总表》时修正规定,"叠""覆""像""囉"不再作"迭""复""象""罗"的繁体字处理,这些规定就可以说明问题。在异体字整理中也有类似问题。如以"并"代"並"就很不妥当,因为"並列"和"合并"这两种意义很容易混淆。考虑到以"並"为偏旁的"普""碰"等字仍在使用,取消"並"字就更显得没有道理了。

汉字的合并和同音替代,还给文献引用的规则带来困扰。按照学术界公认的文献引用规范,学术著作的文献引用必须尊重原文,不可篡改,即使有版本异文依据的改动也应加以注明。按现行的书写规定,引文中如果遇到"穀"必须改为"谷","後"要改为"后","並"要改为"并"。这种用字规定显然是跟文献引用规范相抵触的。正由于此,严肃的学术论著就很难采用简化字来排印。

同时,由于简化字对汉字的合并,还增加了计算机汉文献检索的难度。例如想检索二十五史中的"后"字的用例,如果采用的是简化字的本子,由于"後"与"后"被合并成一个字,于是就会把用例极多而并非检索目标的原本为"後"的用例夹带其中,增加了信息分析的困难。"于-於""谷-穀"等的情况相似。

繁简字不能完全对应,必然成为计算机自动转换的障碍。

汉字的应用不限于一般的人际书面交流,更重要的还在于人机对话和汉字信息处理。在信息社会里,后者的重要性越来越明显。所以,在评价简化字的问题上,不应该用小的是非来掩盖大的是非,用小的好处来掩饰大的危害,一切应该立足于计算机汉字信息处理的前景和效率。从这一点说,简化汉字带来的负面后果是相当严重的。说后果严重,是基于如下事实:由于繁简汉字的关系并非简单一一对应的关系,在计算机进行繁简字转换处理的时候,不能不投入大量人工甄别的劳动,使得本来一瞬间就能完成的任务,变得繁复复杂。Office2000 以上的Word 软件虽然有智能化的繁简字转换功能,能在一定程度上根据上下文做出相应的用字选择,但其转换是以预先设定的词汇搭配为前提的,凡设定之外的搭配就无能为力。在实际应用中,还有大量汉字是没有词汇搭配语境的。例如表示说话义的"云",以及汉字举例,字典的字头等。这一点成为提高计算机汉字自动化处理效率的阻碍。

(2)繁简字与异体字和新旧字形的关系问题

繁体字在学术性较强的古籍整理等场合下是允许而且必须使用的,这表明繁体字依然是现今大陆合法通用的汉字体系。既然如此,繁体字的使用也必须是规范的。为了便于表述,不妨采用"传统正体字"这样的提法来指简化字推行之前的用字规范。从道理上说,简化字推行之前人们所遵守的汉字应用规范,应该就是简化字推行之后繁体字应用的规范。

传统正体字应该指 1956 年汉字简化方案推行之前的汉字规范字,但在此前由文化部和文改会于 1955 年联合公布的《第一批异体字整理表》(简称《异体字表》),以及此后文化部和文改会于 1965 年联合发布的《印刷通用汉字字形表》(涉及"新旧字形"问题),都对传统正体字的原有规范造成了一定程度的冲击。例如,"異、棄、傑、釐"是在《异体字表》中作为异体字被淘汰的,而以"异、弃、杰、厘"作为相应的规范字,两者之间并不是繁简字关系。于是,从道理上说,《异体字表》公布之后的规范繁体字必须采用"异、弃、杰、厘"的写法,而不是传统作为规范写法的"異、棄、傑、釐"。又如,"换、奥、温、盗"是《印刷通用汉字字形表》中规定的用来替代"换、奧、溫、盜"的"新字形",于是在采用繁体字的场合下,使用的是被改造过的"换、奥、温、盗"(这些字形来源于俗体或错字),而不是原来作为正体写法的

"换、奥、温、盗"。这些情况都造成所谓"繁体字"的写法与简化汉字推行之前社会上实际通行的传统正体写法的差异,由此形成一批类似繁体字却不同于传统正体字实际面目的假繁体字。这些情况也反映在为计算机设计的繁体字字体(不是字符集)中,例如"创意繁宋体"就没有设置"異、棄、傑、釐、换、奥、温、盗"等字形。

　　上述情况如果不加以纠正,就无法避免这样一种尴尬局面:过去的俗字乃至错字现在成了规范字,而那些符合历史实际面貌的、传统一直被当作正体的字形反倒成了不规范的写法。这种颠倒正误的现象,给古籍整理和出版工作带来困扰,是一个必须解决的问题。

　　(3)简化字的推行造成文化传统的分裂和断层

　　试看一些国外进口的产品说明书,上面分别采用英文、日文、简化汉字、传统汉字(繁体字)四种文字来书写。在他们看来,简化汉字和传统汉字似乎成了类似于中文与日文关系的两种不同的文字。但其实,大陆出版的正规严肃的古籍整理文献和古代汉语教材,所有影印的二十世纪中叶之前的旧文献,文人手稿,以及相当一部分书画艺术作品和店铺商标,未简化的传统汉字是照样在使用的。遗憾的是,由于对"规范汉字"概念认识的误区和偏见,以及一些无视汉字应用实际状况的某些土规定,使得比较能够保持汉字构形系统性的一大批尚未按简化字来书写的传统汉字似乎成了洪水猛兽,遭受围剿。现在大陆的中小学生,允许学习外国文字,就是不允许学习已有简化写法的中国传统的汉字。这种限制的结果,不仅不利于当前与港澳台的文化交流,也妨碍了社科研究中对于二十世纪五十年代之前的各种历史文献的阅读。大学乃至研究生阶段的相关专业学生,必须阅读旧文献,由于汉字教学上的脱节,他们对于传统汉字的认识水平大大降低,许多在中国使用了数千年的汉字竟然不能认识,要学习或研究文史哲等社科学科,还得从最基本的文字认识开始。自从出现了简化字,常用汉字的总数差不多翻了一番,学习汉字就不得不学习两套不同的汉字。外国人学习汉语汉字,也遇到同样的问题。这个问题的解决,必须从小学生识字教育开始。我们必须对此问题予以重视,否则不仅有碍古代文化的研究,也将不利于后人对历史的认识。

三、异体字与"新旧字形"问题

　　异体字问题受到两方面的关注,一方面是历史文献阅读遇到的用字问题,另一方面是现代汉字规范所涉及的问题。异体字的定义及其异构和异写的区分,在

上文有关字际关系的章节中已经讨论过,这里着重从汉字规范和整理的角度来谈异体字问题。(詹鄞鑫 2004b)

1. 关于《异体字表》及异体字的认定问题

1955 年公布的《第一批异体字整理表》(简称《异体字表》)成果显著,但限于当时的认识水平,也存在一些问题。主要的问题在于定义不明和异体字认定标准的模糊。与异体字相关的还有异体字整理和字典中的异体字的处理问题。有关讨论文章有钟吉宇《谈谈第一批异体字整理表的几个问题》(1963)、曹先擢《关于异体字的两个问题》(1983)、李道明《异体字论》(1990)、刘又辛《关于异体字的几个问题》(1990)、高更生《谈异体字整理》(1991)、程荣《规范型汉语辞书的异体字处理问题》(1998)、张觉《关于异体字淘汰与使用问题的学术思考——对〈第一批异体字整理表〉与〈现代汉语词典〉的一些意见》(2001)等。教育部和国家语委于 2001 年启动"规范汉字表"项目,并于 2002 年 5 月在江西井冈山召开"异体字问题学术研讨会"。异体字问题再度成为讨论热点,与会学者就异体字定义、《异体字表》问题、异体字整理、字典和出版物的异体字处理等问题发表了意见。论文结集为《异体字研究》(2004),较集中地反映了异体字问题研究的新成果。其中李国英《简论类推简化》(1994)、章琼《汉字异体字论》(2004)等文章较多涉及异体字概念问题,张书岩《评〈第一批异体字整理表〉兼及〈规范汉字表〉对异体字的处理原则》(2004)、邵文利《〈第一批异体字整理表〉存在的主要问题及其原因》(2004)、黄丽丽《从词典繁体字版的制作看〈一异表〉的不足之处》(2004)等文章较多涉及《异体字表》存在的问题。

对于严格意义上的异体字的处理,其原则相对比较简单,就是从诸多异体字中选择一个作为规范写法,而把其余的作为非规范写法。但选择哪个作为规范写法,应该有一个合理的原则。这个问题留待下文再谈。

至于宽式异体字,处理起来就要很谨慎。张书岩(2004a)就《异体字表》收字的失误失当情况做了较详细的调查。文章指出了以下几点。一是收入了一些非异体关系的字组,其中某些异体字组中的字从来就不存在同音同义关系,如:晰晳,嗔瞋,婀娜。有些异体字组中的两个字音或义本不同,只是古代有时通用,或仅有个别意义相同,如:稗粺,局侷。有的因文字使用情况的变化,某些异体字组在今天已经失去异体关系,如:挪挼捼。还有的因语音规范的制定而失去了异体关系,如"呆"和"騃"原先有一个义项读 ái,但审音工作把"呆"定音为 dāi,两者的读音就不相同了。二是对异体字处理过宽。三是对异体字字形选择不够恰当,其中有的异体字是古字、死字、罕用字,有的是错讹字,有的是正异关系选择不当。

詹鄞鑫(2002a)曾提到:《异体字表》最大的问题就是把许多音义有别的字当作异体字来合并。例如把"並"(义为"傍")归入"并","卻"(古氏)归入"却","薙"(义为除草)归入"剃","蒐"(义为狩猎)归入"搜",这样就会改变用字的原义,甚至连读音也被改变。例如义为"傍"的"並"应读为 bàng,"卻"通常音 xì,"辛薙"的"薙"音 zhì,"蒐"有时音 huì。就以"並"和"并"的关系为例,这两个字在许多场合下的用法是不同的。如"並"作为副词表示"都""全部""同时"的用法就是"并"字所没有的。《诗经·小雅·宾之初筵》的"並受其福"就是都受其福,这跟"并受其福"的意思是不一样的。

在异体字的整理问题上,曾有一种主张,就是对"同音包孕异体字",用义项多的甲字代替义项少的乙字。所谓"包孕异体字","指甲乙两字同音,其中甲字的义项多,乙字的义项少,而且甲字包括了乙字的义项"(高更生 1993)。例如《现代汉语通用字表》只收"溜"而不收"霤",就是把"霤"并入"溜"字。这种处理,实质上并不是异体字整理,而是不同汉字的归并,或者说是某一个词(通常就是义项较少的那个乙字所表示的词)的记录符号如何来确定的问题。所以,简单地规定用义项多的代替义项少的字,并没有考虑那个词由什么字来记录最合适的问题,是可商榷的。首先,许多所谓"同音包孕异体字"中,其实义项多的甲字不见得能够完全取代义项少的乙字。就以"霤"字为例,《汉语大字典》所收义项共 7 个:屋檐的流水,下流的水,屋檐,承霤(屋檐下接水长槽),檐下滴水处,中霤(天井四周的檐霤),方言指堂屋两柱之间。今按,在古书中还有一个较常见的义项,即神名,也称为"中霤",属"五祀"之一。在这 8 个义项中,只有 3 个是"溜"的义项中所包含的,其余的用法只能写成"霤"。尤其是作为"五祀"神之一的"霤",已经成为古代贵族礼仪中的专有名词,在史书中常见,是不能写成"溜"的。再说"溜"的义项中所包含的"霤"的用法,也是因假借而造成的。借字吃掉本字的代替法,恐怕是不妥当的。其次,"溜"的义项多达 20 项(其中 liu 去声 13 项,liu 阴平声 6 项,liu 阳平声 1 项)(《汉语大字典》缩印本 p715),记词负担相当重。即使"霤"的义项完全由"溜"所包含,也不宜让"溜"来承担"霤"的用法,否则会给阅读带来困难。汉字的记词功能,一直处在合并和分化的矛盾之中。当某个字的义项太多时,就往往会出现分化字来承担其中的部分记词功能。以"華"(华)字为例,本来的意思是开花的"花",后来因引申,常用于表示荣华的意思,还假借来表示"華夏"的"華",于是后人就另造了"花"字来分化它的用法,专门表示"華"的本义。我们如果强行把"花"的用法并入"華"字,大概不是一个明智的做法。我们见到的所谓"包孕异体字",往往具有分化用法的功能,它们已经是不同的两个字了,合并的结果并不能真正实现汉字总数的减少。这是因为,历史上曾经使用过的分化字,不论是字典,还是计算机的字符集中,都还有它存在的必要,把它合并到另一个字的用法中,很可能反而增加了混淆,害多而益少。再三,从整理历史文献的角度说,凡是历史上曾经有用法区别的字,就不应该人为地改动。类似"霤"这样的字,如果作为异体字处理,在整理历史文献时就会遇到两难选择,要么违背文献整理原则而迁就现行的用字规范要求,把"霤"改为"溜",要么保持历史文献的原貌而违背现行的用字规范原则。

即使是语言里音义完全相同的严式异体字,由于在用作人名地名时往往还具有区别的功能,要如何处理也不见得就没有讨论的余地。例如:宋人蔡絛(《铁围山丛谈》作者)不能写成"蔡縧",清代学者吴大澂不能写成"吴大澄",《左传》"鞌之战"的地名"鞌"也不宜改为"鞍"。现代人的姓名用字,除了作姓氏的字不宜改变之外(例如"亓氏"不能改为"其氏"),人名用字恐怕也不宜改,如"鎔-熔""堃-坤""崧-嵩""喆-哲"等,改动就会遇到许多麻烦(例如各种证书以及银行和邮政业务中要核对当事人身份证姓名)。当然,今后可以规定人名用字的原则和范围,以免出现计算机字符集中没有的生僻字和自造字。(詹鄞鑫 2002a)

总之,对于宽式异体字的处理应该把握一个基本原则,不应该轻易把用法有区别的两个字合并为一个字。这方面已经得到学术界较多的认同,不必细述。

2. 异写字与"新旧字形"问题

笔者曾屡次强调这样一个思想:手写汉字必然不同于印刷体,总是会出现各种个性化差异的,手写差异不宜作为异体字,更不应该影响对于正字的规范(詹鄞鑫 2004b,2004c,2008a)。异写性质的异体字大多为日常书写因人而异产生的,字形整理和判断标准宜粗不宜细,应从大处着眼,忽略细微差异。所谓"新旧字形"的问题,其实就是过分计较手写体细微差异而造成的人为烦扰。

自古以来,在汉字的日常应用中,不同的书写者总会有不同的书写作风和习惯。笔画上的变化,通常是不被看作异体的,但如果不忽略这种手写体与印刷体(或者说行书体与正楷体)的笔画差别,就会扩大异体字认定的范围。例如"户"

字,在 1965 年《印刷通用汉字字形表》有关"新旧字形"的规定出台之前,正规写法的上部首画本来写成一撇(戶)或一横(戸)的,只有手写体才写成一点(户)。由于《印刷通用汉字字形表》强调用手写体改造印刷体,这种本来属于正常状况的书写差异不再被忽略,于是它们就构成了"新旧字形"关系("新旧字形"本质上就是一种异体关系),在国标扩展字符集中就分别给"户""戶""戸"三个字各设置了一个字码。这种对细微书写差异的认定,其后果就是增加了法定性质的新形体。如果要考虑类推的原则,那么凡从"户"的"房""扉""扇""扁"等字,以及从"扁"的"篇""编""偏""翩"等字,也都需要各出现相应的两体(传统正体汉字"扁"字上部都是写成一横的),那就无边了。还有一些区别,原本也是日用手写体与庄重正楷体的不同,例如"糹"旁,自楷书产生以来,日常行书也往往写作"纟"旁,只是在汉字简化方案公布之后,这种原本属于正常状态的手写体与印刷体分工的状态才被破坏,反而变成了繁简两体。于是,就从一种本来可以忽略的书写差异,变成了一种不可忽略的字形"规范"性的问题了。过去的汉字规范化工作,就是过分强调印刷体与手写体的一致性,为着迁就手写体和行书体,就不惜改变印刷体和正楷体。如果一定要迁就用手写体来改造印刷体,或者追求两者的统一,可以说手写体永远不可能完全紧跟印刷体,那么,书写的规范问题也就永远得不到解决。由此可见,忽略细微的差别,尤其是忽略手写体与印刷体(或行书体与正楷体)的差别,有助于减轻问题的复杂性,从而大大减少印刷体字符的数量。对于类似的区别,只要规定印刷体的规范写法就可以了,大可不必规定要淘汰的所谓"异体"。而印刷体的字形,则应该尽量保持传统的写法,不要另造一套,尤其不应该迁就手写体,毫无意义地增加汉字总量和计算机的字符量。

　　从某种意义上说,承认异体写法,就等于把它们的书写区别合法化。即使规定异体要废除,实质上也是在另一种形式上对异体写法的承认。在过去,有些字的错误写法虽然存在甚至较普遍,如把"券"误写作"券","嗔"误写作"瞋","切"字从"土"的写法,"别"字从"另"的写法(别,现在已规定为规范字),"羡"字从"次"的写法(羨,现在已规定为规范字),但人们都把后者作为错字而不是异体字来看待。类似这样的书写差异或讹误历史上很多,将来也无法杜绝,如果不适当忽略,就可能会涉及许多以它们为偏旁的汉字,必然导致异体字队伍的无限制膨胀,不胜罗列。所以,上述异写造成的书写差别原则上可视为俗字或错字,不宜作为异体字来处理。至于因异写而造成的构件变化的书写差异,则可根据具体情况的不同,有条件地承认为异体字。

对于严式的异体字,也有一个如何确定规范写法的问题。历代汉字的正字法,原则上都是看重汉字体系的稳定性和构形的理据性,以《说文》或经典传承用字为标准的,这给今天的汉字规范工作提供了很好的借鉴。可是自二十世纪中期以来,古代的卓有成效的正字法反而屡屡受到无端的指责,常常被戴上"保守""泥古"的帽子。在一味从俗从简的思潮下,正字原则往往只考虑笔画的多寡,并不在乎汉字固有的系统性、传承性和规范性。例如"异"和"異",《异体字表》把"異"作为异体给淘汰,结果,在历史文献中大量出现的"異"字一下子成了不规范的写法,而过去罕见、少有人认识的"异"字反倒成了"规范字"。这给古籍整理带来处理上的麻烦和难题("异"和"異"本来是不同的两个字,把"異"改为"异"是一种违背文献整理原则的改字现象)。又如"耻"字,原本从"心"作"恥",俗书讹作从"止",结果《异体字表》把"耻"定为正体,原来的讹体成了规范的写法,反之,原来的规范写法反而成了不规范的写法了。这种颠倒正误的处理破坏了汉字的体系性和传承性,有百害而无一益。

3. 历史积淀异体字(亦可称为"历时积淀异体字")和共时并存异体字

詹鄞鑫(2004b)曾经提到这个问题。汉字异体字的形成,是一个历史的必然的现象。从殷墟甲骨文为代表的商代文字开始,一直到现代汉字,异体字的产生从来就没有间断过。从秦代李斯,汉代许慎,唐代颜元孙,宋代郭忠恕、张有以来,历史上曾有过多次汉字规范和整理的工作。汉字规范工作虽有某种成效,但主要管住的是上层用字(如政府文书、九经抄写、科举考试),在下层社会中民间俗字、异体字的产生,基本上是不受汉字规范约束的。可以设想,文化程度不高的人,书写错误很多,或者图省事采用俗字(也许本来就不知道何为正字何为俗字),这是必然的。即使文化程度较高的人,在非正式场合下的书写也只图方便而并不拘束,往往把行书草书与楷书夹杂在一起;或者讲究变化生动,还故意夹杂一些古文异体。人心一样,古今同理。

异体字既然是无穷无尽的,就不应该都进入规范整理的视野中。在这个问题上,首先要有关于异体字历时或共时的时代观念。

我们可以按照流通时限的不同把异体字区别为历史积淀异体字和共时并存异体字两大类:历史积淀异体字在理论上指的是历史上曾经出现过的异体字的累计字集;共时并存异体字,则指某一段时期内还在流通使用的异体字字集。这里说的"流通使用",指的是当时日常应用和一般图书(包括一般古籍)抄写或出版所使用的汉字,当然不应该包括与古文字相关的学术研究和《集韵》《康熙字典》之类字汇字典上收入的异体字。字汇字典上收录的文字带有贮存的性质,不能代表当时实际流通的文字的状况,已具有历史积淀异体字的性质。

历时积淀异体字和共时并存异体字是两个不同的字集,前者包括后者,前者大而后者小。这两个字集不管在实践操作中是否能够完全区分开来(区分的办法可以采用共时用字的字频统计),在理论上必须加以区分,否则我们就会在汉字整理过程中失去整理的目标和取舍的依据,面对大量的异体字无所适从。从汉字规范的角度来说,我们的目标是规范现代汉字的使用,包括一般古籍的整理和出版,所以,我们应该立足于共时并存异体字,也就是现代汉字中的异体字的整理。古代曾经使用过的异体字,只要现在不流通了,就不必去管它。如暴(暴)、旾(春)、乘(乘)、珡(琴)等,凡社会上和一般古籍中已经不再使用的死字(学术讨论用字不在此限),恐怕就没有必要列入异体字整理的范围。当然,在异体字整理内容的取舍上,既然要考虑一般古籍整理中的用字,就需要做一些调查工作。

4. 异体字整理与汉字信息处理

这个问题的提出,与学术文献的印刷出版和计算机信息处理技术相关。

在一般的信息交流中,媒体使用的都是规范的汉字,但被规定淘汰的异体字在有些场合下是不能不出现的。譬如 1955 年文化部和文改会联合公布的《第一批异体字整理表》,这个关于异体字规范的文件本身的排印,就无法回避异体字的字形问题。我们注意到,历来印刷的《异体字整理表》,被淘汰的那些异体字的字模总是临时制作的,不仅形体别扭难看,而且还出现造字的错误(未能表达原整理者手写的异体字的形体状况,例如把"卻"刻成了"郤")。在学术性的文献中,尤其是有关文字学、古文字学、古籍整理等方面,以及宣传汉字规范的论著中,常常会提到或列举那些被淘汰的异体字。在今后的社会中,任何文献,尤其是重要的文献总是要由计算机来处理、流通和储存的。这些涉及异体字的文献同样如此。所以,那些被有关汉字规范的法规文件宣布不用的异体字,同样需要有一套规范的写法,而且进入由相关部门制定的某种特殊的字符集中,以便计算机的处理。这当然是一种不得已的做法。正因为如此,为了减少字符量,对需要淘汰的异体字的承认应该是有条件的,严格的。上文我们曾提到尽量不要把手写体中出现的异写和错字讹字当作异体字,也不要把早已死亡的异体字和篆书隶定字纳入现代汉字整理的视野中,减少字符总量是一个重要的考虑因素。

为了适应古籍和古文字研究成果的计算机信息处理(如输入、储存、排版、网络传送、信息共享等),需要制作足够大的字符集。这是不言而喻的。但大字符集的收字并不是越多越好。可以相信,大字符集之所以大,并不是汉字真有那么多,很大的因素是异体字和异写字多。在古籍汉字处理工作中,即使在需要保持异体字原貌的场合下,对异体字的认定也同样是有原则的:主要关注的是异构字而不是异写字。所以,在制作大字符集时,凡错字俗字讹误字避讳变体字等,原则上都不应进入其中。大字符集汉字的审定和异体字的认定,应该成为汉字整理和异体字整理工作中不能忽视的任务。

四、异形词问题

1. 关于"异形词"概念

"异形词"说的是"词",本质上却是"字"的问题。

2001 年 12 月,教育部和国家语委发布了《第一批异形词整理表》(简称《异形词表》)。"异形词"和"词形"两个概念,是在国家有关语言文字的规范文件中首次出现的。文件对这两个术语的解释如下:

异形词(variant forms of the same word):普通话书面语中并存并用的同音(本规范中指声、韵、调完全相同)、同义(本规范中指理性意义、色彩意义和语法意义完全相同)而书写形式不同的词语。

词形(word form/lexical form):本规范中指词语的书写形式。

二十世纪六十年代,殷焕先发表《谈词语书面形式的规范》(1962)。文章认为:词语书面形式的规范,其性质不同于异体字的整理;异体字的整理主要是从汉字书写单位"字"的角度来作规范的,而词语书面形式的规范则主要是从词语的角度来看问题的。文章还以"那末、那么、那吗"(连词)和"归根结柢、归根结底、归根结蒂"的整理为例加以说明。殷焕先虽论及这个问题,但没有提出"异形词"这个术语。后来高更生发表《谈异体词整理》(1966),在殷焕先的基础上,进一步搜集了"异体词"510 组,认为:"词语的书面形式中有一种并存并用的现象,例如'交代'也写作'交待','照相'也写作'照像'。这种同音同义而异形的词语可以叫做异体词。"明确把多音节词的不同写法称为"异体词"。关于"异体词"的范围,高更生(2002:387-389)着重谈了两点:"第一,异体词的整理不同于词汇的规范。

异体词的整理是要消除同一个词有几种书面形式的混乱现象,因此,它是属于文字范围以内的事情。因此'世界观'和'宇宙观'、'维生素'和'维他命'的规范问题,不属于异体词研究的范围。第二,异体词的整理,主要是为了给现代汉语词语的书面形式订个规范,因此现代汉语里难得用到的一些古体字,如'嶮巇-险巇'之类,似乎就不必去管它。"高更生用的是"异体词"这个提法,但他在《现行汉字规范问题》中已经采用了"异形词"的提法。

据杨春的查找,七十年代以来论及"异形词"概念的有:

蒋荫楠(1978):异形词是意义、读音完全相同,但书写形式不同的词。

朱炳昌(1987):异形词是词形不同而含义相同,并在同一语境中可以互换的一组词。

杨春(2004:2)综合前人说法后这样表述:

所谓的异形词指的是一个词的某个义项或某几个义项在书面上有不同的书写形式。具体说就是,这几组书写形式并存、异形、等音、等义、单义、通用。

对于"异形词"的理解,在"词形不同,词义相同"这一点上大家是一致的。

《异形词表》对"异形词"的定义,黎传绪(2005)认为有缺陷,他说:

《异形词表》对术语"异形词"解释有缺陷。汉语中的"异体字"常常是一字一词,是否也应属于"异形词"? 例如:已经整理了的异体字:岳(嶽)、野(埜);未经整理的异体字(选自《现代汉语词典》):傲(慠)、奔(犇)。因此,根据《异形词表》所列"异形词"进行分析,对"异形词"的定义范围应限定于"多音节词"。

这个意见是可取的。文件在下定义的时候,大前提已经是指多音节词了,所以没有特别提"多音节词",但作为具有普遍意义的定义,是不能不加以限制的。

然而,"异形词"这个提法,在根本上就是有疑问的。裘锡圭(2002)曾经就"异形词"这个术语存在的问题撰文批评,这里摘引如下:

"异形词"的英文名称,按字面回译成汉语,应该是"同一个词的不同形式",如果说得简单一些,就是"一词的异形"。"词形"条已经说明"形"指书写形式。同一个词的不同书写形式,是属于文字层面的。而"异形词"按照汉语习惯只能理解为一种词的名称,应该是属于语言层面的。这就是说,"异形词"的中英文名称是不相应的。

高(更生)先生在探讨词语书写形式规范问题的实践中,很好地区分了文字和语言这两个层面;可是在创立术语的时候,却又把它们混淆了。《谈异体词整理》一文中有这样几句话:"异体词和异体字的整理都是文字上的整理……但是,异体字以字为单位,而异体词是以词语为单位的,因此,它们的整理原则又不能完全相同。"高先生是不是由于词语的不同书写形式"是以词语为单位的",就把它们称为"异体词",以与"异体字"相区别的呢?如果真是这样,那显然是不合适的。书写形式其实就是文字。一个词的书写形式,就是在书面上表示这个词的文字。高先生强调"异体词整理是属于文字范围以内的事",又说"异体词和异体字的整理都是文字上的整理",对这一事实当然是十分清楚的。即使从词语的角度,也就是"以词语为单位"来看问题,这个事实也丝毫不会改变。我们怎么能把那些作为同一词语的不同书写形式的文字称为"异体"的"词"呢?如果把它们称为"词的异体",倒还说得过去。不过必须说明,这里所说的异体不是一个词在语言里的变异之体,而是一个词在书面上的不同形体。前一种意义的词的异体未尝不可以称为"异体词",就跟字的异体可以称为"异体字"一样。我们所说的词的异体则绝对不能称为"异体词"。对单音节词来说,其异体是一些形体不同的单个的字;对多音节词来说,则是一些彼此有差异的字组。总之,都是字而不是词。

"异体/形词"这个术语的不合理,从使用这个术语的学者对它所下的定义也可以清楚地看出来。我们可以回头看一下高更生先生在上文所引的《谈异体词整理》的第一段里所下的定义。在那里,"交代-交待""照相-照像"这些同一词语的不同书写形式,被说成"同音同义而异形的词语"。《表》(按,指《异形词整理表》)对"异形词"下的定义,内容跟高先生的基本相同。还有一篇谈词语书面形式规范问题的文章,是这样为"异体词"下定义的:"意义、读音完全相同,但书写形体不同,如'ànyǔ'有'按语''案语'两种不同的形体……这种同一词语的不同形体的词,可以叫做异体词。"同一词语的不同书写形体,怎么能说成"同一词语的不同形体的词"呢?这种说法简直是不可理解的。但是为了使"异体词"的"词"字有着落,却不能不这样说。高先生和《表》的定义,跟这一定义在实质上并无区别,只不过他们用"同音同义"代替了"同一词语"而已。

由"异体/形词"还引出了其他一些不合理的说法。《表》在很大程度上是根据同一词语的不同书写形式的出现频率，来选取推荐词形的。由于不同的书写形式被称为"异形词"，它们的出现频率也被不合理地称为"词频"。

《谈异体词整理》曾说"有的异体词竟有四五种书面形式"。单就这句话来看，"异体词"似可理解为"有不同书写形式的词"。然而即使在这一意义上使用"异体/形词"也还是不合适的。按照汉语的习惯，"异体/异形"应该跟"同形词"相对，指跟别的词不同形的词。当然，由于不同的词具有不同的形是正常现象，在实际语言中使用几乎是不多的。至于本身有不同书写形式的词，应该称为"多形词"。多形词不能称为"异形词"，犹如多国部队不能称为"异国部队"。

裘先生呼吁："衷心希望语文学界不要再使用不合乎语言习惯和语言学学理的术语。'异形词整理表'能不能改为'词语异形整理表'呢？"不过，已经作为国家关于语言文字的规范文件所确定的术语，错也不错。就如二十世纪五十年代发布的《第一批异体字整理表》一样，自从该表把一些原本属于古今字或通假字关系而不是严格同字异体关系的用字称为"异体字"，"异体字"这个概念的含义也就有了广义和狭义两种理解，那么，"异形词"这个术语即使不当，恐怕也是难以纠正的了。

2. 异形词的判断

对于"异形词"的理解，诸家大致持相似观点。但各家在把握上有宽有严。这点主要表现在认定"异形词"时，对词的读音和用法上是否完全相同的要求不尽一致。例如"归根结底-归根结蒂"读音就有微异，"厉害-利害""交待-交代"用法就有区别，这些都曾被当作"异形词"。甚至曾有人把"稳如泰山-安如泰山""百孔千疮-千疮百孔""并吞-吞并"等也当作"异形词"来处理。

《异形词表》采取比较严格的原则，限制在"同音（本规范中指声、韵、调完全相同）、同义（本规范中指理性意义、色彩意义和语法意义完全相同）而书写形式不同的词语"这个范围，我们认为从严把握是恰当的。但是，该表在具体所列的条目中，有个别词并不符合这个原则。例如"订单-定单""刻画-刻划""转悠-转游"等，都在含义或读音上略有区别。

黎传绪（2005）认为，在认定异形词时，不应该把写了别字的词当作异形词：

审视《异形词表》，可以发现其要害在于混淆了"异形词"和"别字"的界限，把不少的"别字"归纳为"异形词"。仅以《异形词表》中的"装潢-装璜"为例证明。

"潢"字属于"会意兼声",以"水"为形符,以"黄"为声符。《玉篇·水部》:"潢,染潢也。"古人把"黄蘗"草榨出汁,再加清水调和,这就是"潢",可以用来杀虫灭菌防腐。南北朝时代的贾思勰在《齐民要术》上记载:"写讫入潢,辟蠹也。"古代的书籍以及书画作品,为了长久保存,通常都要"入潢"。书籍需要装帧(指书籍的封面、版面、插图、装订形式的设计)、装订,书画需要装裱(指书画的裱托、装轴)。所以,"入潢"和"装帧""装订""装裱"连在一起,就简称"装潢"了。"装潢"一词在很早以前就已经出现,譬如《新唐书·秘书省》记载:"秘书省属下有装潢匠十人。""装潢"一词流传至今,我们现在用的是它的引申义,泛指装饰物品使之美观。

"璜"字也属于"会意兼声",以"玉"为形符,以"黄"为声符。"璜"字的意义,就是"黄色的玉石"和"象半璧的玉器"。

根据查阅字典,可以肯定在古代"璜"字从未作过"潢"的通假字。现在人们常常把"装潢"写成"装璜",这就是写了"别字"。我们怎么能把"装潢"和"装璜"当作一组"异形词"呢? 以此推理,那么"辨论""坐阵""出类拔粹""戒骄戒燥"等等也就可以成为异形词,那么异形词的数量将数不胜数后患无穷。

把写了别字的词当作"异形词",并且不是硬性地废除,而是不"推荐使用",这就等于把错误的写法合法化了。黎传绪的这个意见是合理可取的。

3. "异形词"与异体字的关系

"异形词"出现的根子在于多音节词的书写形式中出现了两种或两种以上的写法,其中有些是因异体字造成的。随着异体字的淘汰,从法规上说,这些异形词自然地也应该淘汰。在《第一批异形词整理表》中,已经专门列举一部分因异体字而产生的"异形词"。例如,共有如下被淘汰的异形词(原说明:已淘汰的异体字和已简化的繁体字在左上角用"﹡"号标明):

抵触(﹡牴触),抵牾(﹡牴牾),喋血(﹡啑血),仿佛(彷﹡彿、髣﹡髴),飞扬(飞﹡颺),等等。氛围(﹡雰围),构陷(﹡搆陷),浩渺(浩﹡淼),红果儿(红﹡菓儿),胡同(﹡衚﹡衕),糊口(﹡餬口),蒺藜(蒺﹡藜),家具(﹡傢具),家什(﹡傢什),侥幸(﹡傲﹡倖、儌﹡倖),局促(﹡侷促、﹡跼促),撅嘴(﹡噘嘴),克期(﹡剋期),空蒙(空﹡濛),昆仑(﹡崑﹡崙),劳动(劳﹡働),绿豆(﹡菉豆),马扎(马﹡劄),蒙眬(﹡矇眬),蒙蒙(ˇ濛ˇ濛),弥漫(ˇ瀰漫),弥蒙(ˇ瀰ˇ濛),迷蒙(迷ˇ濛),渺茫(ˇ淼茫),飘扬(飘ˇ颺),憔悴(ˇ顦ˇ顇),轻扬(轻ˇ颺),水果(水ˇ菓),趟地(ˇ蹚地),趟浑水(ˇ蹚浑水),趟水(ˇ蹚水),纨绔(纨ˇ袴),丫杈(ˇ桠杈),丫枝(ˇ桠枝),殷勤(ˇ慇ˇ懃),札记(ˇ劄记),枝丫(枝ˇ桠),跖骨(ˇ蹠骨)。

除上所举之外,《异形词表》中还有个别也是因异体字而产生的。黎传绪(2005)指出了其中两组——"凋零-雕零","驾驭-驾御":

> 由于异体字产生的异形词 在《第一批异体字整理表》公布之前,由于异体字而产生的异形词可以说是不计其数。例如:岩石-巖石、冰雪-氷雪、金杯-金盃。……但是在《异形词表》中仍然出现了"惨淡-惨澹""铲除-刬除"。这是不妥当的,因为"澹""刬"已经在《第一批异体字整理表》中被淘汰(1988 年的《现代汉语通用字表》确认"澹"读 tán 时为规范字;1986 年的《简化字总表》确认"刬"读 chàn 时为规范字)。如果把由于已经淘汰的异体字而产生的异形词再拿出来整理,一则数量太多,二则没有必要。

> 《异形词表》把"凋零-雕零"作为一组异形词是错误的。《第一批异体字整理表》将"凋"字作为"雕"字的异体字予以淘汰,在这种情况下,可以把"凋零-雕零"作为一组异形词。但是《现代汉语通用字表》已经确认"凋"为规范字,和"雕"是风马牛不相及的两个字,于是写成"雕零"就是写了"别字",也就不可能成为"凋零"的异形词。

> "驾驭-驾御"属于由于异体字产生的异形词。《说文解字》:"御,使马也。""驭"也是会意字,会合"马"字和"又"(即"手")字。《广雅·释言》:"驭,驾也。"

此外,"异形词"的区别还包括一些古今字或同源字。黎传绪(2005)分析说:

> 孢子-胞子 《说文解字》未载"孢"字。《字汇》:"孢,孕也。"《说文解字》:"胞,儿生裹也。"按照现代汉语解释:"孢子"是指某些低等动物和植物在无性繁殖或有性生殖中产生的细胞或少数细胞的繁殖体,脱离母体后能直接或间接发育成新个体;"胞"是指人或哺乳动物妊娠期子宫内包裹胎儿的膜质囊。

> 笔画-笔划 "画"的繁体写作"畫";"划"的繁体写作"劃"。"畫"与"劃"是一组古今字。

我们认为,采用古今字或同源字不会影响"异形词"的构成,因为古今字和同源字已经属于不同的字了。但"异形词"问题还跟繁简字发生纠葛,就值得讨论了。

4."异形词"与繁简字的关系

在繁简字之间的对应关系里,有相当一些是一个简化字对应多个繁体字。例如:

完全同音的:

表-錶,才-纔,丑-醜,出-齣,淀-澱,范-範,刮-颳,后-後,伙-夥,姜-薑,借-藉,困-睏,漓-灕,里-裏,帘-簾,霉-黴,面-麵,蔑-衊,千-韆,秋-鞦,松-鬆,咸-鹹,向-嚮,余-餘,郁-鬱,御-禦,愿-願,云-雲,芸-蕓,致-緻,制-製,朱-硃,筑-築,家-傢,合-閤,台-臺-檯-颱。

音近的:

别-彆 biè,卜-蔔 bo,担-擔 dān,斗-鬥 dòu,干-乾 gān -乾 qián -幹 gàn,谷-穀 gǔ,划-劃 huà,几-幾 jǐ,系-繫 jì -係 xì,据 Jū/Jù -據 Jù,卷-捲 juǎn,蜡-蠟 zhà,臘-腊 xī,了-瞭 liào,苹-蘋 píng,仆-僕 pú,曲-麯 qǔ,舍-捨 shě,術-术 zhú,葉-叶 xié,吁-籲 yù,佣-傭 yōng,折-摺 zhé/lā,征-徵 zhēng/zhǐ,症-癥 zhēng。

两字简化为一种的:

摆:擺襬,恶:惡噁,发:發髮,复:複復,汇:匯彙,获:獲穫,饥:飢饑,尽:儘盡,历:歷曆,卤:鹵滷,弥:彌瀰,签:簽籤,纤:縴纖,坛:壇罎,团:團糰,须:須鬚,脏:髒臟,只:隻衹,钟:鐘鍾,药:葯藥。

这种一个简化字对应多个繁体字的情况,有人称之为"非对称繁简字"。为着方便,这里也沿用这个提法。

非对称繁简字,本质上属于同音或音近假借的用字现象。例如:"斗争"的"斗"和"升斗"的"斗"原本是两个不同的字,分别写作"鬥"和"斗",简化字规定"斗"字既沿用原来的升斗义(并引申出"熨斗""烟斗""北斗""斗宿"等义),还用于代替"鬥"字。这样,当"斗"字用以代替"鬥"字时,实质上就属于音近假借的现象。当然,说"假借"时,本字的使用是合法的,但简化方案规定用"斗"字代替"鬥"字,"鬥"字在一般场合下就不能再使用了。所以,简化方案规定用"斗"字代替"鬥"字的现象,就不宜叫作"同音或音近假借",而只能叫作"同音或音近替代"。"非对称繁简字"中简化字跟其中某一个繁体字的关系,绝大多数都属于"同音或音近替代"的关系,例如:用"山谷"的"谷"替代"五谷"的"穀",用"王后"的

"后"替代"前後"的"後",用"占卜"的"卜"替代"蘿蔔"的"蔔",用"子丑"的"丑"替代"醜陋"的"醜",用"范氏"的"范"替代"模範"的"範",用"干戈"的"干"替代"乾燥"的"乾",用"姜姓"的"姜"替代"生薑"的"薑",用"松树"的"松"替代"鬆散"的"鬆",等等。

孤立的汉字,脱离了上下文的汉字,是不存在"假借"或"替代"问题的。例如,在缺乏特异状态的场合下单独写一个"斗"字,读者就无法确定是"打斗",还是"北斗",还是别的什么意思。凡是只有在具体语言环境下才能明白的文字意义,其实就是文字在具体语境中所记录的词的意义。孤立的汉字,只是一个潜在的记录语言的符号,只有在语言环境中的汉字,才能实现其记词的功能。

明白了这个道理,让我们再来看繁简字的关系问题。

凡是非对称繁简字,都必须借助语境来判断简化字与繁体字的对应关系,也就是说,它涉及的是某一个词是用哪个字来记录的问题。这种关系,就是选字记词问题。譬如说,原来用"鬥"字表示语言中"dou争"的"dou"这个词(或语素),现在规定用"斗"字。在具体的语境中,只有读成去声的"斗",才跟繁体字的"鬥"相应,而读成上声的"斗",则跟沿用字"斗"相应。

其实,选字记词问题,并不限于单音节词,双音节或多音节词也有类似的问题。例如:芸豆-云豆,扁豆-藊豆,蛤蟆-虾蟆,繁衍-蕃衍,抵触-牴触,叫花子-叫化子,指手划脚-指手画脚,等等。这类现象属于"异形词"范畴。《异形词表》想要解决的就是"异形词"书写形式的规范问题。

非对称繁简字中的绝大多数,本质上属于"异形词"的问题,而不是汉字简化的问题。例如"萝卜-蘿蔔",就两者的关系而言,"蘿"写成"萝"是汉字简化问题,但"蘿蔔"的"蔔"写成"卜",则不是汉字简化问题,而是记词用字问题。"萝卜"与"蘿蔔"选用"卜"字,与"扁豆"与"藊豆"选用"扁"字,显然属于完全相同的问题,即都是"异形词"规范的问题。非对称繁简字中诸如"老板-老闆""别扭-彆扭""了解-瞭解""下摆-下襬"之类,也都属于相同的问题。"板-闆""别-彆""了-瞭""摆-襬"这几组字恰恰也属于简化字的范畴。

不同性质的问题,应有不同的处理方式,而相同性质的问题,则应有相同的处理方式。现在我们面临不同性质的两种问题,一种是汉字简化问题,一种是记词定字问题。同时也面临两种处理方式,一种是《汉字简化方案》中关于一一对应的繁简字的处理方式,一种是《第一批异形词整理表》中确定"异形词"书写形式的处理方式。

汉字简化问题,就是减少单个汉字的书写笔画的问题。它不涉及具体的语境,只要是甲字简化为乙字,那么,不论在什么场合下用字,只要采用繁体字,就采用甲字,只要采用简化字,就采用乙字。这样的处理方式,学习者不需要具备超出简单识字之外的语文知识;更重要的是,在计算机处理的过程中,不必采用任何补充手段,瞬间就可以完成文献中简化字与繁体字的转换工作。

记词定字问题,就是语言中的词择取哪个文字来记录的问题。就非对称繁简字而言,一个简化字对应多个繁体字,在不同的语境中同一个简化字所对应的繁体字是不同的。所以,它必然涉及具体的语境。那么,记录某一个词究竟要择取哪个文字,同一个简化字在不同的语境中究竟对应哪个繁体字,就不是简单的识字问题,还要求文字使用者具备较复杂的语文知识。更重要的是,在计算机处理过程中,简化字文献与繁体字文献的转换将不能完全通过计算机来自动完成,必须依赖具有较高语文知识的人脑来完成。那么,本来只需要瞬间就能够完成的工作,就可能需要花费很多功夫才能完成。

从性质上说,非对称繁简字绝大多数属于"异形词"问题。如果我们把属于"异形词"性质的非对称繁简字从"汉字简化"的问题中抽出来,回归其"异形词"问题,并按照"异形词"的模式来处理,那么,就有可能最大限度地减少非对称繁简字带来的弊病,而保持其原来的价值。(詹鄞鑫 2005b)

五、现代汉字的字序问题

字序就是汉字的排序。排序必须规定某种依据,现在较常用的例如按笔画,按拼音,按部首,按四角号码等。排序的目的主要是为着方便汉字检索,或便于计算机汉字输入。

1. 字序问题的来由

排序问题古已有之,例如《说文》按部首归字,《切韵》《广韵》《经籍籑诂》按韵排列。明代梅膺祚撰《字汇》,归纳《说文》《玉篇》《类篇》诸字书五百多部首,按楷书笔画合并为 214 部首。部首的排列次第按笔画多少序列先后。一部之内的字除去部首笔画不计外,也都按余下的笔画多寡排列,颇便检查,在检字法上是一大进步。《康熙字典》继承了《字汇》的排序法,其基本方法至今还被一些字典采用。到二十世纪初,中国一批知识分子受到西方学术的影响,不仅使字典辞书获得大发展,传统文献的检索也成为学术研究的要务,于是涌现出一批索引研究学者,形成了"索引运动"。徐州师范大学图书馆徐瑞洁、韩莉莉(2004)的文章介绍说:

从1917年林语堂先生在《科学》杂志上发表《创设汉字索引制议》一文,首次把"索引"一词引入中国,到1928年万国鼎先生在《索引与序列》一文中指出:"盖中国索引运动,已在萌芽"(万国鼎《索引与序列》,《图书馆学季刊》第2卷第3期),再到1930年我国第一部索引专著钱亚新先生的《索引和索引法》出版,1932年洪业先生的《引得说》出版,在这短短的十几年里,中国现代索引从无到有,逐步建立起完整的理论体系。这一时期的专家学者不仅重视索引理论与索引方法的研究,而且亲自实践,编制索引。他们在学习借鉴国外索引理论的基础上,从继承古代文化遗产的角度出发,努力探索适合中国文字特点的、科学的索引编纂方法,一时间索引成果纷呈。他们还带动大批学者纷纷加入这一行列,从而推动了"索引运动"的发展。

在留学生们的大力倡导下,这一时期出现的各类型索引在编排方法上突破了古代索引按韵编排的局限,检字问题得到学者们的充分重视,出现了各种索引编排方法。主要有:"六笔检字法""头脚检字法""边沿号码检字法""四角号码检字法""形位检字法""形体检字法""记端号码检字法"等等。正如姚名达先生所言:"制索引者,喜创检字法。"(姚名达《检字引得之进步》,《中国目录学史》上海书店1984)这一时期参与汉字排检法讨论的文章有180余篇之多。主要有钱亚新的《从索引法来谈排字法和检字法》《排字法的规则》《排字法的原理》,杜定友的《中国检字问题》《汉字形位排检法大要》《述汉字形位排检法》,万国鼎的《汉字母笔排列法》《汉字排检问题》《检字问题的讨论》《各家新检字述评》等等。另外黎锦熙、张凤、王云五等都对检字法进行了深入的研究,学界出现了百家争鸣的局面。

索引的基础就是汉字的排序。汉字排序问题就是在上述的背景下产生的。

到九十年代,随着计算机的普及,汉字输入法的创新和改进成为当务之急,进入所谓"万码奔腾"的时代。"汉字输入实际上就是从电脑字库中检索汉字",所以,有人提出,用于辞书的汉字排检法和电脑汉字的编码,二者都用于汉字的排序和检索,不同的是前者用于手工检索,后者用于电脑检索(刘春华1997;◇苏培成2001a:502)。关于计算机汉字编码问题,已经超出了普通汉字学的范畴,这里就不讨论了。可参阅本书个案研究介绍中林汝昌、李曼珏(1998),及参考文献所列之陈一凡(2000)等文。

2. 丰富多彩的字序法

据苏培成(2001a)提供的资料,二十世纪前半叶的汉字检索法非常丰富。

1928 年万国鼎《各家新检字法述评》(1928)一文评介了 40 种检字法。其中音类 5 种;形类 35 种,又分别为 4 小类:母笔法 10 种,部首法 8 种,计数法 10 种,号码法 7 种。

音类法如:罗马字拼音排列法,日本假名排列法,注音字母排列法等。注音字母是以北京语音为标准的一套字母。在《汉语拼音方案》(1958)公布之前,音序排检法大都按注音顺序排列。其顺序先声母后韵母,韵母的ㄧ、ㄨ、ㄩ依 1931 年公布的国音字母表列于儿韵之后。声母:ㄅ(b)、ㄆ(p)、ㄇ(m)、ㄈ(f)、ㄉ(d)、ㄊ(t)、ㄋ(n)、ㄌ(l)、ㄍ(g)、ㄎ(k)、ㄏ(h)、ㄐ(j)、ㄑ(q)、ㄒ(x)、ㄓ(zh)、ㄔ(ch)、ㄕ(sh)、ㄖ(r)、ㄗ(z)、ㄘ(c)、ㄙ(s)。韵母:ㄚ(a)、ㄛ(o)、ㄜ(e)、ㄝ(ê)、ㄞ(ai)、ㄟ(ei)、ㄠ(ao)、ㄡ(ou)、ㄢ(an)、ㄣ(en)、ㄤ(ang)、ㄥ(eng)、ㄦ(er)、ㄧ(i)、ㄨ(u)、ㄩ(ü)。声母与韵母拼合注音时,按音序先后排列。如"八"(ㄅㄚ)、"拨"(ㄅㄛ)、"爬"(ㄆㄚ)、"坡"(ㄆㄛ)。同声同韵的字母再按阴平、阳平、上声、去声四声排列。如ㄌㄧ哩、ㄌㄧ离、ㄌㄧ李、ㄌㄧ立。

母笔法如:陈立夫的五笔检字法。该法分笔画为:点、画(横)、直、趯、钩、撇、捺、弧八种,归纳为点、画、直、撇、屈五种,并趯入撇,并捺入点,并钩与弧入屈。先比首笔,首笔相同者比次笔,首次两笔相同者为一类,共得 24 类。同类者仍按旧部首为序。

部首法如:卜赍谛(P. Poletti)的双部首法,卜氏编有《华英万字典》(上海华美书局 1907)。其法先按《字典》旧例分部,同部首之字,再将其余按部首编次,再将二百多个部首依次系以号码。又如蒋一前汉字次序法。其法从四万余汉字种中找出五百余个小组织,归纳为十二大类。同类之小组织依形编次。排检时先论字种第一小组织之种类;第一组相同者再论第二组,第三组以下类推。

计数法如:画数部首法。此法先依笔画多寡为序,同笔画数者再按部首编次。中国图书公司《国文成语词典》即用此法。画数首笔法:同笔画数之字,再按起笔的横、直、撇、点编次。中华书局《新辞林》等即用此法。

号码法如:王云五的四角号码检字法。此法影响最大,至今还在多种字典和古籍检索中应用。又如陆衣言的头尾号码检字法。其法归纳出 10 种基本笔画,用号码作代表。只凭汉字的起头一二笔及末尾一二笔的笔画号来检字。

蒋一前著《汉字检字法沿革史略及近代七十七种新法表》(1933),补充了万国鼎之后新增的 37 种,计 77 种检字法。其后有杨复耀著《汉字检字法之综合的介绍与评价》(1947),在蒋一前所述基础上又补充了后出的 7 种检字法,计 84 种。文章把新检字法分为四类:新部首法、号码法、母笔法、计数法。

民国期间创新的查字法,奠定了现代汉字排序法的基础。1961 年 11 月,由文化部、教育部、文改会、中国科学院语言研究所联合组成汉字查字法整理工作组,审核各类查字法方案。汉字查字法整理工作组先后征集到专家提出的查字方案 170 件、意见 144 件,经过研究和修改,于 1964 年 4 月提出四种草案推荐给文化、教育和出版界试用。这四种草案是:《拼音字母查字法》《部首查字法》《四角号码查字法》《笔形查字法》。(苏培成 2001a:462)

3. 常用字序法现存问题

从目前辞书的实际应用情况看,使用较广泛,相对较容易掌握,检索较方便的检字法主要有拼音字母音序法、部首法(笔画数为目)、笔画数法(首笔笔形为目)、四角号码检字法几种。从技术层面说,这些检字法都还有可进一步思考和完善的地方。

(1)拼音字母音序法

问题主要有:

一是多音字的定音。例如"长"字有"cháng、zhǎng"二音,排序就不相同。作为检索,当然可以两音皆备,以便读者,但如果不是辞书检索,而是字表排序,就只能定一个音。那么,定音的依据如何确定?

二是作为辞书检索,音序法正确使用的前提是不仅熟悉汉语拼音字母及其排序,还必须知道汉字的读音。对于不明读音或容易读错的汉字,就难以从音序来查找了。遇到这种情况应该如何处理?

三是同音字如何排序。在这个问题上,各家的处理方法是不一样的。有的规定同音字按笔画数排序,笔画数相同的按起笔笔形横竖撇点折为序,起笔笔形相同的按第二笔笔形为序。有的在笔画数和笔形序之外还考虑将含有同一声旁的字归为一族(苏培成 2001a:465)。不过,同声旁归类与笔画数和笔形原则是不一致的,这会破坏排序规则。

(2)部首法

部首法在明代梅膺祚《字汇》里就已经相当成熟了,后来在《康熙字典》《中华大字典》《辞源》《汉语大字典》等各种字典中普遍采用,或做了少许改进。部首排序法的问题主要有两点。

一是部首的属性问题。《说文解字》立 540 部,那是以汉字的造字结构为依据的,据形系连,初衷并不考虑汉字的排序和检索。《字汇》和《康熙字典》明确了部首的检字功能,部首按笔画数编排,同部首之字也按笔画数编次。但是在汉字归部是否完全按字形而不考虑造字结构这一问题上,不仅做得并不彻底,而且处理也自相矛盾,难以统一。如《康熙字典》"門"部收从门的"閨閣閫閾"等字,但同样不是从门而只是以它为声符的"悶問聞閩"等字,处理就不一致:"問""悶""聞"分别归到口部、心部、耳部,而"閩"并不归虫部而归到門部。如果要考虑造字结构,就对使用者提出了较高的语文素质要求:对于不熟悉汉字结构的普通读者而言,这样处理是难以理解的。反之,如果完全不顾汉字固有结构,也难以令人接受。如 1962 年新编《辞海》创制了 250 个部首,在归部问题上采取了"定位"办法,一字之中含有不止一个部首形体时,按"取上不取下,取左不取右"等几条规则归部。如"鸿"归氵部不归鸟部,"案"归宀部不归木部,"思"归田部不归心部。1964 年,这一部首法曾得到当时的文化部、教育部、文改会、中国科学院语言研究所共同组成的查字法整理小组的肯定,被作为推荐的一种查字法,建议推广使用(曹乃木1993;◇苏培成 2001a:470–471)。我们觉得,这个规则看似简单,其实有可能把简单问题复杂化了,会出现一些难以类推的字。例如"案"字从木安声属木部本来是很清楚的,现在把作为声旁的"安"再拆开取其中的"宀"作为部首,就会给使用者带来多重疑虑。若依此类推,就可能乱套,例如"新"字可能取"立"部,"华"可能取"亻"部。当然,规则可以做种种细节规定,但使用者未必会对这些规定预先认真学习,大多从常规角度来判断,就难免弄错。

先师史存直先生曾编《三级部首检音字汇》(1990),他在检字说明里提到:如"盒"字,"人""皿"都是部首,似乎应该归于"皿"部,但实际应分析为"合""皿"两个组成部分,属于"皿"部。为了便于初学者使用,可于"人"部置"重见"。

二是部首的设置问题。《字汇》和《康熙字典》所立 214 个部首,代表了当时的归纳认识,后来,尤其是中华人民共和国成立以来的字典对传统部首所立部多有斟酌取舍,调整幅度较大。如《新华字典》1953 年版设置为 126 部,1957 年版为 187 部,1962 年版为 191 部,1966 年版为 189 部。《新华字典》的改造,主要遵循了如下原则:(1)合并部分旧部首;(2)突破"从义归部"的原则,实行"多开门"的办法,如"思"字既见于田部,又见于心部;(3) 增加"氵、忄"等部,而不附列于"水、心"等部;(4) 适应简化字,在"門"部之外另立"门"部,"鳥"部之外另立"鸟"部。1962 年新编《辞海》设立为 250 部(谢自立 1980;◇苏培成 2001a:470)。部首总数反而比传统部首多出许多,这个倒退是汉字简化带来的负面影响之一。

(3) 笔画数法

就笔画排序法的问题,苏培成(2001a:493-495)曾介绍过一些讨论文章的基本意见。我们理解,大概有如下一些问题。

一是汉字笔画怎么数是一个问题。点横竖撇捺,大多笔画比较简单,但折笔的计算就有点难。例如构件"子"和"阝"有的算 3 画,有的算 2 画;构件"录暴滕"下方似"水"的部位算 4 画还是 5 画;"片爿凹凸亞鼎"等字的折笔如何计数;这些都是需要讨论的。新旧字形的不同,也影响了笔画计数,例如"艹辶瓦骨鬼"这几个构件的新旧字形均相差一画。凡此都必须有统一的认识,否则数错一画就会导致查不到。

二是汉字集中于笔画数 5~20 画之间,笔画数相同的字非常多,必须有第二轮的排序规则。常用字书的第二轮排序规则大多用起笔的笔形横竖撇点折为据。《汉语大字典》收字多,就规定笔画数相同字多的取前两笔"一一""一丨""一丿"等作为依据。即使这样,笔画数相同且前两笔笔形相同的字可能还是很多。例如 12 画光是"一丨"起笔的字就多达 768 个字。这样就还必须有第三轮的排序规则。第三轮的排序法,《汉语大字典》的处理好像是按部首以类相聚,部首编次仍考虑笔画数。但这点并没有明言。

三是排序如果以前两笔笔形为据,就涉及汉字笔顺问题了。有些汉字的笔顺是不容易确定的。例如"左右"两字按传统的写法笔顺就不同:"左"的前二笔是一丿;但"右"的前二笔却是丿一。上方从"又"的"有友"等字也是如此。有的构件单独成字和作为偏旁时的笔顺是不一致的。例如"车","末笔是竖;位于字左时横改提,且末笔是提"(《通用汉字正形字典》2003:344)。高更生说,《印刷通用汉字字形表》对所收汉字的笔顺已经做了规定,《字形表》中个别笔顺错误或确实不合理的应当修订。一般字书、教材应以《字形表》规定的笔顺为依据。

检字法跟字序法是从不同的角度来说的,但两者对汉字排序的基本要求是一致的,只是有宽严的区别。从严格的意义上说,检字法也应该叫字序法。有文章说:"字序法虽然主要应用于编排字典和索引,而且用来查字典、索引的人也较多,但不该把字序法称为检字法或查字法等。"(罗伟达 1995)检字法用于字典辞书或文献的检索,而字序法不仅应用于检索,还可能应用于任何场合的汉字排序,例如计算机汉字的自动排序。从实用的角度说,检字法的目的只在于检索,其规则是可严可宽的。如果是收字少的字典辞书,能方便查到字即可;实在难以按读音或字形检索的字,甚至可单独开辟"难检字表",或如史存直先生的做法仿《龙龛手鉴》之法设置五个"杂部"(也叫"结构类型部")。但对于计算机的汉字排序,其规则就不容有逻辑方面的问题。

第十章

汉字心理学研究

一、关于汉字心理学

汉字是占全世界四分之一人口使用的文字,而且随着中国国际影响力的提高,被越来越多的非母语的人当作第二语言来学习。过去汉字曾被戴上"难读、难写、难认、难记"的帽子,那么,汉字在学习、应用、阅读、理解过程中究竟如何,这恐怕不是一个纯理论问题,需要经过科学的实验和分析。汉字心理学是应用心理学的方法和原理研究汉字的特性、认知过程及其应用的学科。汉字心理学的研究,使汉字的认知性获得科学的展示。汉字心理学的研究成果,使汉字学的许多带有一定主观性的理论分析获得实验的证明或否定,具有特别的认识价值。

汉字心理学的开展时间很早。早在二十世纪二十年代初,一批留美学生就以汉字为课题进行心理学的实验。"最早的要算刘廷芳。他探讨了汉字的音形义的联系,发现字形对字义的作用大于字音对字义的作用。后来艾伟也发现,形与义的联系比形与音的联系保持得较长。""在二十到三十年代之间,留美学者杜佐周、陈礼江、沈有乾、周先庚、艾伟等人对汉字的印刷与书写的横直排列的优劣问题做了一些比较实验。陈汉标对这个问题的研究做了一个总探讨。"(宋美娥 1986)

中华人民共和国成立后,心理研究所的曹日昌、段惠芳、赵莉如、沈晔、曹传永等人对汉字字形的辨认以及文言文与白话文的识记进行了不少有益的探讨,主要包括如下内容。

一是信息的分析。关于汉字与中文的信息特性,曾性初及其同事们从分布概率与过渡概率两方面进行了信息分析,发现汉字的各种符号(以笔画为单位)的出现频率与汉语拼音以及英文的各种符号(以字母为单位)的出现频率相比悬殊得多。三种文字的过渡概率的情况也不同。据此而估计出汉字的冗余度(Redundancy)比两者为高;同时外框笔画的可认性比前部的笔画高,而前部的笔画又比后部的笔画高。这个分析对简化汉字的原则,设计以笔画为单位的汉字键盘以及中文信息的处理具有重要的意义。

二是汉字与拼音文字的比较。从中文汉字的冗余信息较高这个事实来看,推测汉字不大可能比字母文字难学。曾性初等人以婴儿、幼儿、小学生、成人为对象进行了大规模的比较实验,同时综合国外的研究,他们发现:(1)方块字比汉语拼音、英文词易认易记,日文中的汉字比假名易学,保持时间也较长;(2)小学生听写、默写汉字比汉语拼音正确得多;(3)成人或儿童抄写汉字的速度比汉语拼音快;(4)汉字比字母文字节省篇幅,经济实用。汉字具有这些优越性的原因跟汉字的二维性是直接相关的。

三是汉字与不读症(Dyslexia)。许多研究表明,使用汉字的国家和地区的不(失)读症患者的比率少于使用拉丁字母的国家。不读症的原因很复杂,与文字制度可能有一定的关系。

由于汉字本身的优越性和悠久历史,以及我国国际地位的提高,汉字的研究不仅在国内而且在国际上也日益受到重视。国外学者对此做了许多有价值的工作。我国的心理学工作者和国外心理学家进行了有益的交流与合作,产生了相互促进的作用。我们今后除继续深入研究汉字的认知、阅读、教学、简化、文字改革、编码与信息处理等方面的问题外,还应从跨文字的比较语文心理学的角度,就语音转录(Recording)、大脑对处理语文的生理机制和偏侧化(Laterality)等角度研究中文汉字与其他文字的共性与特殊性,探讨语文心理学上关键性的理论问题。(本节主要参考:宋美娥 1986)

二、汉字认知与人脑

1. "双重编码"和"复脑文字"

据梁丹丹(2004)综述文章的介绍,我国最早在神经心理学这一领域展开研究是王新德发表的《单纯失读症》(1959)。八十年代以来,语言障碍的研究在我国神经心理学界受到关注。神经心理学界对脑与语言关系的研究成果较集中地体现在两个方面：一是汉语的字词识别；一是失语症。

与拼音文字相比，汉字有着独特的表义性，字形和字音之间的对应关系不如拼音文字强。汉字的识别过程到底怎样？与拼音文字的识别过程有何不同？围绕着这样的问题，近几十年来心理学界展开了广泛研究。这些研究主要涉及的问题有：字形属性对汉字识别的影响、语音在汉字识别中的作用、语义在汉字识别中的作用。探讨的焦点有两个：一是汉字识别是否具有"复脑效应"；二是语音在汉字识别中的作用，即由形到义的过程中，是否需经语音转录这一步骤。

1974 年，日本研究者角田信忠提出了"单脑语言"与"复脑语言"之说。他以15 名操汉语者为被试，证明汉语属"复脑语言"类型，即在汉字识别过程中，左右半脑均起作用（转引自王德春等 1997：179）。此后，这一问题吸引了众多的研究者。主要存在两种观点：一种观点认为汉字认知主要是左半球的功能；另一种则像角田信忠所认为的那样，汉字是大脑左右半球并用的"复脑文字"。高宝国等（1993）倾向于后一种观点。郭可教等（1995）的实验结果发现，字形、字音和字义的认知均与大脑两个半球有关，显示出汉字认知的复脑效应。张武田等（1998）利用对汉字字音或字义进行匹配的实验，证明两半球之间的加工优于半球内的加工，即两侧大脑半球协同活动要比单侧半球加工效果好。

台湾以曾志朗等人为代表在神经语言学领域也做了不少颇具成效的工作，内容涵盖语音、文字、词汇、句法等多个层面。早期曾志朗等（Hardyck Tzeng and Wang 1977；Tzeng，Hung and Wang 1979；Huang and Tzeng 1981）在文字组合规则与中文阅读历程的关系上做了大量研究，发现给汉语读者呈现汉字时，他们表现出左视野优势，与拼音文字的右视野优势不同，日语中的汉字也表现出左视野优势。但是，辨认汉字时表现出来的左视野优势随着阅读历程的推进会转化为右视野优势。这说明汉字的加工需要右半脑参与，而语言信息的加工仍然由左半脑负责。（梁丹丹 2004）

汉字心理学的研究成果，揭示了汉字认知的两大神经心理特点，可以概括为"双重编码"和"复脑文字"。据神经心理学专家郭可教教授介绍，根据对失语症患者的神经心理学研究，可以获得汉字认知中的两大神经心理特点："双重编码"和"复脑文字"。（郭可教 1988；参考文献：郭可教、杨奇志 1995，管益杰、方富熹 2000）

（1）双重编码

汉字失语与拼音文字的不同之处主要是从如下四个方面来分析。

一是从读音与解义方面分析，汉字读音障碍一般不影响对词义的理解，而拼音文字的读音障碍会影响对词义的理解。

二是从读音与书写分离方面来看，汉字读音有障碍时一般不影响书写，而拼音文字读音障碍影响书写。

三是从书写运动觉对读音的影响方面来看，手指书写时的运动觉对汉字失读患者的读音不起诱导或促进作用，拼音文字失读患者则有这种作用。

四是从言语动觉对书写的影响方面来看，汉字书写困难时，发音无助于书写；而拼音文字书写（抄写）困难时，却可借助于发音进行听写和自发写。

汉字阅读时必须在头脑中经过语音处理（发音或语音听觉表象）这个中介环节，才能了解词义，这就是"语音编码"。看到字形后，不经语音处理就直接了解词义，这就是"形态编码"。上述现象表明，人脑处理汉字信息时是双重编码，即兼用语音编码（音码）和形态编码（形码）两种方式。而人脑在处理拼音文字信息时，主要是语音编码。（郭可教 1988：110－111）

（2）复脑文字

对中国失语症患者、裂脑人和正常人（大学生、小学生）的神经心理学研究表明，汉字的读音、解义和书写可能与大脑左右两半球均有关系。

有些患者大脑左半球顶枕部损伤，伴有右视野同向性偏盲，因而"右视野-左半球"系统信息处理能力已经丧失。可是观察发现，患者的"左视野-右半球"系统仍可以认读汉字，也可以书写（书写、听写、自发写）。

右半球损伤患完全性失语症（不会说，听不懂话）的患者，仍可理解汉字词义，右手亦书写正常。这表明其言语虽为右半球优势，但其大脑左半球亦有汉字认知功能。

对中国裂脑患者的研究结果显示，西方裂脑患者具有的左侧性失语症状（左视野失读，左手失写等），表明右半球有汉字认知功能。

对大学生单侧视野认知汉字和小学生左手书写的研究结果表明，大脑两半球均有汉字认知功能。

可见，人脑认知汉字时，不像拼音文字那样偏向左脑，而是左右脑并用的。因而可以说，汉字是"复脑文字"，拼音文字是"单脑文字"，这大概与文字的形态特点

有关。（郭可教 1988）

2. 汉字认知特点的问题

智力开发实质上就是人脑开发。随着神经心理学的发展,西方人已经开始认识到,由于他们的语言和文字都偏向左脑,社会信息又大量是以语言文字为工具来传播的,因而左脑负担过重,左右脑发展不平衡。这是近来西方提出"开发右脑"口号的根据之一,国内亦有人在宣传开发右脑。可是,中国人的左右脑在工作负担上是基本均衡的,所以,我们应该在分析的基础上吸收国外开发智力的某些有用方面,更应该研究符合中国人神经心理活动特点的开发大脑、发展智力的设想和方法,不可盲目"开发右脑"。

中国人学习第二语言,不论什么语种,均要碰到拼音文字。由于汉字认知特点与拼音文字不同,那么,中国学生在掌握了民族语言文字以后,再学习拼音文字,在认知方式上会有什么特点呢?

中国的拼音字母与西方的拼音文字,在认知方式上有何异同? 汉字与汉语拼音在认知上是否有区别?

汉字书法是文字,又是艺术,也是开发大脑、发展智力的重要工具。如何使小学生在学习写字和书法时,不感到吃力和厌烦,从而有利于开发大脑呢? 这很值得研究。

三、汉字书写与情绪

近年来,周斌博士进行了书法与汉字对促进积极情绪的心理学研究。周斌在书法实践方面,也用功多年,勤奋不已,著有《中国文字与书法艺术》。他与笔者交流时谈道:练习书法对个性、气质、情绪的影响甚大。在气质学说中胆汁质型的人,练习小楷可以使气质获得调整;粘液质的人写狂草可以使性格变得更加完美。写字时,血流量能得到很好的平衡,高血压的病人通过写篆书可以获得降压的辅助治疗作用,写篆书也易使人心平气和。这在我们古代书法理论里很早就有所论及,我们的研究小组正在通过心理学实验来证实先贤的观点。

周斌主持的教育部重点课题"书法练习促进儿童积极情绪的发展"正在浙江湖州新世纪外国语学校、诸暨荷花小学展开实验研究,以进一步证明书法与人的心理形成与发展的交互作用。其实验结果尚待报告和结论的展示。

四、汉字的阅读速度

高家莺(1986)很早就做了汉字与拼音文字阅读速度比较的研究。她指出："文字的基本职能是供阅读。据统计,现代科学研究有30%~40%的时间是花在阅读文献资料上。随着人们阅读需求量的空前倍增,阅读速度问题就变得突出起来。"

"假如我们对阅读速度问题用多维视野来考察和研究,就会认识到阅读速度问题是个非常复杂的问题,它受主客观两方面因素的制约。主观方面是指一个人的阅读生理(如大脑功能和视觉功能)、阅读心理(如兴趣、注意力)、阅读能力和阅读方法等等。客观方面是指阅读时机、阅读环境和阅读对象等等。阅读对象包括读物的内容和形式。而在形式方面,文字形式是阅读的直接感知对象,是决定阅读速度的重要因素。不同的文字,阅读速度是不同的。"高家莺的文章试图对方块汉字和拼音文字的阅读速度问题做比较。

文章认为,从文字本身来看,决定阅读速度的因素有以下几点。

一是文字信息密度。语言信息包括语音和语义两个方面。语音信息就是字的读音,语义信息就是字的意义。任何一种文字由于受本身所使用的符号性质的限制,不可能把语言中的信息全部直接表达出来,它只能表达其中一部分。直接表达的信息叫"显性信息",没有直接表达出来的信息叫"隐性信息"。阅读过程是人识别和处理文字信息的过程,实际上就是根据显性信息去获取隐性信息的过程。

拼音文字长于语音信息的表达。相对来说,汉字长于语义信息的表达,但也表达一定的语音信息。从信息论的观点来看,汉字的字形信息是二维的。这种音义二维的文字,字形的信息密度相对来说比较大,它对于理解语义(尤其是在泛读时理解文章大意)和快速阅读是有利的。如果把方块汉字改成拼音文字,一方面会弥补汉字传递语音信息的严重不足,另一方面将失去一些语义信息。比如"伶苓玲瓴聆蛉羚零龄"这些字的意符分别提供了一定的语义信息,可是它们在汉语拼音里都写作"líng",虽然准确地表达了语音信息,可是由它来获取语义信息却很困难。尽管可以根据上下文去区别其不同含义,但由于显性信息较少,不肯定度的排除较慢,人们领会语义也较慢,往往须目光回复,捉摸语义。这样目光回复会影响阅读速度和败坏阅读兴味。

　　二是文字的视觉分辨率。视觉分辨率指文字作为一种视觉形象物,对于大脑刺激的强度。文字是一种符号体系,每一个符号都处在一定的体系之中。我们是怎么识别一个个符号的呢? 是依靠符号形体的差异。差异越大,符号形体的特征越鲜明,对大脑的刺激越强烈,也就使视觉分辨率越高。反之,就越低。文字符号之间的差异度是由什么来决定的呢? 一般来说,是由笔画的形式、笔画的组合方式和笔画的密集程度三个因素来决定的。一种文字如果笔画形式和笔画组合方式较多,笔画疏密的对比度较大,可能出现的字符形式就较多,也就有可能来表现字符形体之间的各种差异。

　　汉字符号形式较多,符号之间形体上的差异度较大,就是说,汉字形体特征性较强,视觉分辨率较高。拼音文字笔画形式单一,笔画的组合方式也较简单,而且由于笔画数少,字符之间笔画疏密的对比度小,因此字符形式特别少。以有限的字符组合成的拼音文字,从学习和掌握来说是比较容易,但从字形看,必定会出现大量的形似字。大量形似字的存在使阅读者思想必须保持经常的紧张,因而很容易造成视觉疲劳,影响阅读速度。由此可以推知,汉字若改成拼音文字,视觉分辨率会降低,往往在一串字母链中,只有一二个字母可以区分,就容易看错。

　　三是文字占空间的大小。文字是一种空间图形符号。不同形式的文字,其空间图形也不同。汉字是把笔画在双维上排列成方块性的平面文字,这种文字结构紧凑,占空间小;拼音文字是把笔画在单维上排列成蚯蚓式的线性文字,这种文字占空间大。当然,篇幅多少也不仅仅是文字问题,与语言的特点也有关,不过主要还是文字问题。这可以用方块汉字与汉语拼音的比较来证实。

　　文字占篇幅多是影响阅读速度的一个因素。从阅读生理来说,人眼视域最清晰的面积是有一定限度的。字形越大,阅读速度越慢。在字形大小相同时,行页数越多,阅读的时间越长。因为阅读时目光从前一行的末尾移到后一行的开头,进行了无效劳动。

　　四是文字和语言感知单位的一致程度。文字是通过视觉传递信息的,而语言是通过听觉传递信息的。视觉和听觉是两种不同的感觉:一种以光波为介质,一种以声波为介质。感觉信息一经通过感觉器官传到大脑,知觉随之产生。从认知心理学的角度看,对于同一个信息源,不同知觉通道的组块加工方式应该有某种一致性,否则会引起"知觉冲突"。不同知觉的组块一致性要求书面上的词的间隔尽量同口语的停顿相一致。口语中以词或词组为单位停顿,书面上应当也以词或词组为单位间隔。

拼音文字大都实行分词连写，书面上的间隔和口语中的停顿大体一致，达到视觉和听觉的组块相一致的要求。这样的文字有利于提高阅读速度。方块汉字不实行分词连写，人们阅读时不是以一个个词为单位，而是以一个个字为单位映入视网膜。就是说，书面上的间隔和口语的停顿并不一致。人们在阅读时必须不断克服知觉冲突，在头脑中进行一番组字成词的工作，才能理解语义。

汉语是以词为单位的，既然是汉语拼音，当然也应当以词为单位连写。不过连写法中的词，不完全等同于语法观念上的词，而是指一个连写单位。以往的连写法研究过于执着于一个词一个词的静态处理，而忽视了动态阅读过程的研究，以致把应当连写成一个单位的硬拆成两个单位，影响了阅读速度。

从以上四个方面对方块汉字和拼音文字的阅读速度进行比较后表明：方块汉字比拼音文字信息密度大，视觉分辨率高，字形占空间小，有利于提高阅读速度；虽然方块汉字感知单位与语言单位的一致程度比拼音文字差，影响了阅读速度，但就总体来说，方块汉字的阅读速度还是比拼音文字快。

笔者按，关于汉字与英文的阅读比较，可参看本书个案介绍中的"英汉文字比较实验报告"一节。

五、汉字阅读与中文信息处理的"分词"问题

汉字的阅读心理究竟如何，是一定以词为单位，还是以字或概念为单位，这是一个尚待研究的问题。诸家在这个问题上的看法并不完全一致。

上海交通大学电子信息与电气工程学院王永成教授采用仿人脑理解中文的方式开发的中文信息处理系统，给我们提供了很好的启发。他的处理系统颠覆了中文必须分词的看法。

一般来说："中文词间缺乏明确的分割，没有像英文词那样，词与词间都有明确的分界。这成了中文信息语义处理的首要难题。"有人从书刊排印和阅读明晰的角度主张"分词连排"。有人从汉字输入快速的角度主张"分词连写"。"连排""连写"都必须要"分词"。但王永成从吉林大学管纪文教授那里得到了启发。管教授从国家标准一级 3 775 个汉字中找出了一些字作为"前位""后位"词语的"切割标记"。如"志"可作为"前位切割标记"，"蚓"可作为"后位切割标记"。有了切割标记，就不需要"分词连排""分词连写"了。可是，管教授的'切割标记'几乎都

是低频用字,在一般的中文中所能起的切割作用几乎为零。如果能找一些高频字作切割标记就好了。他发现,中文第一高频词"的"就是最好的词切割标记。于是他和他的团队就从高频词入手,找到几百个可作为"条件切割标记"的高频词,再把管教授发现的大部分(因为其中部分不可用)的切割标记称为"绝对切割标记",然后再加上所谓的"部件词典""最常匹配""歧分决策""碎片处理"等,最后就构成了一个被大陆情报界称为"王永成分词法"的分词算法。其分词效果颇佳,并因此而成功研发了中国大陆著名的"国家法规库""中国法律法规检索系统""中国报刊索引系统"与"通用档案管理系统"等。

王永成(2005)说:不管怎么说,事实上都很难使我的自动分词能力达到普通文化人的水平。几十年的经验与教训反复告诉我:"走仿人的道理,乃是在电脑上研发高级智能软件的捷径。"他从认知、理解的角度对"分词"提出异议:

周有光先生在给冯志伟教授的信(参见《语文建设通讯》第 81 期,冯志伟《周有光先生二三事》)中说:我多次说过:汉字文本虽然不分词,可是阅读的时候,必须在心中默默分词,这叫做"分词连读"。……我要问:周先生在阅读时,要先分词干什么? 是不是说:不分词就不能理解或正确理解? 是不是您想从"中华人民共和国"的事先分词中,分出有关"中华""人民""共和国"这三个概念,才能获得对"中华人民共和国"这个概念的理解? 我不知道:大家在阅读英文"How do you do""New york""I'm fine"时是不是也要在头脑中先默默分词?

我不知道,周先生在阅读下述句子时,是怎样在心中默默地分词的:

"龟兔赛跑""鸡鸭赛跑""获得性免疫缺陷综合征""脱氧核糖核酸""邓小平建设有中国特色的社会主义理论"等等。

不事先分词就不能理解吗? 分了词就有助于理解吗? 对这类问题我想过很久。我认为:分词的目的在于帮助理解;如不分词就可理解,那么为什么要先分词呢? 这无异于脱裤子放屁。

王永成问:您是如何理解一个句子的? 您真的先分词了吗? 我丢掉定式,发现并非如此! 根据自己的理解过程,王永成总结说:

在这个读句的过程中,我似乎并没有分词过程,而有的只是不断地组合概念,由简单的概念因增字而形成复合概念的过程。

在我仿人之后,我终于抛弃了分词方法,改向了通过概念与概念组配来理解中文信息了。

在学生的支持下,王永成终于取得了一系列的突破。2005 年初公布的国家 863 计划评测表明:"在仿人算法的指导下,我们已连续七年在中文自动摘要与自动标引的质量方面遥遥领先,而且在处理速度方面,亦为其他任何方案所不能相比。其中诀窍之一,就是仿人省掉了分词这一繁难而又不必要的过程。"

什么是概念? 王永成将其暂拟为:具有一定属性的对象的本质在脑(不限于人脑)中的映象(它含有主观因素)。

词与概念间有什么关系? 显然,所有的词都是概念的一种描述。但概念不一定是一个词,如"脱氧核糖核酸""邓小平建设有中国特色的社会主义理论"等都是一个概念,但恐怕很难说它们都是一个词;"自行车""脚踏车""单车""Bidydle"等都同样是"在中国大陆用的人最多的单人交通工具"这一概念的不同表述。

> 我想:人们常常实际是用概念,而不是用所谓的"词"来进行交流的;相当于英文 word 的"词",可说它是一个在中文中没有多少根的舶来品。在汉语中它是很难准确定义的;实际上,中文原来绝大多数的汉字几乎都能表示一个概念,因此也都是一个词。所以,中文早期根本无须再创一个词分界符;后来,单字已不足以表示更多更复杂的新概念,而新概念又往往与已有概念有这样或那样的关联,用旧概念产生新概念是最简单最省力的办法。于是,中文终于逐渐地发展成以二字词占多的语言文字了。随着人们活动领域的扩大,新概念暴长,于是新词、更长的词纷纷产生。其实,英文词也何尝不是正在如此地发展着? 我迄今还没听说有人在为英文的新词在设计新分界符或中间增加更多空白。为什么我们一定要为此而发愁呢? (王永成 2005)

王永成用"概念检索"代替"词语"检索,突破了瓶颈,一举解决了很多难题。

用"概念检索"代替"词语"检索有什么意义? 首先,使网站信息搜索发生质变。它把检索系统从词语检索提高到概念检索这一层次,打破了目前其他搜索引擎仍在广泛使用的"关键词"检索的传统及其局限。世界上最大的信息网站谷歌(google)和其他网站,用的都是"词语"搜索方法。即用"关键词"及其同类词检索出有关信息,提供给用户,不作任何解读,用户必须进行人工再搜索,以便在大量信息中获取自己需要的信息。这样,搜索效率就较低下。而概念检索使搜索一步到位。

利用切割标记构成的"王永成分词法",其意义又超出了中文信息处理本身,也因此最终断绝了汉字拉丁化的后路。

王永成用切割标记构成语义块,用概念检索代替词语检索的成功实践,引起了各方面的关注。盛谏(2006)"从语言学的角度描述中文语句的读听过程",认为王先生的"语义块"同朗读中的"意群、音群"含义可能是相通的,"语义块可能就是指朗读时的意群";并指出,"王先生的实践经验,生动而有力地说明:汉语有自己固有的特点,因此不宜简单套用西方语言的分词模式"。

陈荣滨(2006)从汉字智能化输入方面做出回应。他在电脑速记输入中,把三音节、四音节、五音节以上短语,如"免贵姓""孩子他妈""柴米油盐酱醋茶"等,"凡语感上连得起的,都按三音节、四音节、五音节输入。人们乐意照着这样做。但'语感上''连得起'的说法不够规范",他认为"如用'语义块''意群'来表达,也许更妥当些"。于是他把"语义块""意群、音群"合称"块群"。他说:"电脑速记以块群输入为主","块群输入能提高汉字输入速度"。他还分类列举了许多电脑速记中的例子作佐证,也有力地说明:汉语有自己固有的特点,不宜简单套用西方语言的分词模式。

上述论述,以信息智能检索作为领军,辅以语言学的语句读听过程、汉字高速输入过程,说明西方语言学的分词模式不适合汉语的特点,从而进一步断绝了汉字拉丁化的后路,捍卫了汉字的崇高地位。

"概念检索""自然语言"或者说"仿人"技术,是中文信息处理的革命性飞跃。它为计算机中文情报检索打开了局面,也为中文信息处理开辟了一个新的应用领域。

这个新的领域就是计算机中文信息浓缩。

所谓信息浓缩,就是在保持信息原文主题思想、内容的前提下,对原文进行自动摘要。其速度比人工摘要快千万倍。其质量比人工摘要更精当,更稳定,不因人而异。目前已经开发出适用于网上新闻的网络摘录版本,用于摘录科技文献、政论文章、讲话、报告等的专业版本,用于摘录人大、政协会议提案内容的提案版本。不久的将来,还可开发出对多篇内容相似或相近的同类新闻进行综述性摘录的版本。

该系统的神奇之处正如《扬州日报》《新民晚报》等所说的,"如果不是亲眼所见,无法相信只是轻点一下鼠标,一篇几千字甚至上万字的文章在几秒钟之内就被缩写成反映原文中心内容、文字流畅的几百字的文章摘要"。全国政协提案办试用纳讯公司的自动摘要系统,不到 30 分钟时间,即摘出了 3 000 多篇提案要点。其功效使人拍案叫绝!

如果搜索引擎配上自动摘要系统,就能满足用户及时阅读好的摘要的需求;如果浏览器上配置自动摘要系统,在中国人看英文、外国人看中文时就容易理解,也容易实现机器互译;如果检索系统配置自动摘要系统,还可提高查准率。

在信息爆炸的时代,用计算机自动摘要信息,其实用性不言而喻!其中文处理的民族性和人工智能的全球性,使该项研究成果具有重大的现实意义和深远的历史意义。(澄霄 2007)

第十一章

《说文解字》的文字学研究

一、《说文解字诂林》

中国传统文字学是从《说文解字》研究开始的。学人关注《说文》通常有几个方面：一是《说文》的篆文字形资料，这是认识汉字结构和字形演变的重要依据；二是《说文》释义，是探索汉字本义和解读古文献的重要依据；三是通过《说文》探索许慎的"六书"学说及文字学思想；四是通过《说文》部首了解汉字的基本构字符号。其中与汉字学关系较密切的是《说文》部首和六书的研究。

二十世纪，文字学突破"小学"藩篱成为独立的学科，但《说文解字》在文字学研究中的基础地位是客观存在的。学人继承了清人说文学的传统，从文字学、训诂学、文献学等方面继续对《说文》作研究。

历代研究《说文》的著作很多，清乾嘉以来的研究成果尤其丰富。为了便于检阅众多分散的说文研究著作，无锡丁福保以毕生精力搜集《说文》和文字学研究成果，包括散见于其他著作中的研究论文，计182种，1 036卷，汇编为部头宏大的《说文解字诂林》（1930）。丁氏创建一种先拆散后归类的全新体例，凡理论成果按类编排，《说文》校勘和单字研究成果拆分后按《说文》字序编排，重加编次，便于使用。

除了单个字的解释外，有关说文著作序跋和各种讨论的内容，《说文解字诂林》汇集在《前编》的上中下各卷里。上编为诸书序跋；中编为《六书总论》，汇集与六书有关的论述；下编为《说文总论》，汇集有关说文字数、说文分部、说文例、古文或体、篆隶之变、说文引经、说文引群说、群书引说文、说文声音、说文重出字、说文新附、说文逸文、说文各本异同、后人篡改、说文杂论、许君事迹等内容。《说文诂林》以分类方式为汉字学史和说文学研究提供了丰富而集中的资料。

二、《说文》部首问题

许慎首创汉字部首归字法,把所收的九千多字形体进行逐个分析,归纳为540个部首。在汉字学的建设上,许慎最大的功绩,就在于他通过对汉字形体的分析,发现了汉字构形的内在联系,"总结出小篆构形的总体规律,描写出小篆构形的完整系统,使一个个零散的汉字如网如络地呈现在我们面前"(王宁 1994:1-2)。自许慎之后,人们对汉字的认识,就不再是散沙般的一个个形音义有别的符号,不仅每个汉字都有它所属的部首,而且部首与部首之间也是有一定的逻辑关系的,因而任何一个汉字在汉字的整个系统中都有其特定的地位;而且,每个汉字的部件构成方式,也是有一定的六书规律的。所以我们把许慎看作汉字学领域的门捷列夫。他所归纳的部首系统,就相当于汉字系统的元素周期表。许慎科学地揭示出汉字内在系统性,其功绩是伟大的。

《说文》部首编次原则,蕴含着许慎的汉字系统思想,不过这点许慎自己并没有明说。南唐徐锴作《说文解字系传》,对《说文》540个部首的排序理由进行了解释。清人王鸣盛等对《说文》部首的次序,以及每部内部文字的次序规律也进行了探索(诸说见《说文解字诂林·前编下》1930:246)。我们认为,徐锴的解释牵强附会的多,这是因为他没有理解540个部首的联系并不是一条路线通到底的。实际上,许慎的部首系连原则是多种的,或由形,或由类,偶或由声(王有卫 2004)。总之,《说文》部首的系连不是单线式的,而是树形的,每条枝杈系连到终点时,就又折回原处开始新的系连。

许慎所立部首,绝大多数是会意字的意符或形声字的形符,但也有些今天看来其实是形声字的声符。例如"半"部下面收录的"胖、叛","句"部下面收录的"拘、笱、鉤",都以声符为部首。《说文》中由声符充当的部首还有"丩、殳、疌、左、号、豈、井、司、后、包、辟、冊、交、我、垚、劦、辡"等,这些部首的特点是属字具有声中寓义现象。这也许反映了许慎在创立部首之初在认识上的含混状态;也可能是另有含义,即许慎把这些部首的属字当作"转注"字(詹鄞鑫 1991a:159-162)。许慎对部首的建立,有助于我们探索许慎的汉字学思想。

有一点是毫无疑问的,许慎创立部首纯粹是从汉字构成来分析的,并不是为着文字的检索。后来顾野王作《玉篇》,还是遵循这个原则。明清时代的《字汇》和《康熙字典》把部首作为检字手段,部首按笔画排序,属字不可能完全按汉字结构来归部,但又难以完全撇开以义归部的原则,于是屡屡遇到难以处理的情况,乃至处理原则不一致。可以说这个难题到现在还没有很好地得到解决。

《说文》中的汉字学问题,历来纠纷最多,讨论最热烈的是有关"六书"的问题。

三、《说文》"六书"问题

1. 许慎"六书"应该属于学术史问题

"六书"名称始见于《周礼·保氏》"保氏教国子以六书"。东汉时提到"六书"的有多家,从撰写时间看,相对较早的是班固《汉书·艺文志》,其中明言六书是"造字之法"。其次是郑众《周礼·保氏注》,然后才是许慎《说文解字叙》。三家的"六书"名称和次序虽有小异而大体相当。据唐兰(1949:67)考证,三家之说同出一源,皆本于西汉末古文经创始大家刘歆。

许慎"六书"的性质,除了极个别的学者是从汉字造字或汉字结构之外的角度来理解,绝大多数都认为跟汉字的造字方法或汉字结构方式有关。当代凡涉及汉字学的教科书,几乎也都是把它作为汉字结构理论来阐释理解的。从汉字造字或汉字结构学说的角度来讲,东汉许慎阐述的六书说代表了东汉时期学术界对汉字内部类型的一种共识。许慎的功绩在于他不仅对六书做了具体的阐释和举例,而且用他的理论来指导《说文》编纂体例和收字的结构分析,其六书学说应该称得上是当时"小学"的最高水平。许慎在汉字学理论方面的创建之功在学术史上怎么评价都不为过。

学术史的发展规律就是与时俱进。任何一种学说,总是会不断地根据理论认识的深度和实践中遇到的各种新问题加以调整乃至更新。从东汉到现在,除了对汉字的认识水平不断提高,汉字本身也发生了巨大的变化:不仅字体从隶书发展为楷书,相当一部分文字的字形结构发生了变化;实际用字发生了更新和淘汰;汉字的构形方式也出现了一些新的模式。经过两千年的学术发展,如果现代的汉字学理论仍然照搬《说文》的六书,显然是过于拘泥的。可是我们也注意到,现在通行的多种教材或普及读物,在阐述汉字结构学说或造字法的章节里,大多还是沿用许慎的"六书"学说和名称。当然,由于"六书"中的"转注"和"假借"大多认为只是用字之法,不能产生新字,何况还难以准确理解,于是就只把"六书"中的前四书"象形、指事、会意、形声"当作汉字造字或结构方式的基本类型。而且,这些教科书在具体阐述六书或前四书的时候,各家的理解也可能是各有出入的。至于这些理解是否符合许慎六书的原意,通常并不再受到关注,似乎许慎创立六书的原意就是如此,现在只不过是正确理解或稍作修正地照搬运用而已。

事实上,自许慎以来,历代"小学"家对许慎六书的理解和阐释并不是完全一致的。清代以前的六书研究,党怀兴所著《宋元明六书学研究》(2003)做了较全面的评介和总结。清代说文大家如王筠《说文释例》《文字蒙求》,朱骏声《说文通训定声》等,也专门对六书的含义加以阐释。丁福保《说文解字诂林·前编中》"六书总论"汇集了清代至民国初说文学者有关六书的原始论著,内容很丰富。丁福保之后有关六书研究的作品也不算少,尤其是有关"转注"的讨论曾经是一个热门话题(详下文)。近二十年来《说文》研究成果也不算少,但凡有关《说文解字》通论或涉及文字学的教材,则大抵会谈及《说文》及其六书,要把这些论著的学术思想一一理清,恐怕一时还难以做得很到位。

粗略地看,这些作品有的意在揭示许慎六书的固有思想,也有的是借题发挥,用六书名称来阐释自己的理解,以完善汉字结构学说。总之,这些论述各申其说,往往有所发挥和新释,这样看来,今天各种教材所阐述的"六书"是否都符合许慎的原意,已经是一个问题了。

裘锡圭说许慎的"六书"应该作为一个文字学史的问题来看待。如果要建立今天的汉字结构理论,完全可以按照今天对汉字构成类型的归纳来建立断代的或者可以兼顾古今汉字的汉字结构学说,未必还要限制在许慎的六书框架里。事实上学术界已经出现了一些突破传统六书框架乃至完全创新的种种新的汉字结构学说。例如唐兰、陈梦家、刘又辛、裘锡圭的"三书说",詹鄞鑫的"新六书说",李圃的"字素说",王宁的"形位说",等等。

从学术史的角度说,我们首先需要探讨的是:许慎创立的"六书"究竟是为了解决什么问题才提出来的,六书中每一类的原意究竟是什么。如果许慎是就汉字造字模式提出来的,那么只有在弄清楚许慎原意的基础上,才能明白东汉时代的汉字造字或结构学说和思想,也才谈得上进一步地探讨今天要建立的汉字结构学说是否还可以在继承传统学说的基础上加以创新。笔者撰写的《汉字说略》,就是把许慎的"六书"学说和今人的"三书"或"新六书"学说分开来讨论的:前者是汉代学术史问题,后者是二十世纪汉字学问题的新的探索。

从学术史的角度说,今人对于六书的阐释大多包含了自己的理解,这些理解未必符合许慎原意,下面具体阐述。

2. "六书"性质问题

"六书"名称起初是针对什么来说的,这不是一个毫无疑问的问题。对于"六书"性质的疑问,可以简单归纳为如下三点:一是东汉诸家提出的"六书"跟《周礼·保氏》"六书"是否一回事;二是东汉三家提出的"六书"性质是否完全相同;三是许氏"六书"究竟是就什么而言的,汉字的造字法、结构类型、识字法等是否一回事?

就第一个问题,张政烺(1942)很早就提出设想,认为"六书"起初指的是六十甲子表。

第二个问题也有疑议。例如陈五云(1995)认为,郑众、班固、许慎三家对于"六书"的阐述是各有不同立场的。向光忠(1991:124)认为:"就称名而言,许慎之所谓会意,与郑众之所谓会意,当非同名殊实;与班固之所谓象意,则非异名一实。可是,学者大多视为同一概念,其实尚须缜密辨察。"

陈梦家《中国文字学讲义》(1944:96)中认为,"三家之说只有名目上的差异,而大体相同"。我们赞成这个看法。三家之说既然都源于刘歆,就不至于有根本的区别。这点可以从"六书"的名称中体现出来。以下把三家关于"六书"的次序按班固的提法加以调整:

　　　　班固:象形、象事、象意、象声、转注、假借。

　　　　郑众:象形、处事、会意、谐声、转注、假借。

　　　　许慎:象形、指事、会意、形声、转注、假借。

其中"象形""转注""假借"的名称是完全一致的;前四书的名称也有明显的对应关系,核心词是"形、事、意、声"。把握这一点,也许对于认识六书的性质具有重要的提示意义。至于为什么会出现"象""处""指""会"这些不同的动词,我看还是应该从师承不同这一角度着眼。在先秦两汉时期,师承不同造成用字差异是普遍现象。例如同是《诗经》,西汉出现的鲁诗、齐诗、韩诗、毛诗多家,用字差别就很明显。所以,应该从核心词来看待六书的含义。

第三个问题的分歧更大。例如陈振寰(1991)说:"仔细阅读(许慎关于六书的)这段话,不难发现它是对汉字形、音、义关系的分类总结,而不是对汉字结构方式的分类","六书教育居六艺教育之先,对象是八岁的孩童,那显然只能是识字教育而不是造字教育。六书就是识字明词的六条途径,授字解词的六种方法,是分六类讲解形与义的关系,以使八岁的孩童易于把握。《周礼》虽未明示六书的具体内容,但绝不会教给八岁的孩子如何创制字形是肯定无疑的"。陈先生(1991:94-95)认为,"造字"与"造形"的内涵是不同的:

> 字是词的书写符号,造字过程就是制定或选定一定的书面视觉符号来承载语词(音义统一体)的过程,而造形只是创制书面视觉符号的问题。从理论上说,人们可以用各种各样的方法,以各种各样的规则、规律、结构方式创造出无穷无尽的书面视觉符号,但只有那些跟一定的音义相结合的书面视觉符号,才具有文字的价值和功能。必须超越造字等于造形,不能造出一类新形的方法就不是造字法的观念,才能真正理解许慎的六书说,才能真正明白为什么班、郑、许非要把不能创立新形的转注、假借跟能够创立新形的指事、象形、形声、会意并立为六不可。

杨信川(1990)对六书的作用基本持否定态度,认为六书是认字的方法而不是造字的原则;"六书"说对现代汉字的教与学没有实际意义,对汉字的机器处理也没有帮助。(◇黎千驹2004:27-28)

王功龙(1992)认为:"第一次系统地提出'六书'理论的许慎,从来也没有认为'六书'是造字法。细玩许慎《说文解字叙》的文意,当认为所谓'六书'是解释字义的条例,而不是什么'造字法'。"并推断"许慎认为造字法是'依类象形'和'形声相益'"。(◇黎千驹2004:27)

李圃(1995:122)认为六书是汉字的表词方式:

> 其实,"结构类型"或"结构方式"是作为汉字表词方式的载体而存在的,而决定着"结构类型"或"结构方式"的是表词方式。可以这样说,有什么样的表词方式,就有什么样的结构方式。可见,把问题分析到字形结构对词(或语素)的表示法,即表词方式,才算从根本上揭示了问题的实质。

王宁(2004b:14)认为六书兼顾释字之法和造字之法:

> 十分明确的解读文献的实用目的,造成了"小学"固有的形、音、义互求的传统方法,而这种方法必然是以义为出发点又以义为落脚点的。"六书"是传统文字学分析汉字构形模式的凡例与法则,但是,"六书"的前四书虽然勉强可以涵盖《说文》小篆的构形类型,后二书却与构形没有直接关系。细究"六

书"的意图,很大成分是着眼在探求形中的意(造字意图)和义(构字所依据的词义)。只有兼从"释字之法"而不单从"造字之法"的角度,也就是汉字形义学的角度,才能准确理解"六书"。

诸家的表述不同,但有一点是相似的,就是都认为许慎六书跟解释字义有关,也即以形求义,或字形结构对于造义的表示法。这种思路应该是比较接近六书原意的。

我们认为,汉字造字法、汉字结构分析法、汉字形体表达音义法,这三者既有区别,又有某种联系。汉字造字法意在探索单个汉字形成的动态状况。例如:"日"小篆作⊖,是象形字,隶书变作方形,虽不象形,但只是书体的变化,究其造字之法还是属于"象形";"大"小篆作大,是象事字,隶书两臂拉平,也只是书体的变化,究其造字之法还是属于"象事";"雞"甲骨文作鷄,为象形字,后来加表音的"奚"写作"鷄"(雞)就成为形声字;"暮"甲骨文作莫(莫),是会意字,魏晋以后添加表意符号"日"写作"暮",也转变为形声字。汉字结构分析法则意在分析汉字的静态结构,甲骨文象雄鸡形的鷄为象形字,象成人形的大为象事字,象日落草莽中的"莫"为会意字;无论添加表音还是表意符号,"鷄"和"暮"都是形声字。历代通行的形声字,其实大多经过了由象形象事会意或假借字单独记录语言然后添加表音或表意符号的过程,但我们在分析字形结构时,就不管它是如何产生的,一律可按静态方式分析为形声字。这样看来,结构分析法跟造字法的区别,仅仅在于静态分析和动态描述的不同而已,而采用的术语,仍然可以用相同的"象形、指事、会意、形声",或再添加"变体、省形、省声"等,以描述其变化状况。

只要可以采用同一套术语"象形、指事、会意、形声",不论是动态分析的造字法,还是静态分析的结构类型,其实已经顾及其表意方式了。唯有"转注""假借"这两个术语,就不能看作造字法或结构类型,只能看作是汉字形体表达音义之法。东汉六书既然包括了"转注"和"假借",其着眼点应该是立足于"以形求义"这一点上的。所以,我们赞成王宁的看法,"十分明确的解读文献的实用目的,造成了小学固有的形、音、义互求的传统方法,而这种方法必然是以义为出发点又以义为落脚点的","只有兼从释字之法而不单从造字之法的角度,也就是汉字形义学的角度,才能准确理解六书"。

3. 象形问题

"象形"概念看起来清楚明白,似乎没有什么问题,其实诸家的理解未必完全一致。例如王筠(1838)认为"雷、雹、磬、爲"等字"其形不能显白,因加同类字以定之是谓以会意定象形",又如"齒、今、禽"等字定为"兼声意之象形"(卷一)。这些看法都跟今天通行的理解不一样。王筠的看法未尽妥当,但不失为一家之言,值得进一步讨论。

关于"象形",《辞海语言文字分册》(1978:28)的定义是:"六书之一。描摹实物形状的造字法。"这个定义限定于"实物"的形状。但也有的定义把"事物"都包含在内。例如有教材说:

> 象形是用模拟事物的形状来表示字义的一种造字方法。(林祥楣《现代汉语》1991:470)

这里提到的"事物"是包括"事"和"物"的。表示"物"的象形文字属于"象形"是没有疑问的,但表示"事"的象形文字是否仍属于"象形",就需要商榷了。该教材接着在分析"亦"字的时候说:

> 亦(即腋的初文),"大"象人的正面形,是象形字。在"大"字两旁加点表示两腋的所在,这两点有"指事"的作用。(林祥楣《现代汉语》1991:471)

按这个说法,"大"就归入了象形类。也有人把通过具体之物表达抽象意义的字称为"借形象形字":

> 象形字都是绘形表义,但有些概念很抽象,无形可绘,就借能代表这个概念的一个具体事物以形表义,叫它是借形象形字。

并举例阐释:

> 甲骨文的"屯"作 形,象小草在春天发芽的样子。是"春"的初文。春天的"春"是抽象概念,不可绘形表义。破土而出的小草,就是春天的特点。绘小草发芽之形表春天之义。……"屯"是"春"的象形字。(孙中运2006:207)

这些通过具体形象表现抽象意义的造字法被归入"象形"类是值得商榷的。对于这点,另一种教材是这样说的:

> 如"大"字金文作 ,象正面的人形。但在历史文献中,"大"字从来不曾表示过人或大人的意义,而始终是一个与"小"相对立的概念,是表示抽象意义的形容词,也就是说,造字时人们是用大人的形象来表示抽象的"大"义(原注:在古文字中,小孩的形象跟大人的形象有区别,写作"子")。严格地说,这种字不属于"象形",因为"大"这个概念是无形可象的,所以对它的归类学

术界有不同的意见。(郭锡良、李玲璞主编《古代汉语》1992：151)①

上述这样的表示抽象意义的独体的具有象形意味的古文字,王筠归入"指事字"范畴,唐兰归入"象意字",裘锡圭把它归入"象物字式的象事字",詹鄞鑫采用裘锡圭的归类而沿袭班固的提法,把它叫作"象事"字。这表明看起来像是独体的古文字,是否一定属于"象形"字,这是一个有争议的问题。其中表达抽象概念的那一类字,显然不应该属于"象形"字,因为它们所表达的意义本来就是无形可象的。

由此可见,在一般的教材或辅导书中,简单地认为独体古文字是"象形",没有表音符号的准合体或合体字才是"指事"或"会意"的说法是值得商榷的。

4. 指事问题

通常将"指事"视为纯抽象符号如"上下一二三四五"和含有"指事符号"的"本末"等一类字。例如《辞海语言文字分册》是这么说的:

　　指事:六书之一。以象征性的符号来表示意义的造字法。指事字可分为两类:一类是纯符号的,如"上"古作 二 ,"下"古作 二 。一类是在一个汉字的基础上增加指事符号的,如"木上曰末",在"木"上加"一"来表示;"木下曰本",在"木"下加一来表示。

我们觉得,要理解"指事"字的概念,可以借用古人的名称及其阐释。跟"指事"相应的六书名称,班固称为"象事",郑众称为"处事",许慎称为"指事",名称中都有"事"字。从这点看,东汉时代提出的"指事",其核心内涵必在于"事",而不在于"指"。王筠(1838)是这样分析的:

　　有形者,物也。无形者,事也。物有形,故可象;事无形,则圣人创意以指之而已。(卷二)

这种说法揭示人对基本概念的界定包括"物"和"事"两个方面,"象形"意在表达"物",而"指事"意在表达"事"。我们认为这种分析是很有道理的。如果按照这个说法,现有关于"指事"的理解除了其中纯抽象符号的一类之外,恐怕都是不符合许慎原意的。从汉代的六书思想来看,"象事"跟"象形"的最根本的区别恰恰在于"事"和"物"的不同。现在通常被当作"指事"类型的"本、末、朱(株)、刃、寸"等篆文字,以及甲骨文中通过指示符号来表现"项、肱、臀、膝"等概念的字,意

---

① 按,这部分内容为笔者执笔,当时为了照顾通行的说法,还是把这类字归入"象形"类中。

义类别上均属于"物"而不是"事"。例如"本"的本义是主根,"末"的本义是树梢,"亦"的本义是腋下,"刃"的本义是刀刃,"寸"的本义是寸口,均为"物"名。这样看来,这些字就很难被认为符合许慎的"指事"类型,在汉代是不可能被归入"象事"或"指事"类中的。

5. 会意问题

"会意"的最大问题就在于如何区分"会意"与"象形""形声"的区别。现有关于"会意"的定义,有的并没有作出严格区分。试看《辞海语言文字分册》的定义:

> 会意:六书之一。集合两个以上的字以表示一个意义的造字法。如小土为"尘",日月为"明"。

"集合两个以上的字",这个定义首先在措辞上就有问题。会意字的构字部件不论其集合之前是否能独立成"字",作为构字部件身份时是不能称为"字"的。更关键的是,合体象形字(如甲骨文"眉")和所有的形声字也都是"集合两个以上的字(构件)以表示一个意义的造字法",它们的区别究竟在哪儿? 在这点上,杨五铭(1986:69)的定义就比较严密:"会意的定义是说:把两个或两个以上的字合并在一起,且把它们的字义会合起来,以现出一个新义的指向。"并指出,会意字必须具备两个条件:(1)它是合体字。(2)它的意义是组成偏旁的意义的会合,记录了一个新词。有了这个条件,也可以把会意与重复的象形区别开来。

裘锡圭(1988)和詹鄞鑫(1991a)也都强调了这一点,即会意字所表示的字义跟每个构件的意义都是不一样的。现在的问题在于,许慎建立"会意"的本意是什么? 许慎的定义是"会意者,比类合谊,以见指撝,武信是也",这种表述当然可以按照我们今天对会意的理解来阐释,但这种阐释难免带有我们的主观臆测在内。如果从许慎对"六书"的整体思想来看,许氏对"会意"与"形声"的区分其实是并不明确的。关于这点,下文讨论形声问题时再作分析。

6. 形声问题

学界历来对"形声"的理解都似乎很明确,即由一个表意的意符(也叫形符)和一个表音的声符(或叫音符)构成汉字的结构类型。然而,一到汉字分析的实践,就会遇到许多难以判断或判断出现分歧的情形,这其实就反映了诸象对形声定义的理解是各不相同的。这一点首先就表现在许慎自身对汉字结构的分析上。例如:

神,天神引出萬物者也。从示、申。(示部)

裕,大合祭先祖親疏遠近也。从示、合。(示部)

糾,繩三合也。从糸、丩。(丩部)

詞,意內而言外也。从司从言。(司部)

琥,發兵瑞玉,爲虎文。从玉从虎,虎亦聲。(玉部)

娶,取婦也。从女从取,取亦聲。(女部)

誥,告也。从言告聲。(言部)

禷,以事類祭天神。从示類聲。(示部)

　　从释义看,这些字的共同特点是声符兼有表意功能。"神"从申表音,"申"有引出义,所以许氏释为"引出万物者也"。其他几个字的声符表意功能尤其明显。部首的确定,反映了许慎对形声字意类的看法。上述几个字中,"糾"归丩部,"詞"归司部,反映了许慎对其声符表意现象的认定。然而,从分析术语来看,"神、裕、糾、詞"这些字被许氏视为纯会意字,"琥、娶"这些字被视为会意兼声字,"誥、禷"这些字被视为纯形声字。结构类型原本完全相同的字,或视为会意,或视为形声,或视为会意兼声,这反映了许氏的"形声"和"会意"的标准并不严格,两者的界限并不清楚。那么,从许氏的内心而言,形声字的判断究竟是已有明确的标准,只是没有说明白,还是本来就很模糊呢? 这恐怕是一个需要讨论的问题。

　　与此相关的现象是,会意字有的也含有表音的构件。例如:"字"的本义是生子。《山海经·中山经》中有:"其上有木焉,服之不字。"郭璞注:"字,生也。"字形从宀从子会意,"子"兼表音;"受"字甲骨文从爪从又从舟,象两手授受一"舟"物,"舟"兼表音。也有的会意字起初并不包含表音构件,但经过一段时期的演变,原本不表音的构件就可能转化为表音构件。例如"望"的本义是望远,甲骨文字形从臣("臣"本是眼睛的形象)从人立于土堆之上,表示登高望远之意。后来所从的"臣"转化为"亡",具有了表音的功能。[①]这类会意字可以叫作意符兼表音的会意字。现在的问题是,从表面上看,声符兼表意(或义)的形声字和意符兼表音的会意字,两者均由两个(会意字可能不止两个)一级构件构成,都包含表音构件,也都包含两个表意或表义构件,那么,两者是否有什么本质上的区别呢?

---

① 　上述三例字代表了会意字构件兼表音的三种类型,笔者称之为"意符同源兼声""意符异源兼声""意符声化兼声"。(詹鄞鑫 1991a：184 – 187)。

事实上,一直到今天,形声字和会意字的界限还是很模糊的。我们很容易见到把声符兼表意的形声字当作会意字来分析或解释的作品。甚至还有许多声符并不表意的形声字也被当作会意字来作牵强附会的解释。例如"雉"字被分析为从矢从隹,解释为用箭矢射下的野鸡。"潢"被解释为"会意兼声",因为"黄"兼表意。看来,要给形声字一个严密的定义,要把形声字跟会意字从本质上区分开来,未必是一桩简单的事。在这方面,笔者是通过会意字的定义"凡是会合两个或两个以上的构件(即意符)来表示一个跟这些意符本身的意义都不相同的意义"来把两者区分开的。(詹鄞鑫 1991a:188–190)

7. 转注问题

提到"转注",问题就更大了。

我们认同《说文》"六书"并不完全关乎汉字结构的看法。六书中的"转注"和"假借"都跟用字法有关,或者还跟汉字孳乳的方式有关。但"转注"究竟是什么意思,许慎并没有说明白。"转注者,建类一首,同意相授,考老是也",这样的阐释可以从不同的角度来理解。

大凡研究《说文》者总是试图为此作出合理的解释,也有的是借"转注"之名而阐发字义引申或汉字孳乳等文字学问题。由于诸象各申其说,以致"转注"成为晚清至二十世纪上半叶的热点问题。除了文字学专著的阐述之外,刘师培、闻宥、戴君仁、刘大白、刘盼遂、曾运乾、严学宭等均有专论文章(参看:《中国语言学论文索引甲》1978:47–48)。下半叶的研究文章较少,有:黄绮《转注假借解》(1979)、郑会生《谈汉字的转注》(1980)、陆锡兴《假借转注再研究》(1986)、黄海波《说文转注含义之探析》(2000)等。专著有孙雍长的《转注论》(1991)和孙中运《试谈〈说文〉与六书》(2006)。笔者也提出了一种看法(詹鄞鑫 1991a:160–162)。

裘锡圭(1988)将历史上有关转注的各种解释归纳为九种类型:

(1)以转变字形方向的造字方法为转注。

(2)以与形旁可以互训的形声字为转注字。

(3)以部首与部中之字的关系为转注。

(4)以在多义字上加注意符滋生出形声结构的分化字为转注。

(5)以在已有的文字上加注意符或音符造成繁体或分化字为转注。

(6)以文字转音表示他义为转注。

（7）以词义引申为转注。

（8）以训诂为转注。

（9）以反映语言孳乳的造字为转注。

有关"转注"的解释，其实并不是汉字学本体的问题，而是一个文字学史的问题。除了借题发挥者之外，各家说法恐怕都还只是一家之言，在目前的条件下要得出令人信服的解释大概是很难的。裘锡圭（1988：100－102）认为：

> 今天研究汉字，根本不用去管转注这个术语。不讲转注，完全能够把汉字的构造讲清楚。至于旧有的转注说中有价值的内容，有的可以放在文字学里适当的地方去讲，有的可以放到语言学里去讲。总之，我们没有必要卷入到无休无止的关于转注定义的争论中去。

从汉字学的角度进行研究，完全可以撇开"转注"这个概念，而从文字学史的角度来看，"转注"问题是一时难以弄清的。

8. 假借问题

"假借"的问题主要有两点：一是许慎的"假借"究竟是什么意思；二是假借与通假的区别究竟在哪里。

许慎说："假借者，本无其字，依声托事，令长是也。"根据这个定义，许慎"六书"中的"假借"指的是无本字的造字的假借。就字面上说，"本无其字，依声托事"的意思是不难理解的。《辞海》说："如'来'的本义是小麦，借作来往的'来'；'求'（即裘字初文）的本义是皮衣，借作请求的'求'。"但许氏所举的"令长"二字，就引起了许多异议。例如朱骏声修正许慎的定义为："假借者，本无其意，依声托字，朋来是也。"为什么要改例字？因为朱氏认为，"令"的本义是"发号也"，《后汉光武纪》注"万户以上为令"，这是"转注"（朱氏以引申现象为"转注"），并批评"《说文叙》以令长为假借失之"（《说文通训定声》1833：836）。而"来"的本义《说文》释为"周所受瑞麦来麰"，朱氏说："往来之来正字是麦，蓘麦之麦正字是来，三代以来承用互易，许君未经订正，故沿讹至今。"（p193）。在朱骏声看来，"令"本义是号令，表示县令的意思是引申而不是假借。"长"的情况相似。只有"来"本义是麦，表示行来之来才属于真正的假借。"朋"的情况也与此相似。

可是，我们讨论的是许慎的"假借"学说，而许氏在《说文解字》中提到的"假借"似乎都与引申有关，其中也包括朱氏所改的"朋""来"二字：

> 鳳，神鸟也。……朋，古文鳳，象形。鳳飛群鳥從以万数，故以为朋党字。

（鳥部）

　　來,周所受瑞麥來麰。一來二縫(鋒),象芒刺之形。天所來也,故爲行來之來。（來部）

据《说文》,"朋"本是"鳳"的古文,通常认为它借为朋党的"朋",只是由于读音相近,词义并无联系。但许氏却认为由于"凤飞群鸟从以万数"的词义联系才借为朋党的"朋"。"來"本是"麳"的古字,用作来往之"來"许氏同样认为两者有词义联系。类似的例子还有不少,例如《说文》对"韋、毋、它"等字的解释。由此可知,在许慎的心里,所谓"假借"并不完全是借字表音,借义(如"朋"的朋党义)与本义(如"朋"的凤鸟义)之间也具有某种比较隐晦的引申联系。既然如此,许慎举"令长"二字作为假借之例并不违背他所定的原则。

　　这样看来,许慎的"假借"究竟是什么意思,是否一定跟词义的引申无关,不见得就是一个很确定的问题。

　　第二个问题是无本字的"假借"与有本字的"通假"的关系问题。

　　许慎六书的"假借"通常被释为造字的"假借"。尽管有许多学者认为许氏的六书可区分为"四体二用","假借"其实是用字之法。但从当前学术界状况来看,只要是谈论"假借",总是强调要区分"无本字假借"和"有本字的通假"。这种区分的意义,似乎在于说明,前者是造字的假借,后者是用字的假借。

　　其实,仅仅从本字的有无是不能区分"假借"性质的。裘锡圭(1988)说:"假借可以按照所表示的词是否有本字,区分为无本字、本字后起和本有本字三类。"(p181)从裘氏所举例来看,这三种情况不见得都是训诂学的假借。

　　无本字的假借在古汉语虚词中常用,例如:其,造字本义是箕;之,造字本义是往;何,造字本义是负荷;夫,造字本义是成年男子;奚,造字本义是一种奴隶;亦,造字本义是腋;然,造字本义是燃。

　　本字后起的假借例如:師-獅,栗-慄,胃-謂,與-歟。

　　有本字的假借例如:艸-草,耑-端,猒-厭,陝-狹,刅-創,毬-球,冊-策等。

　　有本字的假借还有一些是现在通行和习惯的用字,其本字大家反而不熟悉了。例如:

　　無,本义是舞蹈,有无的无本字作亡;

　　荷,本义是荷花,负荷的荷本字作何;

　　霸,本义是某种月相,称霸的霸本字作伯;

罪,本义是一种捕鱼的竹笼,罪过的罪本字作辠。

上述三种情况,不论无本字还是有本字还是本字后起,这些"假借"字都是从文字学的角度来说的。如果从训诂的角度说,它们都是古今读者习以为常的用法,普通读者根本就不会关心它们是否假借或通假字。可见,仅仅从本字的有无来区分假借与通假是没有什么意义的。

詹鄞鑫还曾经指出,从实践上看,某个字的假借义是否有本字是很难判定的。有些被视为"本无其字"的假借,很可能是本有其字的,只不过本字后来消失了而已。例如《诗经·小旻》"暴虎冯河"的"暴",裘锡圭指出即甲骨文的"虣"或《诅楚文》的"虣",《说文新附》引《周礼》作"虣"。如果不是古文字提供的材料,它们的本字是难以被发现的。由于传世古文献的用字往往经过历代传抄整理者的用字改换,可以说,从传世文献调查本字是靠不住的。如果真要判断某个假借字的字义是否有本字,只有在出土的实物文字文献里寻找才是可靠的。(詹鄞鑫 1991a:276－277)

《说文》六书研究中的问题大致如上所述。这些问题不仅关系到说文学,也关系到汉字学的一些基本问题,值得继续予以关注。

第十二章

关于汉字文化学

从二十世纪八十年代末以来,有关汉字与文化关系的研究逐渐成为一个热点,到九十年代,有人开始将其称之为"汉字文化学"。笔者注意到的论著有何九盈、胡双宝、张猛合撰《简论汉字文化学》(1990),刘国恩《汉字文化学绪论》(1995);概论性著作主要有刘志基《汉字文化学简论》(1994),何九盈《汉字文化学》(2000),陆忠发《汉字文化学》(2001)等。

"汉字文化学"作为一个学科的名称,其性质和研究对象至今还很模糊。

何九盈等认为,汉字文化学就是"从汉字入手研究中国文化,从文化学角度研究汉字"。刘志基(1994:10-12)不赞同这种说法,认为"从汉字入手研究中国文化","如果这种研究的最终目的只是要解决文化史方面的问题,而仅仅把文字作为一种论证的材料,甚至只是部分的论证材料,那么,这种研究就不能视为汉字文化学的研究,而只是传统文化史领域的研究"。至于"从文化学角度研究汉字","因为这种研究最终只是为了解决文字的交际职能的问题,所以还只是属于传统文字学范围以内的工作"。"汉字文化学就是以汉字的除交际职能以外的文化机制,也就是以汉字与语言交际职能以外的中国文化方方面面的联系作为研究对象的一门学科。具体说来,这门学科有两方面的任务:一是探究汉字自身构成与种种文化现象联系的规律;二是探究这种联系的内容。"但是,"如果'从汉字入手研究中国文化'和'从文化学的角度研究汉字'并不是一种依附于其他学科的研究方法、过程的描述,而本身表示的就是一种特定的研究门类、领域,那当然都属于汉字文化学研究对象的组成部分"。这样看来,两者的分歧关键不在于是否"从汉字入手研究中国文化,从文化学角度研究汉字",而在于是否把这种研究从传统文化史或传统文字学等其他学科中独立出来作为"特定的研究门类"。不过,如果要把这种研究从传统文化史或传统文字学等学科中独立出来,就必须具有明确的区别于其他学科的特定的研究目标和任务,有一种明确切分的标志,这恐怕不是一件容易的事。

刘国恩(1995:17)认为:"汉字文化学是研究汉字与文化的新兴学科。它的任务是阐明汉字的文化意义;研究汉字与文化的关系;探索汉字的过去、现在、将来,目的是促进汉字现代化,从而提高中华民族的文化素质,使汉字更好地服务于中国的两个文明建设,以至于将来更广泛地服务于世界。"他特别把汉字文化学与文字学区分开来:"汉字文化(学)不同于文字学。文字学是以研究文字的形体为这一门学科的主体,往往研究的多是古文字。汉字文化学则是研究汉字的过去、现在、将来的文化内涵,涉及的学科较多,突出其文化特色、人文精神、社会应用价值等。"这段阐述我们感觉难以把握。其中有些前提问题,例如文字学(实即汉字学)是否以研究文字的形体为主,是否不研究汉字的现状,都是存疑的。至于研究的目的是促进什么,提高什么,服务什么,这些提法太宏大,似乎对任何学科都适用,稍显笼统。

何九盈等又在其所主编的《中国汉字文化大观》的前言中提出:汉字文化学"重视汉字作为一个文化系统与整个汉民族文化制度的关系,通过古代汉字和现代汉字了解汉民族的古今文化模式、习惯行为模式、思维模式",它"要求全面发挥汉字的信息功能,系统地(而不是零碎地)考察汉字与中国文化的关系"。"还要求从外部关系研究汉字,拓宽汉字研究的领域""要求自觉地总结中西文字比较的经验教训"(◇陆忠发2005:3-4)。这些提法我们认为是很有启发性的。

陆忠发(2005:5-6)认为,汉字文化学有广义和狭义之别。刘国恩和何九盈等提到的都属于广义的汉字文化学领域。至于狭义的汉字文化学,他是这样定义的:

> 狭义的汉字文化学研究汉字的字形、字音、字义中所包含的文化内涵,以及汉字的形、音、义在历史演变过程中所反映出的文化内容。它是大的历史学范畴下的一个分支学科。如果我们把利用传世文献考知过去社会生活情况的学术称为文献历史学,把考古学兴起之后,运用大量的历史证物来说明过去的社会生活发展情况的学问称为考古历史学,那么,运用汉字研究人类

的文化发展情况的汉字文化学,也可以称为文字历史学。这样汉字文化学就与文献历史学和考古历史学一样,并列成为大的历史学范畴下的三个分支学科。其研究任务有两个:一是以汉字为材料研究中国历史文化,探索中华文明的发展轨迹,与文献历史学和考古历史学一起,共同构筑起一个完整的历史学研究体系。二是为语言文字学等学科的研究提供一些有意义的材料。

汉字文化学有一套完整的理论体系,它要阐述造字用字和释字与中国文化的关系,从理论上回答汉字之所以会成为研究中国历史文化的重要材料的根本原因。它也有一套系统的研究方法,既着眼于单个汉字,去分析它的字形、字音、字义中所包含的文化蕴涵,也着眼于某一类汉字,通过横向的排比和纵向的比较等方法去探知文明发展演变轨迹。

在这段阐释中,有一些问题还可以讨论。笔者认为最根本的问题在于,汉字如果离开了具体的语境,如果不结合文献相关记载或考古发现的实物证据,仅仅从其形音义上考察所蕴涵的历史文化,究竟能否实现。如果考察汉字所蕴涵的文化必须结合文献记载和考古实物的话,那么它的实证价值是主要的还是辅助性的。如果只能是辅助性的,就意味着它并不能成为一个可以独立解决人文社科某方面问题的学科。

王宁(2002:12)认为汉字文化学是汉字学的四个分支之一。她说:

汉字文化学:这种研究有两方面的目的:一方面是宏观的,即把汉字看成一种文化事象,然后把它的整体放在人类文化的大背景、巨系统下,来观察它与其他文化事象的关系,这是宏观汉字文化学。另一方面则是微观的,即要研究汉字个体字符构形和总体构形系统所携带的文化信息,对这些文化信息进行分析、加以揭示,这是微观汉字文化学。总之,汉字文化学是在作为文化事象的汉字与其他文化事象的互证关系中建立起来的。如果说,汉字构形学是描写的,那么,汉字文化学则是解释的:它要从历史文化和客观环境出发,对汉字个体字符构形的状态及其原因加以解释,同时对汉字构形总体系统及其演变的历史之所以如此作出回答。

我们认为,把汉字文化学作为汉字学的一个组成部分,而不是独立于汉字学之外的学科,这个定位是合适的。对于汉字文化学的性质和研究对象,王宁的阐释最为恰当。

笔者(《二十世纪中国社会科学语言学卷》2005:233)曾经提出:

我们认为,"汉字文化学"不是一个成熟学科的名称。汉字是中国文化的产物,又是中国文化的载体,可以说,不论是汉字体系的研究还是单个汉字形音义的探索,总是绕不开文化问题的。这就意味着汉字研究本来就是不能脱离文化而存在的。这里只是把论著中强调汉字与文化关系的研究归入到"汉字与文化"的名目之下。这方面的研究反映了汉字研究视野的扩大,对认识汉字的背景和全貌是有意义的。

汉字与文化的关系,除了立足于"文化学"的阐释之外,研究角度大致可以分为两种:一是从中国文化的背景看汉字的形成、发展、应用,及相关民俗等问题;一是通过单个或成组汉字的形音义分析看相关的历史文化。

我们认为,"汉字文化学"如果要作为一门独立的学科,既区别于汉字学,又区别于文化学,是否具备立名的条件,还是有商榷余地的。把它作为足以跟文献历史学和考古历史学抗衡的文字历史学,恐怕也难以被认可。这里暂且借用这个名称,来探讨关于汉字与文化问题的研究成果。

在汉字与文化的问题上,我们认为,凡是着眼于从单个汉字或某一组汉字的形音义信息来考察历史文化风俗或制度的研究,都未能脱离传统的汉字或古汉字考释或阐释的范畴。道理很简单,汉字是汉语的表达,而汉语是汉文化的载体,所以,作为承载着记录功能的语言符号,每个汉字在造字之初都负载着蕴含文化信息的初始意图和功能。探索单个汉字的文化信息,本质上是对汉字形音义关系的研究,这样的研究可以说是从许慎开始的,但显然不能把《说文》的释义归入汉字文化学的范畴。我们赞成王宁提出的"宏观"视角,"即把汉字看成一种文化事象,然后把它的整体放在人类文化的大背景、巨系统下,来观察它与其他文化事象的关系"。我们也赞同何九盈等提出的"重视汉字作为一个文化系统与整个汉民族文化制度的关系","系统地考察汉字与中国文化的关系","要求自觉地总结中西文字比较的经验教训"。如果"汉字文化学"的提法能够成立,我们认为,也只有把汉字作为一个整体来考察汉字与文化的关系,才可能让它从传统的汉字学中独立出来。

汉字与文化的关系,笔者以为还有一些问题是比较值得关注的。

首先,汉字与汉语的关系。表意体系而不是表音体系的汉字在中国的出现是偶然的还是必然的,或者说,表意性质的汉字与汉语究竟是偶然的结合,还是历史的必然;如果汉语是第一性的,那么汉字是否一定是第二性的,汉字是否也对汉语产生了巨大的影响。

其次,汉字的起源问题。汉字一定有最开始的相对狭小的使用区域,难以想象它一开始就覆盖着广大的地域。从相距遥远的不同地区发现的史前陶器刻划符号,如果其中真有文字萌芽的成分,也难以认定它一定跟汉字的前身有关。那么,汉字究竟从哪里开始出现,又通过什么途径和路线逐渐蔓延发展起来的?

最后,汉字与中华民族相互依存的关系。中华民族创造了汉字,汉字也维系着中华民族的统一和存在。

从文化层面来看汉字,这是汉字与文化的深层关系。这方面的研究成果很多,我们注意到的有:申小龙《汉字人文精神论》(1995)。作者认为,书面语言与口头语言是人类语言的两个不同的本源;汉字具有与口语不同的人文精神,它是字形、字义、字音、字能的综合表现。刘志诚《汉字与华夏文化》(1995),从文化的大视野下考察汉字的发生、性质、结构、形体流变等问题。黄德宽、常森《汉字阐释与文化传统》(1995),重点研究汉字阐释过程中文化传统的影响。苏新春主编的《汉字文化引论》(1996),重点探索三个方面:第一,汉字与汉民族社会的联系;第二,汉字与汉民族思维、观念、习俗的联系;第三,汉字与汉语互为表里的依存关系。姚淦铭《汉字与书法艺术》(1996),专从书法方面谈汉字。刘国恩《汉字文化漫谈》(1997),谈及汉字的起源文化和发展文化,汉字与古籍整理,汉字的书写文化、应用文化,汉字文化圈,汉字的科学性等问题。刘志基《汉字体态论》(1999),从汉字的发生、演变、载体、视觉形体等方面谈汉字与文化的关系。李敏生《汉字哲学初探》(2000),试图从哲学的角度评价汉字,并对百年汉字改革的历史作反思。张玉金《当代中国文字学》(2000),基本角度是从文化看汉字,有时也从汉字看文化。

这里特别推荐陆锡兴的两部探索汉字文化的成功之作:一为《汉字传播史》(2002:3)。作者在该书前言中说:"汉字的传播不仅仅是一个语言文字问题,更是一个历史文化问题","汉字传播问题是一个复杂的问题,第一,要整理出传播的路线和时间,即传播的地理走向和传播的历史时间。第二,要弄清传播的状态,该民族如何使用汉字和使用的范围。第三,民族文字的创制,弄清民族文字的蓝本是什么,是一元的还是二元的,或者多元的。这些问题虽然在以前有所涉及,但是都不明确,没有做过仔细的踏实的研究。本书希望能一一回答这些问题。"

另一部为《汉字的隐秘世界》(2003),这部著作探索民俗中隐蔽的汉字文化,全书包含如下各章：汉字的崇拜、字谶、拆字与测字、扶乩的源流、谜中之字、织锦回文诗、女书春秋、拆字令到拆白道字、呈祥与遭殃、符书、朱书文与辟邪字、道家的秘文。作者在前言中介绍说："民俗汉字的主体是汉字，它离不开汉字本身的基本要素。拆字是汉字形体特征造成的，根据各人的理解和联想，产生各种不同的结果。阴谋家据以制造出谶言，附会为上天的昭示，这种预示朝代变更的政治谣言，是民俗文字的一种形式。文学家把它引入诗歌，从六朝到唐风靡一时，以文字拆成句，称之为离合诗。宋代文人把字形会意变化，形成新的体式，所谓神智体。道教的符文、倒书也是在字的形体内外寻求变化而成。"关于此书，下文还将在个案介绍中加以举例介绍。

第二篇

汉字学研究个案介绍

　　个案介绍中谈到的论著,理应有较强的典型性和代表性,但限于笔者的视野和能力,只能在相对熟悉的范围内来考察。这部分最末介绍的"东汉用字调查",是我与徐莉莉教授共同承担的课题,希图提供一种供参考的思路和方法。

第一章

裘锡圭的汉字学研究
—— 以同形字研究为例

复旦大学裘锡圭教授早年师从甲骨学家胡厚宣先生,是当代影响较大的古文字学家,主要致力于甲骨文、金文、战国文字等古文字考释,以及相关的历史文化的研究。裘先生在古文献方面也很用力,屡屡通过古文字研究成果解决古籍中的许多训诂问题。裘锡圭曾在北京大学中文系古典文献专业任教多年,教授汉字学课时对汉字学作了系统的梳理,后来把讲义整理为《文字学概要》(1988)。这部著作总结二十世纪以来汉字学研究的成果,以及裘先生本人多年对古文字和汉字学研究的心得体会,全面讨论了有关汉字的性质、形成、发展、演变、结构类型、假借、分化、合并、字与字的形音义关系、整理和简化等问题。此书"分析深入,论证严谨,见解深刻且多有创意,对汉字学的研究和教学作出了很大贡献"。(詹鄞鑫1991b)

裘先生的汉字学研究,按笔者的体会,最突出的有两点:一是思考周全,论证严谨缜密。二是在材料方面驾轻就熟,不论是传世文献材料,还是出土古文字材料,总是尽力爬梳,穷尽展示;对于相关的前人研究成果,也力免疏漏,充分查考。这里仅以其《文字学概要》中"同形字"(裘锡圭 1988:208–219)一节为例略作介绍。

学者对同形字现象的认识很早,但同形字概念则是裘先生明确提出来的。其对于同形字概念的定义是这样的:"同形字这个名称是仿照同音词起的。不同的词如果语音相同,就是同音词。不同的字如果字形相同,就是同形字。"并就此讨论了同形字的广义和狭义理解。从解决实际问题的需要出发,裘先生认为,由于形借而产生的、用同样的字形表示不同的词的现象,也应该包括在同形字现象里。例如表示"獲"这个词的"隻"跟表示"只"这个词的"隻",就应该看作同形字。此外,有些本来不同形的字,由于字体演变、简化或讹变等原因,后来变得完全同形了,当然也应该看作同形字。

　　裘先生首先列举了古今学者对于同形字现象的认识。《汉书·武帝纪》"怵于邪说"句颜师古注:"如淳曰:怵音怵惕,见诱怵于邪说也。师古曰:……如说云见诱怵,其义是也,而音怵惕又非也。怵,或体訹字耳。訹者,诱也,音如戌亥之戌。"颜氏指出当"诱"讲的"怵"(xù)是"訹"的异体,跟怵惕之"怵"无关。这实际上就是把这两个"怵"看作同形字。又郑樵《六书略》按六书给文字分类,在假借字之末别列"双音并义不为假借"一类,所收之字大多就是我们所说的同形字。例如:音"补讶切"(bà)的"杷"义为"枋(柄)也"(现在写作"把"),音"白加切"(pá)的"杷"义为"收麦器"(现在写作"耙")。郑氏认为这两个"杷""双音并义",都是本字,也就是我们说的同形字。此外,裘先生还举了清代说文学家段玉裁和朱骏声对同形字现象的认识(文繁不赘述)。从汉字学史的角度说,要爬梳出这些材料很不容易,这些都是很可贵的汉字学史料。至于当代学者,裘先生举了王力和李荣两位学者对同形字现象的相关论著及论述。经过裘先生的介绍,前人对于同形字现象的认识及其发展脉络,就清晰地显现出来了。

　　接着是对同形字现象的分类。裘先生把同形字分为以下四种情况。第一,文字结构性质不同的同形字,如当老妇讲的"姥"(mǔ)音义与"姆"同;它跟北方人称呼外祖母的"姥"(lǎo)是同形字。第二,同为表意字的同形字。如"甭"在北朝俗字里用作"罷",在《龙龛手鉴》里为"棄"的异体字,现在则用为"不用"的合音词。第三,同为形声字的同形字,这是同形字里最常见的一种。如《诗经·鄘风·定之方中》中的"椅桐梓漆"的"椅"(yī),《说文》释为"梓也",是一种树木名;椅子的"椅"(yǐ)本来写作"倚",是"倚"的分化字,用来形容树木柔弱之貌的"旖旎"(yǐ nǐ),古代或写作"椅柅"。这三个"椅"就是同形字的关系。裘先生还指出,同为形声字的同形字由于具有同样的声旁,它们的读音大都是相近或相同的,因此在形声字的同形字现象跟假借现象之间很难划出一条截然分明的界线。如表示简册义的"策"和表示马策(鞭策)义的"策",都以"竹"表意,这两个"策"的关系既可以看作是假借字,也可以看作是同形字。第四,由于字形变化而造成的同形字。如"漯"字有两个来源,其一从水羸声,读(lěi),"水出雁门阴馆累头山……";其一《说文》本作"濕"(tà),"水出东郡东武阳,入海"。这两个字隶变为漯,就成为同形字。此外,裘先生还提到汉字简化又造成了一批新的同形字。最后裘先生还特别举了一个"假借兼形借"的特殊现象,就是秦人借"罪"为"皋"。

最后,裘先生也附带谈到双音节的同形字现象。

裘先生在论述中的举例很丰富,这里不再完整复述。由上述介绍可以体会到裘锡圭先生治学严谨周到的风格,以及对于文献和古文字资料熟悉且勤于查考的认真态度。这不仅在汉字学研究方面,也在文史研究方面给我们树立了楷模。

第二章

王宁的汉字学研究

——以汉字构形系统及其文本整理方法为例

北京师范大学王宁教授是著名的文字训诂学家。她早年师从陆宗达先生研究训诂学和说文学,近二十年来又在说文学的基础上创建了汉字构形学,对汉字学理论建设做出了重要贡献。笔者认为,王宁的汉字学研究,最大的特点就在于从汉字系统性和全局性出发来探索汉字的形体结构规律,在理论上做了许多新的探索。①

王宁首先是从世界文字的角度来看待汉字学研究的重大意义的。王宁(1994:2,5-6)指出:

汉字是一种与拼音文字完全不同类型的文字系统,它之所以有生命力,是因为它适合于它所记录的汉语。表意文字和拼音文字是世界文字中并存的,代表两种发展趋势的文字系统,它们各有其特点,也各有各的发展规律。

由于汉字是世界文字中具有代表性的符号系统之一,因此,它们既是汉字独有的,又应当也必须被吸收进世界文字学的理论中去。缺乏这一部分内容而写成的世界文字学和文字史是不周全的,有缺欠的。而且,表意汉字与拼音文字既然都是书写语言的符号系统,它们必然会有属于符号系统的共同的内在规律。适用于各种类型的普通文字学,缺了汉字也是无法归纳出来

---

① 王宁的汉字构形学思想,体现在她的许多论著中,如:王宁 1994,2002,1991,2001,2004,2006,2008 等。本节主要参考:王宁《〈说文解字〉与汉字学》(1994)、王宁《系统论与汉字构形学的创建·引言》(2001)、王宁《论汉字构形系统的共时描写与历时比较》(2008)。

的。在这个意义上,我们可以说,汉字学是世界文字学的一个不可缺少的、重要的组成部分。

过去的文字学研究常常提到文字发展的规律是从表意文字发展为表音文字,王宁的论述提示我们,由西方文字学家提出的表述为文字发展三阶段论的所谓规律,从它的建立开始就从来没有把汉字发展的实际状况考虑进去,所以并不能揭示人类文字共同的发展规律。

在世界文字的大背景下,王宁提出要建立能够反映汉字不同于其他文字特性的汉字学。王宁认为,汉字有形、音、义,汉字的音和义来自它所记录的汉语,只有字形是汉字的本体。

王宁的汉字学研究是从对《说文解字》研究开始的。文字学界和训诂学界的研究者们对《说文》都很熟悉。训诂学看重的是《说文》释义及其以形求义的方法,关注的主要是每个汉字的形义解释;文字学看重的是《说文》提供的小篆和古文的形体,以此作为认识古文字的桥梁;或者关注六书理论,作为汉字构形理论的最早模式。然而,王宁首先关注的是许慎对于汉字系统的认识和构建。王宁认为,《说文解字》通过对上万个汉字的形体逐个地分析,总结出小篆构形的总体规律,描写出小篆构形的完整系统,使一个个零散的汉字如网如络地呈现在我们面前。通过许慎的总结,汉字构形上的系统性展现了出来,这就是许慎《说文解字》在汉字学方面的重大贡献。

王宁(1994:100)敏锐地认识到,《说文》对汉字的整理也给当代汉字的规范提供了宝贵的经验:

> 小篆作为汉字史上的一次成功的规范,为现代汉字的规范提供了宝贵的经验。其中最主要的经验是:汉字的规范应当顺应它的自然发展趋势。符合这个趋势,就容易被人接受,而违背这个趋势则不易被人接受。勉强为之,也会给使用带来极大的麻烦。

王宁认为,汉字构形学的基本方法是对共时平面上的汉字存在的形式加以描写;同时,汉字构形学还应当为各个历时层面上汉字构形系统的描写和历时层面上汉字构形不同系统的比较服务,为之建立基础的理论与可操作的方法。对于汉字构形系统的描写和表达的模式,在本书"问题与回顾"有关汉字构形学说一节中已经介绍。这里主要介绍共时汉字构形系统的整理方法。

《说文》小篆具有一批基础构形元素,归纳后大约得到 420 余个,王宁称之为

"形位"。许慎《说文解字》整理的汉字显示出严密的系统性,为断代的共时汉字构形系统的整理提供了很好的模范。

王宁提出,汉字构形学应当为历史上每个时期的汉字进行共时层面构形系统的分析和描写。但是,并非一切历史层面上的汉字都经过类似《说文》这样的科学优选和精密整理。要想验证各个历史层面上的汉字是否以系统的形式存在,只有从该历史时期用汉字书写的一定量的文献材料中去尽可能多地撷取字料。但是,以文本形式存在的使用中的汉字,呈现出三种不同的情况:一是民间书写文本中的汉字,例如书信、账簿、日记、契约等;二是社会通行文本中的汉字,如官方的正式文告,后流传于社会的典籍抄本、刻印文本等;三是权威规范汉字,历代官方运用政治权力,通过教育与考试制度规定在某些场合必须使用的汉字,或者经书法家写于碑匾、形成字书以为示范的汉字。①《说文解字》所收汉字属于第三种。而第一种和第二种,尤其是第一种,却是遵循约定俗成的规律,随着社会种种因素的变化而自发存在的,这些字符群随时都在进行着内部元素与内部关系的建构与破坏。要调查这种状态的汉字的构形系统,首先要对文本中的汉字加以整理,进行三种不同性质的归纳。一是"字样"的归纳。即将重复出现的汉字字样归纳到一起,这是将一切文本形式的汉字改变为字库形式的第一步要做的工作。二是"字组"的归纳,也就是对结构、功能相同而书写略有变化的异写字的归纳。这些字属于"同字异写",或称"同构异写"的关系。三是"字种"的归纳,也就是对功能相同结构不同的异构字的归纳。这些字或因构件不同,或因构件的增减不同而异形,因而有着不同的构意,但记词功能是相同的。它们的关系属于"同职异字",或称"同词异字"。经过上述认同与归纳,文本汉字的纷乱现象减少,但系统尚未显现。进一步的工作是采用优化的原则,在诸多异写字中挑选出一个通行的字样作为这一组字样的信息代码,其他字样则作为它的变体;在诸多异构字中,也优选出一个通行的字作为主形,其余的据其产生的原因作为通用字、变体字或转写字对待。字样与字形优选的原则,首先应当减少和统一汉字的基础构形元素,适应汉字的构形模式,使字形的造字意图尽量明确,从而建立与相邻、同类字形的正常关系,找到字集在整个构形系统中的位置。这就是经过人为整理使汉字构形系统显现

---

① 　王宁曾对笔者提到,汉字变异的原因主要有:地域不同,文化层次雅俗不同,用途不同(宫廷发布的文件用字,或通过考试制度体现的文字,或普通交流使用的文字),书写材料不同(如石刻文字、纸质文字等)。这个说法可参考。

的过程。

汉字经过三千多年的变化,有着漫长的历史,其演变绝不是每个个体字符变化的简单相加,而是一个由个体字符变化累积成整个系统变化的过程。为了对历史上每个时期的汉字进行共时层面构形系统的分析和描写,十多年来,在王宁教授的指导下,十几位博士生用统一的术语系统和上述操作办法,先后对甲骨文、西周金文、春秋金文、战国楚文字和一部分东方文字、睡虎地秦文字、居延汉简、马王堆帛书、东汉碑刻隶书、魏晋行书、隋唐五代碑志楷书、宋代刻版楷书、明代石刻佛经文字、清代民间手写与宫廷文字进行了整理,对其构形系统进行了一一描写。由于采用统一的描写方法,相互比较就具有可操作性,这样就有可能对整个汉字系统进行历时的比较,以发现汉字发展演变的规律。

此外,王宁教授还曾把汉字构形学基本原理应用于小学识字教学,把汉字构形学的操作办法运用于信息处理所用的 GB1300001 字符集汉字部件规范。这就证明了现代汉字也是具有系统性的,汉字构形的学理,是可以在应用领域发挥作用的。

笔者以为,王宁的汉字构形学,主要意义不在于具体的汉字构形术语和描写方法,而在于给我们提供了一种既在宏观层面思考汉字发展及其历史地位,又在微观层面重视在汉字文本整理的基础上进行汉字构形分析和描写的可操作性的思路。王宁的汉字构形学在汉字系统观的大前提下涉及汉字的许多具体问题,例如汉字存在形式(字书贮存形式和实物文本形式)问题、汉字的异体字整理以及"字样""字种"的代表字问题。这些研究都具有很好的启发意义。

第三章

周有光的现代汉字学研究

——以现代汉字中的多音字问题研究为例

　　周有光先生原名周耀平,1906 年生于江苏常州。他是现代汉字学的重要奠基人。

　　周有光起初专攻经济学,1949 年从美国回国后担任复旦大学经济研究所和上海财经学院教授。1955 年 10 月参加全国文字改革会议,会后担任中国文字改革委员会和国家语言文字工作委员会研究员,兼任中国社会科学院研究生院教授。参加制定汉语拼音方案,方案在 1958 年公布。1979 至 1982 年出席国际标准化组织的文献技术会议,该组织通过国际投票认定汉语拼音方案为拼写汉语的国际标准(ISO 7098)。参加制定聋哑人教育用的汉语手指字母方案(1963 年公布)和汉语手指音节设计。1958 年开始在北京大学和人民大学开讲汉字改革课程,讲义《汉字改革概论》1961 年出版第 1 版,1979 年出版第 3 版,1985 年译成日文在日本出版。周先生的著述非常丰富,在其出版的著作《中国语文纵横谈》(1992)中,提出汉字效用递减率、汉字声旁的有效表音率,阐述整理汉字的四定原则(定形、定音、定序、定量),发表《现代汉字学发凡》(1980),出版《汉字和文化问题》(2000)。发表《汉语内在规律和中文输入技术》(1983),阐述按词定字的原理和拼音变换汉字的原理。提倡以语词、词组和语段为单位的双打全拼法,使拼音变换汉字技术代替字形编码,1983 年制成软件。1997 年出版《世界文字发展史》,1998 年出版《比较文字学初探》,提倡比较文字学的研究,要在世界文字发展史中理解汉字的历史地位;提出六书有普遍适用性、文字三相分类法;对人类文字的发展规律进行新的探索。2000 年出版《现代文化的冲击波》,阐述世界四种传统化的历史比较和华夏文化的光环和阴影。2001 年选取 90 岁后发表的部分文章编成《周有光耄耋文存》,提出华夏文化应百尺竿头更上一步,适应信息化和全球化时代。先后共出版书籍 20 余种,发表论文 300 余篇。退休后著述不断,2005 年亦有《周有光百岁新稿》一书出版。

周先生的论著笔者通读的不多,这里选择一篇较早撰写的比较短小精悍的文章《现代汉字中的多音字问题》(周有光 1979b)加以介绍。作为周先生研究问题的一滴水珠,以显示其研究的方法和眼界。

周先生说:汉字三病,笔画繁,字数多,读音乱。读音乱的乱源有二:其一,同一字有多种读音;其二,同一个声旁有多种读音。一字多音是汉字学习困难、应用不便的原因之一。周先生就现代汉字中"多音字"的性质、现状和整理的可能性进行了探讨。

第一,关于多音字的性质,周先生从三个方面来看。

其一,从文字体制看多音字。周先生认为,汉字是一种综合运用表意和表音两种表达方法的所谓"意音体制"的文字。表音文字,既有一音多字,又有一字多音。同音字和多音字是意音文字的一对双生子。但是,二者的性质不同。去除一音多字现象,意音文字就不再是意音文字,而成为音节文字了。去除一字多音现象,意音文字不仅不失为意音文字,反而能成为比较易学便用的意音文字。从文字体制看,多音字的性质跟同音字是不同的。不但性质不同,而且作用相反。同音字一般是同音异义。一音多字的基本作用是,按照同音异义分化字形,用同音异形表示同音异义。例如:青(青色)、清(清水)、蜻(蜻蜓)、鲭(鲭鱼)⋯⋯读音相同,意义变化,用不同的字形表示变化的意义。

同音字"异音异形",多音字"异音同形",二者背道而驰。同音字的分化字形方法,如果应用到多音字上面,可以大量减少甚至完全消灭多音字。

其二,从数量看多音字。《新华字典》(1971)中有 734 个多音字,占总字数的百分之十。10 个汉字中有 1 个多音字。2000 年扫盲常用字中有多音字 334 个,占扫盲常用字总数的百分之十七。6 个月扫盲常用字中有 1 个读音无定多音字。多音字占比如此之大,汉字怎么能不难学难用呢? 字典里的多音字原来还要多得多。"普通话审音委员会"审查北京有两个以上的异读词,1963 年出版《普通话异读词三次审音总表初稿》规定 1 980 余个异读词的标准读音。审音以词为对象,审音结果,异读词减少了,多音字也减少了。审音废除的读音不再记入字典,但还留在口头。口头习惯需要长时间才能改变。字典的注音是统一读音的标准。

其三,看多音字的来源和功能。简单地说,多音字有两种来源:一种产生于"语音分化",另一种产生于"字形偶合"。

产生于语音分化的多音字,主要如下。

(1) 古今音变——古音变成今音(普通话标准音),如果今音完全代替了古音,那就不产生一字多音。今音相同,而古音或其近似音不废,古今并用,这就成为多音字。例如:

铅:

① qiān,今音,一般通用;

② yán,古音的近似音,用于"铅山"(地名)。

(2) 文白两读。文读就是读书音,白读就是口语音。文白两读并用,成为多音字。例如:剥:白读 bāo,剥花生;文读 bō,剥削。削:白读 xiāo,削铅笔;文读 xuē,削弱。

(3) 方普并用。普通话中吸收了一些来源于方言的语词,产生普通话和方言并用的多音字。例如:巷:普通话 xiàng,小巷。方言的近似音 hàng,巷道(矿业用语)。

(4) 其他变音——例如,标准读音与北京土音并用,"不识字,读半边",误读成风等。

产生于"字形偶合"的多音字,主要如下。

(1) 异音通假——同音通假不产生多音字。《汉字简化方案》(1956)中有同音代替其名,异音通假其实的例子:

价① jià(價);② jiè。

柜① guì(櫃);② jǔ。

吁① xū;② yù(籲)。

纤① qiàn(縴);② xiān(纖)。

斗① dǒu;② dòu(鬥)。

发① fā(發);fà(髮)。

笔画简化,读音繁化,不利于汉字的学习和应用。

（2）旧字新用。例如：

鋦：

① jú,科学新字,元素 Curium；

② jū 原有汉字,鋦子。

钐：

① shān 科学新字,元素 Samarium；

② shàn 原有汉字,钐镰、钐刀。

多音字有功能的异同,例如：

（1）意义异同

奇：

① qí(罕见、特殊)稀奇；

② jī(单个、零数)奇数——异音异义,字形同一。

（2）词类异同

囤：

① dùn(名词)米囤；

② tún(动词)囤积——同字异音,词类不同。

（3）单复分工

剥：

① bāo 只用于单音词,剥花生；

② bō 只用于复合词,剥削。

行：

① xíng 既用于单音词,你真行,又用于复合词,旅行；

② háng 既用于单音词,我行三,又用于复合词,银行。

（4）用途广狭

百：

① bǎi 既用于单音词,又用于复合词——用途广；

② bó 只用于个别地名,百色——用途狭。

（5）趋势消长

卡：

① qiǎ,跟"卡 qiǎ"合成的词不多；

② kǎ,跟"卡 kǎ"合成的词越来越多,有发展的趋势。

(6)读音级别

多音字按常用程度分为三级:常读,次常读,下罕读。读音级别可以根据出现频率测定,也可以根据阅读经验估计。不管上下文一看就能读出的音是"常读",例如:阿 ā。看到字形还要看上下文才能读出的音是"次常读",例如:阿 ē(阿胶)。只在特殊语词中用到的是"罕读",例如:员(伍员)yún(古人名)。

第二,关于多音字的现状,周先生从四个方面来谈。

其一,多音字的分类和各类的比例。

周先生按照声韵调的变化,把多音字分为三类:多调(多调 D)、多声母字(S)、多韵母字(Y)。按照声韵调的三角关系,多音字可以分为七组:

D 组:调变,声和韵不变(单纯多调字)297 字,占 40%。如:啊,连轻声有五个调。

S 组:声变,韵和调不变(单纯多声母字)45 字,占 6%。如:辟,有 bì、pì 二音。

SD 组:声和调变,韵不变,106 字,占 14%。如:藏,有 cáng、zàng 二音。

Y 组:韵变,声和调不变(单纯多韵母字)68 字,占 10%。如:拓,有 tuò、tà 二音。

YD 组:韵和调变,声不变,80 字,占 11%。如:没,有 méi、mò 二音。

YS 组:声和韵变,调不变,60 字,占 8%。如:乐,有 lè、yuè 二音。

YSD 组:声韵调全变,78 字,占 11%。如:壳,有 ké、qiào 二音。

共 734 字,100%。

其二,多调字的现状统计。

统计数据告诉我们,多调字的比重是非常突出的。单纯多音字的各类比重分别是:单纯多调字,297 字,占 40%。单纯多声母字,45 字,占 6%。单纯多韵母字,68 字,占 10%。

单纯多调字占全部多音字数的 40%。这使我们得到这样的印象:在声韵调三因素中,声调最易变化,汉字的调表功能最弱。

多调字中十分之九是"两调字"。在多调字中,阴阳上去四调,没有一调不发生变化。

其三,多声母字的现状统计。

为了便于观察,分声母为七小组:(1) b、p、m、f;(2) d、t、n、l;(3) g、k、h;

（4）j、q、x;（5）z、c、s;（6）zh、ch、sh、r;（7）零声母。

多音字分类分组统计表

七组＼三类 分组	字数（%）	多调字（%） 单纯D	非单纯 SD+ YD+ SYD	合计	多声母字（%） 单纯S	非单纯 SD+ SY+ SYD	合计	多韵母字（%） 单纯Y	非单纯 YD+ SY+ SYD	合计
D 调变	297(40)	297								
S 声变	45(6)				45					
SD 声调变	106(14)		106			106				
Y 韵变	68(10)							68		
YD 韵调变	80(11)		80						80	
YS 声韵变	60(8)					60			60	
YSD 声韵调全变	78(11)		78			78			78	
合计	734(100)	297(40)	264	561(77)	45(6)	244	289(39)	68(10)	218	286(39)

同组以内的互变是声母互变的主要内容。互相比较偏于某些声母之间,分布很不均衡。互相比较的例子如下。

b－p,如:扒① bā,② pá。

d－t,如:弹① dàn,② tán。

g－h,如:合① gě,② hé。

j－q,如:键① jiān,② qián。

z－c,如:增① zēng,② céng。

zh－ch,如:重① zhòng,② chóng。

由此得到印象:从声母的发音方法来看,送气和不送气的界限最容易突破,从而形成多声母字。

小组与小组之间的互变,出现较多的是:g、k、h－j、q、x。例如:行的 xíng、

háng 二音。由此得到印象：从声母的发音部位来看，舌根（g、k、h）与舌面（j、q、x）之间最容易互变。

统计数据告诉我们，没有一种声母不在多音字中发生变化。

其四，多韵字母的现状统计。

周先生分韵母为九小组：（1）a、o、e；（2）i、u、ü；（3）ai、ei、ao、ou；（4）ia、ie、ua、uo、üe；（5）iao、iou、uai、uei；（6）an、en、in、ün；（7）ian、uan、uen、üan；（8）ang、ong、eng、ing；（9）iang、uang、ueng。

韵母互变比较分散。互变多的，主要产生在没有鼻音韵尾的韵母之间。韵母 a、o、e、i、u、ü 与韵母 ai、ei、ao、ou、ia、ie、ua、uo、üe 都存在变化的例子。例如：脉有 mài、mò 二音，拓有 tuò、tà 二音，露有 lù、lòu 二音，契有 qì、xiè 二音。

统计数据告诉我们，没有一种韵母不在多音字中发生互变。多音字的统计，使我们对多音字的现状有一个横切面的初步认识，看到多音字数量的分类分组比例，以及各个音和各组音的互相关系，具体地认识了多音字破坏汉字表音功能的现实。

第三，关于多音字的整理，周先生说，减少现代汉字中的一字多音现象，目的是为现代汉语服务。在现代汉字中，改变多音字的读音或写法使它成为"一音字"，只涉及规范化的现代汉语用字，不涉及古书土字，跟文言古语和方言土字无关。字典或书刊仍可收录或引用古字土字，只要加上记号，注上读音，跟现代汉字明确区分开来。

周先生提出四种整理现代汉字中多音字的方法。

其一，去除多余。

（1）去除一种文言或方言的音读。即去除两读中间不必要的一读，保留必要的一读，使两读的多音字成为只有一读的"一音字"。或者，去除重叠写法中间不必要的一种写法，使由于写法重叠而形成的多音字变为"一音字"。

期① qī，现代汉语：时期；② jī 文言：周年，可改读 qī（古音今读），或改说"周年"（古语今说）。

（2）去除重叠写法。字典里把重叠写法分为三种：a. 异形，b. 同某，c. 也作某。例如：鲌① bó；② bà，鲅的异形（"bà 鱼"可写"鲅鱼"，又可写作"鲌鱼"，可以规定一律写"鲅"）。

颤① chàn 颤动;② zhàn 同"战"(可以规定读"战"的时候一律写"战")。

服① fú 衣服;② fù 也写作"付"(可以规定也做"付"的时候一律写"付")。

(3) 去除古字土字,把它们划出现代汉字的范围。例如:

峤① jiào 文言:山道;② qiáo 方言:山尖的高。靓① jìng 文言:装饰、打扮;② liàng 方言:漂亮、好看。

以上三种多音字(古字土字、文言方言阅读、重叠写法)都是假多音字,它们一共占多音字的 39%。把它们"去除",剩下的就是"真"多音字了。

其二,改读。

(1) 古音今读。只在少数语词中残留的古音,可以"古音今读"。例如:叶(葉)yè。旧的字典注明:"叶公好龙","叶"读 shè。近来字典注明一律读 yè,于是"shè 公"该称"yè 公"。我们读古文古诗,都是古音今读。司马迁听不懂我们读《史记》,杜甫听不懂我们读唐诗。为了便利群众,可以提倡在白话文中间古音今读;事实上,群众已经是这样做了。

(2) 僻音俗读。"僻音"改为通俗读音,多音字就成为一音字。例如:厦① shà 大厦(改读 xià,原来可以如此读);② xià 厦门,倾向读 xià。

其三,改写。主要是同音代替。例如:"盩厔"(县)已经改写为"周至"。浒① hǔ 水浒;② xǔ 浒墅关,浒浦镇。可以改写为"许 xǔ 墅关","许 xǔ 浦镇",使"浒"字专读 hǔ。

其四,圈调。处理大量单纯多调字的简单方法是"圈调"〔《汉语词典》(1957年)规定右下角加圈表示入声。这里补充右下角加圈表轻声〕。

圈点法示例	.啊	｡啊	°啊	啊°	啊.
声调	阴	阳	上	去	轻
描述	左下点	左下圈	左上圈	右上圈	右下点

"圈调"最好限于"单纯"多调字上应用。(古书"圈破法"只写半个圆,不但区别多调,也区别多声多韵。例如"长"cháng 不圈;"长"zhǎng 加圈。不圈是原读,叫作"如字";加圈是异读)根据统计,单纯多调字占 24%,如果实行圈调,可以方便读准字调。

总之,多音字中一大半不难改成"一音字"大约占十分之四(39%),可以"去除"读音或写法;有的字划出现代汉字范围,归入古字土字。大约十分之二(24%)可以"圈调",这都是单纯多调字。此外,大约十分之一可以尝试"改读"。大约十分之三可以尝试"改写"。

周有光注重现代汉字应用的方便性,其治学特点是分析细密,强调利用统计数据来考察问题,并提出具有启发意义的解决办法。这是值得汉字学研究借鉴的。

第四章

费锦昌的现代汉字字形研究

——以海峡两岸现行汉字字形比较研究为例

教育部语言文字应用研究所费锦昌研究员长期从事现代汉字研究。由高家莺、范可育、费锦昌合著的《现代汉字学》，是最早的现代汉字学高校教材。费锦昌先生尤其注重汉字字形方面的研究，这是现代汉字规范化最为根本的一个问题。

现代汉字的规范的具体内容，通常认为包括字量、字形、字音、字义、字序几个方面。我们认为，字量问题应该是汉字在实际应用过程中新增和淘汰的新陈代谢的自然结果，其状况不是人为规定的，而是由字频统计的调查结果而获得认识的。字音和字义，都是汉字在记录汉语的过程中由所记录的汉语（词或语素）的音义来决定的。字序的根本目的是便于检索，它必须有人为的规定，例如拼音、笔画、四角号码、部首等。其中只有笔画和部首是汉字自身的属性，仍与汉字的字形有密切的关系。所以，汉字的规范，最根本的方面应该就在于汉字的字形。

费锦昌的现代汉字研究，最值得称道的一点就是重视调查研究，一切从实际出发而不是从观念出发来发表意见。费锦昌的《海峡两岸现行汉字字形的比较分析》(1993)就是重视调查研究的一个范本。

由于特殊的历史原因，中国大陆地区和中国台湾地区出现长达半个多世纪的隔阂，并造成所用汉字在字形上也不完全一致的情况。这种状况既不利于两岸的文化交流，更不利于两岸人民心理上的认同感。所以，书同文是两岸人民共同的愿望。要实现这一点，就必须先扎扎实实地调查研究，才能有针对性地提出解决现存问题的方案。

费锦昌选择的字形比较材料,包括中国大陆地区两种:国家语委、国家教委发布的《现代汉语常用字表》(1988,收 3 500 字,简称《常用字表》);国家语委、国家新闻出版署联合发布的《现代汉语通用字表》(1988,收 7 000 字,简称《通用字表》)。中国台湾地区一种:经研讨公布的《常用国字标准字体表》(1982,简称《标准字体表》)。

由于中国台湾地区《标准字体表》收字量少于中国大陆地区《通用字表》,比较时以《标准字体表》作为基础。《标准字体表》中有 22 个字形未被收入中国大陆地区《通用字表》,可作比较的实际字数是 4 786 个。中国大陆地区现行汉字中,有些字原本写作两字或三字后来被归并为一字,但在中国台湾地区仍旧分用。如:几——几幾,干——干幹乾。在统计范围内,中国大陆地区一字顶中国台湾地区两字的有 150 个,一字顶三字的有 10 个。比较时中国大陆地区的同一个字形分别出现两次或三次,以对应中国台湾地区的两个或三个不同的字形。用作比较的 4 786 字,在中国台湾地区都定为常用字,在中国大陆地区分别定为常用字、次常用字或通用字,以这些字为对象所做的比较分析足以反映海峡两岸现行汉字字形的实际情况。

在被比较字中,通过比较可以获得如下认识。

(一) 中国大陆地区和台湾地区字形相同的字共有 1 947 个,占 41%。

(二) 中国大陆地区和台湾地区字形近似的字共有 1 170 个,占 24%。其中:

1. 笔画数相同,个别笔画形状或笔画组合或部件或间架结构稍有差异的有 674 字。如:"挨",两岸均为 10 笔,但末笔中国大陆地区是捺,台湾地区是点;"女",均为 3 笔,中国大陆地区第二笔撇跟第三笔提相接,上端不出头,台湾地区是相交,上端出头;"亮",下半部中国大陆地区从几,台湾地区从儿。

2. 笔画数不同的有 175 字。如:"及",中国大陆地区 3 笔,台湾地区 4 笔;"似",中国大陆地区 6 笔,台湾地区 7 笔;"卸",中国大陆地区 9 笔,台湾地区 8 笔。

3. 笔画数不同,个别笔画形状或笔画组合或部件或间架结构也稍有差异的有 321 字。例如:"返",第一笔中国大陆地区为撇 7 笔,台湾地区作"返"为横 8 笔。"媼",中国大陆地区 12 笔,台湾地区作"媼",13 笔。"荆",中国大陆地区 9 笔,台湾地区作"荊",10 笔。

（三）字形不同的共有 1 669 字,占 35%。其中:

1. 中国大陆地区为简化字,台湾地区为繁体字的 1 474 字。例如:个-個,龟-龜。

2. 一字多体,两岸选用不同的字形作为正体的有 195 字。例如:笋-筍,唇-脣。

由此可知,在 4 786 个常用字或通用字中,中国大陆地区和台湾地区的现行汉字字形存在或多或少差异的共有 2 839 字,占比较总字数的 59%。笼统地说,那就是在大约 5 000 个使用频率较高的现行汉字中,约有百分之六十的字形存在或大或小的差异。在常用字、通用字中作为印刷和书写的标准字形出现这么多差异,应该引起两岸的重视。

文章分析了两岸用字产生差异的原因。其一,有些人士把海峡两岸汉字字形出现差异的原因归于中国大陆地区进行了汉字简化工作,这样下结论似乎简单了点儿,也并不公允,且不利于双方在如何实现海峡两岸现行汉字统一的规范化、标准化上取得科学共识。要保证汉字在可以预见的未来仍能较好地完成记录汉语的任务,最现实的做法是,根据社会发展的需要,顺应汉字发展的科学规律,加以整理,予以完善,不断提高它的规范化和标准化的程度。这一认识是保证我们在探求海峡两岸现行汉字产生差异的原因时取得科学共识的基础。其二,海峡两岸政治上的长期对立,给中国台湾地区的汉字整理工作蒙上了阴影。其三,中国大陆地区在二十世纪五六十年代集中进行了汉字简化和整理工作。但是,由于科学研究和实验尚不够充分,有些人士一度又把简化汉字工作看成是实现拼音化之前的"应急措施""权宜办法",缺乏长远的观点和全面的安排,这些偏颇给五六十年代进行的这项重要的文化建设工程带来这样那样的不足,影响了某些简化汉字字形的科学性。其四,中国台湾地区在整理汉字工作中,过分强调维护汉字原有的传统字理。其五,中国大陆地区在整理和简化汉字时,立足于现代应用,强调简单易学,重视手写形体,而很少考虑传统字理原则。二十世纪六十年代制定《印刷通用汉字字形表》的时候,曾明确规定:"同一个字宋体和手写楷书笔画结构不同的,宋体应尽可能接近手写楷书,不完全根据文字学的传统。"这些认识上的分歧,进而造成两地标准字形出现众多的差异。

文章用了较大的篇幅分析实现字形统一的前景。文章认为,中国大陆地区和台湾地区,虽然对汉字的认识和评价,对海峡两岸字形差异的原因,对四十年来各自进行的汉字整理工作,看法不尽一致,但都对现状不满意,都希望两岸坦诚协商,同心协力,消除差异,尽快实现海峡两岸现行汉字标准字形的统一和规范化。这一共识是中国大陆地区和台湾地区能够实现字形统一的基本前提。随着研究和实践的深入,两岸对汉字的认识和评价也在接近。那么,海峡两岸字形差异的距离有多宽? 统一的基础有多厚? 工作量有多大呢? 文章在分析、比较的时候,逐字比认,一笔不苟,两岸字形近似和不同的总数达 2 839 字,占比较总字数的 59%。这是一个档次。如果我们不站在研究者的立场上,只是从社会应用的角度去观察,这个数字和比例可以大大缩小。这是另一个档次。

　　文章在统计表中把中国大陆地区和台湾地区字形相似的分为三类。第一类,笔画数相同,仅个别笔形或个别笔画组合方式或个别部件或间架结构略有不同。比如"化",中国大陆地区右边第一笔为撇,台湾地区为横;"全",中国大陆地区上半为"人",台湾地区上半为"入"。这些微小差异,仅在研究工作中、在印刷书刊时,在语词处理机显示时,有区别意义,对众多读者日常阅读并不构成障碍。第二类字仅笔画数目不同。除了"吕-呂"等少数几个字读者可以明显看出笔画增减外,其余的字都是由于传统习惯或人为规定导致书写时笔画的断连和落笔提笔次数的不同,从而造成两岸不同的笔画数目,如"巨""之"等字。这些差异,一般读者从字面上不易察觉,甚至根本无从发现。这类字,即使保持现有字形不变,也不会影响两岸的书面交流。待两岸共同整理字形的时候,这类字统一起来极为容易。第三类,除笔画数目不同外,在笔形或笔画组合或部件或间架结构上也有或多或少的差异,共 321 字。其中除了"敖"及以它为偏旁的 5 字,"兔"及以它为偏旁的 5 字,"奥"及以它为偏旁的 4 字,"晶"及以它为偏旁的 5 字,及中国大陆地区带草头字和台湾地区分别为从艸及卝的 170 字,共 5 类 190 字以外,其余 131 字的差异都不明显。凡此都不构成阅读上的障碍。由此可知,如果以日常阅读的要求来衡量,文章所列"字形相似"的 1 170 字,它们在字形上的差异均可忽略不计。消除差异、统一字形也只是举手之劳。

　　再看中国大陆地区与台湾地区字形不同的 1 669 字。其中第一类是中国大陆地区采用简体、台湾地区采用繁体而形成的差别。应该说这一类字的两岸字形差别是大的。但细加辨析,其中大量字的差别带有规律性,两岸读者可以凭借经验排除阅读障碍。例如从纟旁的,除了"经纲纶绩绣绳缤缠纬练线纵织绕绎绘继续纤缆"等 21 字因右旁也已简化,字形变化较大,以及"網网,緻致,總总"等 3 字不用类推简化法外,其余 71 字,由于繁体与简体形近,中国台湾地区读者都可以毫不困难地认读出来。类推简化字至少还有:带讠旁的 97 字、亻旁 24 字、门旁 39

字、马旁 38 字、车旁 53 字、贝(含员、贞)旁 72 字、见旁 9 字、乌旁 3 字、戋旁 6 字、卛旁 10 字、龙旁 14 字、钅旁 71 字、鸟旁 28 字、巠旁 6 字、页旁 35 字、夹旁 10 字、寿旁 7 字、两旁 6 字、金旁 9 字、齿旁 9 字、鱼旁 28 字、单旁 7 字、共计 694 字。这些字目前认读没有困难,将来统一字形也较容易。如果从日常应用出发,这些字完全可以划归"字形相似"那一类去。至于字形不同的第二类字,因出于选用不同的异体,两岸字形相去甚远。这样分析的结果,文章又得出了一组跟前面不尽相同的统计数字:比较总字数 4 786 字,字形相同的 1 947 字,占 41%;字形略有差异但不构成阅读障碍的共 1 864 字,占 39%;字形不同的 975 字,占 20%。

前面的统计是站在专业语文工作的角度,着眼于求异求别;后面的统计是站在一般读者的角度,着眼于求同求通。根据前一组数字,可以摸清海峡两岸现行汉字字形的底细;根据后一组数字,可以增强统一两岸现行汉字字形的信心,这在统一工作中抓住重点,区分缓急。通过上述两组统计数字,可以得出这样的结论:海峡两岸现行汉字字形上的差异是客观存在的,数量已不少,但很多差异不影响当前的书面交际,今后统一起来也并不难。

文章最后还提出统一字形的具体建议。文章认为,两岸有了统一字形的共识之后,至少应该追求以下目标:(1)总的目标是使现行汉字在实现"简"和"明"的辩证统一过程中,进一步提高规范化和标准化的程度,更加易认、易写、易用。(2)整理工作应增强而不宜削弱汉字内部的系统性。(3)尽量减少新的笔画形状。如简化字"专"的第三笔"竖折撇"是草书楷化带来的新的笔画形状,构字率并不高。(4)尽量减少构字部件的总数,特别是那些构字能力很弱的部件。(5)尽量减少结构方式,并使字形便于切分。如"感"字,中国台湾地区处理为上左包围结构,似不如上下结构为好。(6)尽量减少同一部件的变形。(7)尽量减少多音字、多义字、歧义字和形近字、易错字。例如"叶韵"的"叶"读 xié,中国大陆地区以"叶"yè 代"葉",读 xié,新添了多音字。以"干"代"乾""幹",增加了"干"的义项。偏旁"言"简化为"讠",偏偏把两个常用字"没"和"设"变成了形近字。"堯"简化为"尧",上部常被错写成"戈",使得"浇烧饶绕晓翘"等字进入了"容易写错的字"的行列。(8)在不影响"简"和"明"的前提下,适当减少常用字和通用字的数量。如用这一要求来衡量,中国台湾地区《标准字体表》规定的原则:"字有多体,其义古通而今异者予以并收……古别而今同者,亦予以并收"就值得商榷了。(9)要全面兼顾认、写、用三方面的要求,不宜偏废。(10)要珍视四十年来海峡两岸整理汉字的成果,包括正反面的经验,互相取长补短。

文章结语提出:"统一……现行汉字是件十分重要而又复杂细致的工作,须要海峡两岸的有关部门和语文工作者,捐弃成见,满怀诚意,平心静气地坐下来,共同探讨,深入研究,立足点是当今时代的高度,但一只手要伸向历史,充分吸取汉字丰富的历史养分和四十年代两岸整理汉字的成果和经验,另一只手要伸向未来,充分预见到中华民族繁荣昌盛的未来可能会对汉字提出的新的要求。"

这篇文章用客观冷静的态度,经过对海峡两岸现行汉字字形的充分调查和分析,提出自己的意见和设想,是一篇很好的论文。关于海峡两岸用字的比较,许长安(1992)也曾从不同角度加以研究。

周有光早在 1989 年就提出:

汉字使用的现状"旧书新书不同,海内外不同,从国内外整个汉字流通地区来看,旧的'书同文'破坏了,新的'书同文'还没有建立起来"。

钱伟长(1990)指出:

书同文是祖国统一的基础。(北京《统一论坛》1990 年第 1 期;《书同文十周年纪念文集》2007:1)

大田在中国台湾地区《中华日报》1991 年 9 月 23 日上发表《两岸统一请自文字始》,呼吁有关当局:

在已认同的观念架构上,从速采取行动,妥订工作计划,整理当今两岸的繁简体字,并进一步把它们统一起来。

企盼两岸有心的专家学者,坦诚合作,为此千秋百世的民族文化大业,作出划时代的贡献,也使两岸的统一,有个成功的开端。(《书同文十周年纪念文集》2007:3)

"中国统一当以文化统一为先,而文化统一应以文字统一为首务。如果海内外中国人具有共识,则不难于数年之内促成中国文字统一之文化大业。"(王熙元1993;◇《书同文十周年纪念文集》2007:3)

周有光在 2000 年 9 月 3 日为汉字书同文学术沙龙论文集《汉字书同文研究》亲笔题词,道出了世界华人要求汉字书同文的共同呼声:

书同文是二十一世纪必须实现的目标。

只要海峡两岸满怀诚意,"一只手要伸向历史,一只手要伸向未来",就一定能实现书同文的伟大目标。

第五章

刘钊的古文字构形学研究
——以古文字中的"讹混"研究为例

复旦大学出土文献与古文字研究中心主任刘钊教授,在古文字考释和古文字构形学的理论研究方面都取得了令人瞩目的成绩。

1991 年,刘钊完成了博士学位论文《古文字构形研究》,出版时改名为《古文字构形学》,首次把古文字构形研究称作"古文字构形学"。

刘钊(2006：1)的古文字构形学具有明显的为古文字考释服务的实用意义,意在探索商周至秦汉古文字的构形特点,"具体包括的内容很广泛,如古文字的产生,古文字的初始状态,古文字构形的基本分类,古文字的繁化、简化、类化、音化、分化、美化、符号化等问题。这些问题的集合体,就构成了古文字构形学"。刘钊的古文字构形学"是古文字的基础理论,它不仅有古文字学上的理论意义,同时也具有指导分析考释古文字的实践意义"。

这里以该书第十章"古文字中的'讹混'"为例加以介绍。"讹混"是古今汉字(不限于古文字)中的带有规律性的常见变化现象。不仅对古文字的研究不能不注意到这一点,汉字的整个演变和孳乳也跟讹混有相当密切的关系。这个问题过去较少受到关注,裘锡圭(1980,1981)曾经从字形的讹混现象入手解决了许多出土古文献的释读问题,并从而解决传世文献中的校读问题。笔者在整理东汉实物文字的过程中也关注到其中的讹混字,曾撰写《东汉实物文字中的形讹别字》一文(詹鄞鑫 2007c),但只是列举讹混字例及其在训诂学上的价值,并没有在构形规律上加以总结。刘钊在这方面做了很好的归纳和总结,很有指导意义。他说：

> 在文字演变规律中有一个很重要的现象，这种现象我们可以称之为"讹混"。"讹混"是指一个文字构形因素与另一个与其形体接近的构形因素之间产生的混用现象。发生讹混的构形因素既可以是单独存在的字，也可以是构成字的偏旁。从广义上看，"讹混"与"讹变"有相同之处，"讹混"可以列为"讹变"的一个小类。从狭义上看，"讹混"与"讹变"又有区别。"讹混"与"讹变"的区别主要表现在以下两方面：一是"讹变"所指的构形因素可大可小，既包括独立的字和偏旁的讹变，也包括笔画的讹变，而发生"讹混"的构形因素基本是指可以独立的字和构形偏旁；二是"讹变"一般是指构形由一种形态向另一种形态的转变，大都是不能逆转的单向发展，而"讹混"则不光有单向的发展，还有两种形态之间的混用，有时是可以互换的双向互动。"讹混"与"义近偏旁通用"不同，"义近偏旁通用"的"偏旁"之间一般情况下形体并不接近，只是因为"义近"才产生互换，而"讹混"的主要特征就是形体接近，混用的偏旁之间"音"和"义"都没有关系（偶然的巧合不算）。"讹混"与"类化"也有一定的关系，有些"讹混"就可以归入"类化"的范畴。因文字构形实际情况的复杂性，以上对"讹混"所做的界定不能保证十分严密，容许有溢出限定的例外。

如果不考虑时代，将由甲骨文到秦汉篆隶资料的古文字历史放到一个平面上来看的话，一时想到的典型的"讹混"有如下例子。

止-中，目-日，目-田，力-刀，予-邑，白-日，日-戶，支-丈，广-疒，來-束，录-彖，大-天，大-矢，米-采，尚-冉，充-束，宀-穴，臼-心，云-虫，黽-龜，自-爪，臣-止，又-攵，又-乎，天-而，女-止，目-貝，分-辰，束-亦，束-缶，止-疒，止-匕，人-厂，木-出，尸-弓，木-來，口-肉，口-囗，又-丑，戊-戌，口-曰，鼎-貝，耳-目，口-甘，舟-凡，肉-舟，丹-井，玑-犬，崔-蒦，魚-焦，斗-升，丬-疒，日-口，卩-邑，由-古，易-昜，木-火，万-于，氏-民，告-吉，勿-㐱，専-尃，史-吏，王-主，且-旦，叟-更，任-在，官-宫，商-啇，離-雖，尔-㕱，干-千，陵-陸，焉-烏，循-修，官-宦，弋-戈，求-來。

实际文字系统中的讹混当然要远远多于这些例子。这些例子中有些讹混主要盛行于古文字阶段，有的讹混还延续到后世文字中。

"讹混"有时是一个独立的字与另一个独立的字整体的混用，这会使一个古文字形体面目全非，如果不从"讹混"的角度分析，将很难辨识。如战国货币铭文中有字作：

辥《货系》1350　　　　　　　尚《货系》1372

从形体看无疑就是"尚"字，但释"尚"无助于词例的通读。李家浩先生（1980）从"讹混"的角度思考问题，通过例证指出该字应该释为"卨"，读为"货币"之"币"，从而使这一难解的问题一时间涣然冰释。这一考释是利用"讹混"规律解决疑难字形的成功范例，一直被学术界所称道。

有时"讹混"是一个字中的一个偏旁与另一个偏旁的混用。因为有字中其他构形成分的限定，常常会提供一定的考释线索。如金文有字作如下之形：

斀南宫有司懟鼎　　　　　　　斀懟卣

《金文编》隶定作从欶从臼，注为："《说文》所无"。陈汉平（1993：380）在《〈金文编〉订补》一书中指出古文字中"心、臼、贝三字形近，易混淆"，由此释此字为"懟"。从"讹混"的角度考虑，这一考释是非常有道理的。

"讹混"有时会产生新的构形因素，这些构形因素又成为新的构字成分。以大家熟知的"止—屮"讹混为例，金文"奔"字作：

态盂鼎　　　　朿井侯簋　　　　态效卣　　　　朿克鼎

以上字本从三"止"以会快速奔跑之意，后来字所从之三"止"有讹为三"屮"者，此三"屮"又从"奔"字中分离出来，仍然保留着"奔"的读音并成为一个新的声符，与"鼓"字组合成"鼖"字，又与"贝"字组合构成"贲"字，作为声符衍生出了"鐼""蟦""獖""愤""债""鲼""馈""颁""隫""辌""獖""膹""羵""燓""濆""歕""槾""幩""廙"等字。这与"其"字本作"𝌂"，后加饰笔作"𝌂""𝌂"，所从之"丌"部分后来可以独立出来，并延续"其"字读音作为声符也变成一个构形因素一样。

从"讹混"这一演变规律考虑问题，会使我们对一些字的早期构形产生新的认识和推测。如《说文·目部》谓："督，察也，一曰目痛也，从目叔声。"我们目前所能看到的"督"字大都为秦汉时期的写法：

督《马王堆·老子》乙本　　　　督汉渭阳邸阁督印

督汉督竞私印　　　　　　　　督曹全碑

督鲁峻碑

可以发现除了马王堆帛书《老子》乙本的一例外,"督"字都写作从"日"。

其实马王堆帛书《老子》乙本的一例是否一定从"目"也还是一个疑问,因为帛书此字左上有些残泐,其所从"目"的左上部分很可能是"未"字右下的一点,而"目"字上部一横笔很可能是"又(寸)"字左撇的一笔。即使我们承认这一例的确从"目",也难以解释为何本该从"目"的"督"字大都写作从"日"。因为同时期从"目"的字并没有大量写成从"日"的现象。大家知道,在古文字中"目"与"日"经常讹混,而且有许多本该从"日"的字后来就变为从"目","眔"字就是一个典型的例子。从这个角度出发,我们可以作出这样的猜想:督字能否最初就是从"日"呢? 正好在甲骨文中有一个写成从"叔"从"日"的字:

《合》33871　　《合》30365　　《合》30894　　《合》30599

这个字以往或认为是"暑"字之异,或释为"暗",或认为与"晝"字是同源字,本义是置弋揆度日影以定方位(宋镇豪1991)。这些考释从字形上讲都不能令人信服。其实我们有理由推测甲骨文的这个字很可能就是"督"字,也就是说"督"字本来就是从日叔声的一个字,"督"字本义可能并非"督察"之意,只是因为后来用为"察"义,人们才"变形义化",把"督"字所从的"日"旁改成了"目"旁以迎合字义。

"刀""力"二字极易讹混,在古文字中有许多例证。有时这些例证可以让我们了解一些字的形体演化过程和最初的形态。如战国中山国铜器中有字作:

以上字从革从刀(从刃与从刀同)。我们曾指出这个字应该就是"勒"字的初文。字从刀为义符,从革为声符,本是个形声字。后来"勒"变为从革从力,即把本为义符的"刀"改写成"力",并使其变成声符。这是一种变形音化,同时也使"勒"字变成了一个双声字。关于"勒"字董珊有详细论证(董珊2002:152–153)。

《说文·筋部》:"筋,肉之力也。从力、从肉、从竹。竹,物之多筋者。"现在已知早期的"筋"字皆从"刀"作:

龙岗秦简　　　　　　　　　汉胡筋之印

马王堆老子乙本　　　　　马王堆相马经

《秦汉魏晋篆隶字形表》收录的"筋"字中睡虎地秦简和马王堆帛书《老子》甲本的"筋"字都摹成从"力",经检验原简照片,都是误摹所致,原照片可以看出字从"刀"并不从"力"。这与秦简"牖"字本从"日"作,因不明结构,《睡虎地秦简文字编》都误摹成从"户"是一样的错误。后来"筋"字所从之"刀"讹混为"力",一是因为"刀""力"字形接近,本极易混淆,二是因为这是一种"变形义化",即把"刀"旁改成"力",以迎合"筋"字"筋力""肉之力"的字义。当然,《说文》训"筋"字为"肉之力",显然是在"筋"字已经由从"刀"讹混为从"力"后据此作出的解释。

同理,已知的"劈"字早期也皆从"刀"不从"力":

《睡虎地》49.77 　　　　《睡虎地》10.10

马王堆老子甲本卷后古佚书 　　马王堆相马经

汉郭劈印 　　　　　　汉赵劈印

汉任劈印 　　　　　　汉张劈印

所以"劈"字最早很可能也是从"刀"而并不是从"力"的。

字书中"刔"与"劫"、"剽"与"勡"、"剹"与"勠"都有异体的关系,正揭示了"刀"与"力"易讹混的现象。字书中"势"字讹体作"势"(《篇海类编·器用类·刀部》)也是其例。《集韵·薛韵》有"绝"字异体从刀作"绝",又训为"拽"。《集韵·薛韵》同时还有"劈"字,从绝从力,训为"断物"。字还见于《类篇·力部》,训为"拽"。很显然,"绝"和"劈"也是因"刀""力"讹混而造成的异体。

"力"和"巾"也易讹混,如果将"力"字写得竖起来,就和"巾"非常相像了。《汉印文字征》卷十三"募"字下收有两个形体,作如下之形:

汉募人陷阵印 　　　　　　汉募五百将印

第二个形体已经像是"幕"字而不像"募"字了。所以,我们怀疑"幕"和"饰"分别是由"募"和"饬"讹混分化而来的。

我们曾考释过金文中的"殿"字,"殿"字在金文中有如下写法:

永盂 　　史密簋 　　师袁簋 　　师袁簋

这些"殿"字可以分为两类,或是从"尸"从"自",或是从"尸"从"爪",看上去两类形体差别很大,似乎没有联系,其实这两类"殿"字正体现了"自"与"爪"两个构形因素可以讹混的现象。"自"可以讹混为"爪",是因为书写者将"自"的两个"扁口"加以线条化,即用两个单线条笔画代替两个"扁口",于是就使"自"看上去变成了"爪"。战国文字中有关"自"与"爪"相混的例子有很多,徐在国先生和董珊先生都有很好的论证,董珊先生(2002:251–253)的讨论尤为细密。其实大家以往都没有注意到一个更早更直接的证明材料,那就是见于王盉的"歸"字,写作:

王盉

其所从的"自"已经简化,变得与"爪"类似,这说明在周初"自"字就已露出讹混为"爪"的端倪。

"讹混"是产生异体的一条途径。如"㐬——束"的讹混就是这样。在秦汉简牍帛书中"疏"字写作:

马王堆老子甲本　　　　　　　马王堆老子乙本

其所从之"㐬"旁因为"连笔"的关系已经写得与"束"字很接近。加之"束"与"疏"音近,于是将错就错加以"变形音化",索性将"疏"字所从之"㐬"改为"束",作如下之形:

《居延汉简》乙 220.18

从而产生了"疏"字的异体"踈"(裘锡圭1986)。

"莅"字有异体作"莋",这个异体是如何产生的,以往并不清楚,一般人肯定以为这是不同声符构成的异体。其实这也是讹混造成的。"莅"字本从"臣"声,但在秦汉时期,"莅"所从之"臣"经常会写得与"止"很接近:

《陶彙》5.347　　　　　　《秦代陶文》1223

《睡虎地》52.11　　　　　汉莅少阳印

因为"臣""止"音近("臣"在喻纽之部,"止"在章纽之部),在此基础上变形音化,很自然就产生了异体"莋"。

还如"迹"字。《说文》说:"迹,步处也。从辵亦声。蹟,或从足、责。速,籀文迹从束。"按古音"迹"在精纽锡部,"亦"在喻纽铎部,二字音韵均远隔,无由相通,所以《说文》说"迹"从"亦"声显然是错误的。秦汉时期"迹"字有的作如下之形:

马王堆春秋事语　　　　　　　马王堆老子乙本卷前古佚书

不难发现,"速"字之所以会出现"迹"这一异体,完全是因为"速"所从的"束"讹混为"亦"的结果。

古文字中的这种讹混有时是呈规律性的,即一种讹混现象在许多文字中多次出现。如古文字中本从"人"的字,"人"易讹混为"厂",以下两字都是如此。

　　《合》26909　　师袁簋　　师袁簋　　克鼎　　《说文攴部》

严　秦公簋　　中山王響壶

古文字中本从"艸""屮"和"木"的字,"艸""屮""木"易讹混为"出",下列三字都是如此。

祟　《包山》245　　《睡虎地》日乙 206　　《睡虎地》日乙 216

敖　乖伯簋　　　　《陶汇》5.384

暴　《玺汇》0293　　《睡虎地》日甲 42 背

探索这样的规律对于我们认识文字的发展过程和考释古文字都有帮助。如"丬"和"疒"易混,这个讹混就是双向的。一方面"疒"字省去所从之"人"就变成了"丬",如《说文·癟部》下的"癟癵瘱瘠瘮瘶瘭瘺瘻瘺"诸字小篆皆从"疒"作,如果加以隶定的话,上部皆应有由人形变来的一横。但是隶变后的字形常常将这一横省去,写成"瘠瘵瘭"等,于是从"疒"就变成了从"丬";另一方面在战国文字中,一些本该从"丬"的字,受类化规律的影响,又讹混成从"疒"作,例如酱字写作"瘠"(《玺汇》0095)即是。

如"史"与"夬"易讹混,"史"与"吏"也易讹混。金文有如下一字。

井季簋卣　　　　　　井季簋尊

字从"皀"从"史",清代学者认为此字就是《说文·皀部》中的"奠"字。《玉篇·皀部》下分别收有"𠭰"和"𢍰"字,清纽树玉《说文解字校录》谓:"《玉篇》'𩵋'上有'𢍰',古穴切。兽,似狸。'𩵋'下有'𠭰',生冀切。兽,似狸。疑实一字。石鼓文有'𠭰',疑《说文》是'𠭰'。"从西周金文就有"𠭰"字看,纽树玉的推测无疑是有道理的。"𢍰"字读"古穴"切,是字由从"史"讹混为从"夬"后的音随形转。《集韵·志韵》又收有"𠭰"字,从皀从吏,显然也是"𠭰"字的讹混。

无独有偶,下列三字也有与以上相同的讹混关系。

1.《说文·馬部》有:"駃,駃騠,馬父羸子也。"《集韵·夬韵》有:"駃,馬行疾。"

2. 唐惠琳《一切经音义》卷六十六引《苍颉篇》有:"駛,馬行疾也。"

3.《说文新附·馬部》有:"駛,疾也。"《龙龛手鉴·馬部》有:"駛,同駃。"

"駃"和"駛"的关系很可能也是本为一字,后来因讹混而分化出两字。只是一时还难以确定是先由"駃"讹混为"駛"还是先由"駛"讹混为"駃"。"駛"自然是由"駛"讹混而来。"駃"和"駛"读音的不同也是讹混分化后的"音随形转"。

有时字形的讹混甚至造成词语的讹混。如秦汉时期"支"和"丈"两个偏旁容易讹混,而在传世文献中分别有"桃支"和"桃丈"两个词语。"桃支(枝)"是指桃树的枝条,而桃树的枝条正好可以作为"桃丈(杖)"来使用。《梁书·列传二十》有萧琛"着虎皮靴,策桃枝杖"的描写,正说明"桃枝"与"杖"的关系。《后汉书·礼仪志中》曰:"苇戟、桃杖以赐公、卿、将军、特侯、诸侯云。"《通典》卷七十八"时傩"下引此文"桃杖"即作"桃枝";《殷芸小说》卷四"后汉人"条载曹操《与杨太尉书》中提到"八节银桃枝一枚";《容斋随笔》卷十二"曹操杀杨修"条引此文"桃枝"作"桃杖"。这正是"支""丈"易混的适例。这两个词语很可能本来就是一个,只是因为"支"和"丈"的讹混,才产生出"桃支(枝)"和"桃丈(杖)"两个词语来。

"黽"旁与"黾"旁易讹混。"黽"本像龟鳖,"黾"本像蛙类,区别至为明显,但是因为字形写得很接近,于是就产生了讹混的现象。这种讹混从很早就开始发生了,战国楚简中写成从"黾"的字有许多都应该是从"黽"作的,如以下诸字。

《包山》273　　《包山》199　　《包山》85　　《包山》82

《包山》125　　天星观楚简　　天星观楚简

其中""就是"鼁"字,甲骨文作,后又由从"黾"讹为从"竜"(龍)。

《礼记·礼器》正义引《尔雅》郭注，"今江东所用卜龟黄灵、黑灵者……"，文中的"黄灵"就是黄鼋（朱德熙等 1995：98），乃占卜时常用的灵龟。其他诸字在简文中也都指占卜用的龟。"鼋""鼍"的讹混，造成一些字分别有从"鼋"和从"鼍"的异体，如"鼂"又作"鼌"，"鼇"又作"鼇"，"鼊"又作"鼊"，"鼈"又作"鼈"等即是。上文所列从"鼍"诸字在字书中的义训如下。

鼌　《集韵·谈韵》："鼋甲边。"

鼇　《集韵·唐韵》："鼋属，头啄似鸥。"

鼊　《字汇·鼍部》："鼊鼈，鼋属。"

鼈　《广韵·薛韵》："鱼鼈，俗作鳖、鳖。"

义训皆与"鼋"有关，显然应该以从"鼋"为正体，从"鼍"都是因讹混造成的。字书中还有如下诸字。

鼋　《说文·鼍部》："大鳖也，從鼍，元声。"

鼊　《广韵·齐韵》："鼊鼈，似龟，堪啖，多膏。"

鼇　《说文新附》："海大鳖也。"

鼈　《集韵·麻韵》："鼊鼈，似龟，生海边沙中。"

上引诸字从"鼍"作，但义训却与"鼋"有关，我们可以推测这些字最初很可能也是从"鼋"作的（刘钊 2006：139-148）。

刘钊早在 1991 年就曾就甲骨文字整理的体会撰写《谈甲骨文中的"倒书"》。可以看出，刘钊对古文字的研究，是经过长期古文字个案考释并充分吸收前人古文字考释成果，在具有了丰富的感性古文字形体和用法方面的认识的基础上，对汉字构形特点加以归纳和总结出来的。这里虽然举的是汉字讹混的现象，但刘钊对古文字其他方面的构形规律的归纳，也都坚持了从实践中来又回归实践中去的基本方法。这说明了一个道理，只有在充分实践的基础上，才可能取得富有创建、具有考释指导意义的有关汉字构形方面的理论成果。

第六章

陆锡兴的汉字文化研究
——以"拆字"研究为例

我们说的汉字文化,主要不是指单个或一组汉字与文化的关系,而是着眼于汉字的整个系统与中国文化的关系。而通常的汉字文化研究却往往流于从单个古文字的形体分析来看当时(大多为上古)的造字文化。古汉字的形体固然可以反映造字意图,并由此窥探上古相关的文化民俗,但由于古今文化的变迁,以及古文字构意原理的多样化,要通过古汉字的形体来阐释古代文化,就必须遵循一定的考据原则。例如判断古汉字的音义及其构形模式(象形、指事、会意、形声),通过文献用法考查其本义,从历史文献中找出相关的文化表现。如果把握不当,这种阐释就很可能出现牵强附会或望文生义的毛病。而且,从古汉字构形的造字意图看古代文化,并没有超出汉字形音义关系考察的范畴,我们并不视之为汉字文化研究的典型做法。陆锡兴的汉字文化研究,不论是他的《汉字传播史》,还是《汉字的隐秘世界》,都很好地揭示了汉字与文化在某个方面的内在的关系。

汉字的构形有其原始的构意,原始构意及其本义是客观的,古文字学和训诂学的一个重要目标,就是从字形探索其造字本义。然而,出自方士或民间的解释,包括谶语、解卦、拆字、扶乩、符箓、解梦、字谜等,几乎全是主观的,随心所欲为我所用的。例如有一则关于拆字的故事。

> 往年有叩试事者,书"串"字。术者曰:"不特乡闱得隽,南宫亦应高捷。"盖以"串"寓二"中"字也。一生在榜,乃亦书"串"字令观。术者曰:"君不独不与宾兴,更当疾。"询其所以,曰:"彼以无心书,故当如字。君以有心书,

'串'下加'心'乃'患'字耳。"已而果然。(《智囊》捷智部·敏悟卷十八)

陆锡兴对于汉字民俗留意多年,积累了丰富的史料,写成《汉字民俗史》(首次出版时改名《汉字的隐秘世界》,2003),揭示了汉字在民间的特殊文化表现。陆锡兴的汉字文化学研究有两个显著的优点:一是从汉字的整个体系看汉字文化;二是史料丰富,令读者大开眼界。这里仅以该书第三章"拆字与测字"第一节"别字"为例,原文摘录如下。

拆字是分解字形的意思,宋代叫作"相字"。拆字的目的是探测未来,所以又叫"测字";汉代叫"别字",也是分解字形的意思。清钱大昕《恒言录》卷六:"《隋书·经籍志》有《破字要诀》一卷,《颜氏家训·书证篇》云:拭卜、破字,及鲍昭谜字,皆取会流俗。卢绍弓云:破字即今之拆字也。"汉代谶纬之术利用别字为其服务,多有发明,并且形成了别字之法。《后汉书·五行志一》:"凡别字之体,皆从上起,左右离合,无有从下发端者也。"拆字又叫"离合字",对字形该分的分,该组合的合。别字不同于《说文》之类文字学上的字形分析,而是根据自己的意愿来随便分拆字形。按照一定的科学方法,分析字形,从而寻求字之本义,这是文字学。随心所欲地分拆字形并加以发挥,作为自己某种观点的依据,这就是拆字。汉代是篆隶变革时期,也是拆字的形成时期。《汉书·艺文志》称"后世经传既已乖离,博学者又不思多闻阙疑之义,而务碎义逃难,便辞巧说,破坏形体"。在许慎《说文·叙》中对这类"诸生竞逐说字解经义"有所介绍,如"马头人为长""人持十为斗""虫为屈中"。这种胡乱肢解文字,信口开河解释字义的做法,虽然不能与拆字完全等同,但已经是很接近了。

一般认为,《左传·宣公十二年》中楚庄公"止戈为武"之说为拆字的滥觞,其实并不正确,因为这个字的分析在字形上合乎规范,字义也有逻辑性,与谶纬学的别字是完全不同的。

以上所引《汉书·艺文志》之文颜师古注云:"苟为僻碎之义,以避它人之攻难者,故为便辞巧说,以析破文字之形体也。"别字的特点是"便辞巧说,破坏形体",即随意地拆开字形,作为花言巧语的依据。例如:

夫劉之为字,卯金刀也,正月刚卯,金刀之利,皆不得行。(《汉书·王莽传中》)

王莽篡位,忌恶劉氏,以钱文有金刀,故改为"货泉",或以"货泉"字文为

白水真人。(《后汉书·光武帝纪论》)

"劉"字拆为卯、金、刀,简称金刀,利器。"泉"拆为白水、"貨"拆为真人,《说文·匕部》真作眞,字上从匕。貨字从化,化,《说文》从匕从人,匕,从倒人。《说文》"眞,仙人变形而登天也。从匕,从目、从乚,八,所乘载也"。"貨"与"眞"皆从匕(倒"人"),字形相近而拆。但是,这些已经违背字学,为俗流所主张。对此北宋沈括已经提出质问:

> 卯金刀为"劉","貨泉"为白水真人。此皆出于纬书,乃汉人之语。按"劉"字从卯从金,如"柳""驑""留"皆从卯,非"卯"字也。"貨"从貝,"真"从具,亦非一法,不知何缘如此? (《梦溪笔谈·书画》)

谶纬家虽然侈言王道,托名上天,但是于文字的说解不过村夫俗子的野言。汉代的别字无一不是荒唐言论,不必一一驳斥,正派学人从不视其为正宗学问。别字之法例如:

> 心止于一中者,谓之忠;持二中者,谓之患。(《春秋繁露·天道无二》)

> 銑(同鉛)则金之公,而银者金之昆弟也(按古音艮昆相近)。(《太平御览》卷八一二引汉桓谭《新论》)

> 人十四心为德。(《春秋说》)

> 土立于乙为地。(《春秋元命包》)

> 四合共一为日。(《春秋元命包》)

> 十夹一为土。(《春秋元命包》)

> 人散二者为火。(《春秋元命包》)

> 八推十为木。(《春秋元命包》)

> 二在天下为酉。(《诗说》)

> 日月为易。(《说文·易部》引秘书说)

颜之推(《颜氏家训·书证》)说:"《春秋说》人十四心为德,《诗说》以二在天下为酉,《汉书》以泉货为白水真人,《新论》以金昆为银,《国志》以天上有口为吴,《晋书》以黄头小人为恭,《宋书》以召刀为邵,《参同契》以人负告为造。如此之例,盖数术谬语,假借依附,杂以戏笑耳。"确实,这种类似儿戏的说解风行一时,成为东汉时期的主流派,统治着政坛。即使有识之士忠言进谏,也无济于事。

> 帝以敏博通经记,令校图谶,使蠲去崔发所为王莽著录次比。敏对曰:"谶书非圣人所作,其中多近鄙别字,颇类世俗之辞,恐疑误后生。"帝不纳。

敏因其阙文增之曰："君无口，为汉辅。"帝见而怪之，召敏问其故。敏对曰："臣见前人增损图书，敢不自量，窃幸万一。"帝深非之，岁竟不罪，而亦以此沈停滞。（《后汉书·儒林传·尹敏》）

尹敏校图谶，越来越觉得荒谬，直言"谶书非圣人所作，其中多鄙别字"。但是皇帝相信，无奈之下，他也只能做起别字来"君无口，为汉辅"，"君"字去"口"为"尹"字，言尹敏自己为汉之辅臣为天命所托。

进入魏晋南北朝，谶纬之风被视为妖孽而屡遭打击，但是拆字却无收敛，还是不断地冒出来，特别当政局变动之间，几乎每个朝代都有记录。

武平七年，后主为周师所败，走至邺，自称太上皇，传位于太子恒，改元隆化。时人离合其字曰"降死"。竟降周而死。（笔者按，隆字篆文从土降声）

周武帝改元为宣政，梁主萧岿离合其字为"宇文亡日"。其年六月，帝崩。（宣帝）改元为大象，萧岿又离合其字曰"天子冢"。明年而帝崩。（笔者按，大字加一横为天字，象字与冢字相似。）

开皇初，梁王萧琮改元为广运。江陵父老相谓曰："运之为字，军走也。吾君当为军所走乎？"（笔者按，运字由走之和军字构成）

炀帝即位，号年曰大业。识者恶之，曰："于字离合为'大苦未'也。"寻而天下丧乱，率土遭荼炭之酷焉。（《隋书·五行志上》）（笔者按，"业"字上下拆开大略似"苦未"二字）

"隆化"把"隆"字最末笔加在"化"字之上，有点像"降死"；宣政把"宣"字下的"日"，放到最后，"政"拆开，形似"文亡"，成为"宇文亡日"；"大象"变为"天子冢"要添加笔画；"运"之离合为"军走"不合字学；而"大业"分拆成"大苦未"，虽然形似，却十分牵强。很明显，这些拆字都是别有用心的，有的是政敌所为，通过这种莫名其妙的解释给人蒙上恶运，诅咒他的命运，起到了其他力量无法起到的作用。

唐代以来，对国运的关注经常寄托在拆字之中，李唐终朝被一个"叶子"二字的阴影所笼罩，以此为字谶的证明。

欧阳文忠公云："唐人宴聚，盛传叶子格，五代周初犹然，后渐废不传。"此盖李唐谶语，宜其久远而遂泯也。夫叶子二字，拆叶字上一半乃"廿世"字，馀"木"字凑下"子"作"李"字，乃"廿世李"，正合有唐历代二十帝之数，当作谶语。如此而谓非天命，可乎？（宋·袁文《瓮牖闲评》卷八）

这是离合拆字法,离"葉"字为"廿""世""木",最末"木"与"子"相合,于是成"廿世李",认定李唐只有二十帝之数。

> 僖宗幸蜀回,改元光启(启)。俗谚云:军中名血为"光",又字体"户口负戈"为"启",其未宁乎? 俄而未久乱作,长安复陷。(宋·王谠《唐语林·补遗四》)

"启"字拆成"户口负戈",成为战事连绵的征兆。明明是政治腐败引起大规模的起义,却归结于年号用字不当。此风一开,宋代君主变得战战兢兢,生怕年号字带来凶兆。君臣讨论切磋,方得安心。

> 仁宗即位,改元"天圣",时章献明肃太后临朝称制,议者谓撰号者取"天"字,于文为"二人",以为"二人圣"者,悦太后尔。至九年,改元"明道",又以为"明"字于文"日月并"也,与"二人"旨同。(宋·欧阳修《归田录》卷一)

这"天""明"二字的分拆实是为太后临朝称制伸张。

> 熙宁末年旱,诏议改元。执政初拟"大成",神宗曰:"不可!'成'字于文一人负戈。"继又拟"丰亨",复曰:"不可!'亨'字为子不成,惟'丰'字可用。"改"元丰"。(宋·叶梦得《石林燕语》卷一)

"一人负戈"显然是受到唐"光启"之"启"的"户口负戈"的影响,所以神宗是断断不敢用这年号的。

> 宣和岁乙巳冬十二月,报北方寒盟。二十有三日,上皇有旨内禅。时去岁尽不数日。故事,天子即位逾年即改元,于是中书拟进,取"日靖四方,永康兆民"二句,请号年曰"靖康"焉。靖康之初,今上在康邸,因出使讲解而威德暴天下,故识者多疑以为康于字为"十二月立康"也。(按,靖字所从之"青"可离析为"十二月")是后一年而中兴。(宋·蔡絛《铁围山丛谈》卷一)

把"靖"拆成"十二月立",再加上"康"字,就变成"十二月立康"了,不过这绝对不是预言,而是事后诸葛亮。

> 高宗初即位,改元建炎,以火德微故也。苗刘之乱,以为"炎"乃两"火"字,故多盗。明年还自海上,改五年为绍兴,久之既与虏议和,遂不复改。(宋·李心传《建炎以来朝野杂记甲集·典礼·年号》)

刘为汉之国姓,汉属火德,所以"建炎"之"炎"助盗。

> 嘉泰元年辛酉三月二十八日宝莲山下大火,被灾者五万四千二百家,绵亘三十里,凡四昼乃灭。那时术者说"嘉"之文,如三十五万口;"泰"之文,如

三月二十八也;又都民市语,多举红藕二字,"藕"有二十八丝,红者火也。谶语之验如此。(明·周清源《西湖二集·认回禄东岳帝种须》)

南宋建都临安,几次大火,造成巨灾。于是有术士从年号上找毛病。宁宗嘉泰竟被拆为"三十五万口"及"三月二十八",以此寻到祸首。

年号是各皇帝临朝的标志,简单明了,又非常突出,历史上经常有人把它作为拆字的对象,都是附会离合为之辞,洪迈曾详论之,录于下:

> 自汉武帝建元以来,千余年间改元数百,其附会离合为之辞者不可胜数,固亦有晓然而易见者。如晋元帝"永昌",郭璞以为有二日之祥(笔者按,"昌"字可离析为二日),果至冬而亡。桓灵宝"大亨",识者以为一人两月了,果至仲春败。萧栋武陵王纪同岁窃位皆为"天正",以为二人一年而止。其后皆然。齐文宣"天保"为一大人只十,果十年而终。然梁明帝萧岿亦用此,而尽二十三年,或人云岿,蕞尔一邦,故非机祥所系。齐后主"隆化"为降死。德王延宗"德昌"得二日。周武帝"宣政"为宇文亡日。宣帝"大象"为天子冢。萧琮晋出帝"廣運"为军走。隋炀帝"大業"为大苦未。唐僖宗"廣明"为唐去丑口著黄家日月,以兆巢贼之祸。钦宗"靖康"为立十二月康,果在位满岁,而高宗由康邸建中兴之业。熙宁之末将改元,近臣撰三名以进,曰"平成"、曰"美成"、曰"丰亨",神宗曰:"成"字负戈,"美"成者犬羊负戈,"亨"字为子不成,不若去亨而加元,遂为"元丰"。(宋·洪迈《容斋续笔》卷十三"纪年兆祥")

拆字的发展不仅取决于朝廷的重视,还必须有民间广泛的认同。至晚在东汉时期开始以别字法来探测个人命运,进入南北朝更见频繁。入宋以来拆字大盛,朝野均热衷此道。从业者独立出来,成为专业的相字者,正式以相字悬牌营业,其中涌现了众多的高手。在拆字的理论方面,重要著作逐渐面世。据传有邵雍《梅花易数》五卷,把事物分别隶属于八类的卦名,区别五行,并且把笔画偏旁附会到五行干支上去解释。把拆字与八卦、五行结合起来,增加了玄虚的成分。谢石是相字大家,著有《心易秘占》,景齐有《神机相字法》,元明之间邵居敬有《龟鉴易影皇极数》及《相字心易秘牒》传世。清代的程省《测字秘牒》,周亮工《字触》的内容与拆字关系十分密切。拆字的实践与理论相互促进,测字的市场化水平不断提高,适合于各种人群,从帝王、高官到商人、农夫,能解决各种疑难问题,从军国大计、生死疾病、刑狱官司、农商生计、科举仕途、失物寻人,几乎无所不能。明清间测字摊遍布大街小巷,标榜通六书,善触机,达到空前繁荣的境界。

这一章另有"测字成为职业""测字的方法""测字的名家"等节,对拆字文化作了进一步的介绍。《汉字的隐秘世界》从另一个角度揭示了汉字在民间的特殊应用价值,资料丰富,堪称汉字文化研究的典范之作。

第八章

杨宝忠的疑难字考释

　　杨宝忠的代表作《疑难字考释与研究》(2005)，上编考释《汉语大字典》《中华字海》收录的唐宋以来疑难字 1 650 个，下编梳理了大型字书发展脉络，提出疑难字择定标准，揭示疑难字形成原因，总结疑难字考释方法，阐明疑难字考释的学术意义。这部著作的学术价值不仅在于其具体考释疑难字数量之丰富和结论之可信，还在于通过对大型字书疑难字的考释，建立了一种通过字书发展脉络的梳理来考释疑难字的研究方法典范。这对于揭示字书疑难字的性质，以及俗文字学的理论建设来说，都做出了可喜的贡献。

　　中国历代字书存在严重的重贮存而轻整理、重吸收而轻考辨与盲目求全求大的倾向，加之传抄与编纂失误，大型字书中贮存了成千上万的疑难字。这些疑难字在形音义诸方面留下的错误和疑惑，必然大大限制了字书的使用价值，影响汉字的大规模整理，影响汉字字种数的统计，并给汉语史的研究与古籍整理带来一定的负面影响。二十世纪九十年代《汉语大字典》《中华字海》相继问世，引起学界对两部大型字书中收录的疑难字的关注，并促使学者们开始了考释工作。从 1992 年开始，杨宝忠、张涌泉发表了相关研究成果，张涌泉《汉语俗字丛考》(2000a) 和杨宝忠《疑难字考释与研究》(2005) 在大型字书疑难字考释与研究方面已经获得可喜成就。

　　这里着重介绍杨宝忠对大型字典中疑难字的辨别标准和考释方法。

1. 关于疑难字的确定

　　杨宝忠 (2005：633) 所说的疑难字，"是指音义不详或形音义可疑的字。疑难字又可分为疑字和难字，难字是指音义未详的字，疑字是指音义虽全，但形音义可疑,也就是形音义之间或字形与字用之间有矛盾的字"。难字在大型字书中表现为音义不全,不难发现;而疑字音义俱全,与没有问题的字在表面上没有区别,隐蔽性强,欺骗性大。为发现并确定疑字,杨宝忠提出了疑字择定的具体标准:构形理据不明,形义关系不切,形音关系不谐,形用关系不合,字形首见与字书收录时代相差过远。这个标准在很大程度上保证了选取考释对象的准确性,避免了盲目考释。

2. 关于大型字书疑难字的来源

按照通常的看法,大型字书收录的字都是在某一时期曾经使用过的字,所以才会被字典记录下来。其实这种认识有很大的片面性,限制了人们对大量疑难字的合法性作出怀疑。杨宝忠经过对传世大型字书的梳理,在导师王宁的指导下,明确提出疑难字来源于两个领域:一是汉字使用领域,一是汉字贮存领域。贮存领域的疑难字,主要是由于字书传抄失误和编纂失误造成的,这些疑难字,其实并不曾记录过语言。

3. 关于疑难字考释方法

清代学者戴震提出"以经考字",段玉裁提出"形音义三者互相求"的考释方法,应该说,这些方法用于疑难字考释并不过时。考释疑难字应该充分利用被释字在形音义三方面保存下来的信息,并充分利用传世文献及出土资料。但是,由于字书所保存下来的有关疑难字的形音义信息并不平衡,加之字书疑难字常常搀杂错误信息,因此,当具体考释疑难字时,往往要倚重一头而兼顾其他。杨宝忠参考前人有关考字方法的论述,结合具体的疑难字考释实践,将大型字书疑难字的考释方法归纳为五种。

以形考字　汉字的系统性、传承性和社会性是"以形考字"的理论依据。字书贮存的疑难字有的音义不全,也有的音义存在严重失误,字形虽然存在变易或讹误,但变易具有规律性,讹误也有其原因。借助字书贮存的疑难字字形,根据汉字变易的一般规律和书写习惯,通过字形分析和类比,探究疑难字变易途径或讹误原因,从而对疑难字做出具体考释,这是疑难字考释的主要方法之一。探究疑难字变易途径或讹误原因准确与否,则是检验考释结果是否可信的重要标准。

以音考字　疑难字中有一些是有音无义的;有些疑难字虽有义,但存在传抄失误或经人妄改妄补的可能性,不足为据。考释有音无义或释义有问题的疑难字,往往需要以音为突破口,并兼顾字形。

以义考字　大型字书是在已有字书的基础上编纂而成的。在编纂过程中,由于编者追求在收字和释义上超过前出字书,一方面,后出字书把前出字书贮存的形音义信息继承了下来,另一方面,又增加了收字数量和音义信息。字书贮存的意义具有概括性和固定性,虽然形有变易,音有失误,但其基本义往往历经千年而不变。因此,根据字书贮存的意义信息考释疑难字,不失为一种行之有效的方法。

以序考字　字书列字排序因各书体例不同而异,或以义类,或以韵次,或以四声,或以笔画。无论哪一种排序方法,同一字书所收的字,大致有其相对固定的位置。熟悉字书的排序体例,根据列字次第对疑难字进行考释,时有创获。

以用考字　大型字书收录的疑难字,一部分来源于汉字使用领域,在考释这些疑难字时,应当充分利用字书所提供的文献材料,通过勘对字书提供的原始文献用字,勘对不同版本的文献用字,勘对相关文献用字,参考文献用字的上下文,有助于对来自使用领域的疑难字做出考释。

杨宝忠在进行疑难字考释时,往往多种方法综合运用,从而保证了考释结果的可信度。这里试举二例:

騡 yuān《龙龛手鉴》於元反。污面马。《龙龛手鉴·马部》:"騡,汙面马也。"(《大字典》4549B)

騡 yuān,音冤。污面马。见《字汇》。(《字海》1650A)

按:《龙龛》卷二《馬部》:"騡,於元反。汙面马也。"《篇海》卷七《馬部》引作:"騡,於元切。污面马也。""汙""污"字同。此字《玉篇》《广韵》《集韵》具不收录,且污面之马亦无需专立一名、专制一字。以音求之,并参考字形,"騡"当是"宛"之易旁字。大宛,古国名,为西域三十六国之一,其地产良马,称大宛马。《史记·大宛列传》:"大宛在匈奴西南……多善马,马汗血,其先天马子也。"《汉书·张骞传》:"得乌孙马好,名曰天马。及得宛汗血马,益壮,更名乌孙马曰西极马,宛马曰天马云。""騡"音於元反,与大宛之"宛"读音相同;及以"宛"名马,因制"騡"字。此犹"屈"本地名,其地产良马,因名其地所产之马为屈产之乘,及以"屈"名马,因制"驅"字,同一理也(《龙龛·馬部》:"驅,去勿反。～产,良马也")。騡(宛)马汗血,故又称汗血马。《龙龛》"騡"训"汙面马","汙面"当是"汗血"之误。"汙"与"汗"俗书无别,《万象名义·水部》:"汙,何旦反。小液也。""汙"正"汗"字俗讹;"面"与"血"形近或相乱,《龙龛》卷四《邑部》:"鄆、鄆,二俗;邮,正。悉聿反。賑～。""邮"从血得声而俗变从面,是其证。韩道昭所见《龙龛》"汗血"已误作"汙面",因转写作"污面",去本真愈远矣。《正字通·马部》:"駌,俗字。宜删。"谓之俗字是也,然谓宜删,则不当。(2005:623-624)

此条考释,作者首先调查了"駌"字在传世字书中收录的情况,发现《玉篇》《广韵》《集韵》均不收录,然后从记录汉语需要的角度,指出"污面之马亦无需专立一名、专制一字",因而确定它为疑难字。对于"駌"字的考释,作者利用了字书贮存的注音信息,通过校勘,发现了字书贮存的释义错误的缘由("汙面马"当作"汗血马"),参考汉字变易的一般规律(涉义易旁),又证之以传世文献,最后指明"駌马""宛马"异形而同词,"駌"乃"宛马"之"宛"的易旁字。这个考释很有说服力。

婹 chèng《改并四声篇海》引《馀文》昌孕切。降服。《改并四声篇海·爪部》引《馀文》:"婹,夅也。"《篇海类编·身体类·爪部》:"婹,夅也。"(《大字典》2037B,《字海》895A略同)

按:成化本《篇海》卷十一爪部引《馀文》:"婹,昌孕切。夅也。"《详校篇海·爪部》:"婹,昌孕切,音秤。夅也。"《篇海类编》同。《字汇补·爪部》:"婹,昌孕切,音趁。夅也。""婹"字宋以前字书未见,以音求之,当是"犇"之讹变,《集韵》去声《證韵》昌孕切:"再,大也,举也。古作犇。""婹""犇"读音相同。《篇海》引《馀文》字多见《集韵》,《集韵》有"犇"无"婹",《篇海》有"婹"无"犇";《篇海》与《五音集韵》同为韩道昭所撰,《五音集韵》昌孕切亦有"犇"无"婹"。"婹"训"夅",或训"夆","夆""夅"并当作"夅","夅"即"举"之俗写。《篇海》卷五《夂部》"俗字背篇":"夅,音举。义同。俗用。"是其证。《篇海》卷十《心部》引《馀文》:"㤟,力夅切。慢也。""夅"亦"举"字,可资比勘。然则"婹""犇(再)"音义全同,"婹"当是"犇"字之误(唯"婹""犇"字形相去甚远,"犇"似无由繁化作"婹",以形求之,"婹"当是"孌"字俗讹。"孌"俗讹作"婹",《篇海》卷五《女部》引《馀文》:"孌,力究切。美好也。"《集韵》上声《獮韵》力转反"孌"同"孌"。"孌"与"婹""婹"并形近)《大字典》《字海》为字形所惑,径依"夅"字转训降服,殊误。"夅"固为降服字,然其字久废不用,《说文》五篇下《夂部》:"夅,服也。"段玉裁注:"凡降服字当作此,降行而夅废矣。"《玉篇·夂部》:"夅,伏也。今作降。"若"婹"果有降服之义,则当以"降"字训之;若以久已废弃之"夅(xiáng)"释之,则时人不识,不

能达到训释目的也。(2005：474)

通过对"夒"字在传世字书中收录情况的调查,发现字书对于此字的训释并不一致,然后以音为突破口(参考《篇海》所引《馀文》与《集韵》的关系)。通过校勘,证明"夒"训"夆"或训"夆"皆为"夆"字形误,"夆"即"举"字俗书;"夒"字昌孕反、训举,与"㮃(再)"字音义全同。由此可得出"夒"当是"㮃"字之误的结论。一般的考释,到此便可以结束了,由于杨宝忠具有"变易具有规律性,讹误也有讹误的原因"的认识,在考释疑难字时,尤重疑难字与正字之间的字形联系,所以,当从音义角度考释"夒"字之后,又进一步指出"'夒''㮃'字形相去甚远,'㮃'似无由繁化作'夒',以形求之,'夒'当是'夒'字俗讹"。这种形音义兼顾尤重字形的考释方法,在很大程度上保证了考字质量。梁春胜(2008)对杨宝忠"夒"字的考释作了补充,移录于下:

> 考《新修玉篇·爪部》引《馀文》:"㮃,昌孕切,大也,举也。"(61A)《集韵·证韵》昌孕切:"再,大也,举也。古作㮃。"(174B)《新修玉篇》所引与《集韵》吻合,可证《篇海》"夆"确为"夆(举)"之误,"昌孕切,举也"对应的也确是"㮃(再)"字。那么"㮃"怎么会变成"夒"呢?原来《新修玉篇》"㮃"上一字是"夒",云:"夒,力宪切,美好也。""夒"正是"夒"之讹俗字。可见《篇海》脱"夒"字音义和"㮃"字,从而将"㮃"的音义错安到了"夒"字上。《疑难字考释与研究》在没有《新修玉篇》作为参考的情况下,以"夒"为"夒"字俗讹,堪称卓识。

杨宝忠对于疑难字的考释是从字书系统的调查开始的,这种研究方法为俗字和疑难字研究树立了一个很好的典范。

第九章

英汉文字比较实验报告

二十世纪以来,作为表意文字的汉字一直遭受攻击和贬低,这主要是受到十九世纪末西方文字"文字发展三阶段论"错误理论的影响。经过多年的反思和理论上的进步,西方文字学主流早就否定了这种单线性发展模式的构思,认定表意文字和表音文字是世界文字发展的两种不同模式。但是,汉字落后论在中国的负面影响至今还存在。要真正比较表意性质的汉字与表音性质的拼音文字的优点和缺点,客观的做法是进行科学的实验。这方面的工作,在汉字心理学领域已经取得了卓越的成果。这里我们选取一篇比较通俗易懂的文章予以介绍:林汝昌、李曼珏的《英汉文字比较实验报告》(1988)。两位作者写作时均为湖南大学人文学院教授。文章的优点是理论与实验并重,在详细介绍实验操作方法的基础上,附有附录。这里只简单介绍其主要思想及实验结论。文章采用的"英语""汉语",有时指的是"英文""汉文",这点不必苛求。文章内容大意如下。

英语、汉语是当今世界上使用人数最多的语言,由于历史发展的不同轨迹,英语、汉语按各自社会的需要而发展。这样,英文发展成为今天的表音文字,而汉文发展成为今天的表意文字。

英语作为表音文字有其自身的特点,如复杂的音节结构,一个单词有多个音节,通过词形的变化来表示语法联系,句中单词的位置相对自由,是一种逻辑性较强,便于分析的语言。故有人认为西人按主-谓语这一构架来思考(think in subject and predicate),又因其思维要通过语序的调节,使之规范后才作用于语言形式上,因而被称为间接投射式语言(indirect projection:from speech to thinking)。而汉语则不同,汉语多为单音节词。其词根具有孤立性的语法结构,词形几乎没有形态变化,句子也没有明显的语法标志,其构句形式充分反映了汉人具体、直观和顺应自然的思维习惯。加上汉字按部首检字,人们也习惯于按部首分类思考(think and group according to radicals),其思维直接作用于语言形式,因而汉字被称为是一种直接投射式语言(direct projection:from thinking to speech)。

根据萨丕尔(Sapir)和沃尔夫(Whorf)提出的语言相对论(language relatiity)理论,语言没有优劣好坏之分。英语的特点决定了它的线性书写形式,而汉语的种种独特之处也决定了汉语只能使用望形生义的方块字作为其书写形式。在很长一段时间里,由于受到西方文字发展三阶段论的影响,汉字受到误解、攻击与屈辱,被认为是还没有发展到最高阶段的文字。在西方拼音实现机械化处理的一二百年间,汉字的真正机械化处理始终没有实现。这个时代的汉字实际上承受着机械化和自动化两个时代的重负。直至二十世纪七十年代后期,汉字信息自动化处理,如输入软件的智能化、点阵方式显示和打印等方面终于取得了突破,使得汉字输入和打印技术跨越机械化阶段而直接步入自动化。进入了电脑时代,汉字的一些本质特征得以显现,汉字的价值已受到广泛的注意。

该文通过英汉两种文字的比较,去展现汉字过去被埋没了的一些优点,为汉英文字的进一步比较研究提供了一些实验数据与实例。

以下是实验报告简介。

报告之一:汉字笔画的复杂性与汉字识别的关系

过去认为汉字笔画的复杂性是汉字的一大缺点,它增加了对汉字识别的难度。英国学者泰勒(Taylor)于 1983 年在其《阅读心理学》(*The Psychology of Reading*)一书中提出汉字笔画的复杂性可能有利于汉字的识别,因为复杂的汉字比简单的形式包含更多的区别线索。1987 年美国俄亥俄州立大学一位名叫埃德蒙德·海耶斯(Edmund Hayes)的博士生在其论文中也论述了汉字笔画的复杂性与可辨性的关系,得出与泰勒相类似的结论。这里提出这样一个假设:汉字的笔画越多,被识别的程度越高;无论该字在正常的书面语境中出现的频率如何,情况也是如此。针对这一假设,设计并进行了一次汉字识别实验。

(实验程序省略)

实验结果表明,对以汉语为母语的读者和以汉语为第二外语的读者来说,汉字均具有高度的可识别性(识别正确率分别为 90% 以上和 78% 以上)。这是由于汉字所特有的图画性及形象性所决定的。如实验所反映的那样,汉字笔画的多少对学习者识别汉字的能力影响不大。因此,在将汉语作为第二外语教学的过程中,汉语教师大可不必为汉字繁多的笔画而伤脑筋。同时这一实验对汉字是否有必要进一步简化提供了值得思考的依据。

报告之二:信息等值的英汉文字材料所占篇幅之比较

阅读的主要目的是摄取信息。因此,以较少的篇幅传达较多的信息自然有助于减少信息摄取所需的时间。对英汉信息等值的文字材料的篇幅进行比较(主要是对这些文字材料的长度及印刷面积进行比较),将有助于我们了解英、汉语的一些特性。文字选择的对象涉及英汉意义等值的习语、文句、篇章以及整部著作,所采用的文字材料均为印刷品,汉字为五号铅字,英文为与五号汉字等高的 10.5 磅英文字符。

其中整部书所比较选择的四部中英名著分别为:《林海雪原》、《日出》、《吉姆爷》(*Lord Jim*)和《穿破裤子的慈善家》(*The Ragged Philanthropist*)。其中中文名著两种的中英文版印刷方式(行距)一致,因此统计了这两部书的印刷面积,英文名著两种因排版方式不同,只能比较其总长度。取其中两种的比较结果表列如下:

文　种	书　名	总字数	总印刷面积(cm)
中文	林海雪原	407 000	86 750.2
英文	*Tacks in the Snowy Forest*	236 060	119 715.2
中文	吉姆爷	262 000	59 784.3
英文	*Lord Jim*	150 900	81 151.2

数据说明,无论原文是英文还是中文,中文的字数超出英文(笔者按,这里说的英文字数应是以英文单词来计算的),但所占篇幅仍然小于英文。中文字数超出英文,首先是因为两种语言表达的逻辑思维方式不同。英语中形式语言和逻辑语言比较发达,因此在表达同一逻辑思维时,汉语多采用自然语言去描述,这样用字就要多些。但在表达等值信息(在印刷字号相同的情况)时,英文材料所占篇幅却大于汉文材料所占篇幅。从篇章的分析中获得的英汉单字长度比平均值为 2.7。

这一比值表明,一个普通长度的英文单词(5~6 个字母)在长度上大约相当于三个汉字。当然,计算会存在一定的误差(但不影响结论);而且,英文单词之间存在空格,单词长度也不一,这使英文单"字"长度的数据不可能精确。

报告之三:英汉文字材料阅读速度之比较

文字是通过视觉形象来传递语言信息的。一种文字的阅读速率(以单位时间内通过文字形象所摄取的信息量来表示)的高低,是评价一种文字使用价值的首要标志。文字阅读是一个复杂的过程,受到多种因素的影响和制约。一是人的因素,如读者的文化程度,读者对阅读内容的了解和熟悉程度、阅读时的意识状态(如模糊状态、松弛状态、清醒状态、兴奋状态等)、心理状态(包括注意力及阅读情绪等)、生理状态(如是否疲劳和视力模糊)以及阅读方法(如是否进行过快速阅读训练)等。二是文字因素,如文句是否通顺、语句的长短、语词字符数的多少以及有无错别字、漏字等。三是环境因素,如光线强弱及有无噪声干扰等。

为了使文字阅读对比具有一定的科学性,必须尽可能地排除以上各种因素的干扰。具体阅读对象、阅读材料和阅读环境心境,以及计算统计方法等情况这里均从略介绍。

实验结果表明,同样内容的文章,阅读英文所花的时间大约为阅读中文所花时间的 1.7 倍。该实验数据与李公宜在 1987 年发表的《从阅读高效率看汉字》一文所得的数据极相近。李公宜认为在语义信息量相当的条件下,一个汉字等价于 3.7 个英文字母。另外,考虑到相同字号文字所占的空间大小的统计对比;两种文字阅读速率基本取决于两种文字信息密度之比;由于英文每行字符空格情况造成的长度之比,从而影响阅读速度之比;以及英文行数要比中文行数多,阅读换行的次数也多,换行期间处于短暂的中断状态等因素。综合计算的结果,中文阅读速度约是英文阅读速度的 1.6 倍(在这里计算方法及公式均从略)。这一实验结果实验者认为是可靠的。

在信息化时代,文字将成为现代人生活中不可分割的一部分。高效率的阅读正是汉字赋予亿万炎黄子孙的财富。难怪李公宜说:"1.6 倍意味着在相同的阅读时间内,中国人可以比西方人多获得 60% 的信息;意味着在同样勤奋的条件下,一个中国人一辈子(平均寿命按 70 岁计算)所看的书,西方人只能在上帝给予他比中国人多活 36 年的寿命才能读完。"

报告之四：英汉文字跨时空可读性之比较

跨时空在该文中的定义是百年以上的时间。文字的跨时空可读性对于一个民族、一个国家的文化继承有着深远的影响。文字的跨时空可读性越强，越有利于民族文化的继承。

英汉两种语言都经历了漫长的发展，从有文字记载的历史看，汉字的构造大约在公元前数百年间（周秦时期）已臻于成熟；而汉字书体的演进，到了公元后一二百年时（汉代末年）已经停滞不前了。现代汉字是古代汉字的延续，它们从古到今是渐变而不是突变的。因此，要在古今之间划出一条泾渭分明的界线十分困难。如果把小篆以前的汉字作为古汉字的代表，而把"五四"以来的楷体汉字作为现代汉字的开始，那么，古今汉字的区别可以简单概括为以下几点：其一，现代汉字已趋于符号化，许多简化字已失去表意功能；其二，现代汉字多属形声字，具有一定的表音作用；其三，古汉语多为单音词，字义即词义，汉字和汉语是完全相适应的；其四，现代汉语多数为多音词，一个词往往要用几个（一般是两个）汉字来书写，词义一般不是字义的简单相加，汉字和汉语相适应的程度已有所减弱。（笔者按，上述说法有的不够确切）

在追溯英语的历史发展时，通常将英语分为三个时期：（1）古英语（Old English），大约从公元 450—1150 年；（2）中古英语（Middle English），大约从公元 1150—1500 年；（3）现代英语（Modern English），大约从公元 1500 年到现在。英语文字的变化主要体现在拼写和读音上。

文字的演化必然影响后人对古代文献的阅读。英汉两种文字发展的历史轨迹不同，所以我们只能以类比演绎的方法，分阶段对英汉两种语言文字材料的跨时空可读性进行比较。

比较内容一：用古英语写成的《主祷文》（约公元 449 年）与现代英文比较。（文字省略）

从这两段文字可以看出，古英语书写的文献和文学作品对于今天的英语读者来说无疑是"天书"，因为古英语使用了一些现代英语不再使用的字母。此外，一些单词的拼写也不一样，虽然古英语的字母与读音比现代英语具有更多的一致性。在这个时候，中国的北魏（440）统一了北方，汉字已趋成熟，而且同化了来自外族统治者的文字。在这之前的一千多年时间里，汉字成功地记下了先秦的诗书辞赋之类经史子集等各种文献，与古英语《主祷文》差不多同时代的作品《桃花源记》,在一千五百多年后仍然脍炙人口,读起来仍有身临其境之感。

比较内容二:中古英国伟大诗人乔叟(Geoffrey Chaucer, 1340—1400)的代表作《坎特伯雷故事集》(*Cantebury Tsles*)楔子(Prologue)中的一段文字与现代英文比较。(比较文字省略)

从上述两段文字可以看出,中古英语和现代英语仍存在一个较大的阅读断层。据统计,1930年版的英文《圣经》与1960年版的《圣经》相比,约有50%的单词在拼写上有差异。古英语字母不仅辅音有变化,元音也发生了变化,词汇和语法的变化主要表现在屈折形式(即词尾变化)的逐渐淡化,名词在多数情况下只保留了所有格及表示复数的词尾标记,强式变格与弱式变格之分也不复存在,等等。

从古英语到中古英语,时间跨度为500年。在这期间,中国正好从北魏进入北宋。但在此期间汉语变化不大。读一读与陶渊明相距500年左右的北宋周敦颐(1017—1073)所写的《爱莲说》,就足以证明。

公元1500年至1700年以后,英语进入现代英语阶段。这时英国封建制彻底瓦解,英国进入资本主义发展的初期。比乔叟晚二百余年的弗兰西斯·培根(Francis Bacon,1561—1626)所写的《谈读书》(*Of Studies*)一文已成为现代英语的范文。

中国直到二十世纪二十年代,白话文才慢慢兴起,到"五四"之后白话文已相当普遍,但汉字仍为方块字,与公元之后五六世纪(隋唐时代)的汉字没有太大的差异。

上述比较说明,英语由于源出多处,并非一脉相承,其文字激烈的变化使得语言的跨时空可读性受到损害;英文作为拼音文字其最突出的特点是表音功能。由于语音在语言各要素中变化最快,而记录语音的英文为了适应这种变化,就必须在拼写上作出相应的改变,因此现代英语与古英语相比,在读音和拼写上已"面目全非"就不足为怪了。而汉字与意义联系紧密,"望形生义""借形表义",具有很强的"目诉性";加上意义相对稳定,虽经几千年的演变,今人仍能"识古"就不难理解了。

此外,英汉两种文字跨时空可读性的差异也与它们相应的语言特点有关。语言的发展趋势是从综合到分析,词形变化从繁到简。英语是由高度综合性的原始印欧语发展而来,向分析语言发展,古英语、中古英语中的许多词形变化标记,到了现代英语阶段都已不复存在。而汉语一脉相承,是典型的分析性语言。其词根孤立性及单音缀的特点使其文字不存在词首或词尾的变化,在阅读中就不存在由于词形变化而造成的障碍。

报告之五:电脑输入汉字与输入西文之比较

汉字在信息处理上曾经承受着两个历史时代的重压。鸦片战争失败,有人迁怒于汉字,认为"外国之巧,在文书简,故速;中国之患,在文字繁,故迟"。五四之后又喊出"汉字亡国"的口号。解放后,不少专家学者仍坚持"文字必须改革,要走世界文字共同的拼音方向"的口号。直到二十世纪八十年代,当汉字步入自动化、智能化的新时期后,人们才对汉字有了崭新的认识。

在如今这个知识密集的信息社会里,人们要求更快速地传递信息,因此电脑已成为这个时代不可缺少的工具。英文字作为印欧语之一,其复杂的标记形式并不是电脑语言最佳的选择,相反,属单音节非标记语言的汉字却受到众多电脑语言科学家的青睐。事实证明,汉字电脑文字信息处理比拼音文字毫不逊色。

1. 电脑输入汉字与输入西文之比较

英文机械打字与中文机械打字分属两种不同的设备,而用一台电脑却能使汉、英文字兼容处理,用不同的软件打出汉、英文字各种大小不同的字体。

英文打字是一键一字符的方式。打字员只需按稿打就是了,关键是要指法娴熟。用小键盘输入汉字,必须把每个汉字都转变为键盘上的字母或符号序列,这就存在汉字编码问题,其中多了一个编码的思维负担。汉字打字除了要求指法敏捷外,还要求编码思维准确、快速。要减轻编码思维的负担,就要求加速汉字软件的智能化,从而提高输入的速度,而词语输入、联想输入都能极大地简化编码思维,提高输入效率。

此外,汉字电脑输入还有一个集外字的问题,英文字符元素个数确定,量也不大,小键盘足以对付各类英文文件的输入。汉字字量大,难以确切给定,而现行的汉字软件大多限于"GB2312-80"基本集,集外字无法直接输入,但随着汉字软件的不断开发,集外字输入问题可以得到解决。

上述几点说明,随着科学技术的发展,汉字存在的种种不足已得到逐步的解决。在机械化时代,汉字信息处理严重落后于英文,而到了自动化与智能化时代,汉字与英文的输入已不相上下,各有千秋。随着汉字输入软件智能化的提高,汉字输入的易学性、易用性、实用性以及输入法将会达到一个更高的水平。

2. 汉、英文电脑打字效率之比较

汉、英文电脑打字之效率,如果按每分钟击键次数作比较,汉字电脑打字会慢于英文。但值得注意的是,汉、英文一次击键输入的信息量是不同的。如"社会主义"一词击键四次就可以打出,而英文"socialism"要击键九次才能打出。因此以每分钟击键次数多少做比较是不科学的。

真正客观、综合的比较方法应该是:取同一内容资料的汉、英两种版本输入作为实例,甲输入英文版,与甲同等熟练的乙输入中文版。若乙的时间比甲短,那么就可以证明汉字输入效率高于英文输入效率。当然,实验也可以由一位对英、汉打字同等熟练的人去完成。

由于现今汉字键盘输入技术已由单字处理发展到以字为基础、以词为主导的阶段,加上有了高频率的整字码和计算机的智能处理,现在输入一个汉字平均击键 1.5～2.5 次,也就是说,同样内容的汉、英两种文字,由于英文是全息输入(按字符逐个输入),汉字是非全息编码输入,所以完成英文输入的击键次数要比完成汉字输入的击键次数多一倍左右。另外,两种文字的信息承载量也不同,中文的信息承载量大于英文。尽管汉字输入时还有编码这一程序,但其击键次数比英文少。附件 2 的三段短文共 161 个汉字,打字员用比赛速度 203.3 汉字/分输入短文中的全部汉字,需 48 秒,共击键 371 次(该编码方案平均 2.3 键/字)。与三段汉语相同内容的三段英文译文共约 778 个字符(包括 SPACE 键),另一打字员用 500 字符/分输入三段英文短文,需 1 分 30 秒。通过实际计算表明:用该编码方案输入汉字要比英文输入速度快得多。因此,汉字的输入效率高于英文(原注:华绍和1991)。

3. 英汉文字比较研究实验报告之启示

通过比较我们认为:(1) 汉字进入电脑时代,它的一些潜在的优势开始得到展现,汉字终于以其独具的风格自立于世界文化之林,重新得到一个平等、公正的竞争机会;(2) 不同民族的语言因环境地域不同,文化、哲学渊源不同,各自存在其独特的民族性,其民族性对语言的影响存在一定的不可比性,因此各民族语言自成一体,不存在优劣之分;(3) 不同语言的特点决定其文字所属类型,西方学者提出的"文字是记录语言的符号"这一论断并不完全适用于汉语。作为意音文字,汉字并不仅是汉语的附属物,汉字本身有着丰富的文化内涵和深邃的哲理;(4) 实验证明汉字有高度的可识别性,所占空间比英文小,信息储存量大,跨时空可读性强,利用汉字进行信息储存和处理绝对不比使用英文差,同时汉字单音节这一特点却是电脑声控语言的最佳选择;(5)汉字的文化继承性在汉字改革中是一个不可忽视的问题,汉字"要走世界文字共同拼音方向"这一问题要重新思考;(6)对新世纪的展望与预言越来越多。随着科学技术的发展,信息高速公路把人类提升到一个新的境界,多元文化之间的宽容和互补已成为不争的趋势。为此,任何一种民族语言在未来的时代里都不可能独领风骚。

笔者按,这份报告只是多家实验报告中的一种。为便于阅读,一些比较专业的统计术语和方法及公式等均已从略,原文附件及参考文献等资料也均从略,读者可找出原文阅读。从这份有理有据的实验报告中,我们可以感受到许多汉字过去被指责的方面其实是大有潜力的,在某些重要方面与英文相比毫不逊色。我们有理由相信,汉字的未来一定是光明的。我们一定要让学生明白这一点,热爱汉字,努力学好汉字。

第十章

东汉用字调查及专用软件

1. 东汉用字调查

（1）课题目标

2002 年，徐莉莉教授承担了教育部重点研究基地重大课题"东汉时期用字调查"，嗣后笔者承担了上海市社科课题"东汉用字调查与研究"。这两个课题有互赖互补的关系。选题起初是由裘锡圭先生提出来的，后来由笔者与徐莉莉教授相配合，共同承担这两个课题的工作。

本课题所说的"用字调查"，指的是调查某个历史时期社会使用的全部汉字的字数、字集、字频等基本状况。现代汉字的字量调查工作早就有人做过，但古代汉字断代用字字集字频的调查还没有人做过。古代汉字用字调查的目的是为认识汉字发展史提供具体的和量化的数据。这是一个浩大的系统工程，这个系统工程要从一个个断代的用字调查子工程开始，然后汇聚为反映"史"的总工程。本课题是对这个系统工程的第一个断代子工程的尝试，以东汉时代的用字调查为目标。

传世文献的传抄性质，决定了其不能真实反映作者所处时代汉字使用的真实面貌，所以，用字调查只能以断代明确的实物文字为依据。本课题的断代，规定为东汉时期（含新莽）。基本方法是通过计算机对东汉实物文字的使用情况作全面记录，据以制作在用字调查和语料方面相关信息较完整的数据库；由此数据库统计出当时所使用文字的数量（字样数和字种数）、字集、字频、覆盖率等，所收集到的信息均以表格形式来表达。

课题涉及的语料，包括石刻、简牍、金文（铜镜和货币另归类）、铜镜、玺印、砖刻、货币、券刻、瓮书和其他(如木器、缣帛)共十类。语料的选择,必须是符合断代要求的实物文字拓本或照片(个别采用摹本),一要选择好的拓本或照片,二要参考前人辨伪成果排除伪器伪刻,三要参考前人断代成果确认为东汉器(跨时代的实物从宽收入)。

正确可靠的释文,是用字调查可靠性的保证。东汉的主流文字是隶书,但由于出现大量的行书草书及俗字讹字,加上有的著录拓本照片漫漶模糊,正确认识实物文字是一桩相当艰难的工作。凡调查涉及的释文,以实物拓本或照片的校核为依据,在吸收前人成果的基础上,努力订正现有释文中的识字错误。为了揭示用字语境,全部释文必须在读通原文的基础上加以断句标点。

课题工作涉及较复杂的计算机用字问题。用字调查以计算机为手段,必须使用计算机字符集文字。汉代文字以隶书为主,兼用篆书,还大量使用行书草书,俗体字的应用非常普遍。计算机文字与东汉实物文字的对应关系的处理,是一个涉及字形与字体关系的较难处理的理论问题,必须在汉字系统性的视野下加以整理。在确定字样、字种的基础上,按照一定的原则隶定,从而转换为计算机可以处理的字符。课题以计算机通用的国标扩展字符集 GBK 宋体汉字为选用字符(如遇到 GBK 所无字需要造字),按照最接近的原则,以传统正字作为调查用字的代表字,并确定传统正字与东汉异体字、古今字、通假字之间的关系。基本原则从汉字发展史的系统性出发来确定代表字的字形,具体来说就是忽略异写字和字体造成的字形差异,保持异构字、古字和假借字的形体。在不妨碍检索的前提下调查报告用字,尽可能以科学的原则,正确反映汉代用字的面貌。

(2) 数据库设计

调查的实物文字数据量大,设计数据库、编制专用软件是课题工作的关键步骤,也是一个技术上的难点。此前没有同类工作经验可供借鉴,也没有现成软件可供使用,于是我们开发研制了制作数据库的软件"灌神"检索用的软件"搜神"。

调查用字的首要工作是设计数据库。我们采用最流行的 Microsoft Access 作为数据库载体。数据库由一个主表和若干辅助表构成,主表记录主要信息,辅助表可以记录不便由主表承担的相关信息。

主表叫《用字调查信息表》,设置的"字段"(即信息项目)主要有如下几项。

字头　被调查的实物文字的代表字,一律采用隶定的传统正字(与简化字形体相同的古字作异体字处理)。

字形　保存在硬盘里的实物文字图象,将其路径记录在数据库里,即可在语料检索时通过链接显示相应的原图像。

字体　东汉字体有篆书、古隶、隶书、行书、草书等。

材料类型　有石刻、简牍、砖文、金文、铜镜、玺印、货币、瓮书、铅券等。

材料来源　指原著录书名或碑刻名,及相应流水号、页码、图序、行数等。

断代　实物文字书写刻写年代或早中晚大致时期。

语境　字头在原实物文献中的上下文。

合文　两个文字合成一个文字的形式,在东汉时期尚有少量遗存。

重文　后一字跟前一字相同时,原文用重文符号"＝"来表示,如"大黄黄芩"写成"大黄＝芩"。

正字　实物文字中的异体字,标示其相应的正字(以传统正字为准)。

读为字　实物文字中的借字和古字,标示其训诂上的"读为字"(本字和今字)。借字与"读为字"构成通假关系,如"樂-藥";古字与"读为字"构成古今字关系,如"白-伯"。

纠正字　原文中的明显别字,标示其"纠正字",如"冶-治","逐-遂"。

附记　标明"摹本""翻刻""反书""疑伪""模糊"等特殊情况。

数据库设计要照顾输入的可行性和方便性。这就要遵循一个基本原则:主表数据信息应该是直观简单的信息,而不是经过考证的结果。以"断代"项为例,如果原资料有明确的纪年信息,当然可以作为断代信息输入主表;如果原资料没有纪年,需要通过字迹的对比和简牍人物的系连来判断,就难以在制作数据库时给出准确的信息,这种情况只能粗略地用早期晚期之类措辞加以标示。数据库本身的作用就是协助调查或考证,如果要输入经过考证的信息,会大大地限制数据库的完成,反而妨碍了考证的进行。数据库的辅助表,记录一些不便由主表承担的信息。例如《东汉文字资料信息表》,设置的主要字段如下:

字段	简称	通　称	断代	出　土　情　况	著　录
举例	父老僤	汉侍廷里父老僤买田约束石券	建初二年	1973 年冬发现于河南省偃师县缑氏公社郑瑶大队南村西北约一里处	中国书法全集 7－28

数据库设计完成以后,下一步工作是数据输入。这项工作若想让计算机自动进行,就必须编制运行程序,让计算机按照预设规则自动进行数据输入。为着课题的进行,我们开发了专用于历代实物文献语料库建设工程及用字调查工作的数据库模式及多功能工具软件"灌神"。灌神的最显著功能,就是能够高效率地把出土古文字释文转化录入数据库。开发者所要做的,就是仔细核对古文字图像,保证释文文本及相关信息在学术上正确无误。

(3) 报告表

用字信息数据库完成之后,就可以按照数据库现有的信息,制作一系列用字调查报告表。在本课题中,最主要的报告表是《字样表》和《字种表》。"字样"指每个具有独立构形意义的汉字;不同构形的异体字合并为一个"字种"。这两种报告表的主要结构如下。

字样表:字样,正字,出现次数,频率(%),累计频率(%)。

字种表:字种,异体字,出现次数,频率(%),累计频率(%)。

经过十年的艰苦工作,对东汉用字情况的调查获得初步成果。截止到统计数据提取的 2006 年 10 月 28 日,调查报告揭示:调查语料用字总数 98 080 个,获得字样 3 874 个,字种 3 534 个。在字样表里,前 1 030 字的覆盖率为 90.00%,前 1 566 字的覆盖率为 95.00%,前 2 894 字的覆盖率已达到 99.00%。这表明,在当时只要认识 1,500 字左右,就可以满足 95%的阅读文献用字需求了。

此外还可以通过数据库现有的信息生成"异体字表""读为字表""错讹字表""合文重文字表"等多种报告表及用于检索的"引得表"。这些字表不仅在某个方面揭示了东汉时期的用字状况,而且对文字学和训诂学研究都很有用处。例如异体字表揭示所有按课题标准认定的异体字(以传统正字为参照)共 414 组。

(4) 东汉用字调查的学术意义及其局限性

东汉用字调查是通过计算机进行断代用字调查的尝试,在调查方法上具有开创性。其学术意义在于:首次实现了对于古代断代用字的调查,获得具体的字集字频统计数据。在具体的处理上,采用计算机进行古代用字调查,在实物文字整理及代表字的确定、计算机字符的采用和计算机所无字的表达方面,摸索出一套较有效的办法。

我们也意识到,限于当时的研究目标,此调查还存在一些尚待改善和拓展的方面：其一，东汉约二百年断代跨度太小，已发现的实物文字资料显得很不够。其二，由于材料本身的时间跨度与历史朝代不一致，导致材料选择难以周全。例如居延汉简是跨越两汉的资料，难以准确把握东汉史料。其三，实物文字的用字代表性还不够，缺乏当时书写的典籍材料（仅有熹平石经残石），统计获得的数据在反映当时文献用字方面有明显局限性。这些局限给进一步的完善调查留下了较大发展空间。

为了克服上述局限，我们将把调查范围扩大到秦汉时期，这样就可以囊括多批以古书抄本为主的简帛文献，如马王堆帛书、阜阳简、银雀山简、定县简、武威简等文献中都包含了当时的抄本古籍。加上丰富的秦汉金石、陶文等各种类型的材料，调查数据可以最大程度地接近实际用字状况。而且，我们还打算在获得字集字频报告表的基础上，进一步开展条件许可的共时和历时用字字集对比：包括实物文献用字跟《史记》《汉书》《黄帝内经》《说文解字》等传世汉代文献作字集对比；秦汉文字跟现代汉字或计算机字符集的对比。通过比较可以准确、量化地认识秦汉文字在整个汉字发展史上的坐标地位。按照这个思路，我们在东汉用字调查的基础上进一步设计了"秦汉文字字集字频及比较研究"课题。

古代实物文字的用字调查带有开创性质，可为今后其他时期的实物文字调查积累经验和模式。

2. 多功能软件"灌神"简介

（1）"灌神"的基本功能

下面简单介绍在课题工作中发挥重要作用的计算机软件"灌神"。

"灌神"是我们专为历代出土文献语料库建设工程及用字调查课题工作而开发的多功能工具软件，由编程师詹凌云编制。2006 版的"灌神"具有六种功能，主界面上各有一个按钮，如图一所示。

数据灌注　可自动将标有信息标记的实物文字释文输入到数据库信息表里（如图二所示）。输入速度很快，每分钟添加的数据可达千条左右。

语料检索　语料检索界面（如图三所示）设置了许多检索条件框，包括字头、编号、类型、断代、字体、出处、语境、正体字、读为字、纠正字等 16 项，可以多条件检索文献用字、语词及其相关信息。检索结果可以显示相应语料的图像（如图四所示），也可以获得语料检索报告（如图五所示）。

生成专表   可进行多种用字调查和统计,自动生成基于数据库的各种用字调查报告表或引得表。例如:可以统计某类材料或全部材料使用了多少字样或字种,以及每个字样或字种的出现率和覆盖率。也可以列出所有的异体字,或所有读为字用例。还可以建立引得表,即在每个单字下列出全部用例及其出处。进入"生成专表"界面(如图六所示),就可以瞬间完成上述各项任务。

字形拣选   如要制作古文字资料的文字编,可以方便地拣选和加工图像格式的字形。

字形查看   可随时查看已拣选制作的文字编字形样。

图像浏览   可方便地浏览计算机所存的任何图像资料,尤便于浏览实物文字图片。

"灌神"开发历时五载,研发人员可谓殚精竭虑。需要说明的是,这里介绍的功能和相关界面,有的细节是针对汉代用字调查的需要而设置的,如果希望这个软件能针对其他文献材料(包括传世古籍)进行整理和研究,还需要在程序和界面上作出相应的调整。我们指导的历届硕博士研究生,大多也用这个软件进行出土和传世文献的语言文字研究,并取得良好的效果,大大提高了数据库建设、语料检索和语料分析的效率。

图一   "灌神"2006 主界面

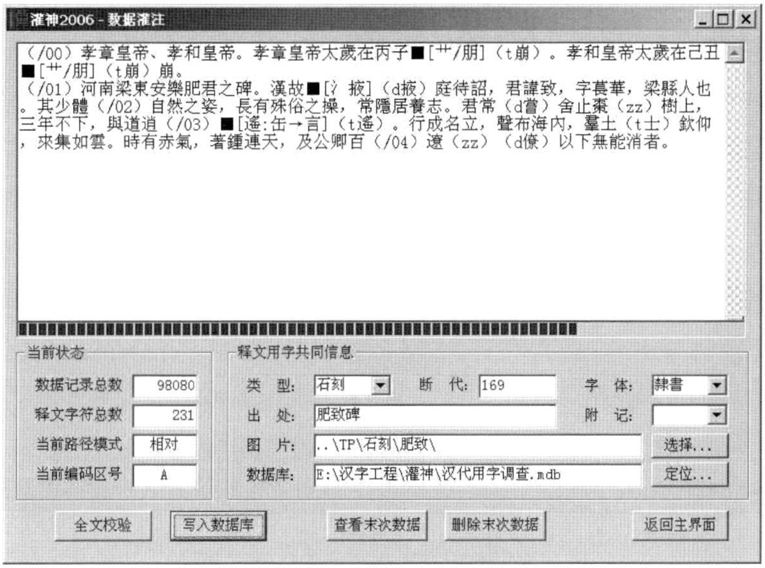

图二　灌注界面

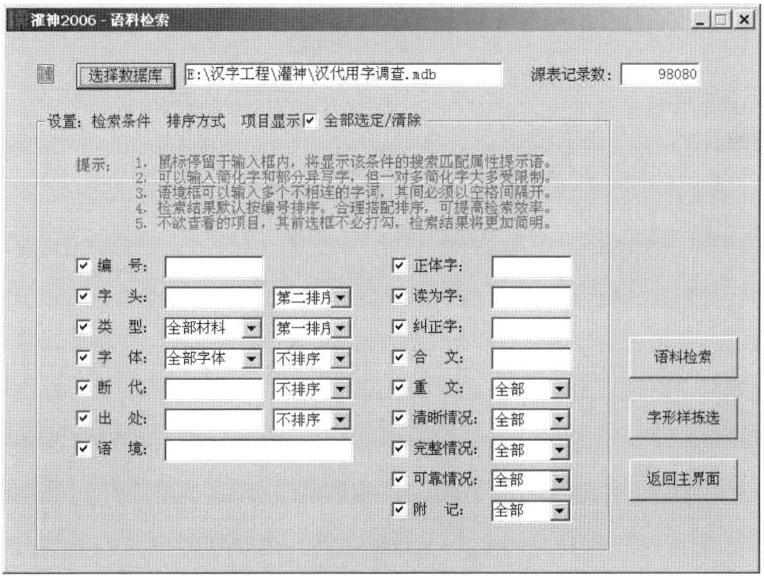

图三　语料检索界面

图四　检索结果显示界面

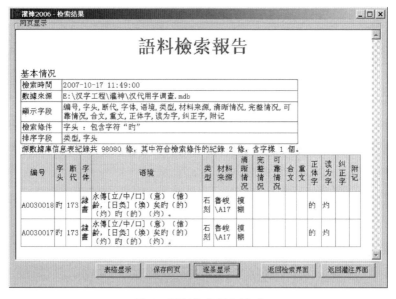

图五　语料检索报告界面

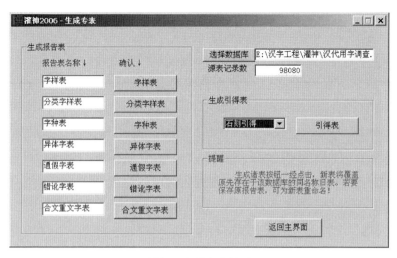

图六　生成专表界面

第三篇

汉字学研究方法的体会

关于汉字学研究方法,笔者限于能力,只能介绍一些相关的研究成果,并就此谈几点心得体会。

第一章

强调汉字的系统性全局性思想

一、汉字构形的系统性

汉字构形的系统性,指汉字为了适应书面表达和应用的需要,在形体上逐渐形成了一个整体系统。这个系统主要表现在有一套基本的构形元素及构形方式,而且逐渐合理化,朝着更易于记忆、书写、辨认、示义、示音的方向发展。

汉字是中国文化的产物,也是中国文化的载体。它虽然是一个数量相当大的表意符号的集合,但这个集合不是东拼西凑聚合在一起的一堆符号,它从一开始就以形象表意为特征,经过专人的整理和规划而被创造出来。已知最早的汉字系统——甲骨文中,就已经具备了一套最基本的构件系统和构形模式[①];经过数千年的不断演变和优化,发展到小篆,就已经成为一个在构形方面系统性非常强的符号系统了。许慎把东汉可见的上万个汉字整理为《说文解字》,归纳出 540 个部首,为汉字构形系统的建设作出了卓越的贡献。正如王宁(1994:1-2)所指出的:

(《说文解字》)通过对上万个汉字的形体逐个地分析,证实了早期汉字因义构形的特点,确立了以形索义的词义分析法;它通过独特的体例,总结出小篆构形的总体规律,描写出小篆构形的完整系统,使一个个零散的汉字如网如络地呈现在我们面前。由它所实现的小篆构形系统,由于顺应汉字的发展

---

① 岛邦男《殷墟卜辞综类》把甲骨文归纳为 164 个基本部首。李圃《甲骨文文字学》(1995)把甲骨文造字方式归纳为"象形、指事、形意、会意、意音(形声)、假借"六种。

趋势,又由于切合汉字的实际,还因为符合汉字优化的原则,所以,强有力地影响了后代的隶书和楷书,起到了促进汉字健康发展的积极的作用,在解释汉字的形义上一直具有很高的权威性。

王宁(2001)还指出:

> 辨证唯物主义系统论的提出与发展,给汉字构形学的创建提供了理论与方法。它首先启发我们,汉字作为一种信息载体,一种被社会创建又被社会共同使用的符号,在构形上必然是以系统的形式存在的。

王凤阳(1989:37)曾经这样表述过文字的体系:

> 文字作为一种符号是成体系的。这意思是说,文字不是一种散漫的集合体,不是一群字形或一堆符号的杂乱无章的、偶然的堆砌;恰恰相反,文字是一个系统,它是根据特定的原则组织起来的、构成的各部分之间相互联系、彼此制约的一个整体。

王凤阳是就普通文字而言的,但是,表音的西方文字跟表意的中国汉字又是体系不同的两种文字。西方文字是由词组成的,词由字母拼写而成,我们将书写的最小单位理解为字母,即具有拼音职能的二三十个字母,但在西方人看来,也许是以词为最小的书写单位。这样看来,西方表音文字的系统,主要表现在词的构成与组合方面;而汉字的系统,则主要表现在书写单位的"字"的方面。这是汉字系统不同于其他文字系统的根本点。

汉字在构形方面的严密的系统性,是由汉字的表意性质决定的。汉字的表意性,用索绪尔(1916:50)的提法就是:"一个词只用一个符号表示,而这个符号却与词赖以构成的声音无关,这个符号和整个词发生关系,因此也就间接地和它所表达的观念发生关系。"换一种通行的提法就是"语素"文字,每个汉字都跟汉语的某个词或词素发生联系。这种性质决定了汉字要准确记录汉语就必须有一定的数量规模。从目前的字频统计来看,这个基本数量大约在3 000字上下。每个汉字的形体都必须有足够的区分度,从学习和应用的角度说,汉字构形方面如果没有相当强的系统性和规律性,是难以被人们接受的。正如潘文国(2008b:126)所说的,"在汉字改革过程中汉字曾被戴上几顶帽子:'难读、难写、难认、难记'等等,其实这些帽子只适合于缺乏系统性、分析性的文字,对东西方的古老文字来说也许是如此,对隶变后的汉字并不完全适合"。这里要补充一点,如前所论,即使是隶变之前的以篆文为代表的汉字,就已经具有了非常严密的系统性。《说文解字》

的系统性,正是从对小篆文字的构形分析中体现出来的。事实上,汉字不是创造了一个完善的系统之后才被中国人接受的,而是在它开始创造之初,就已经为自身发展的逐步完善种下了不断优化和严密化的"基因"。汉字在自身的发展过程中,不断完善自身的系统性和规律性,只有符合这种便于学习和应用要求的变化才能够被历史所接受。所以我们反复强调,汉字是历史的选择。达尔文的进化论学说,最基本的原理就是生物进化过程中的自然选择规律,适者生存,不适者淘汰。在语言和文字的问题上,这个原理应该是同样适用的。

关于汉字的系统性,潘文国(2008b:126)的提法是值得重视的。他认为:

> 汉字的语言学性质主要体现在三个方面:系统性、分析性、表意性。这是我们将汉字与西方古代表意文字与西方现代拼音文字作综合比较后得出的认识。汉字的系统性表现在汉字内部是个颇为严密的系统,以几百个"文"(独体字)为基础,可以将数万个汉字纳入一个系统;汉字的分析性表现在每一个汉字可以一步步分析为更小的单位,从偏旁直到部件;汉字的表意性表现在不光整个汉字是表意的,在分析过程中产生的每一个部件实际上都是有意义的。

> 从语言学角度来看待汉字规范问题,就是不希望把汉字规范研究看作是个别、孤立、局部问题的一个集合,而希望在这过程中更强调整体性、体系性、全局性。

但是,学界对汉字构形方面的系统性、规律性和全局性对于汉字存在和发展的重大意义的认识经过了相当曲折的过程。甚至可以说,至今还没有被充分地认识,还有相当一些人在谈论汉字形体规范问题时,只关注个别汉字书写的繁简问题,拘泥于单个汉字一点一画的多寡,却没有从汉字的系统性和全局性来思考。

在二十世纪,人们普遍认为汉字书写笔画越少越好,主张用民间通行的简体字俗字改造传统正字。1956 年国家颁布的汉字简化方案,其最主要的原则就是用历代俗字和手写行草书的笔形改造传统正字。毫无疑问,民间俗字大多只图一时一字书写的省事,不可能从汉字的系统性上加以考虑。俗字就民间一般使用而言,本亦不妨,但如果大量采用来改造正字,增加记号性的符号,就可能严重削弱汉字构形方面的系统性。另外,当初草拟汉字简化方案时,明显地忽略了相同偏旁采用相同简化形体的原则。例如同样从"柬"表音的简化字,"练炼拣"的写法和"谏阑"的写法根本就不一样。笔者(1991a:305)曾经感叹:"由于不能任意类推给学习和使用带来的不便几乎足以抵消由于简化带来的方便。用字不规范现象，相当一部分是由于类推错误所导致。"（詹鄞鑫 1991a：305）潘文国列举了不少汉字简化破坏"形位系统"（也即汉字构形系统）的例子，指出："这些例子证明了当初简化的时候确实缺少通盘考虑，因而不免头痛医头，脚痛医脚。这些现象的存在，给汉字的传承和教学带来了一定的负面问题。"潘文国（2008b：128）大声呼吁：

> 如果我们的汉字研究和汉字规范不能促进形位学的建设，反而人为阻断、破坏原来就有的形位系统，原来用来攻击汉字的四"难"（难读、难写、难认、难记）问题就会真正成为问题，弄不好还会更严重，那就会对汉字的未来带来严重的影响。

汉字简化对汉字构形系统性造成的破坏或削弱，还表现在大量增加新的构件和部首，给汉字检索带来新的障碍。《康熙字典》所立 214 个部首，1962 年新编《辞海》为了适应简化字，另立简化部首，设立为 250 部，部首总数反而多出许多。

其实，不仅在汉字简化和规范问题上应该首先从汉字系统观和全局观出发，在汉字学研究的其他方面，也同样应该如此。例如：

其一，"异形词"规范的问题。"惟""唯""维"三个字的用法，由于同音假借的缘故，本来是常常混用的。据杨春（2004）的调查，"惟""唯""维"在《现代汉语词典》中的组词情况为：

组词系列 异形成分	单单、只								思想	连接,保持	
	~物史观	~心主义	~物论	~独	~恐	~利是图	~一	~有	思~	~护	~系
唯	+	+	+	−	−	−	−	−	−	−	−
惟	−	−	−	+	+	+	+	+	+	−	−
维	−	−	−	−	−	−	−	−	+	+	+

也就是说，在《现汉》中，同一个语素义可以由不同的字来表示，如"惟"和"唯"都表示"单单、只"的意思，"维"和"惟"都表示"思想"的意义，从而形成异形词"思维-思惟"；同一个字可以表示不同的语素，如"维1、维2、维3"。这种处理方案缺乏系统性，使字和字之间职能分工不明确。杨春（2004：150 - 152）认为：

对于"惟""唯""维"三者之间关系的处理,我们认为采用理据性原则和系统性原则来处理比较好,而不要采用个案处理的方式(个案处理指的是一个一个地处理的方法)。《现汉》在处理"唯"和"惟"表示"只有、只是"意义时,采用的就是个案处理的方式,让"唯"表示"唯物辩证法、唯物论、唯物史观、唯物主义、唯心论、唯心史观、唯心主义"等词,但其他的词则用"惟"来表示,如"惟一、惟独、惟恐"。我们的方法是根据系统性原则,"唯"表示"只、单单"义,"维"表示"维持"义,"惟"表示本义"思考",这样就会使"惟""唯""维"三者职能彻底分工:唯一、唯独、唯恐;维持、维护、维系;思惟。从而达到充分提高文字的使用效能的最终目的。所以从规范的效益来看,应采用系统性原则和理据性原则为主要原则,而不应该采用个案处理的方法。

当然,异形词的问题不仅要考虑理据性和系统性原则,还要考虑使用的习惯和传统,但系统性原则无疑是非常重要的。

其二,在汉字性质的问题上,过去有一种倾向,就是忽略了把汉字作为一个整体系统来思考它的表音表意性质,而是着眼于汉字内部的不同结构类型,把其中属于象形、会意、指事等结构的汉字看成是表意的,假借字看成是表音的,形声字看成是又表意又表音的。这么一来,整个汉字体系就只能看成是包含部分表意文字、部分表音文字、部分又表意又表音文字以及部分记号文字的大混杂,于是就只能笼统地称之为"意音文字"了。王宁(2002:2)曾经指出,"讨论文字的性质要看整体系统,而不应拘泥于一字一符或某一类字符"。如果着眼于汉字的整体系统,它跟拼音文字的最根本的区别就在于它的字形不是描写语音的,而是跟词或词素相对应的。

其三,在汉字音义的考释方面,也必须放在汉字系统的大背景上来思考。就如王宁(2004b:4)指出的,"在共时层面上的汉字总体是有系统的,个体字符的考据只有在整个系统中找到它应有的位置,才能被认为是可信的和合理的"。我们见到一些有关古文字的音义考释,是用解释会意字的方式来解释形声字,或者用解释形声字的方式来考释会意字的作品。这类考释之所以不可信,就是因为它的解释违背了汉字整体系统的固有规律。

总之,汉字研究必须立足于汉字体系的整体和全局,关注其内部的系统性和表意性,才可能站在高处看问题,避免孤立地片面地个别地处理问题。

二、汉字应用的系统观

汉字的应用,包括汉字的书写、印刷、阅读等人际处理,以及输入、显示、转换、排版、检索、贮存等人机处理。所以,凡涉及汉字应用的工作,包括汉字规范、编码、教学(包括第二语言学生的教学)都应该通盘考虑。这就是汉字应用的系统性。

盛玉麒(1988)的文章在这方面提供了启发。他说:索绪尔(1916:160)曾经指出语言的这种系统性,"它的各项要素都有连带关系,而且其中每项要素的价值都只是因为有其他各项要素同时存在的结果"。作为记录语言的书面符号——文字,也具有系统性。现代汉字的系统性表现在许多方面。其中一点是"系统价值观"。"从系统价值观出发,我们对现代汉字功能与价值的评价就应该从整个系统着眼,而不是单纯追求某一个单项的指标,不是以一点论优劣,例如笔画多少,表音如何等等。"

例如,单个人的汉字使用有"发出"与"接收"这一过程,这个过程又包括书写与认读这样的环节。现代汉字作为书面交际的工具被应用着,在实际应用中,必然把效率作为追求的一个指标。如果写的人光图快、图省时间,潦草马虎,读的人就只能多浪费时间,连看带猜地读。从写的一方看是快了,讲效率了,但从整个传输过程看,却慢了。[①]"效率是整体的效率,不能以一方面的低效率换取另一方的高效率","现代汉字的应用既是一个系统工程,那么,效率便应是现代汉字学研究中重点追求的一项指标"。

"从系统工程出发来看待汉字应用中的效率问题,是一项综合指标,是一个系统最优化(System optimization)的问题。"系统最优化,要以每个局部的优化为基础,要把可能控制的各子系统、各阶段,依次优化,最终谋求作为整体的系统最优化。但并非部分最优化就必然构成整体的最优化,这里便需要运用系统的观点。"我们只能从系统出发进行系统的最优化,时刻也不应割裂系统,孤立地进行某一个方面的优化。那样做的结果,从局部看也许十分理想地达到了'最优化',但从系统看,却未必尽如人意。"

---

① 　关于这点,李荣、王宁等先生都提到过。参看上文"汉字发展的问题·汉字的简化与优化"一节所引。

普遍为大家知道的汉字简化中的问题,就反映出这个道理。先是人为地确定一个笔画数的标准,然后想方设法地力图使每一个汉字都简化到这个标准以内。后来发现,由于使用频度的不同,少数低频度的繁笔画字的存在可以给高频字的简化让路,并能增强字与字之间的区别度,从而保证整个系统的读写效率得到提高。这比全部都挤在十画以内,造成许多字的相互间形近易混强不知多少倍。

另外,由于计算机中文信息处理的发展,汉字编码输入方案层出不穷。众多的方案的评测,也是一个综合指标。如果仅仅盯住重码率,或平均码长,或记忆量,或熟练时间,或输入速度,都难以做出全面正确的评价来。有的重码率是零,但记忆量大,编码方法复杂,不易记忆和掌握;有的好学、好用,就是快不起来;……等等。只有综合起来看,才能有正确的认识。

综合起来看的结果,就是要找到一个合适的"度",使各个方面都得到兼顾,从而使整个系统达到最优化。(盛玉麒 1988:167–168)

所谓"系统最优化",其实就是在研究中要联系地、综合地看问题,避免孤立地、局部地看问题。这点对于汉字应用上就显得尤其突出了。

三、汉字发展研究中的系统观

汉字应用不仅是现代汉字的问题,也是汉字发展的动力和变化的原因。对于汉字发展的理论研究,也应该多一点系统观和辩证法思想,避免思考的片面性和孤立性。王凤阳(1989:814–829)提出汉字的"简易律与区别律",可以作为汉字发展研究注重系统观和辩证法的一个范例。

王凤阳针对梁东汉(1959:42)所说的"在汉字发展的整个过程中,有两种相反的运动自始至终起作用,推动着汉字向前发展。这两种运动就是简化和繁化",认为"简化和繁化不是本质,是现象","文字的各种变化受记录语言这一本质特征所制约","作为书写的工具,文字运用起来越简单越好,掌握起来越快越好。因为学起来容易,用起来方便的文字才是好文字,所以人们总是向着这个方向改进文字的;文字也是沿着掌握容易、书写迅速、使用方便这个方向演进"。王凤阳把"要求文字简单、方便,驾驭容易,使用效率高"这种"注定的发展趋向"叫作文字的"简易律"。"另一方面,文字又是在书面上记录语言的符号体系。要使口头语言能在书面上反映出来,这就要求文字有良好的区别性能。凡是语言里有区别的,就要求文字在书面上能把这种区别表达出来,甚至在语言形式上没有区别而在意义上有区别的词,有些易混的,人们也要求文字能把它们的区别反映出来",所以又把"文字史上这股要求普遍地、精密地表达语词的力量称作区别律"。

王凤阳(1989:819-820)认为,简易律和区别律这两种趋向的作用是不一样的:

> 简易律主要作用于既成字形,区别律的作用就复杂一些。区别律要求语言中有区别的词在文字中也有区别。换句话说,区别律要求词有定字,字有定词;它力求避免一字写多词,或多字写一词的现象发生。字的繁化现象大部分和区别律有关。

> 区别律,从消极方面说,它防止已产生的字由于不断简化使相互之间界限混淆,往往在字形上增添一点什么,使它们彼此区分开。……从积极方面说,区别律要使不同的词在书面上面目各异。古代,由于字的数量和词的产生、分化的速度不相适应,因而同音词采取同一书写形式的假借现象、同源词保持同一书写形式而待分化现象大量存在。为使字词相应,后代往往赋予它们以不同的书面形式。比如"避""闢""譬""僻""嬖"……这些古同音词就是在"辟"的基础上分化的。这是在同音假借的基础上因为区别的需要产生分化的例子。"臭嗅""州洲""暴曝""令命""贾賈""買賣""食饲"……古代书写形式相同,分成两个字形是在词义分化的基础上分别同源词的结果。……汉字中的形声字大部分是这两种分化的产物。

此外,区别律有时也减少文字总量,这就是使异体字归并。因为异体字的存在造成多字写一词,从另一面破坏了字有定词、词有定字的原则。

王凤阳对"简易律与区别律"相互作用的论述是很精彩的。令人难以理解的是,作者最后却得出这样的结论:"克服汉字矛盾的唯一出路是拼音化,是扬弃(笔者按,作者的意思是废弃)表意文字体系。因为只有表音,只有通过记录语言里的词的声音去记录语言,才能做到凡语言里能表达的文字也都能表达,基本上满足区别律的要求;只有为语言中的音素或者声音也制定符号,才能用制定三五十个简无可简的字母的办法去记录语言里的一切声音,从而充分满足简易律的要求。所以简易律和区别律的矛盾必然导致文字拼音化;而文字的拼音化也是这一对矛盾的这一阶段的总解决。因为拼音文字使尽可能简易的符号和最完美的表达能力统一了起来。"令我们疑惑的是,作者在分析汉字发展规律时的缜密和雄辩,到这里突然变成了毫不掩饰的诡辩。在这段引文里,说拼音文字记录汉语"基本上满足区别律的要求",这已经是没有经过论证的显然不符合区别律实际要求的表述,突然就转变为"最完美的表达能力"。毫无疑问,关于"完美表达"的提法跟作者提出的"凡是语言里有区别的,就要求文字在书面上能把这种区别表达出来,甚至在语言形式上没有区别而在意义上有区别的词,有些易混的,人们也要求文字能把它们的区别反映出来"的"区别律"的要求是完全冲突的。大家知道,对于汉语来说,拼音化在技术上的最大障碍恰恰就在于汉语的词灵活多变,用拼音字母记录汉语,词语连写容易前后混淆,同音字词难以区别,又难以形成规范,未能达到准确表义的要求,只有采用表意体系的汉字才可能达到"词有定形"的状态。这点早已是公认的问题。显然,正是区别律的作用决定了汉语是不可能采用拼音文字取代汉字的。如果采用记录语音的办法来记录汉语,不用说什么"最完美的表达能力",恐怕连一般的准确表达也是难以实现的。

而且,既然讲系统观和辩证法,就不光要看文字是否能够记录语言,还要看阅读文本是否高效;不光要看文字的问题,还要看心理的、文化的、社会的等一系列问题。可以记录并不等于准确记录,更不等于准确阅读和理解。这个收尾的败笔,从反面表明了系统观和辩证法对于汉字学研究是多么的重要。

第二章

注重文字与语言的辩证关系

一、"字"不等于"词"

（一）汉字形音义三要素的含义

索绪尔（1916：50）曾经提到，作为表意体系的汉字，"一个词只用一个符号表示，而这个符号却与词赖以构成的声音无关，这个符号和整个词发生关系，因此也就间接地和它所表达的观念发生关系"。这里有两个提法："一个词只用一个符号表示"，"间接地表达观念"，它们究竟是什么意思？

"一个词只用一个符号表示"，指的是古代文献里的词，在古文献里基本上一个词就是用一个文字符号来表示的；在汉代以后，双音节词大量产生，虽然一个符号未必能够表示一个词，但通常也能够表示一个词素。"一个词只用一个符号表示"的提法，不能反过来理解为一个汉字符号只表示一个词。古今汉语文献，每个汉字大多都可能记录若干个不同的词。例如古汉语里的"之"字经常被用于作代词、助词或动词，还经常被用在人的名字里。显然，代词"之"跟助词"之"跟动词"之"不是同一个词。"的"字在现代汉语里基本上是助词，但在"无的放矢""标的"等语境里，它是名词，表示射箭的靶子或目标。

在索绪尔的思想里，汉字跟词发生联系，而词跟概念或观念发生联系，所以，汉字只是间接地跟它所表达的观念发生关系。但是，作为中国人，因为古代没有"词"（word）这个概念，在汉字记录词的问题上是不清晰的，给人的感觉是汉字直接跟观念发生联系。所谓汉字有形，有音，有义，其中的"义"就是概念或观念的意思。

从文字与语言的关系的角度来说,对于汉字有形音义三要素的提法,必须加以一定的条件限制。也就是说,我们说的汉字有形音义三要素,形是不用说的,其音义就要区分是语境中的汉字,还是孤立状态的汉字。如果是语境中的汉字,每个汉字都有其明确的读音和词义或词素义。但如果是孤立状态的汉字,它的音和义都是潜在备用的,就是字典里每个汉字字头下所标的若干读音和若干义项。这种种读音和义项,只有在具体的语境里才能获得实现。

孤立存在的一个汉字,在常人眼里也是具有形音义三要素的。例如幼儿识字卡片上正面写一个"牛"字,旁边标有它的读音"níu",背面画的是一头牛。这画面上的牛就代表了"牛"的字义,即它所表达的概念。看来,孤立存在的汉字,仍然是具有音和义的。但是,在孤立的汉字中,它的音义跟字典里所揭示的潜在的音义不同:字典所揭示的可能是多音多义项(例如"牛"还可以作姓氏,或作形容词表示气势雄壮),而识字卡片上显示的是一个音和一个义项,而且这个义项是它的最常见的义项,往往就是造字本义。

我们一般讲"词",都认为词是语言中可以独立运用的最小的基本单位,具有读音、意义或语法功能。这里说的"语言"当然是具体的句子。但是,在儿童识字卡片上,没有揭示具体的句子,这个"牛"算不算一个词呢?由于它脱离了语言,我们看见的只是一个字,当然也可以理解为一个潜在的词。潜在的词跟语境里的词的不同之处,就在于语境里的词有确定的音义,而潜在的词,在汉字教学中大多取其最常用的音义,如果是讲解字源,就很可能取其造字本义作为默认的音义。

以单字形式体现的潜在的词,其存在价值就在于汉字的教学,严格地说,还难以称之为"词"。例如,我们写一个孤立的"牛",虽然头脑里立刻展现出某种头上长角的食草哺乳动物牛的画面,但这不过是一种联想,因为它同样可以用来记录牛姓等其他概念,所以是不确定的。

古人造字,每个字原始的形体都会被赋予一个可以通过字形来理解的词义,这个词义本来是语言中的某个特定的词义,但它一旦跟这个字形结合凝固在一起,就成了这个字的造字本义。这个字一旦造成并流通应用,它在具体的语境中既可能表示本义,也可能表示引申义或假借义等其他义项,而这都是这个字所记录的词。为了区分孤立状态的字义(本义或常用义)和语境中的词义,我们习惯把孤立状态的字所代表的意义称为字义,而语境中的具体意义则称为词义。

有些讲解古文字字形的造字方式的论著,例如王凤阳(1989:356,387,421)把"象物""象事""象意""标示""象声""形声"等不同的造字方式称为"写词法"。我认为这样表述是欠妥当的,因为孤立状态的汉字并不能叫作"词",还是称为"造字方式"或"结构方式"更好些。

(二)"字"还是"词"

裴锡圭(2002:注23)曾经提醒说:

> 在很多拼音文字里,作为书写单位的一个字通常就代表一个词。但是在汉字里,字跟词往往不是一对一的关系。人们容易由于注意了字而忽略了词,甚至被文字现象牵着鼻子走,以致误解了语言现象。认识并指出这一点,确实很重要。但是我们不应该走到另一个极端,在应该说"字"的时候,也不说"字"而说"词"。

事实的确如此,我们注意到,在"字""词"的提法上,存在不少习以为常但并不妥当的提法。其中最显著的例子,就是"词的本义""一词多义""古今词义的异同"等,这些提法恐怕都是有问题的。

先说所谓"词的本义"。大凡教科书,只要谈"本义",几乎都定义为"词的最早的意义"或"词的本来的意义"。其实,具体语境里的词,每个词的词义都是确定的,不存在"本来"如何的问题。例如在"我是一个兵"的语境里,"兵"的本来意义就是士兵的意思。如果撇开具体的语境来谈词的最早的意义,就只能从语源的角度来谈了。从语源的角度来谈,就必须按照音义发展的线索,一直追溯到无穷之远,这其实是不可能做到的。真正能够做到的,都只能是按照汉字的古文字字形来分析它的造字本义。这样分析出来的本义,只能说是这个"字"的本义,而不能说是这个"词"的本义。笔者(1990,1991a:233)曾经专门讨论过这个问题,并提出:"我们发现,几乎所有的论著在考查所谓词的本义的时候,都在实际上根据字形探求汉字的本义。"

再说"古今词义的异同"。这个提法见于王力主编的《古代汉语》教材,也见于王力《汉语史稿》(下册),一般的古汉语教材大都沿用这个提法。王力教材"古今词义的异同"一节里举了"再"这个字,原文如下:

> "再"字在上古只有"两次"(或"第二次")的意思。《左传·庄公十年》:"一鼓作气,再而衰,三而竭",……这些"再"字都只能解作"两次"(或"第二次")。要注意"再"和"复"的分别:"再"字表示动作的数量,它代替了"二",

"复"字只表示行为的重复,不表示数量。……现代汉语的"再"相当于古代的"复",假如拿"再"的现代意义去理解古书中的"再"(特别是上古),就会产生误解。(王力《古代汉语》1981:82)

这里提到的"再",古代表示数量"两次",现代用作副词表示"重复",这分明就是两个不同的词,所以行文中也反复提到"再字"而不提"再这个词"。可见,这个问题谈的是"古今字义的异同",而不是"古今词义的异同"。

上述问题,进一步又涉及词的同一性问题。就上面举的例子来看,表示数量"两次"的"再"和现代用作副词表示"重复"义的"再",两者算同一个词,还是算不同的两个词,这就是词的同一性问题。在这一点上,自然可以讨论如何来划分区分标准,例如词性、词义转变的程度,等等。但在普通人的观念中,字形写法成为判断是否同一个词的重要标志。这就是字词关系难以区分的一个关键之处,还需要加以讨论。(詹鄞鑫1991a:251)

"正词法"还是"正字法"的提法问题,也已经积习难返了。这种情况是裘锡圭(1989)提出来的。他说:

> 大约从六十年代开始,有些人在讲到汉语拼音的拼写法的时候,把"正字法"改称为"正词法"。现在这种说法已经占了绝对统治地位。这也是不妥当的。汉语拼音的分词连写等问题当然跟汉语里的词的划分有关。但是在拼音汉语时,把表示一个双音节或多音节词的字母连写在一起,只不过是反映而不是创造一个语言事实。如果不采取连写的办法,这个词并不会因此而丧失词的资格。方块汉字不用分词连写法,汉语里的双音节和多音节词照样存在。可见就拼音方法而言,我们要正的并不是语言中的词,而是词的书写形式,即文字。所以,"正字法"这个旧名称恐怕还是应该恢复的。

后来裘锡圭(2002)在《谈谈"异形词"这个术语》的注释中再次提出这个问题。

上述问题的根子,恐怕在于学术界在汉字与拼音文字的区别问题上存在着一种认识误区。在研究问题时,总是习惯套用西方语言和文字术语到汉语和汉字身上。在词的概念传入中国之前,清代学者总是用"字"这个术语来表达他们内心意识到的接近于现在所说的"词"的概念(最显著的例如马建忠的《马氏文通》),这当然会出现一些混淆。但是反过来,现在更大的问题也许在于人们常常错误地用"词"这个术语来表达其实属于"字"的概念。这是应该特别引起注意的。

二、关于"字本位"的问题

（一）字本位与词本位

字本位还是词本位,用潘文国的话来说,"字本位说不仅具有语言研究方法论的意义,而且具有语言研究本体论的意义"。从汉字学的角度看,这不仅关系到汉语语言研究的基础,也关系到汉字文本阅读和理解的根本问题。所以在这里还是要用一点篇幅来讨论这个问题。

潘文国(2002,2008a)认为,对于"本位"有多种理解:

第一,可以指最重要、最根本的单位,作为语法研究的出发点的单位。第二,可以指语法研究的基本单位,这种单位还可以不止一个。第三,指的是语言基本结构单位,语法研究的"基本粒子"。(潘文国 1996 ∗:357)

"现代语言学"的创始人索绪尔(1916:51)告诉我们:

> 对汉人来说,表意字和口说的词都是观念的符号;在他们看来,文字就是第二语言。

这明明已经在告诉我们,汉人有两种语言,一种是口说的语言,一种是用汉字书写的语言。这在世界上是非常独特的,说明汉人研究语言学有一个得天独厚的条件。如果充分加以利用,汉人应该能够对世界语言理论的发展作出较大的贡献。

潘文国(2002:70)指出,由于印欧语的各种"本位"说产生在前,汉语的各种"本位"说形成在后。这就难免仍有"先入为主"的情况,仍然难以摆脱陆俭明所引朱德熙(1985:iii)的话:

> 有一些语言学者企图摆脱印欧语的束缚,探索汉语自身的语法规律。尽管他们做了不少有价值的工作,仍然难以消除长期以来印欧语语法观念给汉语研究带来的消极影响。这种影响主要表现在用印欧语的眼光来看待汉语,把印欧语所有而为汉语所无的东西强加给汉语。

潘文国指出(2002:70),造成这种情况的根本原因,在于"先入为主"地把印欧语分析得来的一些概念,例如语素、词、短语、小句、句子等单位,名、动、形,主、谓、宾等术语,都看作是天然合理的,是各种语言都有的"共性",是语言研究,特别是语法研究的"大前提""常识"。很少有人对这个"大前提"和"常识"本身表示过质疑,相反,如果有人敢冒天下之大不韪,对这些"常识"表示质疑,就要被视为奇谈怪论或者旁门左道。而"字本位"论者正是在这样困难的情况下,企图换一种眼光,真正从汉语出发来为汉语研究找出一条新路。

"字"和"词"的不同,是汉语所特有的。赵元任(1957:233,241)说:

> 在说英语的人谈到 word 的大多数场合,说汉语的人说到的是"字"。这样说绝不意味着"字"的结构特性与英语的 word 相同,甚至连近乎相近也谈不上。……为什么非要在汉语里找出其他语言中存在的实体呢?

吕叔湘(1980:45)也说:

> 汉语里的"词"之所以不容易归纳出一个令人满意的定义,就是因为本来没有这样一种现成的东西。其实啊,讲汉语语法也不一定非有"词"不可。

潘文国(2002:70-71)认为,从"字"出发,确实是企图从根本上摆脱印欧语的眼光的一种尝试。徐通锵(1994)说:

> 不同地区、不同年龄、不同层次、不同领域的学者在相互不知情的情况下同时考察字在汉语结构中的地位,说明学术研究的客观条件已趋成熟,人们已因汉语研究的挫折而开始向着同一个方向去探索前进的道路了。

潘文国(2002:96-97)提出的"字本位",其基本意思大略如下:

> 我们认为,提出"字"作为语言研究的本位,这个"字"的定义就最好不要与一般人、不管是否专业人员的理解相去太远,否则就不如另取一个名称。因此我们主张,"字"就是"字",就是作为一个形音义结合体的"汉字"。讲"字",不能排除"形"的因素,不能只讲"音义结合"而不讲形义结合的"表现形式"。举例来说,谁都承认"汉字"是两个"字",但不会有人把"han""zi"也看作是两个"字"。从某种角度看,字形是汉字之所以称为"字"的必要条件,抽掉了字形来谈"字",多少有点偷换概念。"字"的英语译名一般是"Chinase character",但它不像一个科学术语,我们建议将它翻译成"Sinigram"。
>
> 在各种"本位"理论中,"字本位"有特殊的意义。其他各种"本位",如"语素本位""词类本位""句本位""词组本位""小句本位""复本位"等,都是在语法层面上的,只是作为语法研究出发点的基本单位,用的是我们所说的"本位"的第一个含义。而"字本位"所主张的"字",不仅是个"语法结构基本单位",而且是个"语言结构基本单位"。我们希望用"字"作本位进行研究的,不仅是语法问题,而且是整个语言问题,包括语音、语义等各个层面。用的是"本位"的第三个定义。因而,与"字本位"相对待的,不可能是上面提到

的种种本位,因为它们根本就不在一个层面上,没有可比性。与"字本位"相对待的,只有"词本位"。而"字本位"与"词本位"的核心问题也不仅仅是:语法研究应该从"字"出发还是从"词"出发? 而是:整个汉语的研究,究竟应该以"词"作为基本单位,还是应该以"字"作为基本单位? 这与其说是个语法问题,不如说是个语言类型学问题。而且这个"本位",与其是说是"基本单位"(basic unit),不如说是"根本单位"(fundamental unit)。正是从这个意义上,我们认为,"字本位"说不仅具有语言研究方法论的意义,而且具有语言研究本体论的意义;不仅是个汉语研究课题,而且是个普通语言学研究课题。

潘文国(2002:104)还指出:

> Word(词)是英语研究的本位,是英语研究最重要的出发点。……每种语言的研究,必有一个单位是基本单位,它是从事该语言研究的出发点。这就是"本位"研究的意义。汉语当然不会是例外。问题是,汉语研究中这样的本位是什么? 是不是人们一向所相信的、而且理所当然地用来翻译英语的 Word 的"词"呢? 经过比较和考察,我们认为,不是。汉语研究中的这个单位不可能是别的,而只能是"字"。

(二)"字"是汉语的天然单位

我们想象不出在语言研究中,有什么理由不拿天然单位作为语言研究的出发点,却要找一个分析出来的、因而有争议的单位来作为基本单位。

与英语不同的是,汉语中的词也是分析出来的,不是天然的。汉语经过几千年的发展,都没有发现相当于英语中的 Word,即"词"这个单位。第一个提出"字词之分"的是章士钊。……其后的汉语语法著作,包括王力、吕叔湘、高名凯三大家的著作,无不开宗明义,在书的一开头,先提字词之分,作为研究汉语语法之先决条件。但时至今日,什么是词,什么不是词,在汉语语法界还是众说纷纭,言人人殊的东西。陆志韦(1957)最早承认词不是天然的,而是"从句子中摘出来的"。吕叔湘(1979:491-492)则归纳了词在两头的划界困难说:词在两头都有划界问题:一头是如何区别单独成词的语素和单独不成词的语素;另一头是如何决定什么样的语素组合只是一个词,什么样的语素组合构成一个短语。

正是在这样的背景下,吕叔湘(1979:40-46)说了一段意味深长的话:

> 语言的单位,常常讲到的有词、短语、句子等等。这些是语法学家们用的名目,一般人脑子里大概只有"字"和"句"。词在欧洲语言里是现成的,语言

学家的任务是从词分析语素……汉语恰好相反,现成的是"字",语言学家的课题是研究哪些字群是词,哪些是词组。汉语里的"词"之所以不容易归纳出一个令人满意的定义,就是因为本来没有这样一种现成的东西。

潘文国(2002:104)说:"只有一种语言中的天然单位,才有资格成为本位。只是根据某种理论分析出来的不确定的单位,是不可能成为'本位'的。"

(三)"字"是汉语各个平面研究的交汇点

二十世纪以来,汉"字"的"形"被不恰当地夸大了,而英文"词"的"音义结合"方面也被不恰当地夸大了,结果两者似乎成了对立的东西。重新强调"词"的"一体三相",正是为了说明,如果对此没有足够的认识,就是既没有真正懂得"字",也没有真正懂得印欧语的"词"。我们可以举一个最新的例子。在 2000 年首次出版的美国权威语言学理论教材《语言学:语言理论导论》中,编写者 (Fromkin et al.:70)说:

> 作为英语使用者,我们在确定什么是"词"时常有赖于拼写(词间的空格),因此我们关于"词"的概念,部分是靠书面语决定的。

中国古代学者对于"字"这种性质有非常精辟的理解和阐释。清代语言学家段玉裁(《王怀祖广雅注序》)在给另一位语言学家王念孙著的《广雅疏证》写的序中说:

> 小学有音,有形,有义,三者互相求,举一可得其二;有古形,有今形,有古音,有今音,有古义,有今义,六者互相求,举一可得其五。……圣人之制字,有义而后有音,有音而后有形。学者之考字,因形而得其音,因音而得其义。……三代小学之书多不传;今之存者,形书《说文》为之首,《玉篇》以下次之;音书《广韵》为之首,《集韵》已下次之;义书《尔雅》为之首,《方言》《释名》《广雅》以下次之。

这段话非常精辟地说明了汉语中"字"的一体三相问题,并且从这一根本理解出发,阐述了汉语以字为本位的研究体系。这里既有语形的研究,也有语音和语义的研究;既有共时的研究,又有历时的研究。可以说是个完整的、立体的研究体系。二十世纪初以来,在西方语言理论的冲击下,片面理解这个体系,结果导致了整个汉语研究传统的没落:文字学因为研究的不过是"符号的符号"被踢出了语言学的殿堂。

既然英语乃至各种语言的词都有"一体三相"的特点,我们为什么不能说汉语的"词"也有"一体三用"的特点,从而维持当今的研究体系呢? 这样的观点是不对的。汉语的所谓"词"没有这样的特点。在音上,汉语的音韵研究并不以"词"为出发点;在义上,汉语"词"的意义分析,最终不是落在词上,而是"语素"上。英语有这样的情况吗? 剩下的"形"与音、义都分了家,自然只剩下了躯壳,那还不该改造成"先进"的拼音文字吗? 因此我们可以说,汉语研究传统的断裂,正是抛弃了字本位的必然后果。

(四)"词"和"语素"不具备 Word 的地位

潘文国引用了赵元任(1975:233-234)在82岁高龄时作出的论断:

> "字"这个名称(这样说是因为我希望先避免把 word 这个词用于汉语)将和 word 这个词在英语中的角色相当。也就是说,在说英语的人谈到 word 的大多数场合,说汉语的人说到的是"字"。我们不想把这种单位叫 word,因为它跟说英语和写英语的人叫做 word 的那种别的语言里的成分在结构上有很重要的区别。

潘文国提出,有资格作为一种语言"本位"的最基本条件还是四条中的第一条,即天然性。然而,"词"与"语素"之所以不能成为这样一个单位,其根本原因就是因为它们不具备天然性,是"人为"地"分析"或者说"制造"出来的。而更重要的是,这些单位是仿照印欧语特别是英语语法而设置的。由于汉语和英语客观上存在的差异,它们在汉语中的适用性如何是有争议的。其激烈者则认为"汉语无词"(程雨民2001)、"汉语无语素"(徐通锵1994b)。对于这些不同意见当然可以讨论,但其竞争"本位"的资格确实要大打折扣。比方说,不管有的人如何不喜欢,他却不敢也不会说"汉语无字"。

最早对"词"的定义表示怀疑的是作为现代汉语语法奠基人的赵元任和吕叔湘两位大师。吕叔湘(1980:46)指出:

> 汉语里的"词"之所以不容易归纳出一个令人满意的定义,就是因为本来没有这样一种现成的东西。

看来,要把"词"确定为汉语研究的"本位",人们有必要首先推翻赵、吕两位大师对"词"这级单位(尤其是作为语法单位)从根本上的疑虑。

徐通锵(1994:9)说:

> 汉语中不仅没有语素这种单位,而且连这种概念也没有。……把汉语中不存在的东西作为结构单位,以词为基础而建立起来的语法体系可能很精

致,但不实用,与汉语的实际状况有很大的距离。

潘文国表示:我们对这种观点非常赞同。我们认为,这些年来汉语研究中的"语素热",包括又是以之作为一级基本语法单位,又是作为词汇的组成单位,又要对应于汉字,以至提出汉字是"语素文字",等等,本质上是由于对"Morpheme"一词的不准确引申引起的。语素,顾名思义,就是"语"言的基本要"素",碰上汉语这种语义型语言,这个"要素"自然落实到语义上,于是竟成了"字"的又一个甚至是更显得科学性的名称。其实,在传统西方语言学里,"Morpheme"首先是个语法单位,以"Morpheme"为基础建立的学科"Morphology",以前非常贴切地译作"形态学",可以使我们非常清楚地联想起"Morpheme"与"形态"的关系。直到如今,在英语以外,包括法语语言学家马丁内(André Martinet)的体系里,他把语言的最小单位称作"moneme",其中再区分出词汇性的"lexeme"和语法性"morpheme"来。……而在英语里,由于现代英语中分析性增强,形态简化,为简便起见,"morpheme"的范围逐渐扩大,加上有的西方学者如马克·阿罗诺夫(Mark Aronoff 1976)强调构词法的词汇学属性,可能强化了某些汉语学者的"Morpheme"=语素=词素=汉语中的"字"=与语义有关的语言基本单位的意识。殊不知从严格的意义上讲,英语语言学家还是保留了对"morpheme"的基本认识。

见到英语语言学家(Lyons 1968:183-184)对"morpheme"的如下论断,我们的学者可能会更吃惊:

> 很明显,词不能分析成下位组成部分与(morpheme)的理论无关。Morpheme 根本不是对词进行分析后得到的语言片段,它在词中没有什么地位,只是发挥"因素"性的功能……如同所有语法单位一样,morpheme 只是一种"形式"成分。它跟它在语音上或文字上的表达形式之间是"任意性"的关系,它可以由某种语音或文字的实体表示出来,也可以用别的实体形式来表示……由于 morpheme 与其表达形式之间的关系是任意性的,我们即使用数字来表示也无伤大雅。

> 如果我们知道了"形位"是 morpheme 的初始的和最根本的含义,我们对徐通锵所说"汉语中不仅没有语素这种单位,而且连这种概念也没有",就不难理解了。这种根本不存在的单位,怎么拿来作为语言研究的"本位"呢?(潘文国 2002:95-119)

潘文国讲的是汉语研究的"字本位"问题。我理解,这个问题并不仅仅涉及汉语的语言研究,还涉及对于汉语文本的字、词、句、篇章的理解及其研究的最基本的问题。在汉字文本阅读方面,潘文国的观点会给我们带来很大的启发。在汉语拉丁化的问题上,长期纠缠于汉语分词连写,以及如何连写才合乎规范的问题,这究竟有多大益处,我看是值得认真思索的。

三、汉字是"第二语言"的问题

汉字是汉人的"第二语言"这个命题,是著名的瑞士语言学家索绪尔提出来的。

潘文国提出的"字本位"思想,是基于他对汉字作为记录语言的符号,具有跟包括古代西方表意文字在内的其他各种文字不相同的性质的认知提出来的,具体说,只有汉字才具有被视为"第二语言"的条件。他在一篇文稿中这么谈论汉字与语言的关系:①

> 有人会感到不解:汉字规范不就是文字的问题吗?与语言学有什么关系?问题就在这里。毋庸讳言,百年来的汉字改革运动,包括汉语拼音化、汉字简化,乃至现在的汉字规范研究,其前提或者说理论基础都是文字与语言的二项对立,如有的学者所归结的,"语言是语言,文字是文字。文字不等于语言,这是常识"(任瑚琏 2002)。正是在这一思想指导下,文字被看作"外衣",看作"伪装",看作只是记录语言(应读作"语音")的"符号的符号"(索绪尔 p47;魏建功 1925),看作语言之外无足轻重的东西。因而可以人为干预,"随时可以修改,修改的次数越多,简便的程度越深"(魏建功 1925)。汉字改革中出现的偏差几乎多与这一指导思想有关,而目前作为"纠偏"的规范汉字研究,恐怕在很大程度上也还是这一指导思想。
>
> 然而我们要问,难道这种二项对立是天然合理、普遍适用的吗?难道汉字问题就仅仅只是同西方拼音字母一样的文字问题?引起我们思考这个问题的不是别人,正是最早提出"文字是符号的符号"的现代语言学大师索绪尔。索绪尔在他著名的《普通语言学教程》里既提出了"符号的符号"说,又强调指出:"对汉人来说,表意字和口说的词都是观念的符号;在他们看来,文字

---

① 潘文国曾将相关原稿(2008b)发给笔者。下面所引的文字摘自其原稿,正式发表时因篇幅限制已被删除。

就是第二语言"(p51)。我们感兴趣的是,为什么索绪尔要把汉字称作汉人的"第二语言"?"第二语言"意味着什么? 与"第一语言"的关系如何? 与称不上"第二语言"的文字关系如何? 这些问题,似乎还没有人认真思索过。有人觉得这也许只不过是索绪尔随意用的一个比方,那我们要问:除汉字以外,还有别的文字被"比方"作"第二语言"的吗? 或者说,就我们现在的知识,或者从古到今所有语言学家的知识,还有什么别的语言的文字也曾经或有可能被比作"第二语言"吗? 如果现代的各种拼音文字语言没有可能,那么古代的美索不达尼亚文字、埃及文字、玛雅文字等"表意文字"能看作是"第二语言"吗? 我们还要进一步问:为什么汉字能够几千年来一直使用到今天,适应着社会生活日新月异的变化和科学技术高度现代化的需要,而这些古老文字都无一例外地消亡了呢? 难道完全是因为政治、军事的原因? 如果有文字本身的原因,那么,同样作为表意文字的汉字与这些文字之间有什么区别呢? 这样一问,会使我们想到,汉字既与现代的西方各种拼音文字不同,与古代除汉字以外的表意文字恐怕也都不一样,把汉字看作汉人的"第二语言",恐怕并不仅仅是个比喻,而是有着重要的语言学上的理论意义。文字和语言之间恐怕并不是简单的非此即彼的二项对立关系,而有可能存在着第三种情况,存在着介于文字和语言间的"第二语言"的情况,至少汉字提供了这样一个范例。正是在这一认识的基础上,我们提出了"字本位"的理论。所谓"字本位"理论,就是以汉字这个汉人的"第二语言"为出发点的语言学理论。

潘文国对于汉字作为"第二语言"特性的认识,在学术界有一定的代表性。具有类似看法的还有一些,例如申小龙(1995:8)说:

汉字的人文精神的研究,是汉字字形、字义、字音、字能的综合研究。它包含着当代汉字学对汉字性质的反思,也包含着当代汉字研究对书面语言特质的反思。从根本上说,口头语言和书面语言是人类语言的两个不同的本源。声音符号和视觉符号因其各自不同的功能而共同承担人类交际、信息传播的主要媒介作用。文字因其图画性而具备的突破时空局限的能力,是口语无法替代的。即使是那些没有文字的民族,他们也必定有各种具有象征意义的图形符号。正如陈望道所说:"假若追溯源头,文字实与语言相并,别出一源,决非文字本来就是语言底记号。人们知道用声音表达思想,也就知道用形象表达思想。知道从口嘴到耳朵的传达法,一面就又知道从手指到眼睛的传达法"(陈望道1925)。事实上,无论从心理学还是生理学的角度看,人类最初的视觉符号比听觉符号更接近所要表达的东西。一些语言学家甚至认为有足够的证据证明手势语与口语同时发生,甚至发生得更早些。至少我们没有充分的证据说听觉符号早于视觉符号,也看不出这种说法的必然性。

苏新春(1996:12)说:

综合索绪尔的全部论述,可以看到索绪尔所认识到的汉字特点有以下几点:一、汉字是"表意文字",汉字和口说的词都是概念的符号,汉字可以不通过语言和它所表达的观念发生关系。二、汉语中的一个词只用一个符号来表示,这个符号和整个词发生关系。这个"符号",指的是汉字character,而不是字母letter。三、汉字与词赖以构成的声音无关。汉字可以离析口语中的同音词,不同方言中的异音词可以用相同的书写符号。四、汉字在汉民族看来具有十分重要的作用,被看作是第二语言。把这些特点概括起来,就可以发现,对汉字只能理解为它不是单纯记录口语语音、附属于语言符号的符号,它对于汉语具有相对独立的位置。从"任意性"等于"非相似性"的理论来看,汉字则是属于"相似性"的文字,亦即不具有"任意性"。这些显然都是不符合索绪尔关于"符号"定义的。

林汝昌、李曼珏(1998:491)说:

不同语言的特点决定其文字所属类型,西方学者提出的"文字是记录语言的符号"这一论断并不适用于汉语。作为意音文字,汉字并不仅是汉语的附属物,汉字本身有着丰富的文化内涵和深邃的哲理。

李敏生(2000:17–18)说:

文字记录语言,但文字不是语言的录音机,无论是汉字还是英文,记录语音的功能都是相对的,也就是说并不能完全见字就知其音。

每种语言都有不同的方言。文字相同,但不同的方言有不同的读音。汉字有普通话的标准读音,但与方言区汉字的读音相距甚大。这就是说,一个汉字的读音有许多方言的读法。

李敏生的看法不仅针对汉字,还包括对拼音文字性质的认识,只是更加强调汉字而已。在他看来,"汉字是记录人的思维、意识的书写符号系统"。这相当于把汉字看作汉人的"第二语言"。

秦建文(2007)说:

有的文字有声性强,是偏重于表音或标音的符号系统,如拉丁字母、英语等,可以称之为声学文字;有的文字无声性强,偏重于因形示意,如表意汉字,可以归属于光学语言。光学语言属于视觉感受的图像,可以直接表现"心灵印象",直接与观念发生联系,超越了口说的词而成为第二语言。正因为如此,地域辽阔的中国人,不论天南地北,都能用"文"来统一"言"。……汉字直接表达观念的特点,使它具有超方言的性质而通行于不同的方言地域,在不同方言区里的人们,既用方言进行口语交流,又懂通过汉字书写的书面语交流,所以汉字在一定程度上控制了方言的继续分化。中国五千年的文化能够大体统一,汉字的意义与发音分离这种符号系统的独特现象,可以说是功不可没。(p431)

作为一种学术讨论和争鸣,上述诸家的意见都有其合理的一面,值得重视和进一步思考。

文字与语言的辩证关系,除了上文提到的几点之外,还有一些重要方面,例如:

文字类型跟语言类型是否有密切的相关性的问题;汉字的产生跟汉语的特点是否有内在联系和互相适应性的问题。

汉字表达的汉语跟口头表达的汉语在音节上的异同问题。

汉字对汉语是否具有反作用的问题:文字是记录语言的,但是,文字又不同于语言,它有自身的特点和发展规律,而作为表意性质的汉字尤其具有不同于表音文字的特点。通常认为,语言是第一性的,文字是第二性的,文字只能反映语言的发展和变化。其实,文字也对语言产生了深刻的影响。这方面还值得进一步关注和思考。

第三章

重视研究应用中的文字

一、字书文字和实物文字

王宁把汉字区分为两种状态：历代字书贮存的汉字和社会使用层面上的汉字。王宁（2004b）指出：

> 研究汉字的历史，必须从汉字发展的事实入手，真正的历史首先是符合事实的历史，一切先有了概念，规定了某种观点再去傅会的办法，不可能总结出真正的历史。全面的历史来源于对事实的系统考察，一切只凭个别例子支撑而不作全面考察的办法，在总结历史时，不可能消除片面性。考察汉字的历史首先要考察汉字本体的状况，词汇史代替不了汉字史，文化史代替不了汉字史，字典史（字典收录汉字的历史）也代替不了汉字史。汉字史必须是汉字本体发展的历史。

这里提到的"汉字本体"和"汉字发展的事实"，指的就是社会实际使用状态的汉字，而不是字典收录的历代字书汉字。社会实际使用状态的文字，王宁曾经称之为"文本中的汉字"，我们习惯称之为"实物文字"①，即铸刻或书写在甲骨、青铜器、玉器、金器、竹简、木牍、缣帛、印章、石碑、摩崖、雕塑、书券、砖瓦、瓮罐、木器、写本、画卷等实物上的文字。

---

① 这个提法比"出土文字"更宽泛一些，诸如碑林石经、传世碑刻、摩崖文字、敦煌秘籍、楹联题辞、题跋题款、档案文书、账本信函、孤本抄本等，只要是传世品，都可以算"实物文字"。

历代字书贮存的汉字与实际使用状态的汉字的不同,大概表现在以下几个方面。

一是共时性的不同。实物文字总是具有共时性的,而字书文字从《说文解字》开始,都会收录包括以往字书累积所收的文字和当时可见文献中的所有文字。而这些文献又是历史上逐渐堆积形成的,如其中的诗书礼易乐等儒家经典,都是先秦作品。其中许多用字除了在字书编撰之时偶然引用之外,日常生活中是用不上的。

二是形体规范性的不同。许慎所在的东汉时代通行的正体是隶书,日常应用的大多是行草书,但《说文解字》为着体现汉字的内部结构,全部字头按照同样严谨的作风和形体统一的构件转化为小篆字体。唐代使用的《干禄字书》《五经文字》《广韵》等字书的字头全部采用正楷体;《康熙字典》以来的字书则大多采用老宋体,非常注意点画之间的细微差异和区别性。例如从"月"的"期朔"等字和从"肉"的"胡腹"等字,与看起来相似的"月"旁的书写就不一样。而社会上日常手写的文字,则以行书为主,如果是非正式场合还会大量采用俗字。现在电脑普及,日常用字常用电脑打字,情况有所变化,变成千人一面了。

三是字频代表性不同。字书收字时,作为字头,每个具有代表性的字形只收录一个(或另有重文),看不出它的使用频率。至于实际应用中的文字,常用字与生僻字的出现率相差很大,例如"之"字在一页之中就屡屡出现,生僻字往往整本书也未能见到。

四是语境不同,阐释不同。字书收字的语境,常用字选其典型,生僻字全靠搜集,个别音义不全的疑难字甚至连语境也没有。至于解释,就要照顾到字义的普遍性及周全性,概括性较强。社会实际用字的语境千变万化,随文释义,往往具有特指性,具体而确定。

对于汉字发展运动,社会实际用字是第一性的,字书贮存的汉字是对于社会用字的反映,是第二性的。所以,汉字研究首先要关注的就是实物上刻录或书写形式的社会实际用字。除了古文字领域中被许多学者关注的甲骨文、金文、玺印货币文字、简牍帛书文字等外,秦汉以来各时代的石刻、砖瓦文字,魏晋以来各个时代的纸书文字,敦煌藏经洞的写本文字,宋代以来的写本、雕版、刻本文字,民国时期产生的档案文书等,都有其独特的研究价值。

重视应用性的文字,可以获得丰富的第一手资料,能够对汉字的发展状态有具体的感性认识。只要是共时的文字,就可以看到不同书写者采用不同材料在不同场合不同心态下书写的种种不同风格的文字。即使是相同的文字,也一定会有许多不同的风格和面貌。如果研究者关注的是字形结构问题,就可以从众多繁简不一、规范程度不一的写法中看出哪些写法是当时最规范的,哪些是最通俗的,哪些是讹误变形了的。大多字书也经历过这种整理规范工作,但字书的归纳跟我们从丰富的实物文字中所做的归纳,结果可能并不完全一致。例如我们通过对秦汉文字形体的归纳,就发现《说文》中有些偏旁部首的写法跟秦汉文字的实际情况是有出入的(詹鄞鑫 2007a)。如果研究者关注的是字体问题,更是只有在社会应用性的文字中体会各种各样的书写风格和字体,包括书写潦草的行书草书字体,以及后代仿古写成的未必符合古代原貌的篆书或古文字体。这些字体在贮存状态的字书汉字中是难以见到的。如果研究者关注的是汉字的音义问题,尤其不能脱离具体语境,只有通过各种各样的社会应用文字,才能够接触汉字的各种具体用法,包括非常罕见的用法,以及由于疏忽大意或文化水平限制造成的错误的用法。通过对某类文献用字的较系统的调查,就可以发现字书漏收的汉字,释义的不足或缺陷,以此增补字书未收的用字和义项,补充字书书证在时代或典型性方面的不足。如果研究者关注的是汉字形体的演变问题,也只有通过对不同时代同类材料每个用字的形体比较,才可能清理出一个个汉字的形体演变线索,并从中总结出汉字形体演变的总体规律和趋势。

我们强调重视应用中的汉字,并不意味着贮存状态的汉字就可以忽视。历代字书的研究实际上做得并不是很充分,研究的空间也还很大。像《切韵》《广韵》这类韵书,过去总是被当作古代声韵的研究资料,其实从文字学的角度,也可以从中发掘许多重要信息。我们相信,韵书所收的许多汉字(指字头文字)有着非常古老的来源,韵书提供的音义,对于认识这些文字的来源和古义具有重要的参考价值。笔者考证甲骨文中的"殳"和"敊"字,就利用了《广韵》等韵书提供的音义资料(詹鄞鑫 1983,1985)。像《龙龛手鉴》《万象名义》等字书则保存着十分丰富的俗字资料。潘重规撰《龙龛手鉴新编引言》,对于该字书俗字及其对敦煌写本俗字认读的价值均有阐述。杨宝忠的《疑难字考释与研究》(2005),意在考释《汉语大字典》所收的疑难字,成绩斐然。本节强调要重视应用中的文字,只是意在提倡注重实物文字资料的精神。学者们对于《龙龛手鉴》等字书俗字研究的成果,也是由于接触敦煌写本文字之后才发现两者相互印证的价值。

对于实物文字的搜集和整理,带着不同的目的可以有不同的方式。比较基础的工作就是制作文字编或字谱,例如孙海波《甲骨文编》,容庚、张振林《金文编》,戴家祥主编《金文大字典》,高明《古陶文汇编》,张守中《包山楚简文字编》,滕壬生《楚系简帛文字编》,陈松长《马王堆帛书文字编》,罗福颐《汉印文字征》,徐正考《汉代铜器铭文文字编》,梅原清山《北魏楷书字典》等;专收其中草书或俗字的如陆锡兴《汉代简牍草字编》,秦功《碑别字新编》,潘重规《敦煌俗字谱》,黄征《敦煌俗字典》等。还有一些是综合性的字谱,如高明《古文字类编》,徐中舒主编《汉语古文字字形表》,汉语大字典字形组编《秦汉魏晋篆隶字形表》等。单是制作文字编或字谱就是一桩艰苦的工作,体例上最好能采用原拓或照片扫描剪切,最大程度地保持原貌,同时字字给出处,最好还能提供简短语境,以供疑难字认识的参考。

如果是关注实物文字的音义用法,就必须在核对释字不误的前提下,全面记录每个用字的语境和出处。这点只有通过计算机数据库才能准确实现。

二、重视新出土的文字材料

研究要有创新,一要材料新,二要方法新,三要角度新。就汉字学而言,大致也是如此,但新方法和新角度不是很容易发现的,从最一般的创新手段看,汉字研究特别重视出土实物文字资料,所以也就特别地强调新材料。

出土文字材料的重要学术价值,早在二十世纪之初就已受到一些眼光犀利、成就斐然的学者的注意。王国维(《近三十年中国学问上之新发现》;◇季羡林1993)说:

古来新学问之起,大都由于新发现之赐。有孔子壁中书之发现,而后有汉以来古文家之学。有赵宋时古器物之出土,而后有宋以来古器物古文字之学。惟晋时汲冢竹书出土后,因永嘉之乱,故其结果不甚显著。然如杜预之注《左传》,郭璞之注《山海经》,皆曾引用其说,而竹书纪年所记禹、益、伊尹事迹,至今遂成为中国史学上之重大问题。然则中国书本上之学问,有赖于地底下之发现者,固不自今日始也。

又陈寅恪(《陈垣敦煌劫馀录序》;◇季羡林1993)说:

一时代之学术,必有其新材料与新问题。取用此材料以研求问题,则为此时代学术之新潮流。治学之士,得预于此潮流者,谓之预流(借用佛教初果之名）。其未得预者，谓之未入流。此古今学术之通义，非彼闭门造车之徒，所能同喻者也。

季羡林先生（1993）也说：

> 近百年以来，在中国学术史上，是一个空前的大转变时期，一个空前的大繁荣时期。处在这个伟大历史时期的学者们，并不是每一个人都意识到这种情况（笔者按，指王国维所说"古来新学问之起，大都由于新发现之赐"），也并不是每一个人都投身于其中。有的学者仍然象过去一样对新时代的特点视而不见，墨守成规，因循守旧，结果是建树甚微。而有的学者则能利用新资料，探讨新问题，结果是创获甚多。

这几位国学大家，都对新出土文献的重要研究意义予以高度的重视。纵观二十世纪以来的学术研究，几乎可以说，凡是在国学研究方面富有建树的学者，无不重视对新的出土文献的研究。老一辈学者如此，新一代学者也是如此。要能够继往开来，成为有成就的学者，就不能不重视出土新材料。

实物文字材料的研究，虽然主要是古文字领域的任务，但从汉字学或汉语史的角度说，不论汉字形体和用字的发展规律、不同时代不同地域汉字的构形规律、汉字俗体对于正体影响的状况，汉字在异体字、古今字、通假字等方面的状况，汉字字义字音的演变状况等哪个方面，都应该充分吸收实物文字研究的成果，为汉字学的发展史和理论建设提供新的积累。

一般来说，新材料新问题给研究者提供了创新的机会，然而，解决问题主要还是依赖学术积累和科学有效的方法。所以，学术积累仍然是科学解决新材料新问题的前提条件。至于老材料老问题，当然不是绝对不值得涉足，但从常理上说，只要是没有解决的老问题，大多是前人前赴后继"啃剩的硬骨头"乃至"咀嚼过的馒头"。例如六书中的"转注"问题，汉字起源的确切时代和地域的问题等。除非有新的重要证据或新的研究视角或新的科学思想，要想在已经探讨了数十乃至上百年的老材料上获得富有价值的创新是非常艰难的。在新材料层出不穷的今天，学术进展日新月异，除了其他的因素之外，可以说选题是关键，并基本上决定了研究的成败。

第四章

注重俗体字与正体字之间的辩证关系

一、俗体字对于汉字发展的影响

"正体-俗体"这一对概念跟上文提到的"正字-俗字"不一样。"正字-俗字"的对立是就单个汉字的书写规范而言的,例如把从"止"的"歲"俗写作从"山"的"嵗"。而"正体-俗体"的对立是就字体而言的。在这里,"正体"指共时汉字中书写严谨规范的字体,而"俗体"则指书写随意草率的字体。以今天的用字为例,印刷品上的宋体、手写的工整正楷体等文字为"正体",而日常学习生活工作中应用于笔记、日记、便条、草稿、处方等处的文字则为"俗体"。

"正体-俗体"是就字体而言的,"正字-俗字"是就单字书写规范而言的,但两者具有密切的关系,因为正体字通常总是力图采用正字来书写,而俗字则大多出现在俗体字中。所以,有的论著在这点上区分不是很明确,也可能采用"正体-俗体"的概念来指称"正字-俗字"的对立。

正体与俗体,是汉字与生俱来的两种共时并存形式。正体与俗体的对立统一,是汉字发展的基本动力。裘锡圭(1988:42–44)指出:

> 我们可以把甲骨文看作当时的一种比较特殊的俗体字,而金文大体上可以看作当时的正体字。所谓正体就是在比较郑重的场合下使用的正规字体,所谓俗体就是日常使用的比较简便的字体。
>
> 在讲汉字形体演变的时候,应该充分注意甲骨文作为一种俗体的特点。
>
> 在文字形体演变的过程里,俗体所起的作用十分重要。有时候,一种新的

正体就是由前一阶段的俗体发展而成的(如隶书)。比较常见的情况,是俗体的某些写法后来为正体所吸收,或者明显地促进了正体的演变。

在谈到隶书的形成问题时,裘锡圭(1998:69)又一次提到:"隶书显然是在战国时代秦国文字俗体的基础上逐渐形成的,而不是秦始皇让某一个人创造出来的。"

显然,从汉字字体演变的角度看,俗体对于正体变化的促进作用是明显的。另一方面,从俗字产生的角度看,正如裘锡圭(1998:56)所说:"六国文字形体上最显著的特点是俗体的流行。俗体之中最常见的是简体。"俗体孕育出简体字和俗字。那么,俗体对于促进正体的变化,和俗体对于俗字的产生,这两方面的作用是否在任何时代和任何地域都是相同的呢? 这一点似乎还有值得商榷的地方。就战国俗体对于正体的影响状况,裘锡圭(1998:52)有一段很好的总结:

> 在秦国文字里,大约从战国中期开始,俗体才迅速发展起来。在正体和俗体的关系上,秦国文字跟东方各国文字也有不同的特点。东方各国俗体的字形跟传统的正体的差别往往很大,而且由于俗体使用得非常广泛,传统的正体几乎已经被冲击得溃不成军了。秦国的俗体比较侧重于用方折、平直的笔法改造正体,其字形一般跟正体有明显的联系。而且战国时代秦国文字的正体后来演变为小篆,俗体则发展成为隶书。俗体虽然不是对正体没有影响,但是始终没有打乱正体的系统。战国时代东方各国通行的文字,跟西周晚期和春秋时代的传统的正体相比,几乎已经面目全非。而在战国时代的秦国文字里,继承旧传统的正体却依然保持着重要的地位。

"俗体虽然不是对正体没有影响,但是始终没有打乱正体的系统。战国时代东方各国通行的文字,跟西周晚期和春秋时代的传统的正体相比,几乎已经面目全非",这里说的"影响"和"面目全非",主要不是从字体的角度说的,而是从汉字构形变化导致许多文字写法不同的角度说的。例如篆书的"艸"演变为隶书的"艹",篆书的"辵"演变为隶书的"辶",这些都是成批的有规律的变化,只有像篆书原本从雨从晶的"靁"简化为"雷",从艸从屯从日的"菩"讹变为"春",从衣从集的"襍"构件重新组合为"雜",这类变化才是个别的特殊的隶书简体俗体。从战国文字发展的趋势来看,俗体字对于正体字的影响,在秦国和六国是有区别的。就秦文字而言,秦国的俗体主要是促成了隶书的产生,最终隶书发展成为新的正体;就六国文字而言,六国的俗体除了类似隶变的字体变化之外,还促成了大批简体和俗字的产生,其中凡跟秦文字写法不同的简体和俗字最终被统一之后的秦国政府所废除。

不仅是隶书的产生,楷书的产生也同样是俗体影响的结果。

南北朝时代的正体和隋唐以后的正体,虽然常常笼统地都被称为"楷体",但两者其实在风格上有明显的区别,前者多少带有一点隶书的逸韵。为着区分,今人有时把以北魏碑刻为代表的正体称为魏碑体,隋唐以后的才叫作楷体。从敦煌和吐鲁番发现的北朝和隋唐的大批写经文字中可以体会出楷书字体在写本中发展演变的线索,从中可以总结出写本俗体对于楷体字发展和演变的重要意义。这方面的研究成果尚不多见。

魏晋以来的下层文字,还促成了大量俗字的产生,这点在北朝造像记、敦煌文献和唐宋写本文献中已经获得大量史料的证实。

从实物文字研究的角度来看,先秦两汉古文字资料的研究和文字编的编纂成果相对而言比较丰富,而魏晋以来实物文字资料的研究和文字编的成果就显得很少。中古以来的极为丰富的俗体字(其中包括大量俗字)的资料,其搜集整理和研究,还需要学术界的共同努力。

二、正俗体关系对于汉字规范问题的启发

俗体和正体关系的问题,不仅关系到学界对于汉字发展史的认识,对于目前汉字规范研究工作来说也具有重要的启发意义。

在计算机时代以前,手写文字总是社会用字的主流。可以相信,古今中外不论哪个时代和民族,只要有文字,就一定会有正体俗体的区分。就汉字而言,俗体就是日常应用的手写体。手写俗体与正体之间,不仅表现为书写风格上的不同,在每个字的笔画和形体结构上也一定会有不同程度的变化。那么,汉字规范要管的是正体还是手写体呢? 笔者(2008a)曾就此问题加以讨论,大意略述如下。

在汉字规范问题上,应如何看待正体俗体的形体差异? 应该予以计较,还是忽略? 计较,就是说字形规范不仅针对正体汉字,还要管住手写汉字。在两者出现视觉可辨的差异时,把手写体当作"异体字"或"俗字",或者干脆用手写字形改造正楷字形,缩小两者的差异。忽略,就是说字形规范只针对正体汉字,至于手写体,在不妨碍交流的前提下,随便怎么写听其自然。

假如计较手写字形差异,力图使两者一致,会有什么后果呢? 让正体成为手

写汉字的模范当然是做不到的,那么,是否可能用手写体来改造正体,让正体字字形跟手写体字形保持一致呢? 这显然也是做不到的。因为,正体字有其自身的端庄作风,无法把以圆弧形笔画为主的行草书直接当作正体字。现在的简化字中有相当一部分来源于草书的楷体化,一经楷化,笔画数和笔顺就会改变。例如"爲"12 画,草书作 为,2 画;楷化把笔画分解为"为",4 画。可见,手写体与正楷体起码在笔形和笔画数上是不可能完全一致的。强求正体与手写文字的一致,最显著的后果就是人为地扩大书写"不规范"的范围,造成异体字数量的成批增长,从而使汉字总数无限制地增加。

先看对于笔画变化的计较。

例如"曾-曾-曽"的细微变化。从"曾"到"曽",是把上方的"八"变成"丷",类似的字还有"兌遂兼朕騰卷酋"等,手写楷书大多作"兑遂兼朕腾卷酋"。在计算机里,除了"兑"字,它们的区别是作为字体来对待的,所以在计算机中文字符集的"宋体"字里没有"遂兼朕腾卷酋"这些字形,这种上部从"八"的写法是由"明流体"(MingLiu)来显示的。而"兌"跟"兑"的区别则是被计较的,于是计算机字符集里分别为"兌"和"兑"(另外还有"允")各安置了一个码位,三者在计算机里成为异体字关系。与此相应的,以"兌"和"兑"为偏旁的一批字都各有一个码位,也都成为异体字关系:說説,脫脱,蛻蜕,銳锐,閱阅,敓敓,挩挩,稅税,悅悦悦。但这个计较并没有坚持到底,同样偏旁的"娩兑苊倪痬鮸駾倪綄"等字,就没有设置从"兌"的字形。

从"曾"到"曽",在于把里面的两点连成一横来写。类似的还有"朿黑熏會"等字。"朿"如果两点相连就会变成"束"字,所以手写体不会这么写,但在"闌"和以它为声旁的字就不会混淆。王羲之行书《兰亭序》的"蘭",里面"朿"就写成"束"。至于"黑熏會"以及以它们为偏旁的字,两点相连就很普遍了。在计算机字符集里,把类似手写差异作为异体字处理的有"黑勳增"。但如果真要计较这种异写,涉及的字就是一大批,例如:

層僧增贈憎甑蹭噌罾繒磳熷增鄫譜熸嘿墨黛黜黝點夥駁鼇黥黪黯默黕黓黰魗黜黱魷黈黨黗賦黥黜顲騰黪黌黴黲驫黷黸勳薫玃曛醺藭臐纁曛爋爋鐼壎褈繪譄熷曾澢瓚熷嬙薔僧鄫噌猶膾鱠澢蘭欄爛瀾讕襴鑭攔。

在计算机字符集里,由于计较点画细微差异而形成的异体字很多,又如:

戶戸户,歷歴歴,歲歲崴,吳吳吴,枴枴枛,亞亚,惡恶,菫堇,兔兔,卯夘,冊册,冰氷,留畄,乘乗,煑煮,教教,寧寜,甯甯,堯尭,兒児,兪俞,齊斉,嚴厳,壽夀,從従,你伱,恥耻,劍劎劒劔釼。

这些字形差异,大抵是手写俗体与印刷正体的差异,在手写汉字中随处可见,不胜枚举。不难想象,如果类似上述举例的字形差异都要计较,手写体中的字形差异几乎是无法穷尽的。那么,异体字队伍就会无法控制地膨胀,汉字字符集的总数就会无限制地扩大。

再看对于行草书字形的计较。

试看“然焦黑燕魚馬鳥”等下面带四点的字,手写体只要是非正式的场合,下面的四点大抵是写成一横的(或者带点波浪形的一横)。简化字用行书改造正体,规定“魚”的下面写成一横,但“然焦黑燕馬鳥”等字不变,这就提供了一个可资对比的资料。“然焦黑燕魚”等字,手写体不论下方四点怎么写,都不算“不规范”,因为手写体把四点写成一横或波浪形乃是自古以来行书的常规写法。而“鱼”的情况就不同了,“鱼”字因为取得了正体地位,就成为跟“魚”字不同的字形,“魚-鱼”的关系从原先的正俗字体关系转变为繁简字关系,于是,写成“魚”就可能被指责为“不规范”。同理,所有从“魚”的字都面临相同的问题。

“鱼”和从“鱼”的字被规定为正字,最直接的后果就是新汉字成批大量衍生。“魚”和从“魚”的字(包括异体字)在 GBK 字符集里有 310 个。由于一部分汉字简化和偏旁类推,增加了一批从“鱼”的字,共 122 个。这样,光在 GBK 字符集里,跟“魚”和“鱼”有关的汉字总数就由 310 个增加到 432 个。但数量远不止此,因为原先从“魚”的字并没有全部都按偏旁类推的原则改为从“鱼”。如果全部类推,跟“魚”和“鱼”有关的汉字总数就会在 310 个的基础上翻一番变成 620 个。与“魚鱼”类似因草书楷化造成的两体,部首或偏旁中还如“爿丬,糸纟,言讠,車车,貝贝,見见,金钅,門门,頁页,食饣,風风,韋韦,馬马,鳥鸟,麥麦,黽黾,齊齐,齒齿,龍龙,龜龟”等,声符则如“闌阑,参参,單单,東东,昜杨(右旁),壽寿,芻刍,當当,島岛,執执,賣卖(讀所从),睘环,戔戋,僉佥,堅坚,監监,盡尽,巠经(右旁),豈岂,覽览,兩两,婁娄,師师,夾夹,亞亚,樂乐,澤泽(右旁),柬练(右旁),奐奂,會会,堯尧,熒萤(上部),專专”等,粗略估计涉及四千多个繁体汉字。

异体字和类推字的大量增加,不仅带来了计算机汉字输入的困难,更严重的问题是给计算机信息检索带来障碍。计算机只认编码不认字,所有仅有偏旁“魚”“鱼”之别的字都各用一个内码,就是完全不同的两个字符。如果通过计算机进行检索,输入"鱼"字就不能把"魚"的信息调出来。异体字一多,同音字也就相应地增加,计算机拼音输入的重码率就增高,选字就费事,严重降低了计算机汉字输入的效率。

所以,在汉字规范的问题上,必须坚持一个基本认识:忽略俗体与正体的字形差异,一方面不可用行草书等手写形体来改造印刷体正字,一方面必须明确,汉字规范只是对正体字的规范。

为此就必须引进"形位"概念。从汉字普通应用的角度来看,其实人们并不关注手写造成的细微差异。如果把个性化的差异一概忽略,就可以把同一个字形的各个个性化写法归结为一个"字形"。这样的"字形"就是我们所说的"形位"①。这样,就可以从"形位"的角度来理解汉字的"字形"。也就是说,只要是同一个正楷字形,不论手写有多少差异,它们都属于同一个"字形"。当然,字形差异大到无法忽略,而且已形成传统,例如"枽-条",那就另当别论。汉字规范的对象是正楷体或者印刷体,无法兼顾手写体。

行草书造成的书写差异,例如"爲为,終终,諫谏,時时"之类,在古代的手写字中是比较常见的。著名的岳飞行书《前出师表》,就出现了"为、终、谏、时"这些今天被纳入"简化字"的写法。然而,它们在历史上从未被视为形体不同的异体字。《康熙字典》收录了大量异体字,但"为终谏时"这些字是不收的。从"形位"的角度来看,在简化字推行之前,"爲为,終终,諫谏,時时"都不具有"字形"意义上的不同。然而,现在就不能再说它们的"字形"是相同的,因为"为终谏时"这些字不再是行草书,而获得了"正体"字的地位。手写体一旦获得正体地位,对于写字者来说,直接后果就是写字变难了。就以"谏"字为例,在过去既可以如岳飞那样写作"谏",也可以写作"诛"。作为行书,"言"旁"柬"旁都有相应的快写法,不存在"不规范"的问题。自从推行了简化字,从"柬"的字只有"練煉揀"三个字可简化为"练炼拣",其他字如果也跟着这么写,就变成"不规范"了。

近年来学术界曾经就简化字偏旁类推的问题展开过讨论。汉字简化当初是针对常用字的,并不包括生僻字,后来规定一部分偏旁可以类推,也不类推到全部的同偏旁汉字。全部类推已经论证是行不通的。可是,如果不全部类推,就有人提出,在同一个版面中同时出现两种字形不协调。总之,在简化偏旁是否类推的

---

① 王宁先生在她的汉字构形学里已建立"形位"概念,与这里提出的"形位"概念含义不同。

问题上,左右为难。

如果我们认识到"魚—鱼,車—车"原本都是正楷体与行书体的字体关系,而不是异体关系,就可以恢复它们本来的关系,即取消"鱼"和"车"的正体字地位,恢复其手写体地位。这样,印刷汉字就可以名正言顺地废除所有从"鱼"从"车"的字。这样一来,手写体就获得更大的自由。从此,写字时再也不必考虑偏旁是否可以类推的问题,任何一个字的类推都将是合理的,从而也是符合"规范"的。而且,计算机如果把"魚—鱼,車—车"恢复为字体关系,还方便了信息检索。

总之,强求正体与俗体的一致,不仅做不到,而且也没有好处,只能人为地制造学习记忆的困难和信息处理的障碍。如果认识到汉字形体规范只是针对正体而言的,允许手写体的合理差异,把恢复行草书楷化写法的字体地位,就可以很方便地统一偏旁和部首,解决一切困扰和难题,而且解放了手写体,手写字进一步简化书写更为快捷。

三、关于计算机汉字的问题

我们所说的古代正体,主要指用毛笔工整书写的正楷体。宋代开始主要表现为雕版楷体,明代正德以后活字印刷出现宋体和仿宋体,今人也习惯称之为印刷体。自从电脑普及,电脑排版代替了活字排版,电脑上的宋体或楷体就成了正体的代表。所以,要谈现在的正体,就不能绕开计算机汉字的问题。

中文计算机上的"宋体""楷体"的内涵与传统的字体概念已经不完全一样了。在中国大陆地区通行的中文 windows 系统,总是带有"宋体""黑体""隶书""楷体_GB2312""仿宋_GB2312"这些字体。用这些字体显示的汉字,当然都是相应的宋体、楷体等等,然而,它们还具有字符集性质的意义。"简体中文"windows 系统的"宋体""黑体""隶书"可以显示国标扩展字符集(GBK)中的全部汉字,其中包括繁体字;而"楷体_GB2312"和"仿宋_GB2312"则只能显示国标字符集,不能显示繁体字。从字体显示的角度说,还有其他一些可能需要在计算机里特别安装的字体,也同样能显示各种字体,但它们不会改变计算机汉字的内码,得以显示的字符集范围也各不相同。通常我们提计算机字体,大多只限于中文 windows 系统配套所带的字体。

手写汉字与计算机汉字的不同特点,首先在于计算机显示的宋体、楷体等汉字在笔画上的规范性,手写文字多少总是较草率的。但如果从"正字"的角度说,计算机显示的汉字并不总是规范标准的写法,在扩展字符集中还包括大量异体字,甚至讹误字。异体字例如:恶惡,曾曾,兔兔,土圡,卯夘,册冊,冰氷,啓启,留畄,乘乗,歲崴;讹误字例如(每组后者为错讹字):拗拗,冤寃,冗宂,歷厤,曆暦,荔荞,往徃,博愽,丞丞,殼殻,徽徴。

计算机汉字每字一码,其编码一开始就进入国际统一标准。就这点而言,计算机汉字的字形是不可更改的。假设新的字符集改动了一个汉字的字形,而没有重新设置其编码,那么,所有用安装新字符集的电脑显示的老文件,那个改动字的字形都会相应地发生改变,将不再是其原始的模样了。从文字学的角度看,这样的后果一定是灾难性的。所以,计算机时代的汉字,就特别要求汉字具有字形上的稳定性。如果有关汉字规范的部门改动了现有汉字的字形,或者为着偏旁的类推而增加了新的字形,就会牵一发而动全身,涉及面是非常广泛的。这点应该引起相关部门和研究者的注意。

计算机时代,社会对于汉字特性的基本要求发生了一些变化。十分明显的一点,就是对于汉字书写笔画数的关注程度大大降低了,而更加关注字形结构的规律性和阅读的分辨率。当今社会,汉字的应用在很大程度上由计算机输入代替了手写,屏幕阅读代替了书本,这种趋势具有历史的必然性。为了顺应这种趋势,汉字的应用一方面要求书写或输入的快捷,另一方面要求阅读的方便。当然,作为大前提,首先还要求降低汉字教学的难度。计算机时代的汉字教学,作为一种语素文字,日常生活涉及的基本字数在三千上下。为着便于学习和理解,首先就要求汉字构形系统在保持稳定性的前提下具备较强的科学性和理据性。从书写的角度说,手写汉字一般总是采用行书草书,并不很在乎多一画少一画;如果采用键盘输入,不论哪种输入法,都只关心形体或读音的分辨,而不再关注笔画数的多寡。从社会应用的角度说,任何文献的书写都是一次性的,阅读则是多次性的,所以,阅读的效率比书写的效率更加重要。由此可知,汉字的形体规范,应该更加重视形体的分辨率。上世纪的汉字简化工作曾经一味地强调要减少汉字的笔画,现在也还有人继续提"坚持汉字简化方向"的口号,这种认识具有相当程度的片面性和危害性。我们认为,在汉字规范的问题上,只有王宁提出的"汉字优化"的口号才是正确的。

第五章

重视新视角和跨学科研究

一、新视角与跨学科

新视角好理解,就是要从常人尚未留意的角度来探讨问题。如果新角度已经涉及非语言文字学的领域,例如信息学、统计学、考古学、人类学等学科,乃至涉及心理学和物理学等属于自然科学的理论和方法,就可视为一种跨学科的研究。新视角和跨学科的研究,有可能为汉字学研究另辟蹊径,及至开辟出新的跨学科领域,创造出传统研究方式难以预料的前景,产生重大的社会影响。

汉字学新视角研究自不必说,可以说,凡有价值的研究论文,如果不是材料新,就是方法新,否则就是研究视角新。当人们都把眼光集中在某一块时,我们就可以考虑另辟蹊径。例如古文字研究大多集中在文字考释和文献解读方面,想要创新就可以考虑从汉字学方面加以研究;大家关注先秦古文字时,就可以考虑秦汉文字,继续往后,魏晋六朝以降历代汉字,研究者就很寥寥。二十世纪后期兴起的俗文字学,就当时而言,不仅材料新,视角也新。二十世纪九十年代兴起的汉字文化学大多局限于单个或成组汉字形义及其涉及的上古文化的分析,宏观的汉字文化研究并不多见,其研究问题的潜力也是很明显的。

在现代汉字应用方面,时代的发展和技术的进步,以及汉字应用的社会实践,本身就会不断地向研究者提出新的问题和课题。

汉字的跨学科研究,很早就已经引起学者的关注。例如汉字心理学方面,早在二十世纪二十年代初就已有一批留美学生进行过相关的实验研究,此后的发展和研究成果尤其令人瞩目。汉字心理学研究的前景广阔,具有特殊的价值,这点在本书有关章节已经做了简要的介绍。

高家莺(1988:94)曾经撰文探讨汉字研究的跨学科趋势:

> 要把汉字放在一切跟它有密切联系的学科领域里去研究。社会科学和自然科学,彼此存在非常复杂的纵横交错的有机联系。……对汉字进行多学科的综合研究是汉字研究的重要发展趋势。近年来,人们从各种不同的学科去研究汉字,对汉字进行多学科性综合研究,使汉字研究逐渐走上了现代化的道路。比如文字的日常使用包括书写和阅读两个方面,书写阅读过程实际上是文字信息的发生、传递、接收和反馈的过程,具有复杂的心理、生理和物理等方面的特征,并不像一般人所感觉的那么简单。因此要研究文字使用的心理过程、生理过程和物理过程。过程是使文字实现功能的手段,但是人们往往忽视过程。研究文字的使用过程所涉及的问题是多方面的,最使人感兴趣的是文字和大脑的关系。人脑是怎样处理汉字信息的? 这样一个基础性问题,决非文字学家单独所能解决,必须协同有关学科专家一起努力才能解决。各门学科相互利用彼此的成果,这是科学发展的必然,也是现代科学的时代特征。

跨学科研究需要研究者具有跨学科的优势。如果跨学科仍处于人文社会学科的范围,这种跨学科的学习还有可能一身而数任;如果跨学科涉及社会科学和自然科学的不同领域,通常就必须由相关学科的专家共同协作来完成研究任务。这是一个难点,也恰恰是汉字学研究走向新生的突破口。

二十世纪八十年代以来,由于计算机的使用和逐渐普及,汉字的计算机应用及其技术也日益成为跨学科研究的突出问题。下文重点谈计算机数据库的建设问题。

二、注重汉字信息的数据库建设及其研究

计算机改变了人类的生活方式,也改变了学术研究的方式。在计算机时代,计算机对于包括汉字学在内的各种学术研究的意义及应用不仅是不可缺少的工具,在很大程度上还改变了研究方法。

最简单的计算机应用,就是把自动化时代的计算机当作机械化时代的打字机来使用。然而,计算机文本的便于复制、修改、保存、排版、打印、传送,以及文本的

检索等功能非打字机所能胜任。计算机还可以实现图像的保存和查阅,大大缩小了研究资料所占据的空间。任何一种实物文字资料,首先是拓本或照片等图像,这些资料以数字形式储存在计算机里,就可以用最小的空间来保存和调阅。例如《甲骨文合集》13 册收录甲骨拓片 41 956 片,连同《补编》收录的 13 450 片,全部资料高精度图像可存入一个容量 4GB 的小小 U 盘里。当然,这还没有在根本上改变研究的方法。

最能体现计算机改变研究方法的一点,就是数据库的建立和应用。

1. 数据库的功能

汉字学的基本资料,包括作为研究对象的语料和作为参考文献的论著。

语料的重要性是不言而喻的。现代的汉字学研究,不仅注重语料的穷尽性及其量化统计,还特别重视应用中的汉字。随着考古事业的发展,以及数码相机和扫描仪的普及,实物文字资料日益丰富。作为汉字学的专业研究,每个人在一定的时期内都只能关注有限的语料。假设目前正在进行宋代雕版古籍的用字研究,需要搜集宋版古籍资料,即使看起来珍贵稀少的孤本善本,全国的宋版古籍影印本汇集在一起也是庞大的数量。把这大批的资料转化为数字形式,几张光盘就足够贮存了,但要查找其中的语料文字,可就是大海捞针了。

任何研究都是在前人的基础上进行的,否则就可能做重复劳动,所以,在研究中必须调查和参考已有的相关研究成果,这是学术研究的基本要求。古往今来,汉字学方面的研究成果浩如烟海。刘志成撰成的《中国文字学书目考录》(1997,资料收至 1995 年)一书,收录不包括杂志论文和普及性读物在内的有关文字学和古文字学的现有专著 2 664 种。汉字学和古文字学论文的数量,据《中国语言学论文索引》所录,迄至 1990 年总数大约已超过七千篇。[①]自二十世纪九十年代中期以来,论文数更是激增,其数未可估计。按照 1981 至 1990 这十年的增长比例推测,从 1991 年至今的中国文字学论文总数逾万篇。面对如此之多的专业文献,我们该怎么面对,成为一个相当复杂的问题。

在旧时,学问家皓首穷经读古书,整理资料,除了凭脑子记忆,也必须做大量的学术卡片并查阅工具书。试看清代说文大家段玉裁所作《说文解字注》,每个字

---

① 据《中国语言学论文索引》(甲编、乙编、续编上下册)所录,汉字和古文字学论文建国前大约有 1 500 篇,1950—1980 年大约 2 800 篇,1981—1990 年约 3 000 篇。

下面都要列举相关书证,包括本义、引申义和假借义。朱骏声作《说文通训定声》,列举的文献更比段氏丰富。如果不通过做卡片及查阅《康熙字典》一类工具书,他们想要完成写作是十分困难的。但要做到逐字检索,还只能依靠引得类工具书。引得工具书的作用是可以查到某种纸质文献每个文字的所有用例。民国时期原哈佛燕京学社引得编纂处编了一批经史诸子文献引得,就对学术研究起了非常大的促进作用。然而,处于信息时代的当代学者,面对汹涌如潮的研究资料和文献,如果还走古代学者的老路,肯定是步履维艰的。

不论是作为研究对象的语料,还是作为参考文献的论著,要做到穷尽的检索和查阅,唯一的办法就是通过专门制作的计算机数据库来实现。

数据库是依照某种数据模型组织起来并存储在计算机里的数据集合。这种数据集合能以最优方式为某个特定组织的多种应用提供服务。数据库的建立必须依托于某种应用程序(软件),常用软件如 Vidusl Foxpro、Oracle 等。普通的中小型研究,大多采用由微软公司提供的、作为 Office 组件之一的 Microsoft Access。Access 提供了一个制作数据库的平台,可以根据需要任意设计数据项目。

每一个数据库都是为着特定目标服务的数据集合,可以适应任何需要穷尽资料或量化统计的汉字学研究课题。假设某一研究的题目是"居延汉简文字构形系统研究",目标之一是检索查找相关文字,例如可以任意调出某个汉字在居延汉简里的字形,并揭示相关的字体、结构类型 I(造字模式)、结构类型 II(行草模式)、语境、出处、讹误情况等;也可以根据其他条件检索相关文字,例如根据结构类型 I,就可以调出所有属于象形、象事、会意、形声等不同属性的文字,并同样揭示其字体、结构类型 II、语境、出处、讹误等情况。目标之二是综合统计,例如可以很方便地按照预先的设计,获得若干个既分工又配合的统计表,以列表形式揭示每个字在居延汉简中的出现字频、各种字形写法、每种字形的出处及其结构类型等信息。有了这么一个数据库,要穷尽居延汉简文字的构形系统,就很方便了。

当然,制作数据库是一桩相当艰苦的劳动。除了要对原始资料进行整理和甄别,并逐一对相关信息加以定义之外,还要进行数据输入。数据输入是一种纯粹机械性的工作,可以通过特别设计的程序,让计算机自动进行分拣,大大减轻人力劳动。

2. 汉字学研究遇到的计算机所无字的字形处理问题

对于汉字学研究而言,数据库制作中最大的技术障碍就是古文字和生僻字的处理问题。虽然计算机的字符集在不断扩展,但对于汉字学和古文字学的专业需要而言,计算机字符永远面临跟不上新资料不断发现速度的现实。

目前中国大陆普遍采用的中文(简化字)计算机里设置的两种通用的字符集,一个是 1980 年国家标准总局颁布的《信息交换用汉字编码字符集·基本集》(简称 GB2312 或称"国标"字符集),收录汉字 6 763 个。一个是 1995 年全国信息技术标准化技术委员会制定的《汉字内码扩展规范》(简称 GBK 或"国标扩展"字符集),收录汉字和图形符号 21 886 个(其中汉字 20 902 个)。"GBK"不是国家标准,但微软公司开发的 Windows95 简体中文版开始支持"GBK"代码,一直被涉及历史文献的学者广泛采用,成为事实上的国家标准。2000 年 3 月,信息产业部和国家质量技术监督局又发布了一项新的中文信息处理基础性国家标准 GB18030—2000《信息交换用汉字编码字符集基本集的扩充》(简称 GB18030)。它在原来二万多个汉字的基础上,增加了七千多个汉字的码位和字形。(沈克成 2005)

国际标准化组织在 ISO10646—2000 的基本平面(BMP 或者 Unicode3.0,简称 Unicode)编入了 27 564 个汉字,即 GB18030 颁布时所建议支持的字汇。同时国际标准化组织还在 ISO10646—2000 的第二平面扩展了 42 711 汉字(又称为扩展 B)。微软公司在中文简体版 Office XP 及相应多语言包中,专门开发了超大字符集中文字体(宋体-方正超大字符集)。宋体-方正超大字符集字体包括了上面提到的全部 27 564 个汉字以及在第二平面中(42 711 个)选出的 36 862 个在中国(含大陆和港台)使用的汉字。因此包括西文等常用字符在内,宋体-方正超大字符集共包括 65 531 个字符。

国标字符集是以简化字为规范而制定的用于大陆目前日常应用的字符集,它从一开始就不考虑古籍用字,因此并不能适应古籍整理与研究,更不用说汉字学研究。国标扩展字符集(GBK)是目前最方便的古籍用字的字库,但它还远不能满足《说文解字》《广韵》等字书的用字需求。宋体-方正超大字符集包含的生僻字全是宋体字,看起来字量很大,其实其中大量异写性的异体字几乎不具有一般文字学研究的价值,也不可能满足汉字学中古文字隶定字形的需求。而且,目前方正超大字符集因显示和输入法等条件限制,也影响了汉字学研究成果的交流和推广。

在计算机里贮存和显示古文字,只有两种办法,图像显示和新造字。

不论是原形古文字还是隶定字生僻字,只要是计算机字符集所无而又需要使用的,都必须造字处理。普通 Word 文档可以支持使用的造字格式通常有 TT 格式和图像格式两种。由于共享限制,我们不推荐在普通情况下采用 TT 格式的造字法,而建议采用图像格式来表达新造字。然而,数据库软件如 Access 不支持图像格式或插入使用者自造的 TT 格式文字,如果要在数据库里处理古文字或生僻字,比较直观的办法是创建新的字符集。其代价是工作量很大;如果没有定义其读音,也不能自动按音序排序;这样的数据库及相应的语料库在共享方面仍然是受到限制的。

还有一种简便易行的做法,就是采用描述式的生僻字表达法。

对于计算机来说,它的文字状态有两个层面,一是内部信息储存层面,一是外部字形显示层面。内部储存是由编码来确定其位置的,不论采用多少字节,它只是以数字形式存在于计算机里。外部字形显示是靠计算机的"字体"来实现的,例如国标扩展字符集的全部 20 902 个汉字,可以以"宋体""黑体""隶书"等字体全部显示(但"楷体﹣GB2312"和"仿宋﹣GB2312"的显示就受到限制)。可见,内部储存的意义在于区别信息,外部显示才是与读者见面的字形外观。对于文字学研究而言,数据库只是工作手段,通常它并不直接与读者见面,也不会出现在研究成果的文本中,既然这样,那就可以把内部储存与外部显示区分开来对待。在数据库里,就像用内码数字代替汉字一样,可以用描述方式来代替计算机字符集里所无的汉字;而在检索界面或研究成果载体文本中,可以利用普通窗口和 Word 文本不限制图像的优越性,采用图像格式来显示特殊的字形或符号。用描述式方式解决数据库的字形信息记录问题,用普通造字程序或图像格式解决研究成果的字形显示问题。这样既解决信息储存,又解决研究成果的显示,不失为一种简便的处理方式。例如我们所做的《东汉用字调查与研究》,据写作结束时统计,东汉用字中 GBK 所无的文字符号大约 260 个。只在 Word 报告表中采用造字手段来显示,相对于其他方法来说是最简便易行的。

中文计算机为每个汉字内置了一个读音信息,字符集汉字按字音排序是由计算机自动完成的。采用描述式的新造字表达方式同样不能避免 TT 造字或图像造字方式所面临的排序方面的缺陷,即描述式表达不能自然反映特殊字形的读音和笔画数。所以,如果数据库中作为字头的文字需要按音序排序,凡描述式的特殊字形就必须另行定义其读音。

对于隶定宋体字的描述式表达方式,我们设计了一套方案,以供学术界参考:

类型	表达方式	表达例 1		表达例 2		表达例 3	
左右式	各构件按序排列	鄆	無阝	竝	立立	艉	舟昌戈
		㼪	广黄	颽	風昜	遡	辶豚
上下式	各部件以/号间隔	堇	卝/更	犇	馬/卄	盒	今/酉/皿
		氖	气/乃	宸	戶/衣	暴	日/出/大/夲
		麇	鹿/禾	齋	齊/火	魘	厭/鬼
包围式	用>号表示大包小	圉	囗>幸	闢	門>辟	闉	門>甄
		斑	玨>文	匿	匚>㕚	褒	衣>保
		辯	辡>文	囟	勹>㐆		
鼎足式	三某	焱	三火	鱻	三魚	雥	三佳
多层次	多重括号表示层次	樨	木(酉/灬)	簹	(今/酉)音	霳	雨/(立今)
		蘂	卝/(三心)/木	魔	广[卑/(虫虫)]	蟸	(瓜豕)/(虫虫)
减除式	用-号表示减除部件	斤	岸-山	厊	压-丶	及	盈-皿
局部替换式	基础字:用→号表示部件替换	菢	苁:夂→禾	旛	旗:其→番	贏	贏:貝→鳥
		縠	縠:禾→豕	腾	騰:馬→目	遊	遊:方→扌
		㤴	噁:一→灬	橆	無:灬→林	蘱	卝/(穎:禾→示)
描述式	基础字:局部描述	甪	用:上方加丿	甲	甲:竖画不通顶	韲	(齊:上部)/韭

　　自从发明了网络,计算机的应用又发生了新的飞跃。现在,一些研究机构、计算机技术研发机构、出版机构都在开发或策划开发大型的中文古籍和古文字研究用的数据库,并通过远程网络管理为研究者提供资料查阅和检索服务。可以预见,不久的将来,汉字学和古文字学研究所需的浩如烟海的原始资料和参考文献的检索和查阅,有望在专业人员的研发中实现。这是前所未有的研究方法的革命,也期待着当代的青年学者投身于这项事业之中。

第六章

余 论

第一，汉字学研究，关键在于提出问题和解决问题。汉字学要解决的问题，不是苦思冥想想出来的，而是在前人研究的基础上接触和阅读具体语料的过程中自然产生的，或者根据汉字应用实践中发生的问题提出来的，在阅读了一定数量的相关研究成果时受到启发和感悟而形成和深化的，在把问题加以总结和归纳的写作过程中不断思考而逐渐完善的。

初学者对于汉字学领域的总体状况，通常是不熟悉的；对于这个领域还存在哪些问题，尤其是存在哪些重要的问题，更是懵懂不明的。在这种状况下，最早接触和阅读的相关著作，或最早接受的教师指导，往往就具有较大的导向性。从客观情况看，最早接受的导向不能排除并不恰当甚至误导的可能性。这里说的导向，既包含研究选题方面，也包含研究方法方面，而研究方法的导向尤其重要。

就研究选题而言，汉字学涉及的范围实际上是非常宽广的，但每个研究者或每部著作，通常都只能涉及其中某个方面；通论性著作虽然涉及面相对较广，反而难以详细地阐述问题的来龙去脉。所以，如果仅仅阅读过很有限的著作，就不宜贸然地决定自己的研究选题或方向。研究选题并不全都值得我们投入精力。有些研究领域可能是前沿的，是已经引起学术界关注的，或学术界尚未关注，却对未来学术发展有较大推动价值的；而有些则很可能是陈旧过时的，问题早已解决，或意义不大，或虽然尚未解决却在当前并不具备解决条件的，这样的选题未必值得去做。《庄子·列御寇》记有屠龙之术的故事："姓朱者漫学屠龙于支离益，单（殚）千金之家，三年技成而无所用其巧"，如果耗费了多年精力学习到的本事在实际生活或学术活动中没有用武之地,不能解决实际问题或有助于理论建树,精力不就白费了吗!

如前所论,我们提倡和鼓励从应用状态的实物文字入手,作为汉字学研究的学习和选题对象。有意义的选题,大多来自具体应用的实物文字语料,或汉字应用的社会实践。所以,要尽量留意历代实物文字资料,例如有字的甲骨、青铜器、简牍、帛书、石刻、经幢、玉版、铜镜、玺印、诏书、货币、砖刻、瓦当、铅券、铁券、符节、陶器、木器、符录、写本、抄本、刻本、账簿、油印本、历代文书档案、朱批、题跋、字幅、题款、书信、手稿、报刊,等等。其中既包含先秦古文字,也包含大量中古以来至于今日的各种文字;既有正规文字,也有行书草书和俗体简体文字,甚至还有仅在很小范围内流传的神秘文字和地方性的奇特文字。从目前的情况看,古文字领域的研究队伍日益壮大,中古隶书楷书文字的研究也崭露头角,但宋元以来到民国时期乃至现代民间和地方性的文字,研究者就寥若晨星。实物文字资料浩如烟海,个人只能关注很狭窄的范围,一开始就要从研究的社会意义上来把握选材的方向。

第二,关于研究方法,可以说每种方法都有其适应处,也有其不适应处,很难说现代化的方法一定好,传统的方法一定不好。要用什么方法,应该是由问题的性质来决定的。有些问题,也许只能以传统的考据方法为主。例如字书文献的文本校勘,某文字资料的断代或真伪,某著作汉字学思想的总结等。有些问题,也许应以现代化方法为主,例如某时代或某部文献用字的穷尽性调查,某种研究资料的穷尽性检索,某些跨学科领域的研究等。还有些问题的解决,如能将传统方法与现代化手段相结合,就如虎添翼,提高研究效率。例如对疑难文字音义的考释,当然要通过字书或旧注资料考察其音义,乃至通过史料搜索考察其特定的文化背景,但如果能通过现代化的检索手段,就可以穷尽性调查其文献用法,有助于全面认识并准确判断其音义。

在现代学术中,研究方法不仅跟乾嘉时期有显著差别,就是跟二十世纪八十年代之前相比,也会有很大的区别。这点在上文已经涉及到了。这里不妨简单地把各种研究方法归结为两大类:一类是汉字学本体的研究,包括汉字形音义的考据,或者汉字学某方面理论问题的思考;一类是以数据库的制作为主,通过计算机的强大功能来解决具有较强统计性或检索性的问题。这两个方面,从学术价值而言是各有贡献的,如果没有前者的考据和理论思考,汉字学的本体研究就不可能进步;如果没有后者的工作,考据者的研究就可能寸步难行。这样看来,也许后者更具有工具性和应用性的价值,更加受到研究者的普遍关注和需求。可见,这两方面的工作都必须有人来做,而且具有不可替代的意义。从学习的角度说,两者各需要不同的知识结构和学术积累:前一类比较注重传统考据方法的训练和知识结构的积累,或者国内外语言文字学理论著作的阅读和思考;后一类则比较注重计算机软件的操作和应用能力。如果是汉字学为主的研究机构,这两方面的人才必须兼备,互相配合,共同从事课题的研究。但如果从汉语言文字学专业的角度说,前者是本体,而后者是手段。相对而言,除非立志于从事专职编程或计算机的处理工作,前者是本专业的必备修养和能力,而后者则是辅助能力。从学习的难度而言,前者需要进行思考问题、解决问题的长期艰难的训练,而后者需要付出大量的往往比较机械的操作劳动。所以,作为汉语言文字学的专业而言,立志于汉字学研究的学子,不仅要考虑学位课题的完成,也应该充分重视本体研究方面的积累和训练,不然就很难在汉语言文字学领域打好基础,也难以在汉字学的研究中获得长期可持续的发展。

第三,要关注早期和西方的文字学研究成果。二十世纪前期是中国学术接受西方思想启发,走向科学化道路的转折时代,是新旧思想冲突和交替的时代。从汉字学领域来看,脱胎于"小学"和金石学的中国文字学,一方面开始摆脱经学附庸的地位,逐渐建立了新的文字学体系,并出现了一批优秀的作品。尤其是甲骨和简牍的发现,以及金文陶文等古器物文字研究的发展,造就了古文字学的诞生和汉字学的深化。另一方面,中国学术在接受西方先进思想的同时,也盲目地接受了西方中心论和西方文化优越论等明显带有偏见的思想,造成强烈的民族自卑感,出现了一些对传统文化全盘否定的极端主义思潮。这种思潮反映在汉字学上,就是接受了体现西方中心论的荒谬的文字发展三阶段论;出现了一批主张消灭汉字、鼓吹汉字拼音化的论调及相应的拉丁化文字实验。与此同时,学术界和教育界也出现了客观评价汉字历史功绩和讨论汉字教育现状的意见。其实,即使在西方,二十世纪以来对于文字类型的区分标准和文字发展的普遍规律也存在不同的说法;对于汉字的评价,也有截然相反的不同意见。这跟当时的激烈争论的状态是完全不相称的。至于西方的文字学研究状况,尤其是文字类型学在西方的发展脉络,我们了解的就更加不够了。这种局面无疑会妨碍汉字学的深入发展。例如有关汉字性质问题的讨论,大多都是在不了解西方的文字类型学及其发展变化的情况下盲目展开讨论的。所以,撰写二十世纪上半叶中国文字学研究史,翻译或介绍西方文字学理论著作,也是一项比较迫切的任务。

第四,重视写作规范。任何学科研究都是在前人的基础上进步的,所以,不论涉足哪个领域,首先要把该领域的现有研究状况摸清摸透,加以总结。而且,作为写作的基本要求,在正式讨论问题之前,必须先对所做课题的现有研究状况加以综述。但这一点还没有成为论文写作共同遵守的基本规范。我们见过有些学位论文,开门见山讨论问题,并不交代该问题是怎么提出来的,也不交代该问题的以往研究状况如何。这种写法当然是不符合规范的。还有一些学位论文,虽然在绪论中提到了该领域前人的研究论著,但并没有介绍论著的具体内容或思想,也没有加以评价,这样,读者就无法判断作者是否真的阅读了那些作品。这样的综述有比没有好,但也是不够的。与此相关的是参考文献问题。按照现在的规范要求,学位论文的末尾都必须列举参考文献。所谓参考文献,可以有两种理解:一种是在论文中引用或涉及了的文献,一种是虽然没有直接引用,但在写作过程中已经阅读和了解过的文献。真正意义的"参考文献",不论是否已经在论文中加以引用,应该是在学术观点、研究方法、基本史料等主要方面加以理解和消化了的相关研究成果。至于偶然的引用,这里指不涉及本体问题的引用,通常只需要用脚注或夹注加以说明即可,并不属于参考文献的范畴。

第五,脚注和尾注的问题。脚注和尾注的目的是标明引文或观点的出处,或者对所涉及问题的补充说明。现在的论文写作比较普遍的问题有两点:

(一)引文有不少是转引,但并未注明转引的出处。有些文献,写作时是从他人的引文中转引抄录的,甚至经过了多次辗转引用,并没有找出原始文献加以核对。这样做的负面结果有几种可能:一是原引用者如果断章取义,或者采用的版本有问题,或者引用时有删节或错漏,转引时就可能跟着断章取义,造成以讹传讹。如果能根据转引的信息再查找原著,不仅可以避免上述后果,甚至还很可能从原著的核对中发现对自己观点具有重要意义的相关的或被删节的文字,或其他有价值的史料。所以,凡重要的引文,如果是从他人著作中间接发现的,就不要吝惜时间,应找出原始文献加以核对。如果不是重要引文,也应该在注文中注明是转引自某书某页。这不仅是对原著作者的尊重,也可以表明引文未曾核对,如果与原著有出入走样,只要不是关键问题,读者也能在一定程度上予以谅解。

(二)任何论文所涉及的一般观点或知识,很少是作者独立研究的结论,而是现有研究成果所提供的前提。还有一些看法和观点,可能是任课教师个人提出的新见解。凡此类知识或见解,只要不是该学科普通教科书上都已经谈到的一般性常识,就必须在写作叙述之后通过注文形式标明该观点和看法出自哪部著作或哪位老师之口,还必须注明著作的基本信息和相关页码,或老师在何时何种情况下的讲述。尤其是论文中把现有的成果跟论文作者自己的看法写在一起时,如果没有明确的区分性表述,读者就难以判断其中哪些是前人的论述,哪些是作者自己的看法。其后果要么把所有的观点都看作是前人的观点,这就埋没了作者自己的见解;要么误以为都是作者的看法,这就有埋没他人成果的嫌疑了。所以,即使不是直接引用,只要提到非常识性的知识和观点,就应该在行文中明确标明哪些是他人的观点和论证,哪些是自己的心得和看法,并以脚注等形式加以注明,让读者能够意识到论文的创新之处。

参考文献及其简称

凡　　例

1. 参考文献分为"论文集"（含论文集、工具书、教材等）和"论著"（著作和论文）两大部分。前者录集体论文集和集刊，及部分工具书和教材；后者录个人文章或文集。凡引古籍出处随文标注，一概不列。

2. 简称一律置于各条前面，按音序排列，并于冒号后面标明相关信息。"论文集"和"论著"两类的简称方式不同。前者形式为：书名简称加出版年份（年份加括号）；后者形式为：作者姓名（作者超过三人者以第一作者称为"某某等"）加年份。同作者论著按发表时间排序，但有些旧作是新整理出版的，尽量按其原创作时间或最早发表时间为据。同作者同年出版的论著，标 a、b、c 以区别。

3. 在"论著"类文献信息中，为免繁琐，凡已经编入本参考文献中所列论文集的论文，论文所载的论文集名称大抵也采用相应的简称。个别作品记录了相关页码信息，仅作例外处理，不作统一要求。如果某条论文所录论文集采用简称形式表达，本书正文中标注该文章所列的页码即指该论文集的页码。

4. 本书凡提到某学者而接着用括号标明年份者，该年份即代表了该作者论著的简称；引文后面通常不再重复论著简称，如果有"（p+数字）"标记，表示所引文献的页码。

5. 凡引文中出现的原注文献来源大多改用本书统一体例，在本参考文献里则在标引旁边添加"＊"号表示，既表示对原引用者的尊重，也表明未经核查原著。凡转引的文献，在正文标引时，均以◇号为识标明转引来源文献。

6. 所收录的论文集、工具书和教材，或论著作品，包含了汉字学各方面的参考文献，也有些仅因收录了相关论文，或仅因引用了其中的某些言论才列入的。这里不作标记，相信读者是不难判断的。

论文集、工具书、教材等

《百年记事》(1997)：费锦昌主编《中国语文现代化百年记事 1892—1995》，北京：语文出版社，1997 年 7 月。

《碑别字新编》(1985)：秦公辑，北京：文物出版社，1985 年 8 月。

《北大文粹语言文献卷》(1998)：北京大学中国传统文化研究中心编《北京大学百年国学文粹·语言文献卷》，北京：北京大学出版社，1998 年 4 月。

《北语文萃汉语史卷》(2004)：张希峰主编《北京语言大学汉语语言学文萃·汉语史卷》，北京：北京语言大学出版社，2004 年 11 月。

《标准字体表》(1982)：中国台湾地区《常用国字标准字体表》，中国台湾地区委托台湾师范大学国文研究所研订，1979 年 8 月公布初稿，1979—1982 试用三年，修订后于 1982 年 9 月 2 日正式公布，收 4 808 字。台北：中正书局，1986 年 3 月第 4 版。

《常用字表》(1988)：国家语言文字工作委员会汉字处编《现代汉语常用字表》(1988 年 1 月 26 日发布)，北京：语文出版社，1988 年 1 月。

《辞海语言文字分册》(1978)：上海：上海辞书出版社，1978 年 4 月新 1 版。

《辞源》(修订本)(1—4 册)：北京：商务印书馆，1983 年 3 月修订第 1 版。

《第三届文学与信息技术国际研讨会论文集》(2007)：〔日〕東京学芸(艺)大学编，東京学芸(艺)大学，2006 年 3 月。

《第十一届义字学会论文集》(2000)：台南师范学院语文教育中心、台湾中国文字学学会编《第十一届中国文字学全国学术研讨会会议论文集》(2000)，台南：台南师范学院语文教育中心、台湾中国文字学学会编(会议交流论文集)，2000 年 10 月。

《第十三届文字学会论文集》(2002)：花莲师范学院语教系编《第十三届全国暨海峡两岸中国文字学学术研讨会论文集》，台北：万卷楼图书有限公司，2002 年 4 月。

《第十九届文字学会论文集》(2007)：嘉南药理科技大学通识教育中心、台湾中国文字学会编《第十九届中国文字学全国学术研讨会会议论文集》,2008 年 5 月。

《第四届文字学会论文集》(2007)：中国文字学会第四届学术年会筹备组编《中国文字学会第四届学术年会论文集》(上下),西安：陕西师范大学编(会议交流论文),2007 年 8 月。

《敦煌俗字谱》(1978)：潘重规主编,王三庆、曾荣汾、郑阿财编,台北：石门图书公司,1978 年 8 月。

《二十世纪语言学》(1998)：刘坚主编《二十世纪的中国语言学》,北京：北京大学出版社,1998 年 6 月。

《二十世纪中国社会科学语言学卷》(2005)：潘悟云、邵敬敏主编《二十世纪中国社会科学·语言学卷》(其中第二编之五《文字学研究》由詹鄞鑫执笔),上海：上海人民出版社,2005 年 9 月。

《古代汉语》(王力)(1981)：王力主编高等教育教材《古代汉语》第 1 册,北京：中华书局,1981 年 3 月。

《古代汉语》(许嘉璐)(1992)：许嘉璐主编《古代汉语》(上下册),北京：高等教育出版社,1992 年 12 月。

《古汉语复声母论文集》(1998)：赵秉璇、竺家宁编,北京：北京语言文化大学出版社,1998 年 3 月。

《古文字诂林》(1999—2004)：李圃主编《古文字诂林》(全 12 册),上海：上海教育出版社,1999 年 12 月—2004 年 12 月。

《古文字研究论文集》(1982)：四川大学学报编辑部、四川大学古文字研究室编辑《四川大学学报丛刊》第 10 辑,成都：四川人民出版社,1982 年 5 月。

《国家通用语言文字法》(2000)：《中华人民共和国国家通用语言文字法》(2000 年 10 月 31 日第九届全国人民代表大会常务委员会第十八次会议通过)；《咬文嚼字》,2001 年第 1 期(总第 73 期),2001 年 1 月；《新编国家通用语言文字简明教程》(2005：195‑197)。

《汉代简牍草字编》(1989)：陆锡兴编著,上海：上海书画出版社,1989 年 12 月。

《汉语言文字学论文集》(2002)：郭芹纳主编,西安：陕西人民出版社,2002

年 6 月。

《汉字的应用与传播》(2000)：赵丽明、黄国营主编《汉字的应用与传播——99 汉字应用与传播国际学术研讨会论文集》，北京：华语教学出版社，2000 年 10 月。

《汉字构形史丛书》(2004—)：王宁主编，上海：上海教育出版社，2004 年起陆续推出。

《汉字规范化问题》(1995)：尹斌庸、苏培成选编《现代汉字规范化问题》，北京：语文出版社，1995 年 4 月。

《汉字教学论文选》(1999)：吕必松、张德鑫、李更新主编《汉字与汉字教学研究论文选》，北京：北京大学出版社，1999 年。

《汉字问题论文集》(1988)：中国社会科学院语言文字应用研究所编《汉字问题学术讨论会论文集》，北京：语文出版社，1988 年 10 月。

《汉字新论》(2006)：刘庆俄编，北京：同心出版社，2006 年 3 月。

《汉字研究 1》(2005)：中国文字学会、河北大学汉字研究中心编《汉字研究》第 1 辑，北京：学苑出版社，2005 年 6 月。

《甲骨文字形总表》(2001)：沈建华、曹锦炎编著《新编甲骨文字形总表》，香港：中文大学出版社，2001 年。

《简帛 2》(2007)：武汉大学简帛研究中心陈伟主编《简帛》第 2 辑，上海：上海古籍出版社，2007 年 11 月。

《简化字研究》(2004)：史定国主编，北京：商务印书馆，2004 年 9 月。

《科学评价》(1994)：尹斌庸、苏培成选编《科学地评价汉语汉字》，北京：华语教学出版社，1994 年。

《兰亭论辩》(1977)：文物出版社编辑，北京：文物出版社，1977 年 10 月。

《励耘学刊语言卷 2》(2005)：北京师范大学文学院主办，2005 年第 2 辑（总第 2 辑），上海：学苑出版社，2005 年 10 月。

《励耘学刊语言卷 3》(2007)：北京师范大学文学院主办，2006 年第 1 辑（总第 3 辑），上海：学苑出版社，2007 年 3 月。

《励耘学刊语言卷 4》(2007)：北京师范大学文学院主办，2006 年第 2 辑（总第 4 辑），上海：学苑出版社，2007 年 6 月。

《刘叔新纪念文集》(2004)：马庆株、石锋主、王泽鹏主编《刘叔新先生七十华诞纪念文集》,北京:中国广播电视出版社,2004 年 12 月。

《龙龛手鉴新编》(1980):潘重规主编,台北:石门图书公司,1980 年 10 月;北京:中华书局,1988 年 6 月。

《马王堆简帛文字编》(2001):陈松长编著,郭曙斌、喻燕姣协编,北京:文物出版社,2001 年 6 月。

《秦汉魏晋篆隶字形表》(1985):汉语大字典字形组编,成都:四川辞书出版社,1985 年 8 月。

《容庚纪念文集》(1998):广东炎黄文化研究会、纪念容庚先生百年诞辰暨中国古文字学学术研讨会合编《容庚先生百年诞辰纪念文集》,广州:广东人民出版社,1998 年 4 月。

《书同文十周年文集》(2007):陈明然主编《民间汉字书同文研究十周年纪念文集》,香港:鹭达文化出版公司,2007 年 8 月。

《书同文研究 5》(2004):蔡新中、何华珍主编《汉字书同文研究》第 5 辑,香港:文化教育出版社,2004 年 6 月。

《书同文研究 6》(2005):周胜鸿、陈明然主编《汉字书同文研究》第 6 辑,香港:鹭达文化出版公司,2005 年 5 月。

《说文解字诂林》(1930):丁福保主编,北京:中华书局影印,1988 年。

《说文解字注》(1815):段玉裁著,上海:上海古籍出版社影印,1981 年 10 月。

《说文通训定声》(1833):朱骏声著,武汉:武汉市古籍书店影印,1983 年 6 月。

《说文学研究 1》(2004):向光忠主编《说文学研究》第 1 辑,武汉:崇文书局,2004 年 1 月。

《说文学研究 2》(2006):向光忠主编《说文学研究》第 2 辑,武汉:崇文书局,2006 年 6 月。

《说文研究》(1991):中国许慎研究学会编《说文解字研究》,郑州:河南大学出版社,1991 年 8 月。

《宋元以来俗字谱》(1930):刘复、李家瑞编,北平:中央研究院历史语言研究所出版,1930 年;北京:文字改革出版社,1957 年重印。

《通用汉字正形字典》(2003):王铁昆主编,北京:语文出版社,2003 年 1 月。

《通用字表》(1988)，国家语言文字工作委员会、中华人民共和国新闻出版署发布《现代汉语通用字表》(1988 年 3 月 25 日发布)，北京：语文出版社，1988 年 3 月。

《文改辩论选辑》(1958)：新知识出版社编辑《1957 年文字改革辩论选辑》，上海：新知识出版社，1958 年 6 月。

《文字论丛 3》(2007)：台湾地区中国文字学会主编《文字论丛》第 3 辑，台北：文史哲出版社，2007 年 5 月。

《文字学书目考录》(1997)：刘志成《中国文字学书目考录》，成都：巴蜀书社，1997 年 8 月。

《现代汉语》(林祥楣)(1991)：林祥楣主编全国高等教育自学考试教材《现代汉语》，北京：语文出版社，1991 年 8 月。

《现代汉字学资料》(2001)：苏培成选编《现代汉字学参考资料》，北京：北京大学出版社，2001 年 12 月。

《新编国家通用语言文字简明教程》(2005)：吴桥编著《新编国家通用语言文字教程》，上海：上海人民出版社，2005 年 10 月。

《新时期的语言文字工作》(1987)：全国语言文字工作秘书处编，北京：语文出版社，1987 年 3 月。

《训诂学会论文集》(2002)：中国训诂学研究会、杭州师范学院主编《中国训诂学研究会论文集》，北京：中国文史出版社，2002 年 11 月。

《燕赵学术》(2008 春卷)：河北师范大学文学院编《燕赵学术》2008 年春之卷，成都：四川辞书出版社，2008 年 4 月。

《异体字表》(1956)：中华人民共和国文化部、中国文字改革委员会发布《第一批异体字整理表》，北京：人民教育出版社，1956 年 4 月。

《异体字研究》(2004)：张书岩主编，北京：商务印书馆，2004 年 9 月。

《异体字字典》(1997)：李圃主编，上海：学林出版社，1997 年 1 月。

《异体字字典》(中国台湾地区光碟版 2000)：中国台湾地区"国语推行委员会"编辑(光碟版)，2000 年 6 月发行，正式版第四版 2002 年 5 月发行。

《异形词表》(2001)：中华人民共和国教育部、国家语言文字工作委员会发布《第一批异形词整理表》，《新华每日电讯》，2001 年 12 月 28 日，第 3 版；《新编国家通用语言文字简明教程》(2005)。

《殷墟卜辞综类》(1977)：〔日〕岛邦男编，东京：汲古书院，1977 年 1 月。

《于省吾纪念文集》(1996)：吉林大学古文字研究室编《于省吾教授百年诞辰纪念文集》，长春：吉林大学出版社，1996 年 9 月。

《语文现代化论文集》(2000)：苏培成、颜逸明、尹斌庸编，北京：商务印书馆，2000 年 7 月。

《语文政策资料》(1976)：北京大学中文系汉语专业编《语文政策学习资料》（内部印刷），北京大学中文系，1976 年。

《语言 1》(2000)：刘利民、周建设主编《语言》第 1 卷，北京：首都师范大学出版社，2000 年 1 月。

《语言历史论丛 1》(2007)：四川师范大学汉语研究所编《语言历史论丛》第 1 辑，成都：巴蜀书社，2007 年 5 月。

《语言文字规范化问题》(2000)：吕冀平主编，戴昭铭副主编《当前我国语言文字的规范化问题》，上海：上海教育出版社，2000 年 3 月。

《语言文字规范手册》(1997)：语文出版社编《语言文字规范手册》第 3 版，1997 年重排本，北京：语文出版社，1997 年 9 月。

《语言文字学刊》(1998)：华东师范大学中文系编《语言文字学刊》第 1 辑，上海：汉语大词典出版社，1998 年 2 月。

《中国大百科全书·语言文字卷》(1988)：北京：中国大百科全书出版社，1988 年 2 月。

《中国古文字研究 1》(1999)：吉林大学古文字研究室编《中国古文字研究》第 1 辑，长春：吉林大学出版社，1999 年 6 月。

《中国善本书提要》(1983)，王重民撰，上海：上海古籍出版社，1983 年 8 月。

《中国文字研究 1》(1999)：华东师范大学文学院文字研究与应用中心主办、李圃主编《中国文字研究》第 1 辑，南宁：广西教育出版社，1999 年 7 月。

《中国文字研究 2》(2001)：华东师范大学中国文字研究与应用中心主办（下同）《中国文字研究》第 2 辑，南宁：广西教育出版社，2001 年 10 月。

《中国文字研究 3》(2002)：第 3 辑，南宁：广西教育出版社，2002 年 10 月。

《中国文字研究 4》(2003)：第 4 辑，南宁：广西教育出版社，2003 年 12 月。

《中国文字研究 5》(2004)：第 5 辑，南宁：广西教育出版社，2004 年 11 月。

《中国文字研究 6》(2005)：第 6 辑，南宁：广西教育出版社，2005 年 10 月。

《中国文字研究 7》(2006)：第 7 辑，南宁：广西教育出版社，2006 年 9 月。

《中国文字研究 8》（2007）：2007 年第 1 辑（总第 8 辑），郑州：大象出版社，2007 年 9 月。

《中国文字研究 9》（2008）：2007 年第 2 辑（总第 9 辑），郑州：大象出版社，2008 年 1 月。

著作和论文

Besserat, D. S, 1992 ∗：Besserat：*Before Writing*, Universty of Texas, 1992.（〔美〕丹尼斯·史蔓特·白瑟拉托 1992：《文字之前》，得克萨斯大学出版社，1992 年。）

Fromkin, Victoria et al, 2000 ∗：*Linguistics*：*An Introduction to Linguistic Theoty*, Malden, Massachusetts and Oxford：Blackwell Publishers.

Gelb, I. J, 1952 ∗：*A Study of Writing*, University of Chicago Press, 1952, Second Edition 1963.〔美〕格尔伯 1952：《文字的研究》，芝加哥大学出版社，1952 年初版，1963 年修订版。

Lyons, John 1968 ∗：*Introduction to Theoretical Linguistics*, Cambridge：University of Cambridge Press.

Tylor, Issac, 1899 ∗：*The History of the Alphabet*, 2 Vols New York：Scribner's.

〔美〕布龙菲尔德 1933：《语言论》，袁家骅、赵世开、甘世福译，钱晋华校，北京：商务印书馆，1980 年 4 月。

〔美〕来国龙 2007：《论战国秦汉写本文化中文本的流动与固定》，《简帛 2》（2007：515－528）。

〔日〕村田忠禧 2000：《国際的情報交換の視点にたった東アジアの漢字文化の個別性と共通性についての研究——日本と中国の漢字使用状況の比較研究》，研究成果報告書，平成十二年三月（2000 年 3 月）。

〔日〕浅海雪绘 2006：《漢字と“漢語拼音方案”》，《華蓉論叢 4》（2006）。

〔日〕太田辰夫 1982：《唐宋俗字谱—祖堂集之部》，东京：汲古书院，1982 年 12 月。

〔瑞士〕索绪尔 1916：费尔迪南·德·索绪尔《普通语言学教程》，高名凯译，北京：商务印书馆，1980 年。

〔苏〕伊斯特林 1961：伊斯特林《文字的产生和发展》，左少兴译，王荣宅校，北京：北京大学出版社，1987 年 6 月。

贝贵琴、张学涛 1988：汇编《汉字频度统计》，北京：电子工业出版社，1988 年 4 月。

蔡忠霖 2002：《敦煌汉文写卷俗字及现象研究》，台北：中国文化大学，中国文学研究所，2000 年度博士学位论文。台北：文津出版社，2002 年 5 月。

曹伯韩 1951＊：《新语文运动中的一些思想》，《人民教育》1951 年第 2 期。

曹锦炎 1999：《鸟虫书通考》，上海：上海书画出版社，1999 年 6 月。

曹乃木 1993＊：《部首查字法的历史演进》，《语文建设》1993 年第 2 期；苏培成 2001a。

曹先擢 1983：《关于异体字的两个问题》，《辞书研究》1983 年第 2 期。

曹先擢 1988：《汉字的表意性和汉字简化》，《汉字问题论文集》（1988）。

常正光等 1982：《甲骨文字的一字多形问题》，《古文字研究论文集》（1982：53－65）。

陈涛 1997：《文字学浅淡》，郑州：大象出版社，1997 年。

陈垣 1980：《陈垣敦煌劫馀录序》；《金明馆丛稿二编》，上海：上海古籍出版社，1980 年。

陈宝勤 2005：《汉语俗字的生成、应用、传播》，《语言文字应用》2005 年第 2 期。

陈汉平 1993：《金文编订补》，北京：中国社会科学出版社，1993 年。

陈梦家 1944：《中国文字学》，北京：中华书局，2006 年 7 月。

陈梦家 1956：《殷虚卜辞综述》（考古学专刊甲种第二号），北京：科学出版社，1956 年 7 月。

陈梦家 1957a：《略论文字学》，《光明日报》1957 年 2 月 4 日；《文改辩论选辑》（1958）。

陈梦家 1957b：《慎重一点"改革"汉字》，《文汇报》1957 年 5 月 17 日；《文改辩论选辑》（1958）。

陈梦家 1957c：《关于汉字的前途》，《光明日报》的《文字改革》双周刊第 82 期，1957 年 5 月 19 日；《文改辩论选辑》（1958）。

陈梦家 1957d：《一封讨论文字改革的信》，《中国语文》1957 年 6 月号；《文改辩论选辑》（1958）。

陈明然等 2007：《上世纪八十、九十年代各地学者呼吁汉字书同文》，《书同文十周年纪念文集》（2007）。

陈荣滨 2006＊：《块群输入能提高汉字输入的速度——对王永成、盛谏先生文章的呼应》，《语文建设通讯》（香港）2006 年 12 月第 85 期。

陈淑梅、杜永俐 2004：《汉字字源学刍议》，《语海新探·第五辑》——《信息网络时代中日韩语文现代化国际学术研讨会论文集》，2002 年。

陈淑梅 2004：《汉字与文化的关系问题研究中的误区》，《刘叔新纪念文集》（2004）。

陈淑梅 2005：《东汉碑隶构形系统研究》（王宁主编《汉字构形史丛书》），上海：上海教育出版社，2005 年 4 月。

陈望道 1925＊：《修辞学的中国文字观》，《立达季刊》1925 年第 1 卷第 1 期。

陈伟武 1996：《战国秦汉同形字论纲》，《于省吾纪念文集》（1996：228－232）。

陈伟武 1999：《双声符字综论》，《中国古文字研究 1》（1999：328－339）。

陈炜湛 1978：《汉字起源试论》，《中山大学学报（社会科学版）》1978 年第 1 期。

陈炜湛 1981：《甲骨文异字同形例》，《古文字研究》第 6 辑，北京：中华书局，1981 年 11 月。

陈五云 1990：《俗文字学刍议》，《上海师范大学学报（哲学社会科学版）》1990 年第 2 期。

陈五云 1995：《汉代"六书"三家说申论》，《古汉语研究》1995 年第 3 期。

陈五云 2000：《从新视角看汉字：俗文字学》，郑州：河南人民出版社，2000 年 1 月。

陈章太 1992：《论汉字简化》，《语言文字应用》1992 年第 2 期；陈章太 2005：328－341。

陈章太 2005：《语言规划研究》，北京：商务印书馆，2005 年 1 月。

陈昭容 1997;《隶书起源问题重探》，新加坡南洋理工大学《南大语言文化学报》1997 年第 2 卷第 2 期。

陈兆复、邢琏 1993＊：《外国岩画发现史》，上海：上海人民出版社，1993 年。

陈振寰 1991：《六书说申许》，《说文研究》（1991）。

程荣 1998：《规范型汉语辞书的异体字处理问题》，《语文建设》1998 年第 6/7 期。

程养之 1991∗：《笔画定序之我见》，《语文建设》1991 年第 9 期；苏培成 2001a。

程雨民 2001∗：《汉语以语素为基础造句》(上)，《暨南大学华文学院学报》2001 年第 1 期。

大田 1991∗：《两岸统一请自文字始》，中国台湾地区《中华日报》，台北：1991 年 9 月 23 日。

戴汝潜 1999：《汉字教与学》，济南：山东教育出版社，1999 年 5 月。

党怀兴 2000：《〈六书故〉研究》，西安：陕西师范大学出版社，2000 年 8 月。

党怀兴 2003：《宋元明六书学研究》，北京：中国社会科学出版社，2003 年 12 月。

邓志瑗 1990：《中国文字学简说》，南昌：江西人民出版社，1990 年 4 月。

丁山 1928∗：《汉字起源考》，《语历所周刊》第 4 集第 44—45 期合刊，1928：1−25；《中国语言学论文索引甲》(1978：40)。

丁方豪 1984：《现代汉语造字法初探》，《上海年会论文选》(1984)。

董珊 2002∗：《战国题铭与工官制度》，北京大学博士学位论文，2002 年。

董莲池 2000：《说文部首形义通释》，长春：东北师范大学出版社，2000 年 7 月。

杜鹃 2007：《上古时期的汉字统一与规范》，《励耘学刊语言卷 3》(2007)。

杜松寿 1957：《资产阶级右派分子怎样利用文字改革问题向党进攻》，《中国语文》1957 年 9 月号；《文改辩论选辑》(1958)。

杜学知 1977：《文字学纲要》，台北：台湾商务印书馆，1977 年。

杜永俐 2004：《汉语同源字与同源词》，《烟台师范学院学报(哲学社会科学版)》2004 年第 3 期。

范可育等 2000：范可育、王志方、丁方豪合著《楷字规范史略》，上海：华东师范大学出版社，2000 年 7 月。

费锦昌 1993：《海峡两岸现行汉字字形的比较分析》，《语言文字应用》1993 年第 1 期。

费锦昌 2000：《汉字整理的昨天和今天》，曹先擢主编《百种语文小丛书》)，语文出版社,2000 年 7 月。

费锦昌 2007:《中国的汉字规范工作如何前行》,《第三届文学与信息技术国际研讨会论文集》(2007)。

冯志伟 1989:《现代汉字和计算机》,北京:北京大学出版社,1989 年。

傅东华 1964:《字义的演变》,吴晗主编《语文小丛书》,北京:北京出版社,1964 年 9 月。

傅斯年 1919:《汉语改用拼音文字的初步谈》,《新潮》1919 年第 1 卷第 3 期。

傅永和 1988:《现代汉语常用字表的研制》,《语文建设》1988 年第 2 期。

傅永和 1991:《汉字的结构》,《语文建设》1991 年第 9 期。

傅永和 1992*:《汉字的笔画》,《语文建设》1992 年第 1 期;苏培成 2001a。

傅永和 2000:《字形的规范》,曹先擢主编《百种语文小丛书》,北京:语文出版社,2000 年 7 月。

高亨 1963:《文字形义学概论》,济南:山东人民出版社,1963 年 3 月。

高明 1980a:《古文字的形旁及其形体演变》,《古文字研究》第 4 辑,北京:中华书局,1980 年 12 月。

高明 1980b:《略论汉字形体演变的一般规律》,《考古与文物》1980 年第 2 期。

高明 1984:《论陶符兼谈汉字的起源》,《北京大学学报(哲学社会科学版)》1984 年第 6 期。

高明 1994:《略谈古代陶器符号、陶器图像和陶器文字》,《学术集林》卷 2,上海:上海远东出版社,1994 年 12 月。

高明 1996:《中国古文字学通论》,北京:北京大学出版社,1996 年 6 月。

高宝国、郭可教 1993*:《对汉字认知与大脑两半球关系研究的一些回顾》,《心理科学》1993 年第 6 期。

高更生 1966:《谈异体词整理》,《中国语文》1966 年第 1 期。

高更生 1990*:《笔画定序法的几个问题》,《语文建设》1990 年第 6 期;苏培成 2001a。

高更生 1991:《谈异体字整理》,《语文建设》1991 年第 10 期。

高更生 1993:《字形规范化的重要依据——学习〈现代汉语通用字表〉的一点认识》,《语文建设》1993 年第 11 期。

高更生 2002:《现行汉字规范问题》,北京:商务印书馆,2002 年 12 月。

高家莺、范可育 1985：《建立现代汉字学刍议》，《上海师范大学学报（哲学社会科学版）》1985 年第 4 期；《现代汉字学资料》（2001）。

高家莺 1986：《试论方块汉字和拼音文字的阅读速度》，《语文建设》1986 年第 1—2 期合刊；《科学评价》（1994）。

高家莺 1988：《汉字研究方法的改革趋向》；《汉字问题论文集》（1988）。

高家莺等 1993：高家莺、范可育、费锦昌合著《现代汉字学》，北京：高等教育出版社，1993 年 4 月。

高文生 2000：《汉字研究》，济南：山东教育出版社，2000 年。

高文铸等 1996：校注《医心方》，北京：华夏出版社，1996 年 7 月。

高元白 1982：《谈文字改革工作的新局面》，《语言研究与教学》1982 年总第 4 号；《汉语言文字学论文集》（2002）。

龚嘉镇 1992：《古汉语散论》，西安：陕西人民教育出版社，1992 年 6 月。

龚嘉镇 1995：《现行汉字形音关系研究》，武汉：湖北人民出版社，1995 年 2 月。

拱玉书 1997＊：《契形文字起源新论》，《世界历史》1997 年第 5 期。

古敬恒、李晓华 2005：《试析古文字的形体讹变》，《江苏大学学报（社会科学版）》2005 年第 2 期。

顾正 1992：《文字学》，兰州：甘肃教育出版社，1992 年。

顾小凤 2000：《汉字与计算机》，曹先擢主编《百种语文小丛书》，北京：语文出版社，2000 年 7 月。

管益杰、方富熹 2000：《我国汉字识别研究的新进展》，《心理学动态》2000 年第 2 期。

郭可教、杨奇志 1995＊：《汉字认知的"复脑效应"的实验研究》，《心理学报》1995 年第 1 期。

郭可教 1988：《"双重编码"和"复脑文字"》；《汉字问题论文集》（1988）。

郭沫若 1935：《两周金文辞大系图录考释》，北京：科学出版社，1957 年 12 月。

郭沫若 1964＊：《日本的汉字改革和文字机械化》，《人民日报》1964 年 5 月 3 日；苏培成 2001a：102。

郭沫若 1965：《由王谢墓志的出土论到兰亭序的真伪》，《文物》1965 年第 6

期;《光明日报》转载;收入《兰亭论辩》(1977)。

郭沫若 1972:《古代文字之辨证的发展》,《考古》1972 年第 3 期;《考古学报》1972 年 1 期。

郭绍虞 1982:《我对文字改革问题的某些看法》,《文字改革》1982 年第 1 期;《汉字新论》(2006)。

郭在贻、张涌泉 1989:《关于敦煌变文整理校勘中的几个问题》,《古汉语研究》1989 年创刊号。

郭在贻、张涌泉 1992:《俗字研究与敦煌俗文学作品的校读》,《近代汉语研究》,北京:商务印书馆,1992 年 10 月。

韩琳 2005:《字际关系研究述评》,《励耘学刊语言卷 2》(2005)。

韩同兰 2002:《利用信息技术进行战国楚文字用字调查的设想》,《中国文字研究 3》(2002)。

韩同兰 2003:《战国楚文字用字调查》,詹鄞鑫指导,华东师范大学博士学位论文,2003 年 5 月。

郝茂 1996:《论唐代敦煌写本中的俗字》,《新疆师范大学学报(哲学社会科学版)》1996 年第 1 期。

郝慧芳 2007:《张家山汉简用字证〈说文解字〉释义例》,《北方论丛》2007 年第 4 期。

何丹 2003:《图画文字说与人类文字的起源——关于人类文字起源模式重构的研究》,北京:中国社会科学出版社,2003 年 12 月。

何华珍 2004:《日本汉字和汉字词研究》,北京:中国社会科学出版社,2004 年 12 月。

何九盈等 1990:何九盈、胡双宝、张猛合撰《简论汉字文化学》,《北京大学学报(哲学社会科学版)》1990 年第 6 期。

何九盈 2000:《汉字文化学》,沈阳:辽宁人民出版社,2000 年。

何琳仪 1989:《战国文字通论》,北京:中华书局,1989 年。

何仲英 1922:《新著中国文字学大纲》,上海:民智书局,1922 年 2 月。

何仲英 1932:《文字学纲要》,上海:民智书局,1932 年 11 月。

洪成玉 1981:《古今字概说》,《中国语文》1981 年第 2 期。

侯一麟 1994:《英汉两种语言之文字基础的比较研究及其意义》,《汉字文化》

1994 年第 4 期。

胡双宝 1988a：《关于汉字的性质和特点》；《汉字问题论文集》（1988）。

胡双宝 1988b：《汉语·汉字·汉文化》，北京：北京大学出版社，1988 年 1 月。

黄绮 1979：《转注假借解》，《河北大学学报（哲学社会科学版）》1979 年第 1 期。

黄征 2001：《敦煌变文疑难字词考辨》，《文史》第 57 辑，北京：中华书局，2001 年 12 月。

黄征 2005a：《敦煌俗字要论》，《敦煌研究》2005 年第 1 期。

黄征 2005b：《敦煌俗字例释》，《敦煌吐鲁番研究》第 8 卷，北京：中华书局，2005 年 1 月。

黄征 2005c：《敦煌俗字典》，上海：上海教育出版社，2005 年 5 月。

黄德宽、陈秉新 1990：《汉语文字学史》，合肥：安徽教育出版社，1990 年 8 月。

黄德宽 1996：《古汉字形声结构论考》，吉林大学博士学位论文，1996 年。

黄德宽 2005：《从转型到建构：世纪之交的汉字研究与汉语文字学》；《汉字研究 1》（2005）。

黄德宽 2006：《汉字理论丛稿》，北京：商务印书馆，2006 年 12 月。

黄典诚 1988：《汉字前途之我见》，《汉字问题论文集》（1988：120－122）。

黄海波 2000：《说文转注含义之探析》，《学术论坛》2000 年第 6 期。

黄丽丽 2004：《从词典繁体字版的制作看〈一异表〉的不足之处》，《异体字研究》（2004：291－306）

黄天树 2005：《殷墟甲骨文"有声字"的构造》，台北"中研院"历史语言研究所集刊第 76 本第 2 分册，2005 年；黄天树 2006：269－295。

黄天树 2006：《黄天树古文字论集》，北京：学苑出版社，2006 年 8 月。

黄文杰 2006：《战国文字中的类化现象》，《古文字研究》第 26 辑，北京：中华书局，2006：450－455。

黄亚平、孟华 2001：《汉字符号学》，上海：上海古籍出版社，2001 年 10 月。

季采素 1994：《汉字形体讹变说》，《汉字文化》1994 年第 2 期。

季羡林 1993：《饶宗颐史学论著选季羡林序》，饶宗颐《饶宗颐史学论著选》，上海：上海古籍出版社，1993 年 11 月。

江学旺 2004：《浅谈古文字异体揉合》,《古汉语研究》2004 年第 1 期。

姜宝昌 1987：《文字学教程》,济南：山东教育出版社,1987 年。

姜亮夫 1984：《古文字学》,杭州：浙江人民出版社,1984 年 4 月。

蒋礼鸿 1959：《中国俗文字学研究导言》,《杭州大学学报》1959 年第 3 期(中国语文专号)。

蒋礼鸿 1986：《读〈同源字论〉后记》,蒋礼鸿《怀任斋文集》,上海：上海古籍出版社,1986 年 6 月。

蒋善国 1957：《从汉字的本质上谈汉字改革》,《文字改革》1957 年 11 月号;《文改辩论选辑》(1958)。

蒋善国 1959：《汉字形体学》,北京：文字改革出版社,1959 年。

蒋善国 1987：《汉字学》,上海：上海教育出版社,1987 年 8 月。

蒋一前 1933＊：《汉字检字法沿革史略及近代七十七种新法表》,《图书馆学季刊》1933 年第 7 卷第 2 期;苏培成 2001a。

蒋荫楠 1978：《谈现代汉语词语书面形式的规范问题》,《南京大学学报(哲学社会科学版)》1978 年第 3 期。

金国泰 1989：《讹变三题》,《吉林师范学院学报(哲学社会科学版)》1989 年第 3 期。

金俊秀 2007：《文字的糅合》,《第十八届中国文字学国际学术研讨会论文集》,台北：2007 年。

黎传绪 2005：《〈第一批异形词整理表〉的争鸣》,《贵州社会科学》2005 年第 1 期。

黎千驹 2004：《二十世纪的〈说文〉字体、汉字形体结构与六书说研究》,《说文学研究 1》(2004)。

黎千驹 2010：《说文学专题研究》,北京：中国社会科学出版社,2010 年。

李波 2006：《史记字频研究》,北京：商务印书馆,2006 年 3 月。

李零 2004：《简帛古书的整理与研究》,《简帛古书与学术源流》,北京：生活·读书·新知三联书店,2004 年 4 月。

李圃 1993：《说字素》,《语文研究》1993 年第 1 期。

李圃 1995：《甲骨文文字学》,上海：学林出版社,1995 年 1 月。

李圃 1998：《语素物化与汉字分析问题》,《语言文字学刊》第 1 辑(1998)。

李圃 2001：《字素理论与汉字分析问题》，《中国文字研究 2》(2001)。

李圃 2004：《汉字学元点理论及相关问题——兼谈汉字认知的若干误区》，《中国文字研究 5》(2004)。

李仁 1951 *：《拼音文字必须有类符》，《中国语文》1951 年 6 月号。

李荣 1978：《文字问题》，北京：商务印书馆，1978 年。

李荣 1980：《汉字演变的几个趋势》，《中国语文》1980 年第 1 期；《简化字研究》(2004)。

李燕等 1992：李燕、康加深、魏励、张书岩合著《现代汉语形声字研究》，《语言文字应用》1992 年第 1 期。

李葆嘉 1988：《试论文字发展基本规律的虚构性》，《语言学通讯》季刊 1988 年第 1 期。

李大遂 1993：《简明实用汉字学》，北京：北京大学出版社，1993 年 10 月初版，2003 年 8 月修订版。

李道明 1990：《异体字论》，《汉语大字典论文集》，成都：四川辞书出版社；武汉：湖北辞书出版社，1990 年。

李国英 1994：《简论类推简化》，《简化字研究》(2004)。

李国英 1996：《小篆形声字研究》，北京：北京大学出版社，1996 年 3 月。

李国英 2004：《异体字的定义与类型》，《异体字研究》(2004：4－16)。

李家浩 1980 *：《战国货币文字中的"𫚈"和"比"》，《中国语文》1980 年第 5 期。

李禄兴 1998：《现代汉字学要略》，北京：文津出版社，1998 年 3 月。

李禄兴 2003：《试论现代汉字的性质》，《书同文研究 4》(2003)。

李敏生 2000：《汉字哲学初探》，北京：社会科学文献出版社，2000 年 1 月。

李思维、王昌茂 1996：合著《汉字形音学》，武汉：华中师范大学出版社，1996 年 6 月。

李万福 1998：《汉语文字学新论》，重庆：重庆出版社，1998 年。

李孝定 1986：《汉字的起源与演变论丛》，台北：联经出版事业公司，1986 年。

李新城 2004a：《东汉铜镜铭文整理与研究》，詹鄞鑫指导，华东师范大学博士学位论文，2006 年 4 月。

李新城 2004b：《试论汉代镜铭中的简省字》，《中国文字研究 5》(2004)。

李新城 2006：《试论汉代镜铭中的通假字》，《中国文字研究 7》（2006）。

李新魁 1985：《从"同音"现象看语音与文字的某些关系》，《语文园地》1985年第 1 期。

李学金 2006：《世界文字的拉丁化趋势》，《广西广播电视大学学报》2006 年第 2 期。

李学勤 1984：《中国和古埃及文字的起源——比较文明史一例》，《文史知识》1984 年第 5 期；李学勤 1989：47－53。

李学勤 1987：《论新出大汶口文化陶器符号》，《文物》1987 年第 12 期；李学勤 1989：54－66。

李学勤 1989：《李学勤集——追溯·考据·古文明》，哈尔滨：黑龙江教育出版社，1989 年 5 月。

李学勤 1997：《失落的文明》，上海：上海文艺出版社，1997 年 12 月。

李学勤 1998：《缀古集》，上海：上海古籍出版社，1998 年 10 月。

李宇明等 2004：李宇明主编，刘兴策副主编《汉字规范》，武汉：华中师范大学出版社，2004 年 5 月。

李运富 2008：《汉字汉语论稿》，北京：学苑出版社，2008 年 1 月。

李振麟 1957：《关于中国文字改革问题的一些争论》，《语文知识》1957 年 8月号；《文改辩论选辑》（1958：51－60）。

厉兵 1993：《汉字异读问题纵横谈》，《语言文字应用》1993 年第 3 期。

连登岗 2004：《〈简化字总表〉归并字代替字研究》，《简化字研究》（2004：118－150）。

连登岗 2007：《关于文字一些基本问题的再认识》，《励耘学刊语言卷 3》（2007）。

梁春胜 2008：《利用〈新修玉篇〉考辨疑难俗字举例》，复旦大学出土文献与古文字研究中心编《出土文献与古文字研究》第 2 辑，上海：复旦大学出版社，2008年 8 月。

梁丹丹 2004：《中国神经语言学的回顾与前瞻》，《当代语言学》2004 年第 2 期。

梁东汉 1957：《从汉字的演变看文字改革》，《中国语文》1957 年 9 月号；《北大文粹语言文献卷》（1998）。

梁东汉 1959：《汉字的结构及其流变》,上海：上海教育出版社,1959 年 2 月。

梁启超 1921＊：《从发音上研究中国文字之源》,《东方杂志》第 18 卷第 21 期 (1921：111—117)；《中国语言学论文索引甲》(1978：40)。

林尹 1971：《文字学概说》,台北：正中书局,1971 年。

林沄 1986：《古文字研究简论》,长春：吉林大学出版社,1986 年 9 月。

林沄 1999：《关于甲骨文"字素"和"字缀"的一些问题》,《中国古文字研究 1》 (1999)。

林清源 1997a＊：《楚国金文书体风格的演变历程》,新加坡南洋理工大学《南大语言文化学报》1997 年第 2 卷第 2 期。

林清源 1997b：《楚文字构形演变研究》,台湾东海大学中国文学系博士论文, 1997 年。

林汝昌、李曼珏 1998：《英汉文字比较实验报告》,《汉字文化》1998 年第 1 期；《汉字新论》(2006)。

林素清 1990：《春秋战国美术字体研究》,台北"中研院"历史语言研究所集刊第 61 本第 1 分册(1990 年 3 月：29—75)。

林小安 1998：《殷契六书研究(一)》,《出土文献研究》第 3 辑,北京：中华书局,1998 年 10 月。

林语堂 1924：《古有复辅音说》,《晨报六周年纪念增刊》,1924 年；《古汉语复声母论文集》(1998)。

林志强 1999：《关于汉字的讹变现象》,《福建师范大学学报(哲学社会科学版)》1999 年第 4 期。

刘琳 2007：《同符会意字初探》,《励耘学刊语言卷 4》(2007)。

刘钊 1996：《谈甲骨文中的"倒书"》,《于省吾纪念文集》(1996)。

刘钊 2001：《古文字中的合文、借笔、借字》,《古文字研究》第 21 辑,北京：中华书局(2001：397—410)。

刘钊 2006：《古文字构形学》,福州：福建人民出版社,2006 年 1 月。

刘春华 1997＊：《汉字排检与编码输入应合二为一》,《语文建设》1997 年第 2 期；苏培成 2001a：502。

刘光裕 1995：《关于汉字落后论——兼谈三点意见》,《汉字文化》1995 年第 3 期。

刘国恩 1995：《汉字文化学绪论》，《汉字文化》1995 年第 2 期。

刘礼吾等 1988：钟业枢、郦亭山主编，刘礼吾等编著《文字学基础》，广州：广东高等教育出版社，1988 年 8 月。

刘庆俄 1993：《对汉字功能的再认识》，《首都师范大学学报（社会科学版）》1993 年 3 期；《汉字新论》（2006）。

刘晓明 1995：《中国符咒文化大观》，南昌：百花洲文艺出版社，1995 年 12 月。

刘延玲 2004：《魏晋行书构形研究》，王宁主编《汉字构形史丛书》，上海：上海教育出版社，2004 年 9 月。

刘燕文 1991：《〈集韵〉与唐宋时期的俗字俗语》，《语言学论丛》第 16 辑，北京：商务印书馆，1991 年。

刘又辛 1979：《大型汉语字典中的异体字、通假字问题》，《中国语文》1979 年第 4 期。

刘又辛 1982：《"右文说"说》，《语言研究》1982 年第 1 期：163‐178。

刘又辛 1990：《关于异体字的几个问题》，《汉语大字典论文集》，成都：四川辞书出版社；武汉：湖北辞书出版社，1990 年。

刘又辛 1997：《汉语汉字答问》，北京：商务印书馆，1997 年。

刘又辛 1998：《关于汉字发展史的几个问题》，《语文建设》1998 年第 11—12 期；刘又辛、方有国 2000。

刘又辛、方有国 2000：《汉字发展史纲要》，北京：中国大百科全书出版社，2000 年 1 月。

刘志成 2002：《文化文字学》，成都：巴蜀书社，2002 年 6 月。

刘志基 1994：《汉字文化学简论》，贵阳：贵州教育出版社，1994 年 5 月。

刘志基 1999：《汉字体态论》，南宁：广西教育出版社，1999 年 7 月。

刘志基 2000：《电脑对汉字命运的影响》，刘志基 2006：87‐89。

刘志基 2002：《简说"古文字三级字符全拼编码检字系统"》，《辞书研究》2002 年第 1 期；刘志基 2006：80‐86。

刘志基 2004：《面向计算机文字处理的古文字字样调查整理的构想》，《语言文字应用》2004 年第 4 期；刘志基（2006：50‐53）。

刘志基 2006：《铁砚斋学字杂缀》，北京：中华书局，2006 年 12 月。

龙宇纯 1968：《中国文字学》，台北：台湾学生书局，1968 年 10 月初版，1982 年 9 月再订版。

卢国屏、黄复山 2002：合著《中国文字》，台北：空中大学，2002 年 6 月。

陆锡兴 1981a：《谈古今字》，《中国语文》1981 年第 5 期；陆锡兴 2001。

陆锡兴 1981b：《通假字管见》，《辞书研究》1981 年第 3 期；陆锡兴 2001。

陆锡兴 1983：《关于假借转注的管见》，《中国社会科学》1983 年第 5 期。

陆锡兴 1985：《近年来关于汉字性质的讨论》，《语文导报》1985 年第 10 期；陆锡兴 2001。

陆锡兴 1986：《假借转注再研究》，《语言研究》1986 年第 1 期。

陆锡兴 1989：《假借字、通用字、通假字、本字、正字、古今字通辨》，《语言研究集刊》第 3 辑，南京：江苏教育出版社，1989 年；陆锡兴 2001。

陆锡兴 2000：《方字论》，《汉字的应用与传播》（2000）；陆锡兴 2002。

陆锡兴 2001：《急就集——陆锡兴文字论集》，北京：中国社会科学出版社，2001 年 12 月。

陆锡兴 2002：《汉字传播史》，北京：语文出版社，2002 年 9 月。

陆锡兴 2003：《汉字的隐秘世界》，上海：上海辞书出版社，2003 年 3 月。

陆锡兴 2004：《简化字问题散论》，《简化字研究》（2004：308－321）。

陆锡兴 2007：《宋体字产生及其在文字史上的意义》，《南昌大学学报（人文社会科学版）》2007 年第 3 期。

陆志韦 1957＊：《汉语的构词法》，北京：科学出版社，1957 年。

陆忠发 2005：《汉字文化学》，长春：吉林人民出版社，2005 年 4 月。

吕叔湘 1979＊：《汉语语法分析问题》，吕叔湘《汉语语法论文集》，北京：商务印书馆，1984 年。

吕叔湘 1980＊：《语文常谈》，北京：生活·读书·新知三联书店，1980 年。

吕叔湘 1985：《汉语文的特点和当前的语文问题》，《语文学习》1985 年第 5 期。

吕永进 2004：《异体字的概念》，《异体字研究》（2004：33－46）。

罗常培 1952：《从历史上看中国文字改革的条件》，《中国语文》1952 年第 8 期。

罗伟达 1995：《汉字字序法研究》，《辞书研究》1995 年第 5 期。

罗卫东 2005：《春秋金文构形系统研究》，王宁主编《汉字构形史丛书》，上海：上海教育出版社，2005 年 10 月。

马国权 1983：《鸟虫书论稿》，《古文字研究》第 10 辑，北京：中华书局，1983年 7 月。

孟维智 1980：《汉字起源问题浅议》，《语文研究》1980 年第 1 期。

倪海曙 1957：《文改鸣放录》，《语文知识》1957 年 9、10、11、12 月号连载；《文改辩论选辑》(1958：1－45)。

聂鸿音 1993：《从文字发展史看汉字的现状与前途》，《语文建设》1993 年第5 期。

欧昌俊、李海霞 2004：《六朝唐五代石刻俗字研究》，成都：巴蜀书社，2004 年7 月。

潘文国 1996＊：《字本位和词本位》，耿龙明、何寅主编《中国文化与世界》第4 辑，上海：上海外语教育出版社，1996 年。

潘文国 2002：《字本位与汉语研究》，上海：华东师范大学出版社，2002 年11 月。

潘文国 2008a：《危机下的中文》，沈阳：辽宁人民出版社，2008 年 1 月。

潘文国 2008b：《从语言学角度谈汉字规范研究》，《语言文字应用》2008 年第1 期。

潘文国等 1999＊：潘文国、黄月圆、杨素英《当前的汉语构词法研究》，江蓝生、侯精一主编《汉语现状与历史的研究》，北京：中国社会科学出版社，1999 年12 月。

潘重规 1980a：《敦煌卷子俗写文字与俗文学之研究》，《孔孟月刊》1980 年 7月号。

潘重规 1980b：《龙龛手鉴新编引言》；《龙龛手鉴新编》(1988)。

潘重规 1983：《龙龛手鉴与写本刻本之关系》，《敦煌学》第 6 辑，台北：中国文化大学，1983 年 6 月。

潘重规 1984：《龙龛手鉴及其引用古文之研究》，《敦煌学》第 7 辑，台北：中国文化大学，1984 年 1 月。

潘重规 1991a：《敦煌卷子俗写文字的整理与发展》，《敦煌学》第 17 辑，台北：中国文化大学，1991 年。

潘重规 1991b：《用敦煌俗写文字校释文心雕龙刊本中残存俗字考》，《第二届敦煌学国际研讨会论文集》，汉学研究中心编印（1991：155－170）。

潘重规 1995：《敦煌写卷俗写文字之研究》，《全国敦煌学研讨会论文集》，嘉义：中正大学中国文学系（1995：1－16）。

齐元涛 2007：《隋唐五代碑志楷书构形系统研究》，王宁主编《汉字构形史丛书》，上海：上海教育出版社，2007 年 7 月。

启功 1964：《古代字体论稿》，北京：文物出版社，1964 年 7 月。

钱超尘、李云 2006：《〈黄帝内经太素〉新校正》，北京：学苑出版社，2006 年 3 月。

钱超尘 1998：《〈黄帝内经太素〉研究》，北京：人民卫生出版社，1998 年 1 月。

钱伟长 1989：《振兴中华，汉字大有可为》，《汉字文化》1989 年第 4 期；《汉字新论》（2006）。

钱玄同 1918＊：《中国今后之文字问题》，《新青年》1918 年第 4 卷第 4 号。

秦建文 2007：《汉字是汉民族的第二语言》，《中国文字学会第四届学术年会论文集》，中国文字学会第四届学术年会筹备组编印（2007：429－432）。

裘锡圭、沈培 1998：《二十世纪的汉语文字学》；《二十世纪语言学》（1998）。

裘锡圭 1974：《从马王堆一号汉墓"遣册"谈关于古隶的一些问题》，《考古》1974 年第 1 期。

裘锡圭 1978：《汉字形成问题的初步探索》，《中国语文》1978 年第 3 期。

裘锡圭 1980：《考古发现的秦汉文字资料对于校读古籍的重要性》，《中国社会科学》1980 年第 5 期；裘锡圭（2004b：94－139）。

裘锡圭 1981：《出土古文献与其他出土文字资料在古籍校读方面的重要作用》，《古籍整理出版情况简报》1981 年第 6 期；裘锡圭 1992a；裘锡圭 2004b。

裘锡圭 1985：《汉字的性质》，《中国语文》1985 年第 1 期。

裘锡圭 1986：《〈秦汉魏晋篆隶字形表〉读后记》，《古文字论集》，北京：中华书局，1992 年 8 月。

裘锡圭 1987：《谈谈汉字整理工作中可以参考的某些历史经验》，《语文建设》1987 年第 2 期。

裘锡圭 1988：《文字学概要》，北京：商务印书馆，1988 年 8 月。

裘锡圭 1989：《四十年来文字学研究的回顾》，《语文建设》1989 年第 3 期。

裘锡圭 1991：《从纯文字学角度看简化字》，《语文建设》1991 年第 2 期；《简化字研究》(2004)。

裘锡圭 1992a：《古代文史研究新探》，金开诚主编《中国古典文献研究丛书》，南京：江苏古籍出版社，1992 年 6 月。

裘锡圭 1992b：《古文字论集》，北京：中华书局，1992 年 8 月。

裘锡圭 1993a：《秦汉时代的字体》，刘正成主编《中国书法全集》卷 7《秦汉刻石一·序言》，北京：荣宝斋，1993 年 3 月。

裘锡圭 1993b：《笔谈丁公遗址出土陶文》，《考古》1993 年第 4 期；《裘锡圭学术文化随笔》1999：351。

裘锡圭 1994：《裘锡圭自选集》，郑州：河南教育出版社，1994 年 7 月。

裘锡圭 1999a：《裘锡圭学术文化随笔》，北京：中国青年出版社，1999 年 10 月。

裘锡圭 1999b：《是原始文字还是符号》，《裘锡圭学术文化随笔》(1999a：354－360)。

裘锡圭 2002：《谈谈"异形词"这个术语》，《语言文字周报》2002 年 11 月 20 日第 4 版第 978 号。

裘锡圭 2004a：《谈谈上博简和郭店简中的错别字》，《新出土文献与古代文明研究》，上海：上海大学出版社，2004 年 4 月。

裘锡圭 2004b：《中国出土古文献十讲》，上海：复旦大学出版社，2004 年 12 月。

饶宗颐 1993：《饶宗颐史学论著选》，上海：上海古籍出版社，1993 年 11 月。

饶宗颐 1996：《谈高邮龙虬庄陶片的刻划图文》，《东南文化》1996 年第 4 期。

饶宗颐 2000：《符号、初文与字母——汉字树》，上海：上海书店出版社，2000 年 3 月。

任瑚琏 2002＊：《字、词与对外汉语教学的基本单位及教学策略》，《世界汉语教学》2002 年第 4 期。

容庚 1964：《鸟书考》，《中山大学学报(哲学·社会科学)》1964 年第 1 期。

沙宗元 2001：《古汉字字形讹变现象初探》，安徽大学硕士学位论文，2001 年。

邵文利 2004：《〈第一批异体字整理表〉存在的主要问题及其原因》，《异体字研究》(2004：157－180)

申小龙 1995:《汉字人文精神论》,南昌:江西教育出版社,1995 年 8 月。

沈宝春 2004:《桂馥的六书学》,台北:里仁书局,2004 年 6 月。

沈兼士 20 世纪 20 年代:《文字形义学》,《沈兼士学术论文集》(1986)。

沈兼士 1986:《沈兼士学术论文集》,北京:中华书局,1986 年 12 月。

沈克成、沈迦 2001:《汉字简化说略》,北京:人民日报出版社,2001 年 1 月。

沈克成 2005:《我国电脑中文字库的突破性发展》;《书同文研究 6》(2005:196－204)。

沈克成 2008:《书同文:现代汉字论稿》,上海:上海锦绣文章出版社,2008 年 2 月。

沈澍农 1993:《古医籍俗体字的产生与辨识》,《北京中医》1993 年第 5 期。

沈澍农 1998:《〈医心方〉疑难字词考释》(一),《医古文知识》1998 年第 1 期。

沈澍农 1999:《〈医心方〉疑难字词考释》(二),《医古文知识》1999 年第 2 期。

沈澍农 2000:《〈医心方〉疑难字词考释》(三),《医古文知识》2000 年第 2 期。

沈澍农 2002:《〈医心方〉疑难字词考释》(四),《医古文知识》2002 年第 4 期。

盛谏 2006∗:《分群连写比分词连写更可行》,《语文建设通讯》(香港)2006 年第 83 期。

盛九畴 1980:《通假字小议》,《辞书研究》1980 年第 1 期。

盛玉麒 1988:《现代汉字系统工程刍议》,《汉字问题学术讨论会论文集》,北京:语文出版社(1988:162－172)。

施顺生 1997:《甲骨文字形体演变规律之研究》,中国台湾地区中国文化大学博士学位论文,1997 年。

施顺生 2002:《甲骨文异字同形之探讨》,《第十三届全国暨两岸中国文字学学术研讨会论文集》,台北:万卷楼图书有限公司出版,2002 年 4 月。

史存直 1990:《三级部首检音字汇》,上海:华东师范大学出版社,1990 年 5 月。

司玉英 2000:《关于"字母"和"字"——文字学理论中一个值得关注的基本问题》,《语言 1》(2000);《汉字新论》(2006)。

宋金兰 2000:《对未来汉字简化的一点思考》,《语言 1》(2000)。

宋美娥 1986:《汉字心理学的发展》,《汉字与文化丛书(一)》,北京:光明日报出版社,1986 年;《汉字新论》(2006)。

宋镇豪 1991：《释督畫》，王宇信主编《甲骨文与殷商史》第 3 辑，上海：上海古籍出版社，1991 年 8 月。

苏培成 1994：《现代汉字学纲要》，北京：北京大学出版社，1994 年 10 月。

苏培成 2001a：《二十世纪的现代汉字研究》，太原：书海出版社，2001 年 8 月。

苏培成 2001b：《现代汉字学参考资料·前言》，北京：北京大学出版社，2001 年 12 月。

苏新春 1996：《汉字文化引论》，南宁：广西教育出版社，1996 年 8 月。

孙常叙 1983：《假借形声和先秦文字的性质》，《古文字研究》第 10 辑，北京：中华书局，1983 年 7 月。

孙诒让 1905：《名原》，戴家祥校点，济南：齐鲁书社，1986 年 5 月。

孙雍长 1990：《汉字构形的思维模式》，《湖北大学学报》1990 年 4 期；《管窥蠡测集》（1994）。

孙雍长 1991：《转注论》，长沙：岳麓书社，1991 年 9 月。

孙雍长 1992a：《汉字结构类型》，《古代汉语》（许嘉璐）（1992）；《管窥蠡测集》（1994）。

孙雍长 1992b：《汉字研究中的若干问题》，《古代汉语》（许嘉璐）（1992）。

孙雍长 1994a：《管窥蠡测集》，长沙：岳麓书社，1994 年 11 月。

孙雍长 1994b：《汉字构形的心智特征》，《管窥蠡测集》（1994）。

孙中运 2006：《试谈〈说文〉与六书》；《说文学研究 2》（2006）。

汤余惠 1986：《略论战国文字形体研究中的几个问题》，《古文字研究》第 15 辑，北京：中华书局，1986 年 6 月。

汤云航 1994：《"汉字落后论"评议》，《汉字文化》1994 年第 3 期。

唐兰 1934a：《古文字学导论》（1934），济南：齐鲁书社，1981 年 1 月。

唐兰 1934b：《文字的起源和其演变》，唐兰（1934a：67－83）。

唐兰 1949：《中国文字学》（1949），上海：上海古籍出版社，1979 年 9 月。

唐兰 1957a：《再论文字改革基本问题》，《中国语文》1957 年 3 月号。

唐兰 1957b：《行政命令不能解决学术问题》，《人民日报》1957 年 4 月 18 日。

唐兰 1977：《从大汶口文化的陶器文字看我国最早文化的年代》，《光明日报》1977 年 2 月 4 日。

万国鼎 1928 ＊：《各家新检字法述评》，《图书馆学季刊》1928 年第 2 卷第 4 期；苏培成 2001a。

汪宁生 1981：《从原始记事到文字发明》，《考古学报》1981 年第 1 期。

王辉 1999：《汉字的起源及其演变》，西安：陕西人民出版社，1999 年 3 月。

王卉 2006：《汉代金文字形特点研究》，《宁夏社会科学》2006 年第 3 期。

王筠 1837：《说文释例》，武汉：武汉市古籍书店，1983 年。

王筠 1838：《文字蒙求》，上海：上海文瑞楼发行，1838 年。

王力 1941：《古语的死亡残留和转生》，《国文月刊》1941 年第 4 期；《龙虫並雕斋文集》（下）（1980）。

王力 1946：《汉字的形体及其音读的类化法》，《国文月刊》1946 年第 42 期；《龙虫並雕斋文集》（下）（1980）。

王力 1957：《批判右派分子陈梦家关于反对文字改革的荒谬言论》，《文汇报》1957 年 10 月 30 日；《文改辩论选辑》（1958）。

王力 1978：《同源字论》，《中国语文》1978 年第 1 期；《北大文粹语言文献卷》（1998）。

王力 1980a：《龙虫並雕斋文集》（上下），北京：中华书局，1980 年 1 月。

王力 1980b：《汉语史稿》（上中下），北京：中华书局，1980 年 6 月新 1 版。

王力 1982：《同源字典》，北京：商务印书馆，1982 年。

王宁、庞月光 1996：《汉字汉语基础》，北京：科学出版社，1996 年 7 月。

王宁、周晓文 2001：《以计算机为手段的汉字构形史研究》，《中国文字研究 2》（2001）。

王宁 1991：《汉字的优化与简化》，《中国社会科学》1991 年第 1 期；《简化字研究》（1994）

王宁 1994：《〈说文解字〉与汉字学》，郑州：河南人民出版社，1994 年 7 月。

王宁 2000：《说文部首形义通释·序》，董莲池《说文部首形义通释》，长春：东北师范大学出版社，2000 年 5 月。

王宁 2001：《系统论与汉字构形学的创建·引言》，《暨南学报（哲学社会科学版）》2001 年第 1 期。

王宁 2002：《汉字构形学讲座》，上海：上海教育出版社，2002 年 10 月。

王宁 2004a：《汉字的优化与繁简字》，《简化字研究》（2004：50－62）。

王宁 2004b：《汉字构形史丛书・总序》，王宁主编《汉字构形史丛书》（2004）。

王宁 2004c：《论汉字规范的社会性与科学性——新形势下对汉字规范问题的反思》，《中国社会科学》2004 年第 3 期。

王宁 2005：《疑难字考释与研究序》，杨宝忠《疑难字考释与研究》，北京：中华书局，2005 年 3 月。

王宁 2006：《再论汉字规范的科学性与社会性——关于制订规范汉字表的思考与建议》，《语言文字应用》2006 年第 4 期。

王宁 2008：《论汉字构形系统的共时描写与历时比较》，《燕赵学术》（2008a）。

王帅 2005：《西周早期金文字形书体演变研究与断代》，陕西师范大学硕士学位论文，2005 年。

王伯熙 1984：《文字的分类和汉字的性质——兼与姚孝遂先生商榷》，《中国语文》1984 年第 2 期。

王德春等 1997∗：《神经语言学》，上海：上海外语教育出版社，1997 年 2 月。

王凤阳 1989：《汉字学》，长春：吉林文史出版社，1989 年 12 月。

王功龙 1992∗：《"六书"理论新探》，《辽宁师范大学学报（社会科学版）》1992 年第 4 期。转引自黎千驹《二十世纪的〈说文〉字体、汉字形体结构与六书说研究》；《说文学研究 1》（2004）。

王贵元 1999：《马王堆帛书汉字构形系统研究》，南宁：广西教育出版社，1999 年 8 月。

王国维 1916a：《史籀篇疏证序》（1916），《观堂集林》卷五。

王国维 1916b：《战国时秦用籀文六国用古文说》（1916），《观堂集林》卷七。

王国维 1921：《观堂集林》（自编 1921），北京：中华书局，1959 年 6 月。

王开扬 1992：《论研究汉字的立场、方法与学风》，《语文建设》1992 年第 8、9、10 期；《科学评价》（1994）。

王立军 2008：《汉字的自然发展规律与人为规范——兼谈〈规范汉字表〉研制的科学理念》，《语言文字应用》2008 年第 2 期。

王熙元 1993∗：《探寻两岸文字统一之路》，中国台湾地区"中央"日报，台北：1993 年 3 月 12 日。

王新德等 1959＊:《单纯失读症》,《中华神经精神科杂志》1959 年第 3 期。

王永成 2005:《汉字、辞、语义块与概念》,《语言建设通讯》(香港)2005 年第 82 期。

王有卫 2004:《试论说文部首系联次序》,《说文学研究 1》(2004)。

王元鹿 1988:《汉古文字与纳西东巴文字比较研究》,上海：华东师范大学出版社,1988 年 8 月。

王元鹿 1996:《普通文字学概论》,贵阳：贵州人民出版社,1996 年 5 月。

王元鹿 2001:《比较文字学》,南宁：广西教育出版社,2001 年 1 月。

王蕴智 1987:《试论商代文字的造字方式》,选自 1987 年硕士学位论文《商代文字探论》中的一部分,1997 年修改为《甲骨文构形研究》的一节；王蕴智 2004b。

王蕴智 1991:《殷周古文同源分化探论》,"许慎与说文学国际学术研讨会"论文,1991 年 8 月；王蕴智 2004b。

王蕴智 1993:《同源字、同源词说辨》,《古汉语研究》1993 年第 2 期。

王蕴智 1994:《远古陶器符号摹记》,《书法报》1994 年第 1—29 期单期连载；王蕴智 2004b：7‒33。

王蕴智 2000:《从远古刻画符号谈汉字的起源》,《中国书法》2001 年第 2 期；王蕴智(2004b：33‒46)。

王蕴智 2004a:《同源字例释四组》,《说文学研究 1》(2004)；王蕴智(2004b：287‒295)。

王蕴智 2004b:《字学论集》,郑州：河南美术出版社,2004 年 9 月。

王志俊 1980:《关中地区仰韶文化刻划符号综述》,《考古与文物》1980 年第 3 期。

魏建功 20 世纪 20 年代:《汉字形体变迁史》;《魏建功文集·肆》(2001)。

魏建功 1925:《从中国文字的趋势上论汉字(方块字)的应该废除》,1925 年,载李中昊编《文字历史观与革命论》,北平：文化书社,1931 年；《魏建功文集·肆》(2001)。

魏建功 1946:《草书在文字学上之新认识》,《辅仁学志》1946 年第 1—2 期；《魏建功文集·肆》(2001)。

魏建功 2001:《魏建功文集》(全五册),南京：江苏教育出版社,2001 年 7 月。

魏宜辉 2003:《楚系简帛文字形体讹变分析》,南京大学博士学位论文,

2003 年。

　　魏隐儒、马世华 1993：《历代汉字字体与书法选粹》，北京：印刷工业出版社，1993 年 12 月。

　　文武 1984：《汉语语素的定量研究》，《中国语文》1984 年第 5 期。

　　吴桥 2005：《新编国家通用语言文字简明教程》，上海：上海人民出版社，2005 年 10 月。

　　吴白匋 1978：《从出土秦简看秦汉早期隶书》，《文物》1978 年第 2 期。

　　吴贯因 1913*：《中国文字之起源》，《庸言》第 1 卷第 14 期；第 1 卷第 15 期；《中国语言学论文索引甲》（1978：40）。

　　吴玉章 1955：《文字必须在一定条件下加以改革》（在 1955 年 10 月 15 日教育部和中国文字改革委员会联合召开的全国文字改革会议上所作报告）；《语文政策资料》（1976：148–156）。

　　吴云燕 2006：《马王堆汉墓帛书通用字研究》，詹鄞鑫指导，华东师范大学硕士学位论文，2006 年 4 月。

　　吴振武 1998：《古玺姓氏考（复姓十五篇）》，《出土文献研究》第 3 辑，北京：中华书局，1998 年 10 月。

　　吴振武 2000：《古文字中的借笔字》，《古文字研究》第 20 辑，北京：中华书局，2000 年 3 月。

　　吴振武 2003：《战国文字中一种值得注意的构形方式》，《汉语史学报专辑（总第 3 辑）：姜亮夫、蒋礼鸿、郭在贻先生纪念文集》，上海：上海教育出版社，2003 年 5 月。

　　伍铁平 1993：《与汉字有关的两个政策问题》，《语文建设通讯》（香港）1993 年第 41 期。

　　向熹 2007：《唐石经〈诗经〉中的文字》，《语言历史论丛 1》（2007）。

　　向光忠 1991：《许说"会意"发微》，《说文研究》（1991）。

　　向光忠 2004：《汉字的异形之厘定》，《异体字研究》（2004：70–85）。

　　谢晖 1994：《走出汉字改革的误区——汉字落后论批判》，《汉字文化》1994 年第 3 期。

　　谢云飞 1970：《中国文字学通论》，台北：学生书局，1970 年。

　　谢泽荣 1996：《"三同字"排序方法的探讨》，《语文建设》1996 年第 4 期；苏培成 2001a。

　　谢自立 1980 ∗：《汉字查字法说略》，《语文研究》1980 年第 1 期；苏培成 2001a。

　　徐复 1980：《通假字质疑》，《南京师院学报（社会科学版）》1980 年第 3 期。

　　徐莉莉 2002a：《汉字笔划规范（宋、仿、楷、黑）》，国家语言文字应用研究所"十五"科研项目，2002 年 12 月。

　　徐莉莉 2002b：《论"假借"与"通假"》，《天津师范大学学报（社会科学版）》2002 年第 5 期。

　　徐莉莉 2005a：《武威汉代医简异体字考》，《天津师范大学学报（社会科学版）》2005 年第 1 期。

　　徐莉莉 2005b：《历史用字断代调查中异体字的认定标准》，《汉字研究 1》（2005）。

　　徐莉莉 2007：《东汉简牍语料库的建立》，《第三届文学与信息技术国际研讨会论文集》（2007）。

　　徐瑞洁、韩莉莉 2005：《二十世纪初期留学生索引活动特点探析》，《徐州师范大学学报（哲学社会科学版）》2004 年第 2 期。

　　徐通锵 1994 ∗：《"字"和汉语研究的方法论》，《世界汉语教学》1994 年第 3 期。

　　徐通锵 2001 ∗：《基础语言学教程》，北京：北京大学出版社，2001 年。

　　徐在国 2002：《隶定"古文"疏证》，合肥：安徽大学出版社，2002 年 6 月。

　　徐正考 1999：《汉代铜器铭文研究》，长春：吉林教育出版社，1999 年 12 月。

　　徐中舒、唐嘉弘 1985：《关于夏代文字的问题》，《夏史论丛》，济南：齐鲁书社，1985 年 7 月。

　　许长安 1992：《海峡两岸用字比较》，《语文建设》1992 年第 1 期。

　　许长安 1993：《汉语文字学》，厦门：厦门大学出版社，1993 年 4 月。

　　许嘉璐 1989：《在"汉字落后论时代结束，二十一世纪是汉语汉字发挥威力的时代"座谈会及〈汉字文化〉创刊新闻发布会上的讲话》，转引自《汉字文化》1996 年第 3 期。

　　许寿椿 1992：《评对拼音文字"言文一致"的误解和迷信》，《汉字文化》1992 年第 3 期；《汉字新论》（2006）。

许文献 2001：《战国楚系多声符字研究》，中国台湾地区彰化师范大学硕士学位论文，2001 年。

许仙瑛 1999：《先秦鸟虫书研究》，许锬辉指导，台湾师范大学硕士学位论文，1999 年 6 月。

许学仁 1986：《战国文字分域与断代研究》，台湾师范大学博士学位论文，1986 年。

严志斌 2001：《鸟书构形简论》，《华夏考古》2001 年第 1 期。

杨春 2004：《现代汉语中的异形词》，北京：华夏出版社，2004 年 9 月。

杨宝忠 2005：《疑难字考释与研究》，北京：中华书局，2005 年 3 月。

杨宝忠 2007：《大型字书疑难字续考》，《励耘学刊语言卷4》（2007）。

杨复耀 1947＊：《汉字检字法之综合的介绍与评价》，《中华教育界》（复刊）1947 年第 1 卷第 8 期；苏培成 2001a。

杨树达 1943：《中国文字学概要》（1943），上海：上海古籍出版社，1988 年 9 月。

杨五铭 1981：《西周金文数字合文初探》，《古文字研究》第 5 辑，北京：中华书局，1981 年 1 月。

杨五铭 1986：《文字学》，长沙：湖南人民出版社，1986 年 10 月。

杨信川 1990＊：《"六书"的性质和作用质疑》，《广西大学学报（哲学社会科学版）》1990 年第 5 期；黎千驹《二十世纪的〈说文〉字体、汉字形体结构与六书说研究》，《说文学研究 1》（2004）。

杨宗兵 2005：《秦文字"草化"论析》，《汉字研究 1》（2005：537－544）。

姚孝遂 1980：《古汉字的形体结构及其发展阶段》，《古文字研究》第 4 辑，北京：中华书局，1980 年 12 月。

姚孝遂 1989：《再论古汉字的性质》，《古文字研究》第 17 辑，北京：中华书局，1989 年。

姚孝遂 1996：《论文字形体的整体性》，《吉林大学社会科学学报》1996 年第 5 期。

姚孝遂 1998：《论形符与声符的相对性》，《容庚纪念文集》（1998：70－82）。

姚孝遂 2000：《甲骨文形体结构分析》，《古文字研究》第 20 辑，北京：中华书局，2000 年 3 月。

姚孝遂等 1979：吉林大学古文字研究室(姚孝遂执笔)《古文字研究工作的现状及展望》,《古文字研究》第 1 辑,北京：中华书局,1979 年 8 月。

叶圣陶 1957：《谈汉字改革》,《文字改革》1957 年 8 月号;《文改辩论选辑》(1958：64－70)。

叶玉英 2003：《〈文源〉的文字学理论研究》,福建师范大学硕士学位论文,2003 年。

叶玉英 2006：《古文字构形与上古音研究》,厦门大学博士学位论文,2006 年。

叶玉英 2008：《二十世纪以来古文字构形研究概述》,《出土文献与古文字研究》第 2 辑,上海：复旦大学出版社,2008 年 8 月。

殷焕先 1962：《谈词语书面形式的规范》,《中国语文》1962 年第 6 期。

殷焕先 1981：《汉字三论》,济南：齐鲁书社,1981 年 9 月。

殷寄明、汪如东 2007：《现代汉语文字学》(现代汉语系列教材),上海：复旦大学出版社,2007 年 5 月。

尹斌庸 1991：《现代汉字的定量研究》,《语文建设》1991 年第 11 期。

尹斌庸 1992：《汉字习得效率研究》,《语文建设通讯》(香港)1992 年第 38 期;《科学评价》(1994：15－162)。

于省吾 1973：《关于古文字研究的若干问题》,《文物》1973 年第 2 期。

于省吾 1979：《甲骨文字释林》,北京：中华书局,1979 年 6 月。

喻遂生 2002：《甲骨语言文字研究论集》,成都：巴蜀书社,2002 年 12 月。

喻遂生 2003：《纳西东巴文研究丛稿》,成都：巴蜀书社,2003 年 9 月。

袁家麟 1988：《汉字纯双声符字例证》,《南京师大学报(社会科学版)》1988 年第 2 期。

袁晓园 1992：《论"识繁写简"与"文字改革"——答吕叔湘等先生》,《汉字文化》1992 年第 2 期。

岳方遂 2004：《关于汉字简化问题的几点反思》,《简化字研究》(2004：344－350)。

云惟利 2000：《汉字的微观与宏观研究》,台湾中国文字编辑委员会编《中国文字》新廿六期,台北：艺文印书馆,2000 年 12 月。

曾宪通 1991：《汉字起源的探索》,《中国语言学报》1991 年第 4 期;《曾宪通学术文集》,汕头：汕头大学出版社,2002 年 7 月。

曾性初 1983：《汉字好学好用证》，《教育研究》1983 年第 1、2 期；《汉字新论》（2006）。

曾性初 1986：《"注音识字，提前读写"实验中一些问题的商榷》，《汉字与文化丛书》（一），北京：光明日报出版社，1986 年；《汉字新论》（2006）。

詹鄞鑫 1983：《释辛及与辛有关的几个字》，《中国语文》1983 年第 5 期。

詹鄞鑫 1985：《释甲骨文敊字》，《语言研究》1985 年第 1 期。

詹鄞鑫 1990：《关于本义的两个问题》，《汉语论丛（创刊号）》，上海：华东师范大学出版社，1990 年 1 月；詹鄞鑫 2006a。

詹鄞鑫 1991a：《汉字说略》，沈阳：辽宁教育出版社，1991 年 12 月。

詹鄞鑫 1991b：《汉字学研究的总结和发展——评裘锡圭〈文字学概要〉》，《语文建设》1991 年第 10 期。

詹鄞鑫 1996：《〈说文〉篆文校正刍议》，《古汉语研究》1996 年第 3 期。

詹鄞鑫 2002a：《汉字改革的反思》，《南阳师范学院学报》2002 年第 3 期。

詹鄞鑫 2002b：《语言中的原始思维遗存初探》，潘悟云主编《东方语言与文化》，上海：东方出版中心，2002 年 3 月；詹鄞鑫 2006a。

詹鄞鑫 2003：《二十世纪文字改革争鸣综述》，《中国文字研究 4》（2003）。

詹鄞鑫 2004a：《二十世纪汉字性质问题研究评述》，《华东师范大学学报（哲学社会科学版）》2004 年第 3 期；詹鄞鑫 2006a。

詹鄞鑫 2004b：《关于异体字整理的几个问题》，《异体字研究》（2004：211 – 222）；詹鄞鑫 2006a。

詹鄞鑫 2004c：《再谈异体字问题》，蔡新中、何华珍主编《汉字研究 1》第五辑（2004）。

詹鄞鑫 2004d：《关于简化字整理的几个问题》，《简化字研究》（2004：280 – 295）；詹鄞鑫 2006a。

詹鄞鑫 2005a：《关于汉字性质的几个问题》，《汉字研究 1》（2005）；詹鄞鑫 2006a。

詹鄞鑫 2005b：《试论"非对称繁简字"》，《语文建设通讯》（香港）2005 年第 82 期；詹鄞鑫 2006。

詹鄞鑫 2005c：《联绵词与单字词音近义同现象的思考》，《浙江大学学报（人文社会科学版）》2005 年第 5 期；詹鄞鑫 2006a。

詹鄞鑫 2006a：《华夏考——詹鄞鑫文字训诂论集》，北京：中华书局，2006 年 12 月。

詹鄞鑫 2006b：《东汉文字调查与研究》，上海市哲学社会科学规划课题结项报告，2006 年 12 月。

詹鄞鑫 2007a：《谈谈小篆》，曹先擢主编《百种语文小丛书》，北京：语文出版社，2007 年 3 月。

詹鄞鑫 2007b：《"书同文"的历史回顾与现实问题的解决思路》，《中国文字研究 8》(2007)。

詹鄞鑫 2007c：《东汉实物文字中的形讹别字》，中国文字学会第四届学术年会筹备组编《中国文字学会第四届学术年会论文集》(2007)；《中国文字学报》第 2 辑，北京：中华书局，2008 年。

詹鄞鑫 2008a：《东汉实物文字中的异文》，《第十九届文字学会论文集》2007 年。

詹鄞鑫 2008b：《汉字规范与汉字字形问题》，《语言文字应用》2008 年第 1 期；詹鄞鑫 2006a。

詹鄞鑫、徐莉莉 2005：《东汉简牍文字语料库》(2005)，上海市哲学社会科学规划项目研究报告，2006 年 4 月。

詹鄞鑫、徐莉莉 2006：《东汉时期用字调查》，教育部基地重大项目结项成果，2006 年。

张炳 1938∗：《中国原始文字考》，《东方文化月刊》第 1 期、第 2 期；《中国语言学论文索引甲》(1978：40)。

张觉 2001：《关于异体字淘汰与使用问题的学术思考——对〈第一批异体字整理表〉与〈现代汉语词典〉的一些意见》，《编辑学刊》2001 年第 3 期。

张普 1992：《汉语信息处理研究》，北京：北京语言学院出版社，1992 年。

张远 1996：《汉字字义的演变》，福州：福建教育出版社，1996 年。

张桂光 1986：《古文字中的形体讹变》，《古文字研究》第 15 辑，北京：中华书局，1986 年 6 月；张桂光 2004：1-35。

张桂光 1992a：《古文字义近形旁通用条件的探讨》，《古文字研究》第 19 辑，北京：中华书局，1992 年；张桂光 2004：36-57。

张桂光 1992b：《战国文字形符系统特征的探讨》，张桂光 2004：99-111。

张桂光 2000：《甲骨文形符系统特征的探讨》，《古文字研究》第 20 辑，北京：中华书局，2000 年 3 月；张桂光 2004：58－86。

张桂光 2003：《金文形符系统特征的探讨》，台湾中国文字编辑委员会编《中国文字》新廿九期，台北：艺文印书馆，2003 年；张桂光 2004：87－98。

张桂光 2004：《古文字论集》，北京：中华书局，2004 年 11 月。

张鹤泉 1994：《常用字和一级字的比较》，《语文建设》1994 年第 2 期。

张金霞 2002：《严师古语言规范的理论与实践》，《训诂学会论文集》（2002）。

张静贤 1992：《现代汉字教程》，北京：现代出版社，1992 年 1 月。

张懋镕 2006：《金文字形书体与二十世纪的西周铜器断代研究》，《古文字研究》第 26 辑，2006 年 11 月。

张世禄 1941：《中国文字学概要》，贵阳：文通书局，1941 年；刘志成（1997）。

张书岩 2004a：《评〈第一批异体字整理表〉——兼及〈规范汉字表〉对异体字的处理原则》，《异体字研究》（2004：137－156）。

张书岩 2004b：《简化与同形字》，《简化字研究》（2004：212－223）。

张书岩等 1997：张书岩、王铁昆、李青梅、安宁合著《简化字溯源》，北京：语文出版社，1997 年 11 月。

张武田、冯玲 1998＊：《汉字属性匹配与大脑两半球协同活动》，《心理学报》1998 年第 2 期。

张希峰 2004a：《分化字的类型研究》，《北语文萃汉语史卷》（2004）。

张希峰 2004b：《古文字形体分化过程中的几个问题》，《北语文萃汉语史卷》（2004）。

张希峰 2004c：《简论古文字形体的分化形式及其相互补足和运用》，《北语文萃汉语史卷》（2004）。

张显成 2002：《简帛标点符号初探——从西北发现简帛谈起》，《训诂学会论文集》（2002）。

张晓明 2006：《春秋战国金文字体演变研究》，济南：齐鲁书社，2006 年 11 月。

张新俊 2005：《上博楚简文字研究》，吉林大学博士学位论文，2005 年。

张兴亚 1996：《简论同源词和同源字》，《殷都学刊》1996 年第 3 期。

张亚初 1989：《谈古文字中的变形造字法》，《庆祝苏秉琦先生考古五十五周年论文集》,北京：文物出版社,1989 年 8 月。

　　张涌泉 1992：《敦煌写卷俗字的类型及其考辨方法》,香港《九州学刊》1992年第 2 期。

　　张涌泉 1995：《汉语俗字研究》,长沙：岳麓书社,1995 年。

　　张涌泉 1996a：《敦煌俗字研究导论》,台北：新文丰出版公司,1996 年；张涌泉 1996c。

　　张涌泉 1996b：《试论汉语俗字研究的意义》,《中国社会科学》1996 年第2 期。

　　张涌泉 1996c：《敦煌俗字研究》,上海：上海教育出版社,1996 年 12 月。

　　张涌泉 2000a：《汉语俗字丛考》,北京：中华书局,2000 年。

　　张涌泉 2000b：《俗字里的学问》,曹先擢主编《百种语文小丛书》,北京：语文出版社,2000 年。

　　张玉金、夏中华 2001：《汉字学概论》,南宁：广西教育出版社,2001 年 1 月。

　　张玉金 2000：《当代中国文字学》,广州：广东教育出版社,2000 年 7 月。

　　张粤闽 1995 ∗：《笔画序的细化》,《语文建设》1995 年第 2 期；苏培成 2001a。

　　张振林 2001：《古文字中的羡符——与字音字义无关的笔画》,《中国文字研究 2》(2001)。

　　张政烺 1942：《六书古义》,台北“中研院”历史语言研究所集刊第 10 本第 1分册,1942 年。

　　张志公 1984：《加紧对汉字进行多方面深入的研究》,1984 年 12 月上海市心理学会和华东师范大学心理学系联合举办的“汉字心理学讨论会”上的讲话摘要；《科学评价》(1994)。

　　张志公 1993 ∗：《汉语辞章学引论》,《语文学习》1993 年第 1 期开始连载；王本华编《张志公论语文·集外集》,北京：语文出版社,1998 年。

　　章琼 2004：《汉字异体字论》；《异体字研究》(2004：17－32)。

　　章太炎 1900：《訄书详注》,徐复注,上海：上海古籍出版社,2000 年 12 月。

　　赵诚 1981：《甲骨文字的二重性及其构形关系》,《古文字研究》第 6 辑,北京：中华书局,1981 年 11 月。

　　赵诚 1983：《古文字发展过程中的内部调整》,《古文字研究》第 10 辑,北京：中华书局,1983 年 7 月。

赵诚 1993：《甲骨文字学纲要》，北京：商务印书馆，1993 年 6 月。

赵平安 1990：《汉字声化论稿》，《河北大学学报(哲学社会科学版)》1990 年第 2 期。

赵平安 1993：《隶变研究》，石家庄：河北大学出版社，1993 年 6 月。

赵平安 1999a：《说文小篆研究》，南宁：广西教育出版社，1999 年 8 月。

赵平安 1999b：《汉字形体结构围绕字音字义的表现而进行的改造》，《中国文字研究 1》(1999：74–75)。

赵学清 2005：《战国东方五国文字构形系统研究》，王宁主编《汉字构形史丛书》，上海：上海教育出版社，2005 年 10 月。

赵元任 1975＊：《汉语词的概念及其结构和节奏》，译文载袁毓林主编《中国现代语言学的开拓和发展——赵元任语言学论文选》，北京：清华大学出版社，1992 年。

赵元任 1980：《语言问题》，北京：商务印书馆，1980 年 6 月。

郑阿财 2006：《论敦煌俗字与写本学之关系》，《敦煌研究》2006 年第 6 期。

郑会生 1980：《谈汉字的转注》，《河南师范大学学报(社会科学版)》1980 年第 5 期。

郑林曦 1982：《精简汉字字数的理论和实践》，北京：中国社会科学出版社，1982 年 9 月。

郑林曦 1988：《汉字记写的是汉语的哪个层次?》，《语文建设》1988 年第 2 期。

郑廷植 1997：《汉字学通论》，福州：福建人民出版社，1997 年 11 月。

郑贤章 2004：《〈龙龛手镜〉研究》，长沙：湖南师范大学出版社，2004 年 9 月。

郑永晓 2007：《古籍数字化对学术的影响及其发展方向》，《第三届文学与信息技术国际研讨会论文集》(2007)。

钟吉宇 1963：《谈谈第一批异体字整理表的几个问题》，《文字改革》1963 年第 4 期。

周胜鸿 1991：《就"中华文化统一中国"之议致陈立夫先生的公开信》，《语文建设通讯》(香港)1991 年第 32 期。

周胜鸿 2001：《愿为汉字"书同文"鞠躬尽瘁——海峡两岸"书同文字"学术研究文选》，上海：上海汉字研究史料馆、鸿文书屋(内部交流)，2001 年 11 月。

周四川 1989：《废除汉字的思潮正在困扰韩国》，《汉字文化》1989 年第 1 期；《汉字新论》(2006)。

周有光 1957：《文字演进的一般规律》，《中国语文》1957 年第 7 期。

周有光 1964＊：《限制和减少现代汉语用字》，《光明日报》1964 年 7 月 22 日；苏培成 2001a。

周有光 1978：《汉字简化问题的再认识》，《光明日报》1978 年 6 月 16 日。

周有光 1979a：《汉字改革概论》(第 3 版)(1961 年初版)，北京：文字改革出版社，1979 年 10 月。

周有光 1979b：《现代汉字中的多音字问题》，《中国语文》1979 年 6 期；《周有光语文论集》第四册，上海：上海文化出版社，2002 年 1 月；《周有光语言学论文集》，商务印书馆，2004 年 12 月；《汉字和文化问题》，沈阳：辽宁人民出版社，2002 年 1 月；《现代汉字学资料》(2001：198－207)。

周有光 1980：《现代汉字学发凡》，《语文现代化》丛刊第 2 辑，北京：知识出版社，1980 年；《现代汉字学资料》(2001)。

周有光 1984：《现代汉语用字的定量问题》，《辞书研究》1984 年第 4 期；《现代汉字学资料》(2001)。

周有光 1986a：《中国语文的现代化》，上海：上海教育出版社，1986；《中国语文纵横谈》(1992)。

周有光 1986b：《文字发展规律试论》，吴文祺主编《语言文字研究专辑》(下)，上海：上海古籍出版社，1986 年 6 月。

周有光 1988：《文字》条，《中国大百科全书·语言文字》(1988：400－403)。

周有光 1989：《〈汉字简化方案〉的推行成果》，《语文建设》1989 年第 10 期。

周有光 1992＊：《中国语文纵横谈》，北京：人民教育出版社，1992 年；苏培成 2001a。

周有光 1995：《文字学和文字类型学》，《中国语文》1995 年第 6 期。

周有光 1997＊：《中国语文的时代演进》，北京：清华大学出版社，1997 年；苏培成 2001a。

周有光 2008：《周有光》，百度百科(2008 年 5 月 26 日)。

周有光 2005：周有光口述，赵丽明整理《汉语的今天——百岁学者周有光教授访谈》，《文史知识》2007 年第 5 期。

周祖谟 1957a：《汉字的产生和发展》，《问学集》，北京：中华书局，1966：1－12。

周祖谟 1957b：《汉字与汉语的关系》，《问学集》，北京：中华书局，1966：13－24。

周祖谟 1966：《问学集》，北京：中华书局，1966 年 1 月。

周祖谟 1988a：《正体》条，《中国大百科全书·语言文字》(1988：516)。

周祖谟 1988b：《俗体》条，《中国大百科全书·语言文字》(1988：375)。

周祖谟 1991：《周祖谟教授讲话》，《汉字文化》1991 年第 3 期；(原题《在汉字问题座谈会上的讲话》)《汉字新论》(2006)。

周斌 1998：《中国文字与书法艺术》，上海：百家出版社，1998 年 9 月。

朱炳昌 1987：《异形词汇编》，北京：语文出版社，1987 年。

朱德熙 1985＊：《语法答问》，北京：商务印书馆，1985 年。

朱德熙、裘锡圭 1995：《秦始皇书同文字的历史作用》，《文物》1973 年第 11 期；《朱德熙古文字论集》，北京：中华书局，1995 年 2 月。

朱德熙等 1995：朱德熙、裘锡圭、李家浩《望山楚简》考释，北京：中华书局，1995 年。

庄新兴 2001：《战国玺印分域编》，上海：上海书店出版社，2001 年 10 月。

邹晓丽等 1988：邹晓丽、杨润陆、秦永龙合著《文字学概要》函授教材，北京：北京师范大学中文系，1988 年 10 月。

邹晓丽等 1999：邹晓丽、冯丽萍、李彤合著《甲骨文字学述要》，长沙：岳麓书社，1999 年 9 月。

后记

1977 年,笔者有幸考上北京大学中文系古典文献专业,师从裘锡圭老师学习文字学和甲骨文。毕业后又到华东师范大学攻读汉语史硕士学位,师从史存直先生学习汉语史,又师从李玲璞老师学习文字学。近二十年来有许多机会就汉字学问题向北京师范大学王宁老师学习和当面请教,并阅读了王老师的许多相关著作。王宁老师恢宏博大的汉字学思想和对于汉字学问题的周密的认识令我大开眼界,我的汉字学理论修养由此更上层楼。可以说,主要是裘锡圭、李玲璞、王宁三位老师引导我走向汉字学的殿堂,他们都是我的引路人。

　　裘锡圭、李玲璞、王宁都是当代汉字学理论领域具有重要影响的学者,他们经历各异,思路各具所长,涉足领域各别,贡献各有春秋。本书在"问题与回顾"与"个案介绍"中着重介绍了几位导师的汉字学研究成果或个案,希望能对读者有引导和启发的意义。

　　世纪老人周有光先生是现代汉字学的重要奠基人。我关注现代汉字应用问题很晚,周老的著作有许多还来不及阅读或细读,但就读过的部分论著而言,我已被周老的宏观文字学思想和深厚的比较文字学功力所打动,尤其为周老对于汉字改革和简化字问题上的实事求是的精神所感动。我的《心智的误区——巫术与中国巫术文化》一书有幸获得第五届吴玉章奖,在中国人民大学颁奖仪式上得睹周老百岁风采,并跟周老合影留念。时年一百有二岁的周老在接受特等奖时作了一个简短的发言。他说:"我的孙女对我说:'爷爷,您起初是学经济学的,半途而废,画了半个圆;后来又转学语言文字学,半路出家,又画了半个圆。两个半圆加起来,就是一个零,您这一辈子的成绩是零。'我说,我要从零做起。"(仅凭记忆,大意如此)周老的话幽默风趣而寓有深意,与会者报以热烈的掌声。周老作为现代汉字学的重要奠基人,他的现代汉字学研究成果具有经典的意义。

　　除上述几位大家,本书还重点介绍了一些专家学者的研究成果,以体现他们富有启发意义的研究方法。他们在汉字学或相关的跨学科领域长期耕耘,或古或今,或论或考,各有专长,著述丰硕。他们各具独特的研究视野和深厚的考据或调查功力,得到学术界的普遍赞誉。尤其是陆锡兴、杨宝忠还分别获得过王力语言学奖或吴玉章人文社会科学奖,堪称典范。当然,由于笔者领会能力所限,相关介绍未必能很准确地揭示他们研究的精髓,甚至还可能有理解不周到或不深刻之处,希望能获得各位专家和读者的谅解。至于我与同事徐莉莉教授共同承担的教育部重点研究基地重大项目"东汉时期用字调查"和上海市哲学社会科学规划项目"东汉文字调查与研究",这两个课题相辅相成,起初是裘锡圭老师提出来的。在研究方法上,我们既继承了出土古文献的语料整理的传统方法,又借鉴了现代汉字的计量研究方法,并开发了专门进行古代实物文字数据库制作和统计的软件,自以为在选题和研究方法上应该也具有明显的前沿性和创新性。我们共同带领着一批硕博研究生,为此付出了多年的汗水和心血。作为一种创新尝试,当然会有不理想之处,虽曰敝帚自珍,但也不无所长,期望能获得批评和指教。

本书主要不是谈基础知识,而是谈汉字学相关问题的来由和研究解决的现状、值得继续关注的问题,并专门谈及研究方法。谈方法非我所长,本书只能就个人长期研究以及阅读诸家作品时产生的零散感想谈几点体会而已。即使这样,这种写法跟我在三十年前写《汉字说略》大不一样,可谓困难十倍。尝试这样的写作,更不知对于读者是否具有不同于一般通论性作品的启发作用。写成之后还有两点担心:一是本来属于汉字学基础知识的内容也许并不完整。凡本书尚未阐释和定义的概念术语希望读者能从相关通论性著作中获得弥补。二是某些问题的阐述可能由于延伸而显得较为专深。但我想引导读者关注一些相对较偏狭的问题,也不算违背"入门"精神吧。写作目的本来就是希望能多少扩大一点视野,对汉字学相关研究方向的认识有点启发意义。由于"旁敲侧击",这本书涉及的内容也许并不限于对初学的研究生的要求,有些问题大概也值得学术界同人的共同关注。

在内容方面,跟我在三十年前所著《汉字说略》比较,本书的一个显著不同点就是在关注传统汉字学问题的基础上还比较重视汉字应用方面的问题,比较关注交叉学科方面的研究状况,比较关注研究方法和研究思路的心得体会。面广带来的问题一定是难免说外行话,有许多方面本来很重要,但对我而言也许正是短处或外行,恐怕难以写得很地道。还有一些属于边缘或跨学科的领域,很可能因个人认识的限制,偏偏舍其重而取其轻,乃至阙如而未论。而且,文字学涉及面多且广,成果分布很散,本书中提到的问题及参考文献只是举例性的,希望读者不会当作地道的学术史来看待。而且,所涉及的研究成果显然受到个人阅读和关注面的限制,未必最具典型性和代表性,也一定会有重要的遗漏。评述错误难免,幸乞方家指正。

学术界历来讲究师承。可以说,没有老师的引导,就不会有我的今天。但我理解,导师引入门,思考靠自己。正如刘又辛先生所说的,"讲师承并不是谨守师说,而且也不是只守某一位老师的说法。我对于好多位老师,往往是择善而从。凡是对我的研究有益的议论,虽片言只字,也常常受到启发,加以吸取;反之,即使对于十分尊敬的老师,也往往对其某些论点持存疑的态度。这就是古人说的温故而知新的态度"(刘又辛《汉字发展史纲要·自序》)。刘先生的话也同样表达了我的想法。当然,在吸收前人成果的基础上进行思考,未必就能出新。如果书中出现与老师不一致的观点,或者评价欠周到之处,尤其希望获得老师和同行们的批评指正。

进入二十一世纪以来,我所主持或参与的几个大型课题大都需要通过计算机编程来制作数据库,数据统计编程和软件设计方面的工作全赖我儿詹凌云的参与和帮助。书中介绍的"灌神"软件,其始由编程师陈幼平制作毛胚,2003 年秋季之后就由凌云接手了。随着课题要求的不断深化,凌云在软件功能增添、改善和版本升级方面付出了很多精力。如果没有他的参与,课题能完成是很难的。令我无比揪心的是,正是从 2003 年 11 月开始,他遭遇无比凶险、生死攸关的病痛之灾,一场接着一场,连续三年中他闯过了三道鬼门关,侥幸得生。如今正是他获得新生十四周岁的纪念日。他的健康是我如今最大的心愿,但愿他日渐康复,能够重新为社会服务。回想那段恐惧而艰辛的日子,我得到许多师友的真诚关心和帮助,一批学术界师友和当时已工作的学生慷慨解囊,给予我巨大的精神安慰和物质支持,帮助我渡过难关。他们中有我的老师、同行、同学、同事、学生,总之是我永远的朋友,借此机会表达我的感激之情。他们是:王宁、徐莉莉、潘悟云、巢宗祺、刘大为、胡范铸、吴勇毅、傅杰、华学诚、杨蓉蓉、徐时仪、赵山林、潘文国、徐祖友、党怀兴、吕志峰、韩同兰、杨晓东、陈年高、张国艳、黄爱梅、苏杰、黄景春、章毅、王佳靖,以及华东师范大学中文系的一些教师。对于师友们的无私帮助,我将永远铭记在心。

一心要顾两头,书稿的完成自然倍加艰难。这里要特别感谢老伴李光玫在我们最困难的时候对我的信任和支持。感谢詹凌云和李语泽为"灌神"软件的编程和版本的不断升级而付出的辛勤劳动。就凭着众多亲友的关心和爱护,我也应该好好地坚持下去,为学术奉献终生。

詹鄞鑫于

2008 年 8 月初稿

2024 年 8 月定稿